Stefanie Holtkamp

MIT DEM WOHNMOBIL IN DIE SCHWEIZ

Teil 1: Der Westen

Die Anleitung für einen Erlebnisurlaub

DER WOHNMOBIL-VERLAG
D-98634 Mittelsdorf/Rhön

Die Deutsche Bibliothek – CIP-Einheitsaufnahme

Bibliografische Information der Deutschen Bibliothek

Die Deutsche Bibliothek verzeichnet diese Publikation in der Deutschen Nationalbibliografie.
Detaillierte bibliografische Daten sind im Internet über <http://dnb.ddb.de> abrufbar.

Titelbild: Blick auf das Matterhorn bei Zermatt (Tour 9)

1. Auflage 2013

Fotos: Seite 13 unten fotolia / HappyAlex, S. 42 und 43 Office du Tourisme La Chaux-de-Fonds, S.126 unten Geneva Tourism & Convention, S. 135 unten Lausanne Tourismus / B. H. Bissat, S. 138 und 139 Zoo Servion, S. 152 rechts oben Tierpark Les Marécottes, 178 und 179 Leukerbad Tourismus, S. 212 Gelmerbahn / KWO.
Alle anderen Fotos und alle Karten von der Autorin.

Druck:
www.Schreckhase.de

Vertrieb:
GeoCenter, 70565 Stuttgart

Herausgeber:
WOMO-Verlag, 98634 Mittelsdorf/Rhön
GPS: N 50° 36' 38.2" E 10° 07' 55.6"

Fon: 0049 (0) 36946-20691
Fax: 0049 (0) 36946-20692
eMail: verlag@womo.de
Internet: www.womo.de

Autoren-eMail: Holtkamp@womo.de

ISBN 978-3-86903-504-8

EINLADUNG

Bei Sommerurlaub in der Schweiz denkt man zuerst einmal an Bergtouren und das ist auch gar nicht falsch. Immerhin gehört knapp die Hälfte der Landesfläche zum Alpenraum. Matterhorn, Jungfrau und Eiger sind lokale Berühmtheiten, nicht nur in Bergsteigerkreisen. Jenseits solcher großen Ziele finden Naturfreunde und Wanderer zwischen hohen Berggipfeln stille verwunschene Täler und malerische Bergseen, Wasserfälle und einen unvergleichlichen Gipfelblick über ein Meer von Bergspitzen. Ein gut ausgebautes Bergbahnnetz erlaubt auch den weniger Sportlichen manch intensives Gipfelerlebnis. Die Wanderung zum Aletschgletscher, dem größten Gletscher des Alpenraumes, bleibt unvergessen. Genauso wie der Übernachtungsplatz am rauschenden Bergbach am Ende des abgelegenen Lötschentales oder auf der Höhe des Grimselpasses mit dem Blick in eine karg-raue Hochgebirgslandschaft.

Und doch hat die Schweiz mehr zu bieten als Bergeinsamkeit. Stimmungsvolle Altstädte mit gut erhaltener mittelalterlicher Bausubstanz zum Beispiel. Die Altstadt von Bern gehört sogar zum UNESCO Weltkulturerbe. Kunstinteressierte Reisende können unter einer beinahe unerschöpflichen Auswahl von Museen wählen und Freunde futuristischer Architektur finden so manches interessante Objekt. Die Region am Genfer See oder Lac Léman mit palmengesäumten Uferpromenaden ist als Reiseziel wohlbekannt. Die grünen Hügel des Jura sind dagegen eher ein »Geheimtipp«. Die wenig zersiedelte Landschaft an den Schleifen des Flüsschens Doubs ist ein besonderes Ziel für Naturfreunde und verfügt zudem über eine gute Infrastruktur für Wohnmobile. Sie gehört neben dem Hochgebirge zu meinen absoluten Lieblingsregionen in diesem Buch.

Reisen Sie durch unser Nachbarland im Süden, begegnen Sie auf engstem Raum vier Landessprachen. Kaum haben sich Ihre Ohren an die spezielle Melodie des Schwyzerdütsch gewöhnt, fahren Sie beinahe unbemerkt über die Sprachgrenze und plötzlich ist alles ein wenig anders. Nicht nur die Straßenschilder sind plötzlich französisch auch Baguette und Croissants schmecken hier vorzüglich.

Blättern Sie also weiter, kommen Sie mit auf eine spannende Reise und entdecken Sie Ihre persönlichen Lieblingsplätze in einem der facettenreichsten Länder Europas.

Ihre

Sehr geehrter Leser, lieber WOMO-Freund!

Reiseführer sind für einen gelungenen Urlaub unverzichtbar – das beweisen Sie mit dem Kauf dieses Buches. Aber aktuelle Informationen altern schnell, und ein veralteter Reiseführer macht wenig Freude.
Sie können helfen, Aktualität und Qualität dieses Buches zu verbessern, indem Sie uns nach Ihrer Reise mitteilen, welchen unserer Empfehlungen Sie gefolgt sind (freie Stellplätze, Campingplätze, Wanderungen, Gaststätten usw.) und uns darüber berichten (auch wenn sich gegenüber unseren Beschreibungen nichts geändert hat).
Bitte füllen Sie dafür schon während Ihrer Reise das Info-Blatt am Buchende aus und senden Sie es uns sofort nach Ihrer Rückkehr zu (per Brief, Fax oder formlos als eMail).
Dafür gewähren wir Ihnen bei der nächsten Buchbestellung direkt beim Verlag ein Info-Honorar von 10%.
Aktuelle Korrekturen finden Sie unter: www.forum.womoverlag.de

Um die freien Übernachtungs- und Campingplätze auf einen Blick erfassen zu können, haben wir diese im Text in einem Kasten nochmals farbig hervorgehoben und, wie auf den Karten, fortlaufend durchnummeriert. Wir nennen dabei wichtige Ausstattungsmerkmale und geben Ihnen eine kurze Zufahrtsbeschreibung. "Max. WOMOs" soll dabei andeuten, wie viele WOMOs dieser Platz maximal verträgt und nicht, wie viele auf ihn passen würden (schließlich gibt es auch Einwohner und andere Urlauber)!
Übernachtungsplätze mit **B**ademöglichkeit sind mit hellblauer Farbe unterlegt. **W**anderparkplätze sind grün gekennzeichnet. **P**icknickplätze erkennen Sie an der violetten Farbe. Auf Schlafplätzchen, denen die gerade genannten Merkmale fehlen – also auf einfache **S**tellplätze – weist die Farbe Gelb hin. Empfehlenswerte **C**ampingplätze haben olivgrüne Kästchen. Wanderungen, die wir Ihnen besonders ans Herz legen möchten, haben wir hellgrün unterlegt.

Und hier kommt das Kleingedruckte:
Jede Tour und jeder Stellplatz sind von uns meist mehrfach überprüft worden, wir können jedoch inhaltliche Fehler nie ganz ausschließen. Bitte achten Sie selbst auf Hochwasser, Brandgefahr, Steinschlag und Erdrutsch!
Verlag und Autoren übernehmen keine Verantwortung für die Legalität der veröffentlichten Stellplätze und aller anderen Angaben. Unsere Haftung ist, soweit ein Schaden nicht an Leben, Körper oder Gesundheit eingetreten ist, ausgeschlossen, es sei denn unsere Verantwortung beruht auf Vorsatz oder grober Fahrlässigkeit.

INHALT

Zeichenerklärungen für die Tourenkarten

Touren / abseits der Touren

Autobahn
Autobahntunnel
Hauptstraße
Nebenstraße
Nebensträßchen
Schotterstraße
Wanderweg

S W P B — WOMO-Stellplatz, Wander-, Picknick-, Badeplatz (nicht für freie Übernachtungen)

11 12 13 14 — WOMO-Stellplatz, Wander-, Picknick-, Badeplatz (geeignet für freie Übernachtungen)

Alle übernachtungsgeeigneten Plätze sind im Text und auf den Tourenkarten fortlaufend durchnummeriert.

Kirche, Kloster
Burg, Schloss, Ruine
4684 m Berggipfel
Sehenswürdigkeit
Aussicht, Rundsicht
Trinkwasser/Dusche
E Ver-/Entsorgung
Toilette
224 WOMO-Campingplatz
C Sonstiger Campingplatz
? Kritische Fahrstrecke
GPS: N 50° 36' 38.2" E 10° 07' 12.5"

Anreise und Tourenplanung

Nur eine gute Stunde fahren Sie von München zur Schweizer Grenze und von Freiburg oder Konstanz sind Sie fast ohne Anfahrt am Ziel. Für längere Anreiseouten finden Sie im WOMO Verlag eine Auswahl an Reisebüchern zu verschiedenen Regionen Deutschlands. Direkt angrenzend im Norden von Basel geben Ihnen »Mit dem Wohnmobil in den Schwarzwald« und »Mit dem Wohnmobil ins Elsass« die passenden Reisetipps. Sollten Sie über die östliche Bodenseeseite vom Allgäu anreisen, durchqueren Sie zunächst das Gebiet der Ostschweiz, der der WOMO-Band 51 gewidmet ist.

Die Reise durch die Westschweiz ist in 13 Touren gegliedert, die Sie nach Ihren Vorlieben und Wünschen zu unterschiedlichen Reiserouten zusammensetzen können. Ob Sie dabei tatsächlich bei Tour 1 in Basel einsteigen oder einen anderen Ort als Startpunkt aussuchen, ist nicht wesentlich. Bei jedem Ziel und Stellplatz finden Sie die zugehörigen GPS Daten, die Sie einfach in Ihr Navi eingeben können. So sind Sie unabhängig von meiner Wegbeschreibung und können Touren auch in der anderen Richtung oder die Stellplätze einer Tour in einer anderen Reihenfolge anfahren.

So klein die Schweiz auch ist, wenn Sie mehr als Straßen sehen wollen, sprengt die komplette Strecke der 13 Touren den Zeitrahmen einer gängigen Urlaubsreise. In den Bergen führen in die Seitentäler nur kurvige Stichstraßen, so dass die Fahrten zeitaufwändig sind und immer auch retour gefahren werden wollen, da verschätzt man sich leicht bei der Länge einer sinnvollen Tagesstrecke. Für kürzere Reisen müssen Sie also vor oder während der Fahrt eine Routenwahl treffen. Hier finden Sie dazu ein paar Vorschläge:

Eine Kurzreise durch Schweizer Jura und Dreiseenland
ca. 625 km, Zeitbedarf: 1-2 Wochen, Startpunkt Basel
Bei einer Rundtour durch den Schweizer Jura erleben Sie auf Tour 1-3 das Tal des Doubs, wo Sie wandern oder Fahrrad fahren können. Hier ist ein Abstecher zum nordisch kargen Lac de Joux und weiter zu den Winzerorten am westlichen Ufer des Genfer Sees oder nach Genf oder Lausanne möglich (Tour 6 und 7). Am östlichen Ufer des Lac de Neuchâtel geht es mit Tour 5 vorbei an Murtensee und Bieler

See nach Solothurn und mit Tour 13 zurück nach Basel. Mit einem Schlenker nach Osten könnten Sie auch noch die Tour 5 mit den schönen alten Stadtkernen von Fribourg und Bern einbeziehen.

Die Alpenrunde

ca. 1.500 km, Zeitbedarf 2-3 Wochen, Startpunkt Basel oder Gletsch (Grimselpass). Wenn es Sie ins Hochgebirge zieht, sollten Sie zwischen Anfang Juni und Mitte Oktober auf die Reise gehen. Bis in den Mai sind die höher gelegenen Alpenpässe unpassierbar und auch bei Wanderungen werden Sie auf zu viel Schnee stoßen. Starten Sie die Runde von Basel kommend über Tour 13 und 5 nach Thun und von dort mit Tour 11 und 12 durch das Simmental nach Aigle. Von hier ist ein Abstecher an den Genfer See mit Besuch im Naturschutzgebiet am Rhonedelta und Schloss Chillon möglich, bevor es über Martigny ins Wallis geht. Mit bis zu neun Abstechern in Seitentäler unter anderem nach Saas Fee und zum Matterhorn nach Zermatt durchqueren Sie mit Tour 9 das Rhonetal bis Brig. Bevor Sie jetzt ins benachbarte Berner Oberland wechseln, steht noch der Besuch am Aletschgletscher auf dem Programm. Über den eindrucksvollen Grimselpass kommen Sie dann ins Haslital und zu Brienzer und Thuner See (Tour 10) und dem zweiten ganz großen Zentrum des Bergtourismus: Von Interlaken rollen Sie in die Lütschinetäler nach Grindelwald und zu weiteren berühmten Bergzielen: Eiger, Mönch und Jungfrau. Durch das stille Emmental geht es zurück nach Basel.

Große Rundfahrt Schweiz West

ca. 2000 km, ab 4 Wochen. Von Basel folgen Sie Tour 1-3 durchs Jura, drehen eine Runde um die drei Seen im Fribourger Land (Tour 4) und fahren hinunter zum Genfer See (Tour 6-7). Über Lausanne und Martigny erreichen Sie das Wallis (Tour 8 - 9) und folgen der Alpenrunde über den Grimselpass ins Berner Oberland (Tour 10-11). Über Thun geht es zurück nach Basel (Tour 13). Je nachdem wie viele Abstecher in entlegene Täler Sie dabei machen, sind Sie 4 bis 6 Wochen auf Reisen. Alternativ können Sie den Schlenker um Thuner und Brienzer See auch auf dem Hinweg einplanen und aus dem Rhonetal auf die Touren des Buches Schweiz Ost wechseln.

Zwischen den Touren gibt es weitere Verbindungen, Abkürzungen und lohnenswerte Abstecher. Entscheiden Sie einfach spontan: nach Lust, Wetter, Interessen und Laune.

Wichtiges für unterwegs:

Große Wohnmobile auf schmalen Bergstraßen

Bei der Auswahl ihrer Fahrtroute sollten Sie neben Ihrem Ziel auch die gewählte Strecke im Auge behalten. Im flachen Norden der Schweiz finden Sie ein gut beschildertes, bestens ausgebautes Straßennetz, die Straßen in abgelegenen Bergregionen haben es dagegen immer mal wieder in sich. Besorgen Sie sich eine gute Straßenkarte – Maßstab 1:200.000 ist dabei Minimum – und seien Sie vor allem mit Wohnmobilen über 6 m Länge vorsichtig mit den weiß eingezeichneten Strecken. Auf den von uns beschriebenen Routen sind einspurige Sträßchen mit Ausweichstellen gestrichelt eingezeichet. Wer hier fährt, muss damit rechnen, auch am Berg zu rangieren und eventuell zur nächsten Bucht zurückzusetzen. Wenn Sie mit Navi unterwegs sind, lassen Sie sich nicht unbedingt auf die kürzeste Route locken. Nach den ersten interessanten direkten Verbindungswegen zwischen unseren Stellplätzen in kleinen Orten am Hang haben wir es vorgezogen, die Routenwahl unseres Navigon per Augenschein sorgfältig und kritisch zu überprüfen. Es war dabei so manches Veto der Fahrerin angemessen ...

Parken statt Camping –
Die wichtigsten Regeln für die freie Übernachtung

Eine besonders wichtige Bitte vorweg: viele der im Buch genannten Stellplätze sind einfache Parkplätze, auf denen Sie ihr Wohnmobil für eine Übernachtung parken können. Wildes Campen ist überall in der Schweiz verboten. Campingstühle, Tisch und Grill gehören also in keinem Fall auf Parkplätze und auch die Markise bleibt dort eingerollt. Parken Sie platzsparend, beachten ausdrückliche Verbote, verhalten sich rücksichtsvoll und hinterlassen am Übernachtungsplatz keinerlei Spuren. Die Schweiz ist ein dicht besiedeltes Land, in dem viele Menschen Erholung suchen, und ohne diese Regeln geht es nicht. Wenn Sie sich vor Ihrem Wohnmobil ausbreiten wollen oder mehrere Tage an einem Platz stehen, wählen Sie einen der empfohlenen Campingplätze zum Quartier.

Rechnen mit dem Franken
Sie werden es unterwegs schnell merken: die Schweiz ist kein preisgünstiges Reiseland. Das war sie noch nie und der starke Franken bringt den Schweizer Tourismus in ernste Schwierigkeiten. Umgeben von Euroländern sind Schweizer Preise immer weniger konkurrenzfähig. So werden inzwischen in beliebten Touristenorten wie z.B. Saas Fee attraktive Sommerangebote wie der Bürgerpass erfunden *(S. 191)*, die Ihnen viele Attraktionen für wenig Geld bieten. Auch in anderen Regionen fahren Sie mit mehrtägigen Regionalpässen günstiger Bergbahn, Boot und Bus. Wenn Sie solche Angebote nutzen und sich ansonsten ein wenig auf das unvermeidliche Preisgefälle einstellen, können Sie auch in der Schweiz mit ganz normalem Budget reisen. Die Anfahrt ist kurz, die Wege im Land sind es auch und eine Fähre brauchen Sie nicht. Das spart schon bei der Anreise Kosten und Zeit. Restaurantbesuche werden wohl die meisten Wohnmobilisten zur Entlastung der Reisekasse sorgfältig dosieren – aber dazu haben Sie ja auch eine Küche an Bord.

Trotz sorgfältiger Recherche und regelmäßiger Aktualisierung werden Sie wahrscheinlich auch in der gut organisierten Schweiz auf Angaben treffen, die nicht mehr stimmen. Seien es nicht mehr aktuelle Stellplätze oder geänderte Straßenführungen. Bitte schreiben Sie mir. Haben Sie einen besonders schönen Stellplatz entdeckt oder möchten von Ihren persönlichen Reiseerfahrungen in der Schweiz berichten? Ich freue mich über jede Zuschrift. Sie können dazu das Infoblatt am Ende des Buches nutzen und an den Verlag zurücksenden, am einfachsten erreichen Sie mich aber unter der mailadresse **holtkamp@womo.de.**

So steht jetzt dem Start zu Ihrer erlebnisreichen Reise durch unser gastfreundliches Nachbarland nichts mehr im Wege. Ich wünsche Ihnen viele schöne Begegnungen, tolle Entdeckungen und besonders viel Glück mit dem Wetter. Gute Reise also – und vergessen Sie Ihre Wanderschuhe nicht!

TOUR 1 (ca. 65 km / 1-3 Tage)

Von Basel ins Schweizer Jura

Basel – Dornach – Delémont – St. Ursanne

Freie Übernachtung:	Basel, Dornach, Delémont, St. Ursanne
Ver-/Entsorgung:	Reinach, Delémont, St. Ursanne
Campingplätze:	Reinach, St. Ursanne
Baden:	Doubs bei St. Ursanne
Besichtigen:	Museen in Basel, Goetheanum und Architekturpfade Dornach, Eremitage und Schloss Birseck, Burgruine Dorneck, Altstadt in Delémont und St. Ursanne
Wandern:	Ruine Dorneck und Eremitage, Doubsuferweg
Erlebnis:	Paddeltour auf dem Doubs

Für Wohnmobilreisende aus Deutschland ist Basel eines der wichtigsten Tore zum Westen der Schweiz. Ob Sie nun über den Bodensee und das Rheintal anreisen oder sich der Grenze über Freiburg nähern – an Basel kommen Sie sicher vorbei. Deshalb beginnt hier auch unsere Tour Nummer 1. Sie können sich dem Berner Oberland, dem Wallis und dem Schweizer Jura aber auch über den Osten des Landes nähern. Tour 10 und 11 schließen direkt an die Touren des Bandes 51 Ostschweiz an. Wir beginnen unsere Reiseroute mit spannungsvollen Kontrasten. Basel empfängt Sie mit einer Vielzahl kultureller Höhepunkte, die kurze Reise durch das Laufental führt Sie dann weiter ins Jura, eine der ländlichsten Regionen der Schweiz.

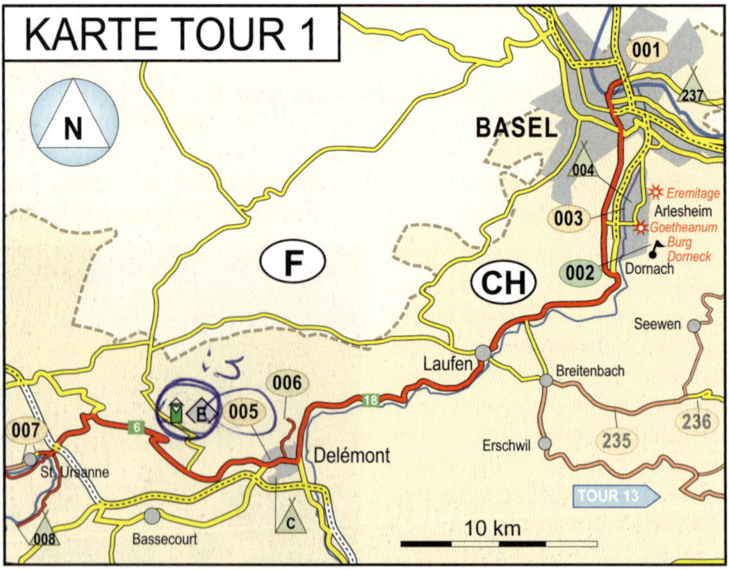

Ob Sie ihre Schweizreise gleich mit einem längeren Aufenthalt in der Stadt beginnen wollen oder ob Sie die ersten Eindrücke von Ihrem Reiseziel in der Natur suchen, ist eine Frage der Mentalität – oder vielleicht auch des Reisewetters. Wir sind erst mal an Basel vorbeigesaust und haben unsere Schweizreise in Dornach begonnen. Da aber diese Tour von Basel ins Schweizer Jura heißt, beginnen wir schön der Reihe nach. Und wenn Sie wollen, starten Sie die Expedition in die Stadt der Museen erst am Ende der Reise und nutzen dabei den Campingplatz Kaiseraugst (**Stellplatz 237** / Tour 13**)** als Basisquartier.

Basel ist keine Stadt für Autofahrer. Das Netz an Einbahnstraßen ist für Ortsfremde nur schwer durchschaubar und erfordert manchen verwirrenden Umweg. Wie in jeder größeren Stadt bewegen Sie sich am einfachsten mit öffentlichen Verkehrsmitteln – in diesem Fall mit Tram und Bus. Im überschaubaren Zentrum der Stadt kommen Sie auch zu Fuß ganz gut zurecht. Für Wohnmobile in PKW-Länge bietet der **St. Alban Rheinweg** unterhalb der **Wettsteinbrücke** einen Stellplatz, von dem Sie viele der interessantesten Ecken der Stadt problemlos per pedes erreichen können.

(001) WOMO-Stellplatz: Basel / St. Alban Rheinweg

GPS: N 47°33'18", E 7°35'53", 268 m **max. WOMOs:** 3-4.

Ausstattung/Lage: Parkbuchten quer zur Straße am Rheinufer, die an der Brücke endet (Sackgasse), für Womos bis max. 6 m geeignet, Parkgebühr von 8-18 Uhr, zentrale Parkuhr. Über die Treppe an der Wettsteinbrücke erreichen Sie in 10 min. zu Fuß die Grossbaseler Altstadt mit Fußgängerzone, Baseler Münster, Tinguely-Brunnen und vielen Museen. WC auf der anderen Seite der Brücke (je 1x oben und unten am Brückenpfeiler).

Zufahrt: von der Wettsteinbrücke kommend links in den Mühlenberg (Vorsicht Einbahnstraße) einbiegen und dann links in die Sackgasse St. Alban Rheinweg.

Größere Mobile kommen mit etwas Glück auf der anderen Seite der Wettsteinbrücke am gegenüberliegenden Rheinufer unter. Hier parkt man längs an der Straße. Sie müssen dazu allerdings eine freie weiße Parkbucht finden, oder morgens rechtzeitig aufbrechen. Auf den blauen Plätzen ist die Parkzeit tagsüber auf eine Stunde begrenzt. Nur zwischen 19 Uhr und 8 Uhr und an Sonn- und Feiertagen dürfen Sie in blauen Zonen unbegrenzt parken. Weitere weiße Parkplätze finden Sie etwas außerhalb zwischen Sportplätzen und dem Schützenmattpark in der **Brennerstraße**. Ansonsten bleibt Ihnen in Basel eigentlich nur das Quartier auf einem Campingplatz am Stadtrand. Am schönsten stehen Sie östlich der Stadt in Kaiseraugst direkt am Rhein **(227)**. Der Platz ist aber nur vom 1.4. bis 15. 9. geöffnet. Einen zweiten Camping finden Sie in Dornach **(004)**.

Basel – Stadt der Kunst und der Museen

Wenn Sie vom Stellplatz die Treppe an der Wettsteinbrücke hinaufsteigen, haben Sie in unmittelbarer Umgebung die Wahl zwischen dem Kunstmuseum, dem historischen Museum, dem Architekturmuseum, dem Musikmuseum, dem Puppenhausmuseum, dem Museum der Kulturen, dem naturhistorischen Museum und dem jüdischen Museum. In der anderen Richtung überqueren Sie den Rhein ganz romantisch mit der Personenfähre und laufen rechts am Ufer entlang in 10-15 min. zum Museum Jean Tinguely. Direkt oberhalb ihres Womos versteckt sich an der St. Alban Vorstadt noch das Karikatur- und Cartoonmuseum – und das war längst nicht alles, was Basel an Kunst und Kultur zu bieten hat. Es gibt hier über 30 Museen, darunter fünf große Häuser für zeitgenössische Kunst. Und jedes Jahr im Juni bringt die Kunstmesse Art Basel Kunst und Kunstinteressierte aus der ganzen Welt in die Stadt am Rhein.

Weltruf in der Kunstszene haben das eher klassische **Kunstmuseum** oder die private **Fondation Beyeler** außerhalb der Stadt mit impressionistischen und zeitgenössischen Arbeiten.

Basel ganz praktisch

Umfassende Informationen, einen Stadtplan und auch einen Museumspass, der für 48 Stunden freien Eintritt in alle Basler Häuser gewährt (CHF 45.-), bekommen Sie in der Touristeninfo am Barfüsserplatz Mo-Fr 9 - 18.30 Uhr, Sa 9 - 17 Uhr, So und Feiertage 10 – 15 Uhr. Oder Sie laden sich auf der Internetseite der Stadt einen City-Guide mit integrierter Stadtkarte als kostenlose App für Ihr Handy herunter. Tram und Bus sind mit der Basel Card für einen oder mehrere Tage kostenlos (48 h, CHF 27.-) – eine Stadtführung, der Eintritt in den Zoo und in einige Museen sind bereits inklusive.

Ein Stadtbummel mit Besuch des Basler Münsters und des Fasnachts-Brunnens mit den wasserspuckenden Maschinen

des Künstlers Tinguely, vor dem ich schon als Kind minutenlang still und fasziniert gestanden habe, oder ein Spaziergang am Rheinufer lassen Basel in bestem Licht erscheinen.

Wenn Sie die skurrilen, sich zweckfrei bewegenden Maschinenskulpturen des Künstlers genauso faszinieren wie mich, finden Sie im **Museum Tinguely** mehr davon. Hier, in der Stadt, in der Tinguely in den 1930er Jahren aufgewachsen ist, befindet sich die umfassendste Sammlung von Objekten und Zeichnungen seiner künstlerischen Arbeit.
Paul Sacher-Anlage 2, ab Bahnhof mit der Tram Nr. 2 bis Wettsteinplatz, dort umsteigen auf Bus Nr. 31 oder 38. Geöffnet Di-So 11-18 Uhr. Eintritt CHF 15.-

Stadtblick vom Münsterturm

Die roten Sandsteinmauern des Basler Münster, dessen Türme seit fast 1000 Jahren zu den markantesten Punkten der Baseler Skyline und den Wahrzeichen der Stadt gehören, sehen Sie schon von der Wettsteinbrücke. Das im romanischen und gotischen Stil erbaute Münster kann im Rahmen einer Führung besichtigt werden. Unabhängig von einer Führung können Sie für einen Eintritt von CHF 4.- die beiden Türme besteigen und haben von dort den besten Blick über die Stadt. Geöffnet Mo- Fr 10-17 Uhr, Sa 10-16 Uhr, So und Feiertag 11.30 -17 Uhr.

Blaues Band im Zentrum der Stadt

Er trennt Kleinbasel im Norden von Großbasel im Süden und ist das heimliche Zentrum der Stadt – der Rhein. Man kann ihn per Ausflugsboot befahren, im Stadtzentrum über die älteste Rheinbrücke laufen oder mit einer der vier nostalgischen Rheinfähren übersetzen. An seinem Ufer lässt es sich bummeln oder in einer gemütlichen Weinbar sitzen. Und was in einer deutschen Großstadt wie Düsseldorf kaum vorstellbar wäre, gibt es in Basel gleich doppelt: ein öffentliches Bad am Flussufer. Das Rheinbad Breite besteht seit 1898 und steht unter Denkmalschutz. Noch älter ist das Badhysli von St. Johann, welches 2012 renoviert wurde. Ein beliebtes Sommervergnügen für sichere Schwimmer ist es, sich vom Fluss einmal quer durch die Stadt tragen zu lassen. Startpunkt ist der Badeplatz am Tinguely Museum. Die Kleidung kann dabei in einem eigens dafür entwickelten wasserdichten Sack – dem sogenannten Wickelfisch – mitgenommen werden.

Auf der Autobahn fahren Sie in Richtung Süden aus Basel hinaus, wo Sie in **Dornach** einen ersten Stopp einlegen sollten.

Auf dem Architekturpfad durch Dornach

Zu den sieben Zwergen heißt ein Gasthof in Dornach. Das passt gut. Im Ort sammeln sich Häuser in ungewöhnlichen Formen und Farben mit schiefen Winkeln und schrägen Fenstern. Diese leicht märchenhaft, schief-gemütliche Architektur in sanften Pastelltönen sollte den einen oder anderen sofort an die hiesigen Waldorfschulen erinnern – und genau da kommt Sie auch her. In Dornach thront auf der Kuppe eines Hügels der massige Bau des **Goetheanums** – der wichtigsten Ausbildungsstätte der anthroposophischen Bewegung. Einige der Häuser im Ort hat Rudolf Steiner selbst entworfen. Die kleinen gelben Eurythmiehäuser zum Beispiel. Andere sind neueren Datums. 170 Gebäude mit Merkmalen der typischen Steiner-Architektur sind von 1914 bis heute entstanden und stehen verteilt im Ort. Vier gut markierte Architekturpfade führen interessierte Besucher von einem zum anderen. Am Ende des Rüttiweges und zu Füßen des Goetheanums bietet das Kaffee- und Speisehaus schöne Plätze unter Platanen und gute vegetarische Küche.

Für Besucher des Goetheanums gibt es in Dornach zwei Parkplätze: am Hügelweg bei **GPS N 47°29'13", E 7°37'19"** und eine Reihe Parkbuchten direkt am Haupthaus im Rüttiweg **GPS N 47°29'04", E 7°37'05".**

Burgruine und Landschaftspark

Doch damit nicht genug: Dornach hat auf engstem Raum noch mehr Sehenswertes zu bieten. Zum einen ist da der verwunschene Landschaftsgarten der Eremitage im Ortsteil Arlesheim, zum anderen die ebenso märchenhafte Burgruine Dorneck am anderen Ortsende. Beide Ziele sind mit einem Wanderweg verbunden.

Schloss Birseck und die Eremitage

Auch Schloss Birseck thront auf einem Hügel. Rund um den Berg schlängeln sich Pfade hinauf – durch mehrere Höhlen, vorbei an der Eremitenklause und hinunter zu den drei Fischteichen. Der Landschaftsgarten rund um Schloss Birseck wurde bereits 1785 angelegt und ist ganzjährig für Gäste frei zugänglich. Die Burg auf dem Berg kann man dagegen nur im Sommer besichtigen: Schloss Birseck ist vom 1. Mai bis 15. Oktober am Mittwoch und Sonntag jeweils von 14 - 17 Uhr für Besucher geöffnet. Ein Wohnmobil in den engen Gassen von Arlesheim unterzubringen, ist nicht so ganz einfach. Kleine Mobile finden einen ausgeschilderten Parkplatz in einem Hof hinter der Kirche **GPS N 47°29'30", E7°37'18"** (Anfahrt durch schmalste Gassen). Alternativ erreicht man die Eremitage zu Fuß vom Goetheanum, wenn man dem Architekturpfad 4 bis zum Sonnenhof folgt und vom Mühlenbodenweg in den rechts markierten Weg zum Landschaftsgarten abbiegt oder über einen schönen Wanderweg vom Parkplatz an der Ruine Dorneck.

Burgruine Dorneck

Liebhaber alter Gemäuer sollten sich die Burgruine Dorneck auf keinen Fall entgehen lassen. Auch Kinder haben sicher ihren Spaß an diesem Ausflug. Sie finden hier jede Menge Nischen und Winkel zum Erforschen und Erkunden. Im Hof vor der Burg gibt es sogar zwei Grillstellen. Es ist nichts abgesperrt und man kann in jede Ecke schauen. Höhepunkte sind die Terrasse auf dem Burgfried zu der man eine steile Metalltreppe hinaufsteigt und der Weg um die Burg herum. Man läuft am Eingang links an der Anlage vorbei und am Fuß der Mauer entlang bis der Weg in einem dunklen Felstunnel verschwindet. Auf der anderen Tunnelseite wählt man den ersten möglichen Trampelpfad rechts über den Bergrücken und wandert um die Ruine herum zum Eingang zurück. Der Pfad ist teilweise leicht ausgesetzt und daher nicht geeignet für Kinder unter 6 Jahre! Es empfehlen sich gute Schuhe mit griffigem Profil.

Möchte man dann von der **Ruine Dorneck zur Eremitage**, läuft man am Ende des unteren Parkplatzes in den Wald und steigt kurz darauf links hinab. Der Weg ist gut beschildert. **Gehzeit ca. 35 min. einfach.**

(002) WOMO-Wanderparkplatz: Ruine Dorneck

GPS: N 47°28'59", E 7°37'39", 438 m **max. WOMOs:** 1-2.
Ausstattung/Lage: Der Platz besteht aus zwei Parkbuchten unter Bäumen am Waldrand. Der untere Platz ist extrem schräg. Auf dem oberen geschotterten Platz neben der wenig befahrenen Straße (Sackgasse führt nur noch weiter zum Gasthof) findet man mit normal großen Womos einen geschütztes Plätzchen für eine Übernachtung. Zur Ruine folgt man der Fahrstraße etwa 100 m den Berg hinauf. Noch mal 100 m weiter erreicht man den Gasthof Schlosshof mit toller Aussichtsterrasse. Schöne Grillplätze an der Burgruine.
Zufahrt: Im Ort den Wegweisern zur Ruine und zum Gasthof Schlosshof folgen.

Felstunnel im Gartengelände der Eremitage

Eine weitere Übernachtungsmöglichkeit findet man in **Arlesheim** am Ufer der Birs direkt zwischen Naturschutzgebiet und Industriegebiet gelegen.

(003) WOMO-Stellplatz: Arlesheim Birsbrücke

GPS: N 47°29'51", E 7°36'24", 279 m
max. WOMOs: 1-2.
Ausstattung/Lage: Geschotterte Parkbucht am Ende einer Straße und am Fahrradweg. Brücke über den Fluss und mehrere Zugänge zum Wasser. Industriegebiet, am Ortsrand.
Zufahrt: Von der auf Arlesheimer Seite des Flusses parallel zur Birs verlaufenden Talstraße am Gebäude der Würth AG in den Birsweg abbiegen.

(004) WOMO-Campingplatz-Tipp: Waldhort Reinach

GPS: N 47°29'58", E 7°36'11", 284 m **Öffnungszeiten:** ganzjährig.
Ausstattung/Lage: Gut geordneter, etwas enger Platz am Ortsrand von Reinach in der Nähe der Birs, aber noch näher an der Autobahn. Im Sommer kleine Poolanlage. Einziger Campingplatz in der Region. Womo inkl. 2 Personen CHF 38.-. Wer Basel und Dornach erkunden möchte, hat hier ein gutes Basisquartier: Basel erreicht man mit der Tram, die in Platznähe abfährt. Nach Dornach kommt man leicht mit dem Fahrrad.
Zufahrt: Ab Ortsmitte in Reinach ausgeschildert.

Um Abstand zum dicht besiedelten Raum um Basel zu gewinnen, folgen wir dann der Kantonalstraße 18 durch das **Laufental** und erreichen zügig nach knapp 30 km Fahrt **Delémont** und den schweizerischen Jura.

Am Mittwoch und Samstag Vormittag füllt der wöchentliche Markt die Altstadtgassen von **Delémont** mit quirligem Leben, ansonsten geht es hier gelassen zu. Besonders sehenswert sind die farbenfrohen Brunnen vor den schön restaurierten Häusern, von denen eines das Stadtmuseum für Kunst und Geschichte (Musée Jurassien d'Art et d'Histoire) beherbergt.

Ein weiterer Grund für einen Stopp in Delémont ist der angenehme offiziellen Stellplatz für Wohnmobile in unmittelbarer Nähe der Altstadt – und der ist sogar kostenlos.

(005) WOMO-Stellplatz: Delémont

GPS: N 47°21'46", E 7°20'24", 424m **max. WOMOs:** 8-10

Ausstattung/Lage: Großer öffentlicher Parkplatz ca. 200 m von der Altstadt entfernt, durch eine Häuserreihe von der Straße abgeschirmt, WC und kostenlose Euro-Relais Station am Platz. Stellplätze unter Bäumen mit Blick auf die Stadt. Offizieller Stellplatz. Problemlos anfahrbar für Womos aller Größen.
Ein Gasthof direkt nebenan, mehr Auswahl in der nahen gemütlichen Altstadt.
Zufahrt: Südlich der Altstadt in der Route de Porrentuy, Mit Euro Relais Symbol ausgeschildert

Wer den Abend lieber auf der gemütlichen Terrasse eines einfachen Landgasthofes verbringen möchte, fährt von Delémont den Wegweisern zur **Chapelle de Vorbourg** nach. Nach kurvigen 10 Minuten erreicht man erst eine schmale Parkbucht über der sehenswerten Kapelle und ca. 150 m nach dem Felsdurchbruch den Landgasthof Restaurant du Vorbourg. Der Gasthof ist blickreich am Hang gelegen und neben den Tischen befinden sich Spielplatz und Ziegengehege, die mitreisende Kinder glücklich machen werden. Bei passendem Wetter sitzt man auf der Terrasse, vor sich auf dem Tisch eine deftige Portion Rösti oder Karpfen. Nach dem Essen erlauben die besonders freundlichen Wirtsleute auf Nachfrage gerne eine Übernachtung auf Ihrem ruhigen Parkplatz.

(006) WOMO-Gasthof: Restaurant de Vorbourg

GPS: N 47°22'53", E 7°21'18", 524m
max. WOMOs: 1-2.
Ausstattung/Lage: außerorts, am Ende einer Sackgasse, Parkplatz mit schönem Blick direkt neben der Terrasse und dem Außengelände mit Tiergehege. Ruhetag am Montag und Dienstag.
Zufahrt: In Délémont Richtung Chapelle de Vorbourg. An der Kapelle vorbei, durch den Felsdurchbruch bis zum Ende der Straße.

Weitblick am Burgturm

Der spezielle Verdauungsspaziergang vor oder nach dem Essen: Ein Pfad führt vom Gasthof oder von der Kapelle hinauf zu den Resten der ehemaligen Burg. Mehr als

ein aufragender Steinturm ist hier allerdings nicht mehr zu sehen. Dafür hat man von der Plattform zu Füßen der Ruine einen weiten Blick ins Laufental und auf Delémont. Eine knappe Viertelstunde braucht man hinauf – mit Pausen zum Luft holen, denn der Weg steigt ordentlich steil bergan.

Sind wir bis Delémont in dicht besiedeltem Gebiet unterwegs gewesen, steuern wir unser Womo jetzt in die ruhige Naturlandschaft des Jura. Zwischen Wiesen und Wäldern windet sich die Straße hinauf in Richtung Porrentuy. Wir folgen ihr bis links ein Abzweig nach **St. Ursanne** ins reizvolle, noch recht ruhige Tal des Doubs führt. Kurz nach der Unterquerung der Autobahn erreichen wir einen Kreisel vor der Doubsbrücke. Hier teilen sich die Wege. Rechts befindet sich St. Ursanne, das von beiden Flussseiten angefahren werden kann, links direkt am Kreisel steht das moderne Holzhaus des **Maison de Tourisme**, ein Bistro, das gleichzeitig Touristeninfo und

Anbieter von Angel- und Paddeltouren ist. Außerdem werden hier Fahrräder, e-Bikes und Inlineskates verliehen und Fahrten mit der Pferdekutsche angeboten. Direkt daneben bietet der **Camping Communal** eine Handvoll wenig idyllischer Stellplätze direkt unterhalb des eindrucksvollen Eisenbahnviaduktes. Dafür kann man von hier zu Fuß in die Altstadt von St. Ursanne laufen. Wer einen freien Stellplatz vorzieht, findet in der Nähe der Altstadt zwei geeignete Parkplätze.

Blick auf St. Ursanne vom südlichen Doubsufer

(007) WOMO-Stellplatz: St. Ursanne

GPS: N 47°21'43" E 7°09'06", 432 m **WOMO-Zahl:** 1-2.

Ausstattung: Parkplatz im Ort an den Sportflächen der Schule, Spielplatz, 5 Minuten Fußweg zur Altstadt. In der Altstadt mehrere Gasthöfe zur Auswahl, unter anderem das Restaurant des Hotels Demi-Lune mit Terrasse über dem Doubs, Coop und Tourist-Information.

Zufahrt: Die Altstadt über die westliche Doubsbrücke anfahren, 600 m nach dem Kreisverkehr rechts der Straße. Nicht von der Ostseite durch die Altstadt hindurch fahren, da die Gassen zu schmal und die Stadttore mit 2,70 m für die meisten Womos zu niedrig sind.

Alternative: Auch auf der anderen Seite der Altstadt finden bei **GPS 47°21'59", 7°09'28"** 1-2 Wohnmobile einen Platz. Geschotterter Parkplatz in einer Baulücke zwischen Häusern, direkt an einer großen Wiese und ca. 50m vor dem Tor zur Altstadt. Parken zur Stadtbesichtigung und auch für eine Übernachtung nach einem abendlichen Restaurantbesuch.

Mittelalter trifft Neuzeit – die Altstadt von St. Ursanne

Durch eines der drei alten Stadtore betreten Sie den historischen Kern von St. Ursanne. Schmale pastellfarbene Häuser mit bunten Läden, nicht herausgeputzt, sondern mit reizvoller Patina, bestimmen das Ortsbild. Das Zentrum des Ortes bildet die Achse zwischen der großen Stiftskirche und der dekorativen Bogenbrücke über den Doubs.

Die Ursprünge von St. Ursanne sind frühchristlich. Ein irischer Mönch mit dem Namen Ursicinus soll um 600 n. Chr. in den Höhlen der Felswand

über dem Fluss gelebt haben. Auf seinem Grab wurde das erste Kloster am Ufer des Doubs errichtet, das hier bis ins 19. Jahrhundert existierte, Die für den kleinen Ort überdimensional mächtige Kirche war einst ein Teil der Klosteranlage. Auch Reste der Einsiedelei am Berg hinter der Stadt sind erhalten und wurden 1999 restauriert. Hinauf führt heute der Pilgerpfad, der den Besucher auf 190 steinernen Stufen zur Grotte des Eremiten führt. Der Aufstieg lohnt sich schon wegen dem grandiosen Blick über die Stadt.

In der Höhle des Eremiten – der Spaziergang auf dem Pilgerpfad

Gehzeit: ca. 1 h 30, *ordentlich steil, gut profilierte Schuhe sind sinnvoll.* Den Zugang zum Pilgerpfad haben wir lange gesucht, daher hier eine ganz genaue Beschreibung: Laufen Sie von der Stiftskirche durch das westliche Stadtor und dann direkt rechts, außen an den Häusern der Altstadt entlang (Rue de la Cousterie). Direkt hinter dem u-förmigen ehemaligen Klostergebäude markiert ein Tor und ein Hinweisschild (Ermitage) den Wegbeginn. Von hier geht es, wie schon erwähnt, stufenreich bergauf. Zuerst erreicht man die Hauskapelle, dann eine Hütte, die noch im 17. Jahrhundert von Eremiten des Klosters bewohnt wurde. Vorbei an einer zweiten Kapelle erreichen wir dann die Grotte, in der ein hölzerner St. Ursanne neben seinem Bären ruht und auf Besucher wartet...

Sie können jetzt umdrehen und den Pfad wieder hinuntersteigen, oder Sie laufen einfach weiter. Der Pilgerweg führt zum Bahnhof, der sich ein gutes Stück oberhalb der Stadt befindet. Gehen Sie die Straße, auf die Sie am Ende des Pfades treffen, rechts hinunter, kommen Sie durch das östliche Stadttor in die Altstadt zurück.

Freizeitparadies Doubs

Wer Wanderungen am Flussufer, gemütliche Fahrradtouren und vielleicht auch einen Ausflug mit dem Kanu schätzt, der sollte hier bei St. Ursanne einen längeren Stopp einlegen. Besonders schön platziert man das Womo dazu auf dem Camping Tariche, der in Alleinlage etwa 5 km von St. Ursanne im Flusstal liegt.

(008) WOMO-Campingplatz-Tipp: Tariche

GPS: N 47°20'03", E 7°08'25" , 458 m
Öffnungszeiten: April - Oktober.
Ausstattung/Lage: Maximal 6 Stellplätze für größere Wohnmobile und einige zusätzlich für Campingbusse am Rand der Zeltwiese. Wer in der Hauptsaison länger bleiben möchte, sollte reservieren. Gutes Restaurant mit schönen Plätzen an der Uferwiese, Feuerstellen am Fluss, Überquerung des Doubs mit einem kleinen Fährboot zum Wanderweg auf der gegenüberliegenden Flussseite. Schöne Wanderungen und Radtouren (mit Steigungen!) direkt vom Platz. Womo inkl. 2 Pers. CHF 29.- - 34.-, Strom CHF 4.-
www.tariche.ch, Telefon +41 (0)32 - 433 46 19
Zufahrt: Am Kreisel vor dem Ort dritte Ausfahrt (also links), vorbei am Camping Communal und auf schmaler Straße 5-6 km am Doubs entlang. Die Straße endet am Camping, dahinter geht es nur noch mit dem Fahrrad weiter.

Flussexpedition vom Camping Tariche

Hin- und zurück ca. 1 h, beinahe eben. Die Uferwiese des Campings lässt eigentlich kaum Wünsche offen. Wenn Ihnen aber der Sinn nach einem einsamen romantischen Flussplätzchen und einem schönen Spaziergang steht, folgen Sie vom Wanderparkplatz am Camping dem Uferweg. Schnell kommt man an schöne Wiesenplätze am Ufer. Mehrere Feuerstellen zeugen davon, dass diese gerne besucht werden. Nach ca. 20 Minuten gabelt sich der Weg. Wir folgen rechts dem Wanderweg und wählen wenig später an der nächsten Gabelung den unmarkierten unteren Weg. Er führt zum Ufer hinunter, wird zum schmalen Waldpfad und führt uns zu verborgenen Nischen am Flussufer.
Wer länger laufen möchte, folgt dem schöneren Uferweg auf der anderen Flussseite (dazu übersetzen mit der Tariche Flussfähre) in Richtung Soubey oder St. Ursanne. Soubey erreicht man vom Camping auch gut mit dem Fahrrad. Der Weg ist als Mountainbikeroute markiert. Bis Soubey sind es 12 km mit ca. 100 Höhenmetern.

Der Doubs

Fluvium dubium, der zweifelnde Fluss, nannten die Römer den Doubs. Betrachtet man seinen Verlauf auf einer Karte, wird schnell klar, woher der Name kommt. Zwischen der Doubsquelle bei Mouthe im französischen Jura und seiner Mündung bei Verdun sur le Doubs in die Saône liegen über 450 Flusskilometer, die beiden Orte sind aber nur 85 km voneinander entfernt. In großen Schleifen durchfließt der Doubs die einsamen Täler zwischen den Jurabergen in Richtung Norden, wechselt von Frankreich in die Schweiz und bildet über eine lange Strecke die französisch-schweizerische Grenze. Dann zieht er auf Schweizer Boden eine Schleife und wechselt auf der Höhe von St. Ursanne die Richtung, um kurzerhand in den Süden zurückzuströmen. Die Flussabschnitte im Schweizer Jura liegen deutlich tiefer als das umliegende Terrain und sind oft nur schwer erreichbar. Lange Uferpassagen sind daher praktisch unverbaut und der Fluss ist komplett naturbelassen. Ein Paradies für Wanderer, Mountainbiker und Kanuten.

Wandern am Doubs

Ein durchgehender Wanderweg führt von La Motte an der französischen Grenze bis Les Brenets in der Nähe des Jurastädtchens Le Locle immer am Flussufer entlang. Der besonders reizvolle 78 km lange Abschnitt zwischen St. Ursanne und Les Brenets lässt sich in vier Tagen erwandern. Nähere Informationen finden Sie unter www.wandersite.ch beim Stichwort Doubs-Uferweg.

An geeigneten Orten finden Sie hier im Buch Vorschläge für kürzere Ausflüge auf dem Uferweg. So zum Beispiel ab St. Ursanne und Goumois / Le Theusserets. Von La Biaufond führt eine Rundtour zu den Todesleitern und von Les Brenets kann man zu den eindrucksvollen Doubswasserfällen wandern – oder auch mit dem Ausflugsboot dorthin fahren.

Der Doubs per Mountainbike

Entlang des Doubs führt auch eine anspruchsvolle Mountainbiketour mit über 800 Höhenmetern. In den weniger bergigen Bereichen zwischen St. Ursanne und Goumois kommen aber auch sportliche Normalradler zurecht. Ein separater, meist asphaltierter Bikeweg ist von St. Ursanne markiert. Eine Beschreibung der großen Doubs-Tour finden Sie unter www.gps-tracks.com.

Kanutouren auf dem Doubs

Eine ganz andere Art dem Fluss zu folgen, ist ein Ausflug mit dem Kanu. Da der Doubs beim passenden Wasserstand zwar flott dahinfließt, aber kaum wirklich schwierige Stellen hat, werden im Sommer an mehreren Stellen Tagestouren angeboten. Die Stecke zwischen Goumois und Soubey, sowie der Abschnitt zwischen dem Camping Tariche und St. Ursanne sind auch für wenig geübte Kanuten befahrbar. Eine kritische Passage befindet sich kurz hinter Soubey.

Mit dem Maison du Tourisme (St. Ursanne) startet man am Camping Tariche und folgt dem Fluss bis St. Ursanne. Für eine betreute Halbtagestour mit Kanuguide zahlt man ca. CHF 80 pro Person. Paddeln kann man bei passendem Wasserstand von April bis Oktober. Telefon +41 (0)32 461 00 00, www.maisondutourisme.ch

Einen weiteren Kanuverleih gibt es in Soubey. Hier werden die Strecken Goumois-Soubey mit 4-5 h (CHF 55 pro Person) und Clairbeaf-Soubey mit 1-2 Stunden (CHF 35,- pro Person) angeboten. Begleitung durch einen Kanuguide CHF 75.-. Anmeldung bei Denis Houlmann, Tel. +41 (0)32 - 95 51 231, www.doubs-evasion.com

Für etwas erfahrenere Kanuten, die nicht mehr auf Begleitung angewiesen sind, befindet sich die interessanteste Adresse in Goumois. Auf der französischen Seite des Doubs hat die Kajakschule Goumois Evasion ihr Quartier. Das Programm reicht vom Kajakkurs auf der Wildwasserstrecke Goumois bis zur 2-tägigen Doubsfahrt bis St. Ursanne. Auch Tagesfahrten zwischen 1 und 5 Stunden sind möglich. Der Preis enthält Kanu- oder Kajakmiete, Versicherung und Transportservice und ist in der Region beim augenblicklich hohen Stand des Schweizer Franken konkurrenzlos: € 35 pro Person kostet die Tagestour nach Soubey. Goumois Evasion, Chemin des Seignottes, F 25470 Goumois, Telefon Frankreich +33 (0)3 81 44 21 30, goumois.evasion.free.fr

TOUR 2 (ca. 135 km / 2-3 Tage)

Durch die Freiberge

St. Ursanne – St Hippolyte – Vallée du Dessoubre – Maiche – Saignelégier – Bellelay – Les Breuleux – Mont Soleil – Biaufond – La Chaux-de-Fonds

Freie Übernachtung: Montjoie le Chateau, St Hippolyte, Le Theusseret, Saignelégier, Etang de la Gruère, Mont Soleil, Biaufond

Ver-/Entsorgung: Saignelégier und Campingplätze

Campingplätze: Préhisto Parc, Goumois, Saignelégier, Les Breuleux, La Chaux-de-Fonds

Baden: Doubs, Dessoubre

Besichtigen: Préhisto Parc und Grottes de Leclère, Pferdegnadenhof Le Roselet, Käsereimuseum Bellelay, Museen und Zoo in La Chaux-de-Fonds

Wandern / Radtour: Doubsuferweg in Goumois und Biaufond, Etang de la Gruère, Energielehrpfad Mont Soleil

Erlebnis: Paddeltour auf dem Doubs von Goumois

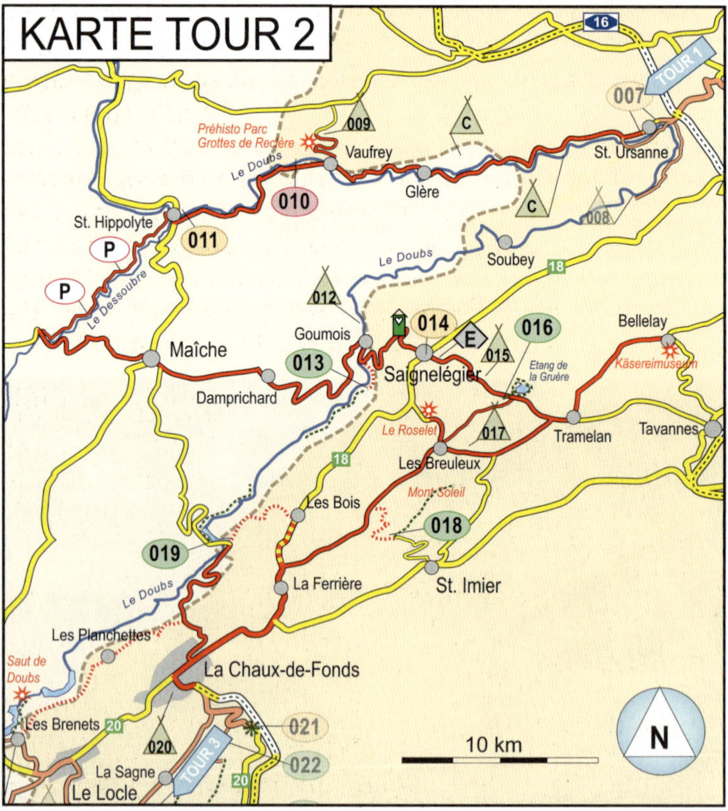

Grüne Berge und stille Täler bestimmen die typische Landschaft der Freiberge. Weder die Landschaft, noch die Orte sind spektakulär. Dieser Teil des Jura ist keine Region der Superlative. Dafür finden Sie ein wild gebliebenes Flussufer, viel Natur, freundliche Menschen und wenig Trubel, Raum zum Wandern, für lange Spaziergänge und gemütliche Abende. Urlaub eben.

Von **Saint Ursanne** führt die Straße immer am Doubs entlang, vorbei am Camping Le Moulin du Doubs, der weitgehend von Dauercampern okkupiert ist, und erreicht wenig später bei **La Motte** die französische Grenze. Ein Haus und eine rot-weiße Schranke sowie das Hinweisschild Douane - Zoll – mehr ist nicht zu sehen. Im Örtchen **Glère** markiert ein Schild den Abzweig zum 1000 m entfernten **Camping** in der Einsamkeit mit schattigen Plätzen am Hang **GPS N 47°20'39", E 7°00'54"**. Wir bleiben am Doubs bis **Vaufrey**. Hier führt am Ortsende eine schmale Straße rechts hinauf zu den Grottes de Reclère und zum Préhistoparc – unserem nächsten Ziel. Sie windet sich in vielen Kehren bergauf und zurück in die Schweiz. Zwischendurch hat man einen tollen Blick auf das geschwungene Band des Flusses weit unten. Kurz nach der Grenze erkennen wir unser Ziel am großen **Parkplatz mit schöner Picknick- und Grillecke**.

Zwischen den Parkflächen rechts der Straße befindet sich die Zufahrt zum Camping, links ein Restaurant und der Eingang zu Dinopark und Tropfsteinhöhle.

Der Préhisto-Park und die Tropfsteinhöhle von Leclère

Sie laufen gemütlich durch den Wald und hinter dem grünen Blätterdach einer alten Buche entdecken Sie ein merkwürdiges Tier. Riesengroß und mit scharfen spitzen Zähnen. Die Kinder beginnen zu rennen: da hinten ist der Tyrannosaurus Rex! Ob Sie damit Recht haben, verrät ein Schild zum Füßen der lebensgroßen Plastikechse. Der Tyrannosaurus ist zwar der Größte, aber längst nicht der einzige Riesensaurier im Wald von Leclère. 45 lebensechte und originalgroße Sauriermodelle verbergen sich entlang des 2 km langen Weges zwischen den Bäumen und ermöglichen kleinen und großen Saurierfans den Vergleich und genaue Betrachtungen.

Damit die Atmosphäre noch ein bisschen uriger wird, steigen Sie vorher oder hinterher über 550 Stufen in die benachbarte Tropfsteinhöhle hinab. Auch dort ist Gänsehaut garantiert, wenn Sie die Pullover im Womo vergessen: dafür sorgt die konstante Temperatur von 7°C.

Der Park ist geöffnet von Ostern bis Ende Oktober von 10-12 und von 13-17.30 Uhr, im Juli und August durchgehend von 9.30-18 Uhr. Eintritt CHF 9.-, Kinder 4-15 Jahre CHF 6.-. Führungen in die Höhle finden in der Nebensaison um 11.30 und um 14.30 Uhr statt. Im Juli und August und an Sonntagen auch um 16 Uhr. An Feiertagen und in den Schulferien zusätzliche Termine.

Wer jetzt genug gefahren ist, findet direkt gegenüber einen zum Park gehörenden Camping.

(009) WOMO-Campingplatz-Tipp: Préhisto Parc

GPS: N 47°21'30", E 6°54'55", 660 m **Öffnungszeiten:** Ostern bis Oktober
Ausstattung/Lage: Auf dem Platz verteilt stehen 3 große Jurten und im hinteren Bereich viele kleine Häuschen. Wohnmobile platziert man auf der zentralen Wiese. Auf dem Gelände des Campings gibt es auch einen Reitstall. Ausritte und Ponytouren für Kinder möglich. Womo inkl. 2 Pers. CHF 30.-, www.prehisto.ch
Zufahrt: gegenüber dem Prehisto-Parc

Wir fahren nach dem Besuch auf dem vertrauten Weg wieder hinunter ins Doubstal und in Richtung St. Hippolyte. An der Ortsausfahrt von Vaufrey finden wir rechts vor der Brücke einen weiteren schönen **Picknickplatz am Flussufer,** der sich gut für eine Pause eignet, und noch einmal 1,5 km weiter vor den Häusern von **Montjoie Le Château** einen schönen Platz für eine Übernachtung. Dazu überqueren wir die schmale blaue Brücke zum Ort und biegen direkt dahinter links in die Parkbucht unter Bäumen ab.

(010) WOMO-Picknickplatz: Montjoie Le Château

GPS: N 47°20'50", E 6°54'08", 398 m **max. WOMOs:** 1-2.

Ausstattung/Lage: Abgeschirmt durch eine Hecke an einer ruhigen Straße in Sichtweite des Ortes, Blick auf den Doubs. Picknicktische, Schatten unter mehreren Bäumen, Mülltonne

Zufahrt: Von der Kantonalstraße in Richtung Montjoie Le Chateau abbiegen, gleich hinter der schmalen blauen Brücke links

Bei der Weiterfahrt auf der Uferstraße lädt in **Soulce Cerney** noch einmal eine sanft abfallende Wiese am Fluss mit Parkmöglichkeit am Straßenrand zur Pause ein. Wir wollen aber noch ein Stückchen weiter und rollen kurz darauf ins malerische Örtchen **St. Hippolyte** mit zwei schön gelegenen Restaurants rechts und links an der Doubsbrücke. Rechts unten sieht man bereits den großen Parkplatz, der sich als Stellplatz für eine Nacht anbietet. Ein Bummel durch die Straßen und ein Abendessen auf einer der beiden Restaurantterrassen über dem Fluss sorgen für einen runden Urlaubsabend.

(011) WOMO-Stellplatz: St. Hippolyte / Doubsufer

GPS: N 47°19'07", E 6°48'54", 377 m **max. WOMOs:** 4-5.
Ausstattung/Lage: Asphaltierter ebener Großparkplatz im Ort und direkt am Fluss. Problemlos anzufahren auch für Dickschiffe. Platziert man das WOMO an der Seite, hat man einen schönen Blick auf den Fluss und ein Stück Wiese direkt vor der Nase. Mülleimer.
Zufahrt: Im Ort rechts über die Doubsbrücke. Von der Brücke bereits sichtbar.
Sonstiges: 2 Restaurants in unmittelbarer Nähe, Pizzeria und Kebab im Ort.

Im Tal des Dessoubre

Die nächste Etappe unseres Frankreichausfluges führt uns in das Tal des Dessoubre, der in St. Hippolyte in den Doubs mündet. Er fließt durch ein beinahe unverbautes enges Tal, so dass heute erstmal nur Natur angesagt ist. Die schmale Straße schlängelt sich immer direkt am Fluss entlang, und so treffen wir schnell auf den ersten **Picknick- und Angelplatz** am Ufer **GPS N 47°17'24", E 06°46'34"**.

Noch schöner ist es an der zweiten Parkbucht links der Straße. Durch Bäume und Hecken geschützt, hat man eine Handvoll **Picknicktische auf der Uferwiese** verteilt. Kinder können prima am Wasser spielen und die Wiese bietet sich an für ein ausgiebiges Sonnenbad – hier kann man locker ein paar entspannte Urlaubsstunden vertrödeln. Auch eine Übernachtung wäre eventuell denkbar – die Parkbucht liegt aber direkt neben der schmalen, wenig befahrenen Straße. Da es bei unserer Ankunft kräftig schüttet, findet die entspannte Pause leider nur in unserer Phantasie statt. Für uns reicht es diesmal nur für ein leicht verregnetes Foto und für eine bessere Gelegenheit notierte GPS Daten: **N 47°16'24", E 6°46'34".**

Kurz bevor wir die Brücke erreichen auf der wir den Dessoubre überqueren und das stille Flusstal in Richtung Schweizer Grenze verlassen, passieren wir noch einen Uferplatz neben zwei Privatgrundstücken. Hier gibt es sogar einen kleinen Kiesstrand. Ob sich das Schild »Privat« an der Zufahrt zur Wiese unterhalb der Parkbucht auch auf die Bucht erstrecken soll, ist jedoch nicht eindeutig feststellbar. Diesen **Badeplatz** nennen wir also nur unter Vorbehalt...

Wenn Sie jetzt der Hunger plagt, folgen Sie dem Dessoubre noch 2-3 weitere Kilometer. Direkt rechts der Straße kommen Sie zum **Gasthof** *Le Relais du Pont Neuf* mit Minigolfplatz Leider ist dessen Parkplatz recht eng und wenig geeignet für größere Womos. Fahren Sie dort links hinunter zum Dessoubre, geht es wenig später links in die Zufahrt des Gasthofes *La Truite du Moulin*, wo man frische Forelle für Sie zubereitet.

Der direkte Weg führt über die Brücke und in vielen Kurven den Hang hinauf nach **Maîche**. Je höher wir kommen, desto weiter wird auch der Blick. In Maîche kann man prima zu Europreisen einkaufen. Besonders einladend sind die kleineren Läden rechts und links der Hauptstraße, aber auch ein Supermarché ist vorhanden. Ausgestattet mit frischer Baguette, Croissant und Pain au Chocolat machen wir uns wieder auf den Weg.

Überraschung an Ostern: auf den Jurahöhen holt uns der Winter ein.

Von Maiche geht es auf der D437 bis **Les Breseux** und dort rechts über **Tiéhbouhans** zurück in die Schweiz. Nach **Fessevillers** kurven wir von der Jurahöhe wieder hinunter zum Doubs. Zwei **Aussichtspunkte mit grandiosem Talblick** lohnen einen Stopp. Beide liegen unauffällig neben der Straße. Der erste in einer scharfen Rechtskurve am links abzweigenden Fußweg, das zweite Belvedere »Bief Parou« weiter unten am Berg kurz vor Goumois direkt an der Straße.

Goumois ist als Ort ein Kuriosum, das an der Schweizer Grenze gar nicht so selten ist. Der Ort besteht zwar nur aus wenigen Häusern, aber die sind auf beiden Flussseiten verteilt. Die Grenze zwischen Frankreich und der Schweiz verläuft mitten hindurch. In der Mitte der Doubsbrücke wechselt man unauffällig das Land und die Währung. Außerdem findet man auf jeder Flussseite einen Campingplatz – der schönere auf der französischen Seite – und dazwischen eine wettkampftaugliche Slalomstrecke für Kajakfahrer. Kanuverleih und Kanuschule befinden sich in Frankreich, das Camp für Kanuten in der Schweiz.

Ausflug auf dem Wasser

Sie können den Doubs zwischen Goumois und Soubey aber auch vom Wasser aus erkunden: Kanutouren und Kajakkurse zu sehr fairen Preisen bietet Goumois Evasion. Vom 2-stündigen Kurzausflug bis zur 3-Tagetour ist alles möglich. Wildwasserfreaks testen Ihre Geschicklichkeit auf der Slalomstrecke. Die Kanustation finden Sie im französischen Ortsteil. Die Zufahrt zweigt zwei Straßenkehren oberhalb des Flusses von der Ortsdurchfahrt ab. Mehr Infos übers Paddeln auf dem Doubs auf Seite 23.

Fahrradtour zur Moulin du Plain

Radelt man vom Campingplatz auf der schmalen Straße am Flussufer weiter, erreicht man nach ca. 4 km ein sehr schönes Wiesengelände am Fluss unterhalb des Hotel-Restaurants Le Moulin du Plain. Ab hier ist der Weg nur noch geschottert und wird Stück für Stück schmaler. Zu Fuss kommen Sie hier auf dem Uferweg weiter bis Clairbeef und Soubey...

(012) WOMO-Campingplatz-Tipp: Camping de la Forge / Goumois

GPS: N 47°16'13", E 6°57'00", 506 m **Öffnungszeiten:** April - September.
Ausstattung/Lage: Auf der französischen Seite. Einfacher kleiner Platz am Fluss ca. 1000 m vom Ort entfernt. Einige Stellplätze auf Terrassen direkt über dem Flussufer, zweiter Platzteil dahinter am Hang. Wenig Dauercamper, neue Sanitäranlagen. Sehr preisgünstig: Fahrzeug ca. € 4,50, Person € 3, Kinder bis 10 Jahre kostenlos. Wer länger in Goumois bleiben will, findet hier das perfekte Quartier.
Zufahrt: auf der französischen Seite vor der Brücke links, 1 km am Doubs entlang

Auf der Schweizer Seite von Goumois kann man eine besonders schöne **Wanderung auf dem Doubs-Uferweg** machen. Fährt man aus dem Ort hinaus und dann den Berg hinauf, zweigt direkt in der ersten Kurve ein schmaler, gut geschotterter Fahrweg (ca. 1,5 km) zum Mühlengasthof Le Theusseret ab, der hier einsam am Flussufer steht.

(013) WOMO-Wanderparkplatz: Le Theusseret

GPS: N 47°14'35", E 6°57'21", 510 m **max. WOMOs:** 1-2.
Ausstattung/Lage: Parkplatz ruhig und sehr schattig am Waldrand gelegen, wenige Meter vom Flussufer entfernt. Sehr empfehlenswerte Gaststätte Le Theusseret knapp 100 m entfernt.
Zufahrt: Rechts am Ende der nicht geteerten Zufahrt durch den Wald zum Gasthof, schmal und mit Gegenverkehr und daher nur für kompakte Womos geeignet.

Auf dem Doubsuferweg – von Le Theusseret nach La Goule

Gehzeit: 50 min. einfach. Vom Parkplatz laufen wir an der Mühle vorbei und spazieren auf gutem ebenen Weg zur Terrasse des Gasthofes. Wenn Sie es schaffen vorbeizulaufen, ohne sich an einem der einladenden Tische niederzulassen, erreichen Sie immer am Wasser entlang nach 50 Minuten die Doubsbrücke beim Gasthof La Goule, der nach einer Pause ein guter Platz zur Umkehr ist. Man könnte aber auch die Flussseite wechseln und weiter gehen, so lange die Lust reicht. Nach vier Stunden stünde man dann in La Biaufond an unserem Stellplatz (019).

Auf dem Doubsuferweg – von Goumois nach Le Theusseret

Gehzeit: 35 min einfach, ca. 80 Höhenmeter. Wer nicht über den Schotterweg zur Mühle hinabfahren will, startet die Wanderung schon in Goumois. Hierzu läuft man auf der Schweizer Seite der Flussbrücke etwa 500 m die Straße hinauf und biegt dann an zwei Ferienhütten rechts auf den gelb markierten Wanderweg ab. Der Weg führt hinab zur Kanu-Slalomstrecke und zwischen dicken Felsbrocken mit dichtem grünem Moospelz am Fluss entlang bis zum Kanu-Camp. Von dort folgt man dem geschotterten Fahrweg und steht nach ca. 10 min an der Mühle und am Wanderparkplatz.

Hinter Goumois schraubt sich die Straße erneut aus dem Tal hinaus und bringt uns nach **Saignelégier**, der Hauptstadt der Pferde im Zentrum der Freiberge.

Von Freibergen und Freibergern – Saignelégier und die Pferde

Freiberger gibt es zweibeinig und vierbeinig. Nicht nur die Einwohner der Region, die auf Französisch als Franches Montagnes bezeichnet wird, sind echte Freiberger, auch die einzige ursprünglich schweizerische Pferderasse trägt diesen Namen. Geologisch betrachtet bestehen die Freiberge aus grünen Hochebenen mit karstigem Boden und nur wenig tiefer liegenden Talmulden, die durch ihren Moorboden für die Landwirtschaft wenig geeignet sind. So wurde das Gebiet schon immer als Weideland genutzt. Neben Kühen und Schafen siedelte man in den Bergen auch Pferde an. Freiberger sind kleiner und stämmiger als das moderne europäische Sportpferd und als alte Haustierrasse ein Relikt aus einer Zeit, als Pferde auch zum Arbeitseinsatz gezüchtet wurden. Heute bewähren sie sich als zuverlässige Kutsch- und Reitpferde und werden als genügsame und nervenstarke Freizeitpferde wiederentdeckt.

Freiberger Pferde im Zuchtstall von Le Roselet

Die Pferdezucht hat in den Freibergen eine lange Tradition. Im Jahre 1384 hatte der zuständige Fürstbischof der Region eine entscheidende Idee: um die bis dahin wilden und öden Berggebiete zu besiedeln, stellte er einen Freibrief aus. Wer sich auf den kargen Jurahöhen eine Existenz aufbaute, war auf alle Zeit von Zins- und Steuerzahlungen befreit. Und so kamen die Berge zu ihrem Namen: Freiberge. Anfangs vom Kloster von St. Ursanne aus geleitet, wuchs die Region langsam heran. Seit 1691 ist Saignelégier, eines der damals neu gegründeten Dörfer, Verwaltungszentrum der Region und damit auch der Pferdezucht, die von Anfang an eine wichtige Rolle spielte. Wenn Sie jetzt waschechte Freiberger sehen wollen, müssen Sie bei der Fahrt durch die Freiberge eigentlich nur die Augen offenhalten – oder Sie machen einen Besuch im wenige Kilometer entfernten Le Roselet.

Le Roselet – Ein Ausflug für Pferdefreunde

Le Roselet ist eigentlich ein Gnadenhof für alte Pferde. Die *Stiftung für das Pferd* betreibt in unmittelbarer Nähe außerdem noch die kleineren Stationen Maison Rouge und Jeanbrenin. Le Roselet ist repräsentativ. Es erwarten Sie keine handgebauten, wackligen Holzstallungen, sondern ein aufwändig nach neuesten Erkenntnissen der artgerechten Tierhaltung errichtete Anlage mit Boxen, Laufställen und Koppeln. Ca. 170 Pferde, Ponys und Esel, von denen die meisten gut über 25 Jahre alt sind, genießen hier einen unbeschwerten Lebensabend mit viel Freiraum und der Gesellschaft von Artgenossen. Außerdem finden Sie in Le Roselet im linken Stallgebäude eine Gruppe Esel und die Quartiere der vier Freiberger Zuchtstuten. So springen auf dieser einen Koppel statt munteren Senioren ebenso muntere Fohlen herum. In Le Roselet und Maison Rouge können Sie die Stiftung mit einem Restaurantbesuch unterstützen. Die Anlagen dürfen täglich zwischen 7 und 19 Uhr von Besuchern betreten werden. Der Eintritt ist kostenlos.

Die Anlage von Le Roselet liegt gleich neben der Straße von Saignelégier über Les Embois nach Les Breuleux und ist auch mit größeren Womos gut zu erreichen. Parkplatz Le Roselet: **GPS N 47°13'24", E 7°00'19".** *Wenn Sie auch die anderen Stationen sehen wollen: Maison Rouge finden Sie wenige Kilometer weiter bei Le Bois und Le Jeanbrenin südöstlich von Tramelan. Beide Höfe sind im entsprechenden Ort ausgeschildert. Weitere Informationen über die Stiftung unter www.philippos.ch.*

Außerhalb des Ortes in Richtung Etang de la Gruère steht eine Euro-Relais Station, an der man kostenlos entsorgen und Frischwasser tanken kann. Die Parkzeit ist dort aber auf vier Stunden beschränkt. **GPS N 47°15'09", E 7°00'13".** Über Nacht kann man das Womo auf einem Parkstreifen auf der gegenüberliegenden Straßenseite unterbringen. Dieser liegt jedoch direkt an der Hauptstraße.

Einen ruhigeren Parkplatz für eine Nacht oder zum Bummel durch die Stadt finden Sie an der **Pferdemarkthalle** – vorausgesetzt Sie kommen nicht zum wichtigsten Ereignis des Jahres, welches die ruhige Kleinstadt Saignelégier in einen quirligen Ausnahmezustand versetzt. Jedes Jahr am zweiten Wochenende im August besuchen Tausende den **Marché Concours**, den größten Pferdemarkt der Freiberge. Mit Wagenrennen und Pferdeschau wird hier die Rasse der Freiberger vorgestellt.

(014) WOMO-Stellplatz: Saignelégier Pferdemarkthalle

GPS: N 47°15'15", E 6°59'52",998 m **max. WOMOs:** 2-3.

Ausstattung: Asphaltierter Großparkplatz an der Pferdemarkthalle, am Ortsrand und an der ausgedehnten Veranstaltungswiese mit kleinem Spielplatz. Das beliebte Künstlercafé Le Soleil befindet sich direkt an der Einfahrt zum Parkplatz.

Sonstiges: Nicht nutzbar am Marché Concours, zum Viehmarkt Ende August und bei sonstigen Veranstaltungen in der Halle.

Zufahrt: Von der Ortsdurchfahrt in Richtung Etang de la Gruère abbiegen und gleich darauf rechts, vorbei am Café Le Soleil, hinter der Halle Parkplatz an der Wiese.

Zum Pferdemarkt und für längere Aufenthalte empfehlen wir den sympathischen kommunalen Camping zwei Kilometer außerhalb des Ortes.

(015) WOMO-Campingplatz-Tipp: Sous la Neuve Vie/Saignelégier

GPS: N 47°15'11" E 7°01'10", 963 m **Öffnungszeiten:** Mai - Oktober

Ausstattung: Schön gelegener Naturcamping, unparzellierte Stellplätze im lichten Wäldchen mit schönem alten Baumbestand. Sanitäranlagen eher einfach aber sauber. Viele Feuerstellen, die an schönen Sommerabenden ausgiebig genutzt werden und den kompletten Platz in eine große nach Holzfeuer duftende Rauchwolke tauchen. Spielplatz und Tischtennisplatten. Nette junge Betreiber. In den Ferien viele Familien. Kleiner Laden mit Baguette-Service. *Womo inkl. 2 Pers. CHF 23 - 26.-, Kinder bis 16 Jahre CHF 2,50, www.campingsaignelegier.ch, Telefon +41 (0) 32 - 95 11 082*

Zufahrt: Von Saignelégier in Richtung Tramelan. Nach 2 km links der Straße.

Unbedingt lohnenswert ist ein Stopp am Naturschutzgebiet rund um den **Etang de la Gruère**. Dazu verlässt man Saignelegier in Richtung Tramelan. Vorbei am Campingplatz erreichen wir erst das **Naturschutzzentrum La Cerlatez** und dann den Weiler **Theurre** mit dem Gasthof Auberge de la Couronne. Kurz hinter dem Gasthof befindet sich auf der rechten Straßenseite der Wanderparkplatz.

(016) WOMO-Wanderparkplatz: Etang de la Gruère

GPS: N 47°14'24", E 7°02'20", 1017 m **max. WOMOs:** 1-2.

Austattung/Lage: Geschotterter ebener Parkplatz etwas oberhalb der Straße. 10 min. Fußweg zum Rundweg um den Etang de la Gruère. Auf dem Weg dorthin stehen links unter den Bäumen mehrere Picknicktische.

Sonstiges: ca. 200 m zum Restaurant Auberge de la Couronne. Der Weg zum See beginnt auf der gegenüberliegenden Straßenseite. Für die Umrundung sollte man eine knappe Stunde rechnen.

Ausweichparkplatz: Ist der Parkplatz belegt, findet man weitere Parkmöglichkeiten ein kurzes Stück weiter am direkt an der Straße gelegenen Sägewerk. Zum Übernachten ist dieser Platz ungeeignet, aber auch von hier hat man einen kurzen Zugang zum Seeuferpfad.

Der Etang de la Gruère

Wenn man in der Moorlandschaft rund um den Etang de la Gruère unterwegs ist, käme man nie auf die Idee, dass man einen Stausee vor sich hat. Ursprünglich gab es hier nur einen Teich, der im 17. Jahrhundert durch einen Erdwall aufgestaut wurde, um eine Mühle und später eine Sägerei zu betreiben. Heute fließt das Wasser vom See in ein tiefes Erdloch und kommt erst bei Tramelan wieder ans Tageslicht. Der See und die umliegende Moorlandschaft stehen unter Naturschutz und ein schmaler Weg führt – teilweise als Bretterpfad – rund um den zauberhaften See mit dem geheimnisvoll moorbraunen Wasser. Manch einer schwört, dass Wichtel und Feen im Wald zu Hause sind. Nicht nur deshalb soll man den Rundweg, um den See nicht verlassen – das in vielen hundert Jahren entstandene Moor ist ein äußerst empfindliches Ökosystem. Deshalb ist der See auch für ausgiebige Badeaufenthalte nicht geeignet. Hie und da springt aber doch jemand zur Abkühlung ins Wasser.

Bei der Weiterfahrt vom Moorsee können Sie sich für einen kurzen Umweg über Bellelay entscheiden, der Sie in die Geschichte der berühmtesten Käsespezialität des Juras entführt, oder direkt die schmale Straße nach **Les Breuleux** wählen.

Interessiert Sie der Käse? Den Tête de Moine, der nur hier im Jura hergestellt wird, genießt man nicht in Scheiben oder am Stück: er wird geschabt. Was dabei herauskommt sind leckere hauchdünne Käserosetten. Im ehemaligen Kloster von Bellelay hat dieser besondere Käse seinen Ursprung.

Das Geheimnis des Tête de Moine – Ein Ausflug in die Käsegeschichte

Nicht nur das Keltern von Wein und das Brauen von Bier lag in vergangenen Zeiten oft in der Hand der Klöster – im Jura wurde dort auch Käse hergestellt. Der Tête de Moine (Mönchskopf), den man auch heute noch in den Freibergen produziert, hat seinen Ursprung im Kloster Bellelay, wenige Kilometer entfernt von Saignelégier. In dem schönen alten Bau kann man heute ein kleines Museum mit original eingerichteter Käserei besuchen – ansonsten gehört der Hof den Pferden: Auf dem Gelände werden Freiberger gezüchtet.

Im Museum erklärt ein kurzer Film die traditionelle Herstellung des Tête de Moine, die Erfindung der Girolle und die Geschichte von Bellelay. Erklärungen bekommen Sie hochmodern und interaktiv über ein I-Pad, welches sie gegen Hinterlegung des Ausweises mit in die Ausstellungsräume nehmen. Natürlich kann man hier auch Käse kaufen. Wer bei der Produktion zuschauen will, muss jedoch in die **Käserei Emmi** in Saignelégier gehen, gekäst wird in Bellelay heute nicht mehr.

Auf dem gleichen Weg zurück zum Etang de la Gruère oder im Bogen über Tramelan erreichen wir auch von Bellelay den Weiler Les Breuleux und unsere Juratour geht weiter.

In **Les Breuleux** finden Sie in Alleinlage inmitten von Weideland einen weiteren schönen Camping mit zugehörigem Reitstall und tollem Naturpool.

(017) WOMO-Campingplatz-Tipp: Les Cerneux

GPS: N 47°12'43", E 7°02'04", 1.009 m **Öffnungszeiten:** ganzjährig
Ausstattung: großzügige, terrassenförmig angelegte Plätze auch für größere Womos geeignet, etwas knapp an Schatten. Restaurant und kleiner Laden. Fahrradverleih, Sauna und Hotpot für kältere Tage. Schöner Naturpool, Reitstall mit Ausritten, Kutschfahrten und Kinderreiten angrenzend. Womo inkl. 2 Personen CHF 20.- bis 24.- , Sauna u.ä. wird extra berechnet. www.lescerneux.ch
Zufahrt: Von Les Breuleux in Richtung Tramelan fahren. Zufahrt zum Camping links zwischen Weidezäunen, etwas eng, aber von weitem einsehbar, ca. 500 m bis zum Platzeingang.

Unsere Strecke führt von **Les Breuleux** geradeaus in Richtung Mont Soleil. Wir biegen bei den wenigen Häusern von **Cerneux Dessus** ab zum Gipfel des genannten Berges. Die schmale Straße hat eine Höhenbegrenzung von 2,60 m, weil Sie hinter dem Gipfel auf der anderen Hangseite unter der Trasse der Bergbahn nach St. Imier hindurchtaucht. Bis zum Wanderparkplatz, der unser Ziel ist, kommen Sie auch mit höheren Fahrzeugen ohne Schwierigkeiten. Hier oben erwartet uns ein ruhiger Parkplatz und eine Wanderung auf dem Lehrpfad zwischen Sonnen- und Windkraftwerk.

(018) WOMO-Wanderparkplatz: Mont Soleil

GPS: N 47°09'41", E 6°59'12", 1.241 m **max. WOMOs:** 1-2.
Ausstattung/Lage: Geschotterte Parkbucht, durch Hecke von der wenig befahrenen Straße getrennt, außerorts, Picknickplatz 10 min. entfernt am Sonnenkraftwerk.
Zufahrt: Direkt an der Strecke über den Mont Soleil auf der Passhöhe. Vorsichtig und langsam fahren. Viele Radfahrer. Nur mit wendigen Mobilen!
Sonstiges: Ortschaft mit Einkehrmöglichkeiten und der Bergstation der Standseilbahn St. Imier-Mont Soleil 500 m entfernt.

Die Kraft von Wind und Sonne nutzen
Der Erlebnispfad vom Mont Soleil zum Mont Croisin

Vom Parkplatz folgt man dem Fahrweg 500 m hinauf zu einer Sternwarte und zur riesigen Photovoltaikanlage auf dem 1289 m hohen Gipfel des Mont Soleil. Am Kraftwerk beginnt ein 4 km langer spielerischer Erlebnispfad zum Thema Energie und zur Region des Jura, der zum Windkraftwerk auf dem benachbarten Mont Croisin hinüberführt. Eine Alternative ist der Start am anderen Wegende vom Wanderparkplatz am Mont Croisin **GPS N 47°11'32", E 7°02'19".** Wind- und Sonnenkraftwerk können auch besichtigt werden, dazu ist jedoch eine Voranmeldung (Telefon +41 (0) 844 -12 11 23) mindestens 7 Tage in Voraus notwendig.

Wenn Ihr Womo nicht zu den wenigen Modellen gehört, die niedriger als 2,60 m sind, müssen Sie auf dem gleichem Weg vom Mont Soleil wieder hinunter und auf der bekannten Straße weiter in Richtung der Jura-Metropole **La Chaux-de-Fonds**. Ein lebendiges Geschäftsviertel, Industrie und hässliche Wohnburgen empfangen uns in der drittgrößten Stadt der französischen Schweiz, bis wir auf vollen Straßen bis zum recht netten Kern der Stadt vordringen. Wer darauf gerade gar keine Lust verspürt, kann die Stadt auch erst einmal umfahren und den Besuch auf später verschieben. Das trifft auf Sie zu? Dann folgen Sie uns auf eine leicht abenteuerliche Umgehungsstrecke...

Schleichwege auf den Spuren des Doubs

Sie fahren gerne schmale Sträßchen? Sie haben gerade gar keine Lust auf Stadtluft? Dann lassen sie Chaux-de-Fonds mit lebhaftem Stadtverkehr links liegen, fahren die Kantonalstraße 18 zurück bis **Les Bois** und folgen dort der schmalen Straße gleich am Ortseingang links nach **Biaufond**. Ein Navi ist dabei hilfreich, die Strecke ist nicht beschildert. Durch Wald und Wiesen schlängelt sich das Sträßchen hinunter zum **Gasthof Biaufond** auf der schweizerischen Doubsseite. Am Gasthof vorbei, mündet unser Fahrweg auf eine breitere Straße. Wir fahren rechts über die Brücke, verlassen dabei abermals die Schweiz und biegen nach wenigen Metern rechts in einen sehr schönen, einsam gelegenen Wanderparkplatz ein.

(019) WOMO-Wanderparkplatz: Biaufond

GPS: N 47°09‘52“, E 6°51‘23“, 617 m **max. WOMOs:** 2-3
Ausstattung: geschotterter ebener Parkplatz, durch eine Baumreihe von der wenig befahrenen Straße getrennt, außerorts, direkt am aufgestauten Doubs
Anfahrt: vom »Schleichweg« kommend vorbei am Gasthof bis zur größeren Straße und hier rechts über die französische Grenze und über den Fluss. Direkt nach der Brücke rechts auf den Wanderparkplatz. Von La Chaux-de-Fonds aus einfach der Straße nach Charquemont folgen bis zur französischen Grenze und zur Doubsbrücke.
Sonstiges: Feuerstelle am Wasser, Gasthof und Hotel Biaufond ca. 500 m entfernt auf der anderen Flussseite. Der Platz liegt auf französischem Boden.

Wanderung zu den Todesleitern

Einfach knapp 1,5 h, ca. 150 hm. So dramatisch wie der Name unseres Wanderzieles ist auch die Geschichte, die diesem zugrunde liegt. Hier in der Einsamkeit, wo sich auch heute noch Fuchs und Hase gute Nacht sagen, verlief in frühen Jahren ein höchst riskanter Schmugglerweg zwischen Frankreich und der Schweiz. An diesem abgelegenen Ort konnte man heimlich Fluss und Grenze überqueren. Lange Stiegen aus grob ge-

kerbten Baumstämmen führten auf der anderen Seite aus dem tiefen unzugänglichen Graben, den der Doubs in die Landschaft gefressen hat, hinauf auf die Hochebene über dem Fluss. Die soliden Metalltreppen, die heute den Aufstieg erleichtern, sorgen dafür, dass grausliche Unfälle mit Todesfolgen auf dieser Strecke längst nicht mehr an der Tagesordnung sind ... Aufregend bleibt die Wanderung trotzdem.

Der Start ist unspektakulär: Am hinteren Ende des Parkplatzes beginnt der Pfad des Doubsuferweges. Wir laufen durchgängig auf der französischen Seite des Flusses. Schmal und anfangs recht zugewuchert windet sich der Weg durch den Uferdschungel leicht oberhalb des Stausees entlang und folgt diesem bis zur Staumauer. Kurz vor dem Seeende kommt die Generalprobe: eine Metallleiter führt über eine kleinere Felsstufe hinab zum Wasser. Auf einer Straße laufen wir am Häuschen des Wasserkraftwerkes vorbei und biegen gleich darauf wieder rechts in den Uferpfad ein (markiert als GR5), der uns in eine verwunschene Flusslandschaft mit dicken grünbemoosten Felsblöcken bringt. Unser Pfad mündet dann wieder auf die schmale Straße und führt zum Parkplatz des Wasserkraftwerkes. Von hier geht es steil durch den Wald hinauf zur Felswand der Falaises de Cendrée, an denen zwei solide Leitern den Aufstieg zu einem Aussichtspunkt über dem Fluss ermöglichen.

Wenn Sie sich die Leitern hinauftrauen, ist auch ein Rückweg über die Hochebene mit schönen Blicken über den Fluss möglich. Vorbei am Gasthof Aux Bois de la Biche geht es auf eine schmale Straße und zu den Aussichtpunkten »La Cendrée« und »Sur les Roches«, von dort weiter zum kleinen Ort Fournet Blancheroche und über Blancheroche hinunter nach La Rasse. Von hier folgt man dem GR5 am Fluss entlang bis zum Parkplatz. (Gehzeit 5h, 400 hm) Eine genauere Beschreibung der Route finden Sie im Buch Wandern kompakt Jura von Iris Kürschner (Bruckmann Verlag) oder komplett mit Karte und Beschreibung unter www.planetoutdoor.de (Tourname: Die Todesleitern)

La Grande Fontaine im Zentrum von La-Chaux-de-Fonds.

Zur Weiterfahrt kehren wir über die Brücke in die Schweiz zurück und folgen jetzt den Wegweisern nach **La Chaux-de-Fonds**. Kurz vor der Stadtgrenze biegt rechts ein Schleichweg in Richtung Les Planchettes ab und führt wieder zum Doubs hinunter nach Les Brenets zum Wasserfall. Die Straße ist weitgehend einspurig. Ausweichstellen sind vorhanden.

Fährt man geradeaus erreicht man zügig die ersten Häuser der Stadt, die 2009 zum **UNESCO Weltkulturerbe** ernannt wurde. Folgen Sie einfach der Rue de Biaufond und biegen dann rechts in Richtung Le Locle ab. So kommen Sie direkt ins Zentrum. Die Information, bei der Sie auch die Broschüre **La-Chaux-de-Fonds à pied** mit einem Rundgang durch die Altstadt bekommen, finden Sie in der **Espacité 1**, im untersten Stockwerk des **Tour d'Espacité**, dem runden Hochhaus der Stadtverwaltung. Ein Aufzug bringt Sie kostenlos hinauf zum 14. Stock, wo Sie sich von der Aussichtsplattform oder aus dem Café einen ersten Eindruck von der ungewöhnlichen Reißbrettarchitektur der Altstadt holen können. Parken können Sie am besten in den Nebenstraßen. Zum Beispiel am nahe gelegenen Parc des Musées.

La Chaux-de-Fonds – Stadt der Uhren

Rechtwinklig angelegte Straßen durchziehen im Schachbrettmuster den alten Stadtkern von **La Chaux-de-Fonds**. Die ungewöhnliche Anordnung ist die Folge eines Schicksalsschlages der das Dorf Ende des 18. Jahrhunderts traf. Vor allem das Handwerk der Spitzenklöppelei und der Uhrmacherei machte aus La Chaux-de-Fonds einen aufstrebenden Wirtschaftsstandort, als 1794 ein Feuer fast zwei Drittel der Gebäude zerstörte. Beim systematischen Neuaufbau arbeitete man nach ebenso systematisch rechtwinkligen Plänen. So entstand bald eine moderne Stadt und mit dem industriellen Aufschwung ein wichtiges Wirtschaftszentrum in der Region. Und das ist Chaux-de-Fonds auch heute noch. Einige Hersteller nobler Uhrenmarken haben hier ihren Sitz. Schöne Jugendstilfassaden an den geraden Straßen zeugen von ruhmreicher Vergangenheit. Ein Architekt mit dem Namen Charles Edouard Jeanneret-Gris ist wohl der bekannteste Sohn der Stadt.

Sie haben den Namen noch nie gehört? Kein Wunder, der Mann wurde unter seinem Künstlernamen *Le Corbusier* bekannt. In seiner Geburtsstadt La Chaux-de-Fonds steht eines seiner Frühwerke, das »Maison Blanche«, das er 1912 für seine Eltern oberhalb der Stadt baute. Das Haus ist vom Zentrum ausgeschildert und kann an Wochenenden zwischen 10 und 17 Uhr besichtigt werden. Eintritt CHF 10.-. Parkmöglichkeit bei **GPS N 47°06'20", E 6°49'08"** oder noch etwas höher, näher am Haus an der Straße. Weitere Bauwerke Le Corbusiers finden Sie mit Hilfe der in der Information erhältlichen Broschüre *Le Corbusier.*

Sollten Sie mit dem Urlaubswetter nicht ganz so viel Glück haben, finden Sie in La Chaux-de-Fonds viel Abwechslung beim Besuch verschiedener **Museen**. Unterkunft für längere Aufenthalte in der Stadt bietet der örtliche Campingplatz.

Musée International d'Horlogerie

In die Geschichte der Stadt und der Uhrenherstellung entführt Sie das Musée International d'Horlogerie. Außerdem finden Sie im Parc des Musées ein historisches Museum und das Kunstmuseum. Blaue Parkzone rund um die Museen: **N 47°06'03", E 6°49'48",** Öffnungszeiten: 10-17 Uhr, Montags geschlossen, CHF 15.-, Kinder bis 12 Jahre gratis

Musée Paysan

Mit 400 Jahren Landwirtschaft beschäftigt sich das ebenfalls interessante Musée Paysan, dass in einem historischen Jurabauernhof aus dem 17. Jahrhundert untergebracht ist. Das Museum befindet sich im Stadtzentrum in der Nähe des Bahnhofes. Geöffnet Di-So 14-17 Uhr, Montag geschlossen, Eintritt CHF 6.-, **GPS N 47°05'21", E 6°48'50"**

Der Zoologische Garten

Wer Kinder dabei hat, geht vielleicht zur Abwechslung lieber in den Zoo. Im Zoo du Bois du Petit-Château mit Spielplatz und Vivarium leben ausschließlich europäische Tiere von Fischotter bis zum Braunbären. Der Zoo ist im Sommer täglich von 8-10 Uhr geöffnet. Der Eintritt ist kostenlos. Parkplätze finden sie vor dem Eingang oder hinter dem Zoo am Straßenrand **GPS N 47°06'23", E 6°49'15".** Der Zoo ist ausgeschildert, der Eingang befindet sich in der Rue Alexis-Marie Piaget 82.

© Office du tourisme La Chaux-de-Fonds

(020) WOMO-Campingplatz-Tipp: La-Chaux-de-Fonds »Bois du Couvent«

Position: N 47°05'37', E 6°50'09', 1.047 m **Öffnungszeiten:** ganzjährig.
Ausstattung: Am südlichen Stadtrand halbschattige Plätze im lichten Wald auf einer Anhöhe, Restaurant; Ver-/Entsorgung vor der Einfahrt auf dem Parkplatz (kostenlos); Schwimmbad/Eissporthalle ca. 500 m entfernt, etwa 1 km zur Stadtmitte.
Womo inkl. 2 Personen CHF 21.-, Strom CHF 5.-, Telefon +41 (0) 32 913 - 25 55, www.campingboisducouvent.ch
Zufahrt: Durch die Stadt hindurch am südlichen Stadtrand. Ab der Stadtmitte und von der Ortseinfahrtsstraße ausgeschildert.

TOUR 3 (ca. 95 km / 2-3 Tage)

Durch das Herz des Schweizer Jura

Vue des Alpes – La Sagne – Les Ponts-de-Martel – Le Locle – Les Brenets (Villiers le Lac) – Lac de Taillères – Val de Travers – Neuchâtel oder St. Croix

Freie Übernachtung:	Vue des Alpes, Tête de Ran, La Sagne, Les Ponts-de-Martel, Villiers le Lac, Lac de Tailliéres, Môtiers, Noiraigue, L'Auberson, Les Rasses
Ver-/Entsorgung:	Les Ponts-de-Martel, Villiers le Lac, Lac de Tailliéres, L'Auberson und Campingplätze
Campingplätze:	Le Locle, Les Brenets, Les Rasses
Baden:	Saut du Doubs (Les Brenets), Lac de Taillères
Besichtigen:	Museé d'Horlogerie, Moulins souterrains, Saut du Doubs, Museen in Motiers, Automatenmuseen L'Auberson und St. Croix
Wandern:	Tête de Ran, Sentier des Statues, Saut du Doubs, Gorge de la Poëta Raisse, Creux du Van, Gorge d'Areuse
Erlebnis:	Sommerrodelbahn, Kanutour zum Saut du Doubs

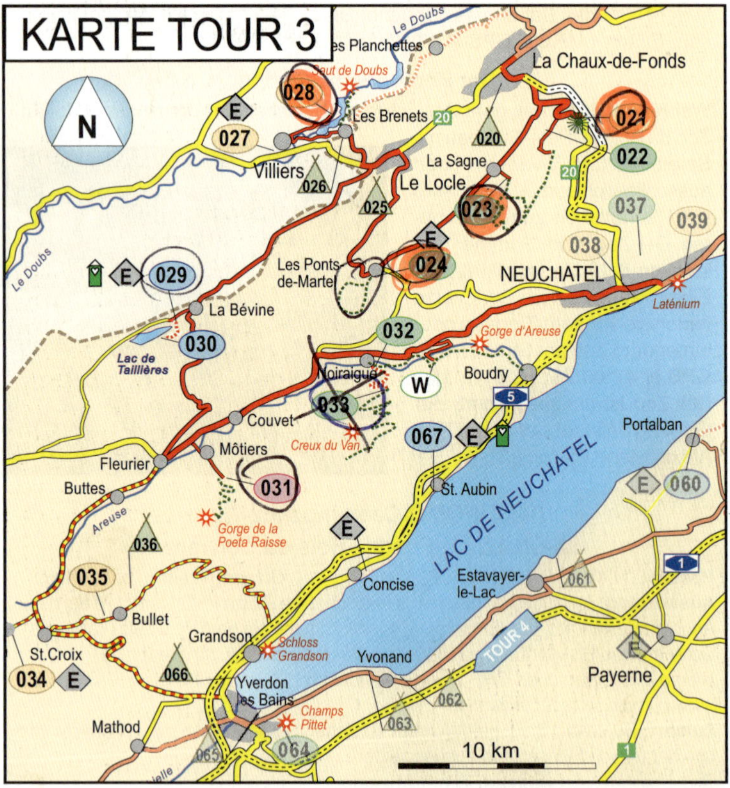

Kurz und zügig schaffen wir von La Chaux-de-Fonds die Auffahrt zum Pass **Vue des Alpes**, der nicht nur bei passendem Wetter zum Alpenschauen lohnt. Hier oben gibt es außerdem eine Sommerrodelbahn, einen Gasthof und die Möglichkeit, auf den großen Parkplätzen an der Passhöhe zu übernachten.

(021) WOMO-Stellplatz: Vue des Alpes

GPS: N 47°04'19"; E 6°52'13", 1.1285 m.
max. WOMOs: <5.
Ausstattung: Außerorts, mit Blick auf die grünen Juraberge, Parkplatz tagsüber sehr belebt, aber groß genug, dass Sie über Nacht ein gutes Stück von der Straße entfernt stehen können.
Zufahrt: An der Passhöhe, neben der Straße
Sonstiges: Sommerrodelbahn und Gasthof Vue des Alpes in unmittelbarer Nähe.

Ruhig und abgeschieden, aber ohne Gasthof stehen Sie, wenn Sie kurz vor der Passhöhe in die Stichstraße zum Hotel Tête de Ran einbiegen. Nach einem knappen Kilometer finden Sie links einen großen geschotterten Parkplatz.

(022) WOMO-Stellplatz: Tête de Ran

GPS: N 47°03'55"; E 6°51'41", 1.304 m. **max. WOMOs:** 2-3.
Ausstattung: Geschotterte Parkfläche neben der wenig befahrenen Straße zum Hotel, außerorts.
Zufahrt: Kurz vor der Passhöhe rechts ab, dann nach 700 m rechts.
Sonstiges: 1,5 Kilometer weiter zum Wanderparkplatz am Hotel-Restaurant Tête de Ran. Startpunkt für einen Ausflug auf dem Jurahöhenweg, der in 15 Etappen über die Jurahöhen von Zürich nach Genf führt. Nachtparkverbot beim Restaurant!

Tête de Ran und Mont Racine
Eine Wanderung auf dem Jura-Höhenweg

Gehzeit: 1.15 h einfach, 120 hm. Wenn Sie von unserem Stellplatz weiter fahren, kommen Sie zum Parkplatz des Hotel Tête de Ran. Von hier steigt man in ca. 15 min. auf einem steilen Wiesenpfad auf den Gipfel des 1422 m hohen Tête de Ran und hat von dort einen grandiosen Weitblick über die Juraberge bis hinüber nach Frankreich. Ist man dann schon mal ganz oben, kann man auch gleich der Markierung des Jurahöhenweges folgen, der hier beinahe eben auf der Höhe bis zum Mont Racine führt. Eine Wanderung, die mit wenig Schweiß tolle Ausblicke verspricht! Gibt es einen freiwilligen Womo-Chauffeur, könnte der Rest der Besatzung auch vom Mont Racine über den Skulpturenweg (siehe nächste Wanderung) nach La Sagne absteigen. Dort trifft man sich dann am Stellplatz (023) wieder.

Begegnung am Wegesrand: Wanderungen im Jura führen oft über »bewohnte« Weideflächen.

Ansonsten drehen wir hier auf der Passhöhe um, rollen den Berg wieder hinunter und wählen jetzt den Abzweig nach La Sagne in das stille Juratal, dass wir vom Höhenweg bereits gut sehen konnten. Auch dem Mont Racine begegnen wir dort ein zweites Mal. Ein besonderer Wanderweg führt von **La Sagne** auf halbe Höhe hinauf: der Sentier des Statues.

(023) WOMO-Wanderparkplatz: La Sagne/Sportplatz

GPS: N 47°02'19', E 6°48' 42", 1.041 m.
max. WOMOs: 1-2.
Ausstattung: Großer, geschotterter Parkplatz, außerorts, am Sportplatz
Zufahrt: An der Ortsdurchfahrt in La Sagne links über die Bahnschienen. Ausgeschildert »Centre Sportif« und »Sentier des Statues«
Sonstiges: Einfaches Restaurant/WC im Sportlerheim beim Fußballplatz, Spielplatz, Infotafel zum Sentier des Statues. Das Häuschen links auf der Wiese ist ein Schießstand. Trainiert wird meist am Donnerstag bis maximal 21 Uhr ...

Ein zauberhafter Waldweg
Unterwegs auf dem Sentier des Statues

4,5 km, 260 hm, 1h 35 min.

Vom Parkplatz folgt man dem Fahrweg am Spielplatz vorbei rechts in Richtung Dorf. Vor den ersten Häusern schicken einen die Wegweiser links über eine Weide hinauf. Oben am Waldrand beginnt dann der eigentliche Sentier des Statues. Eine Eule markiert den Einstieg, weiter hinten ahnt man weitere Tiere im Wald. Dann folgt ein überraschendes Motiv nach dem anderen. Manche sind einfach, fast ein wenig naiv, andere sehr naturalistisch und die nächste Figur ist dann fast schon künstlerisch abstrakt... So lockt einen die Neugier auf die

nächste Skulptur fast mühelos den steilen Waldpfad hinauf. Der ungewöhnliche, liebevoll gestaltete Weg mit über 100 im Wald versteckten Figuren ist das Werk des Ingenieurs und Künstlers Georges-André Favre aus dem nahen Le Locle. Die ersten Figuren entstanden im Jahr 1979 und es kommen jedes Jahr neue hinzu. Eine private Initiative betreut seit einigen Jahren den Weg und bittet statt Eintritt um eine freiwillige Spende zu dessen Instandhaltung und Weiterentwicklung.

Wir folgen der Straße weiter durch das Tal bis **Les Ponts-de-Martel**. Auf den ersten Blick ist der Ort unspektakulär und doch hat er Wohnmobilreisenden einiges zu bieten. Zu erst begegnet einem direkt an der Ortseinfahrt rechts die **Schaukäserei**. Wenn es Ihnen gelungen ist, ihr Womo auf der schrägen, engen Parkfläche **GPS N 47°00'04", E 6°44'15"** unterzubringen, können Sie morgens zwischen 8 und 10 Uhr beim Käsen zuschauen. Ansonsten gibt es im kleinen Laden Joghurt, Butter und natürlich frischen Gruyère zu fairen Preisen. Dann platzieren wir unser rollendes Haus auf dem offiziellen Wohnmobilstellplatz an der Sporthalle. Hat man nicht gerade einen Tag mit Sportveranstaltung erwischt, steht man hier ruhig und im Grünen am Ortsrand.

(024) WOMO-Wanderparkplatz: Les Ponts-de-Martel

GPS: N 46°59'46", E 6°43'48", 1006 m **max. WOMOs:** 2-3.
Ausstattung/Lage: Picknicktisch, kleiner Spielplatz, Euro Relais, am Ortsrand zwischen der Sporthalle und einem Wiesengelände.
Zufahrt: Von der Fromagerie auf der Hauptstraße in den Ort, in der Ortsmitte links und gleich wieder rechts zum Centre Sportif, Euro Relais ausgeschildert. Rue du Bugnon.
Sonstiges: Ausgangspunkt der beiden Torflehrpfade. Bei Sportveranstaltungen kann es recht voll werden, dann besser auf einen der umliegenden Stellplätze ausweichen. 10 min. Fußweg zum Ortszentrum, 20 min. zur Fromagerie

Zeitreise ins Moor – Die Lehrpfade von Les Ponts-de-Martel

Gehzeit: 1,5-2h pro Weg. Der Stellplatz ist außerdem Ausgangspunkt der beiden Moorlehrpfade, die uns mitten ins Grüne rund um den Ort entführen. Der erste Pfad ist leicht begehbar und auch für Kinderwagen geeignet. Viele Stationen sorgen für Abwechslung und ein Picknickplatz am Teich nach halbem Weg für eine entspannte Rast. Der zweite Pfad ist vom Gelände her etwas anspruchsvoller und führt an den Hang oberhalb des Ortes. Hier werden Wanderschuhe empfohlen. An einem Automaten am Parkplatz wird um eine geringe Eintrittsgebühr gebeten.

Le Locle und der Saut du Doubs

Bevor wir uns jetzt dem Val de Travers und den drei großen Jura-Seen zuwenden, führt uns ein letzter Ausflug zurück in das Tal des Doubs. Der kräftig sprudelnde 27m hohe Wasserfall **Saut du Doubs** ist ein lohnendes aber auch eines der meistbesuchten Ziele im Jura – und wer das Uhrenmuseum in La Chaux-de-Fonds ausgelassen hat, kann auf dem Weg zum Doubs in der Kleinstadt Le Locle noch einmal die Gelegenheit nutzen, sich über die Geschichte der Uhrmacherei in der Region zu informieren.

Das Musée de Horlogerie in Le Locle

Von einem schönen Park umgeben steht das Château des Monts am Stadtrand von Le Locle. Aber man kann hier nicht nur über grüne Wiesen flanieren und auf der Bank im Schatten alter Bäume entspannen: die stilvollen Innenräume der alten Villa beherbergen nämlich die Exponate des örtlichen Musée d'Horlogerie. Verschiedene Sammlungen besonderer, meist in der Region handgefertigter Uhren und eine Ausstellung über die Geschichte der Zeitmessung von der Sand- und Sonnenuhr bis zum heutigen digitalen Zeitmesser sorgen für anschauliche Informationen.

Parkbuchten für kürzere Womos vor der Tür quer zur Straße, leicht schräg und direkt an der Fahrbahn und daher wenig geeignet zum Übernachten, größere Mobile können auf den Busparkplatz ausweichen.

Rue des Monts 65, GPS N 47°03'45", E 6°45 '01"
Öffnungszeiten: Di-So 10 - 17 Uhr, Montag geschlossen, November bis März erst ab 14 Uhr, Eintritt: CHF 10.-, Familienkarte CHF 22.

Verlassen wir jetzt Le Locle in Richtung französische Grenze, finden wir links im Industriegebiet der Stadt eine weitere Rarität: die einzigen unterirdischen Mühlen Europas.

Les Moulins souterrains – Das besondere Industriemuseum

Feuchte Stufen führen uns tief unter die Erde, wo das Wasser eines unterirdischen Flusses auf die Schaufeln mehrerer geschickt angeordneter Mühlräder strömt, die dann wiederum Holzsägen und Dreschmaschinen antreiben. Bereits im 16. Jahrhundert entstand diese ungewöhnliche Industrieanlage tief unten im Berg. Die Mühlen waren bis zum Ende des 19. Jahrhunderts in Betrieb. Dann löste die Elektrizität die Kraft des unterirdischen Wasserfalles ab und auf das Gelände direkt an der schweizerisch-französischen Grenze zog Vieh: Vor den außer Betrieb stehenden Mühlen kontrollierte die Zollbehörde die Einfuhr lebender Ware. Kranke Tiere wurden dabei aussortiert, direkt vor Ort geschlachtet und in den alten Stollen entsorgt. 1973 begann man die alten Mühlen zu restaurieren und Sie in ein Industriemuseum umzubauen. Mühlen unter der Erde – das ist einmalig in Europa.

Die Mühlen können auf eigene Faust mit Audio-Guide oder im Rahmen einer Führung besichtigt werden. Geöffnet Mai - Okt. 10-17 Uhr, Führungen um 10h15; 11h30; 13h30; 14h45; 16h00, von Nov. - April erst ab 14 Uhr, Eintritt CHF 14.-, Familienkarte CHF 30.-
Unten herrscht eine konstante Temperatur von 7°C, die Wege sind meist leicht feucht. Jacke nicht vergessen und feste Schuhe wählen.
Parkplatz: GPS 47°02' 56", E 6°43' 21" oder Col-des-Roches 23

(025) WOMO-Campingplatz-Tipp: La Belle Verte / Le Locle

GPS: N 47°03'07", E 6°45'37", 1.033 m **Öffnungszeiten:** Mai - Oktober
Ausstattung: Wiesengelände am Waldrand östlich von Le Locle, Freibad direkt nebenan und für Campinggäste gratis, Kiosk, Ver- und Entsorgung, Ortszentrum ca. 1,5 km, Womo inkl. 2 Personen CHF 21-29.-, Kurtaxe CHF 2.-, Strom CHF 3.-. Telefon +41 (0) 931 - 74 93, www.labelleverte.ch
Zufahrt: Ab Ortsmitte ausgeschildert (Camping TCS/Centre Sportif)

Von Le Locle geht es jetzt wieder hinaus in die Natur und weiter nach **Les Brenets** zum **Doubs-Wasserfall.** Wenn Sie nur einen Tagesaufenthalt planen, parken Sie auf dem großzügigen Parkplatz mit Nachtparkverbot am unteren Ortsende fast direkt am Fluss **GPS N 47°03'57", E 6°41'44".** Von hier können Sie direkt loslaufen: zum Bootsanleger oder auch zu Fuss zum Wasserfall. Wer länger bleiben will, findet oberhalb des Parkplatzes einen großen Campingplatz.

(026) WOMO-Campingplatz-Tipp: Les Brenets »Champ de la Fontaine«

GPS: N 47°0 3'57", E 6°41'58", 801 m **Öffnungszeiten:** April - Oktober
Ausstattung: Komfortabler 4-Sterne Camping am Ortsrand. Durch die Lage am Hang hat man auf vielen Terassen schönen Doubsblick; Restaurant, Ver- und Entsorgung vor der Rezeption, Münzen für die Anlage dort erhältlich; Bademöglichkeit am Fluss, Womo inkl. 2 Personen CHF 26.- bis 30.-, Strom CHF 4.-, Kurtaxe CHF 2.-, Telefon: +41(0) 32 932 1618, www.camping-brenets.ch
Zufahrt: Im Ort in Richtung Pré du Lac bzw. Frankreich fahren. Links der Straße kurz vor der Brücke über den gestauten Doubs.

Wer einen freien Stellplatz vorzieht, kann hier gut ans französische Ufer ausweichen (siehe Stellplatz 27 und 28), was bei den gegenwärtigen Dieselpreisen in der Schweiz auch zum Tanken ein lohnender Ausflug wäre...

Das Wasserfallspektakel am Saut du Doubs

Verglichen mit den großartigen Kaskaden in den Schweizer Alpen ist der Saut (Sprung) des Doubs eher ein dekorativer Hopser mit viel umrahmendem Spektakel – einen schönen Ausflug können Sie hier aber trotzdem machen. Boote fahren von Les Brenets auf der Schweizer Seite oder Villiers le Lac von der französischen Seite durch das Flusstal zwischen die steil aufragenden Felswände und bis zur Anlegestelle vor der Staumauer. Hier geht es nur zu Fuß weiter. Einen Aussichtspunkt gibt es auf der französischen, einen weiteren auf der schweizerischen Seite – auch einen Gasthof haben beide Seiten zu bieten. Wo Sie ursprünglich losgefahren sind, ist eigentlich egal:

an der Staumauer verbindet eine Brücke die Ufer, so dass Sie die Wasserfontäne von allen Seiten und aus verschiedenen Höhen betrachten können. Auf der Schweizer Seite geht es etwas ruhiger zu und man kann auf dem Uferweg weiter am Doubs entlang laufen. Die schöne Gartenterrasse auf dem Foto finden Sie dafür wieder am französischen Ufer…

Der Saut du Doubs zu Fuß

1 h einfach, ca. 100 hm. Wenn Sie gerne wandern, gehen Sie doch einfach eine Strecke zu Fuß. Sie erreichen den Schiffsanleger am Wasserfall vom Parkplatz in Les Brenets in einer guten Stunde. Der Weg ist gut ausgeschildert. Unterwegs kommen Sie an zwei schönen Badestellen vorbei und an einem Aussichtspunkt mit weitem Blick über den Fluss. Die zweite Hälfte des Wanderweges verläuft auf einem asphaltierten Weg auf der Klippe. Vom Fluss und den imposanten Steilwänden sehen Sie dabei leider gar nichts – außer dem Ausblick am Aussichtspunkt. Bei aller Begeisterung fürs Wandern – in diesem besondern Fall sollten Sie wenigstens für eine Strecke das Boot wählen, sonst entgeht Ihnen glatt das Beste...

Die Fahrt von Les Brenets dauert 30 min. und kostet hin und retour ca. CHF 14 pro Person, einfache Fahrt CHF 9.-. Die Boote fahren von Anfang Mai bis Mitte Oktober. Im Sommer erste Abfahrt am Morgen um 10 Uhr, letzte Rückfahrt um 18.30 Uhr – vorausgesetzt, das Wetter passt. Im Mai, Juni und Mitte Sep. bis Mitte Okt. Abfahrten nur zwischen 10.45 und 14.30 Uhr!

Der Saut du Doubs von Villiers le Lac

Sie wollen eigentlich gar nicht wandern, sondern lieber mit dem Boot zum Wasserfall? Und am Abend hätten Sie dann gerne einen schönen Stellplatz? Dann sollten Sie mal wieder »fremdgehen« und die Schweiz für ein paar Stunden verlassen. Die Boote des französischen Anbieters Bateaux de Saut du Doubs fahren vom gegenüberliegenden Flussufer. Im Fahrpreis von € 13 pro Person ist für Wohnmobilreisende die Übernachtung auf dem ruhig gelegenen Wohnmobilparkplatz auf einem Wiesengelände mit hohen Bäumen enthalten.

(027) WOMO-Stellplatz: Bateaux de Saut du Doubs

GPS: N 47°03'22", E 6°40'13", 758m **max. WOMOs:** >10

Ausstattung/Lage: Wiese unter alten Bäumen am Ortsrand, in der Nähe des Bootsanlegers, ruhig gelegen. Nur mit Bordtoilette zugelassen, Euro Relais vorhanden. Nur für Gäste der Ausflugsboote, Ticket gilt als Berechtigungsnachweis.

Zufahrt: Über die Doubsbrücke nach Frankreich, auf der Durchfahrtsstraße bis zum Holzpavillon am Parkplatz von Bateaux de Saut du Doubs.

Alternativ finden Sie am französischen Ufer eine weitere freie Übernachtungsmöglichkeit an der Zufahrt zum Restaurant Le Port auf einem Parkstreifen direkt am Doubs-Stausee.

(028) WOMO-Stellplatz: Le Port de Villiers

GPS: N 47°04'00", E 6°41'15", 758m **max. WOMOs:** 2-3

Ausstattung/Lage: Geschotterter Parkstreifen neben der Straße, die ausschließlich als Zufahrt zum Restaurant dient, Restaurant Le Port in der Nähe, Blick auf den Lac de Brenets

Zufahrt: Den Doubs überqueren und nach Frankreich »übersetzen«. In Villiers rechts den braunen Hinweisschildern zum Saut du Doubs und Restaurant le Port folgen. Dann rechts hinunter zum gestauten Fluss.

Mit dem Kanu zum Wasserfall

Die kurze Fahrt zur Bootsstation am Wasserfall kann man statt mit dem Ausflugsboot auch aus eigener Kraft mit dem Kanu zurücklegen. Auf Hin- und Rückfahrt gibt es am Seeufer die ein oder andere Badebucht oder lauschige Plätzchen fürs Picknick zu entdecken. Sie haben gar kein Kanu dabei? Kein Problem: Neben dem Restaurant Le Port finden Sie die Hütte von Canoes Kayak Villiers. Hier leihen Sie einen Zweisitzer (Sit on Top-Kanu) inklusive der notwendigen Ausrüstung für € 25 am Tag, Kajaks (Einer) sind für € 18 zu haben. Die Fahrt führt zwischen spektakulären Steilwänden über den See bis zu einer Kiesbucht am Hotel. Von dort müssen Sie – wie alle anderen auch – zu Fuß zum Aussichtspunkt.

Jetzt ist es Zeit, unserem zweifelnden Fluss endgültig adieu zu sagen. Quer durch die Berge des Jura führt die letzte Etappe dieser Tour vom Doubs zum Neuenburger See.

Eine nordische Schönheit – der Lac de Taillières

Es ist Sommer und Sie haben Badewetter? Dann ist der Lac de Taillières am äußersten Zipfel der Schweiz in der kargen Landschaft des Grenzgebietes zu Frankreich jetzt genau das richtige Ziel. Im Winter gilt die Region um den See als eine der kältesten des Landes. Da das Wasser zudem nur bis zu 7 m tief ist, kann man dann prima Schlittschuh laufen. Ende Juli fiel unser Badetest jedoch rundherum positiv aus: das Wasser am schönen Badeufer war nicht außergewöhnlich kalt. Allerdings ist der Seeboden recht steinig.

Um zum See zu kommen, fahren Sie zurück nach **Le Locle** und biegen nach dem Felstunnel direkt an den unterirdischen Mühlen rechts ab in Richtung **La Brevine**. Durch kleine Dörfer, Wald und Felder erreichen Sie den netten Ort, durchqueren diesen und folgen dann der Beschilderung. Oberhalb des Sees und schon in dessen Sichtweite finden Sie einen großen asphaltierten Parkplatz mit WC und Euro Relais, auf dem Sie ganz offiziell mit dem Womo übernachten können.

(029) WOMO-Badeplatz: Lac de Taillières

GPS: N 46°58'17", E 6°35'17", 1.043m **max. WOMOs:** 5-10

Ausstattung/Lage: Ebener asphaltierter Parkplatz mit einfachem Euro Relais und öffentlichen WCs, 5 min. Fußweg zum See, 15 min. zur Badestelle mit Liegewiese. Falls Sie Räder dabei haben: Der Weg zum Badeplatz ist auch fahrradtauglich! Offizieller Stellplatz. Zentrale Parkuhr mit günstiger Tagesgebühr.

Zufahrt: Links der Straße kurz vorm See. Nicht zu verfehlen.

Fahren Sie ein kleines Wohnmobil? Dann kommen Sie an Tagen mit wenig Badebetrieb auch näher ans Wasser heran:

(030) WOMO-Badeplatz: Lac de Taillières 2

GPS: N 46°58'03", E 6°34'49", 1.043m **max. WOMOs:** 1-2

Ausstattung/Lage: Geschotterte Parkbucht am Seeufer, keine Einrichtungen. Nicht parallel zum Seeufer parken und nicht mehr als 2 Womos, um den Parkplatz nicht komplett für PKW zu blockieren! 20 Schritte zum Badeplatz.

Zufahrt: Wenn Sie vom offiziellen Stellplatz noch 50 m weiter fahren, führt links eine schmale Straße am See entlang bis zu einem kleinen Parkplatz direkt am Ufer. Enge Straße, im hinteren Teil kaum Ausweichmöglichkeiten, an Sonnentagen viele Fußgänger! Der Platz ist bereits von der Straße einsehbar. Ist er belegt, fahren Sie gar nicht erst los. Drehen ist hinten am See bei lebhaftem Betrieb nicht ganz einfach. Für große Wohnmobile reicht der Platz dort nicht aus.

Friedliche Abendstimmung nach einem Sommergewitter – alle Badegäste haben den See fluchtartig verlassen.

Ein schöner Weg führt am Südufer des Sees entlang, gerade richtig für einen netten **Abendspaziergang**. Und wenn Sie heute eher eine »stationäre« Abendgestaltung bevorzugen: am Rand des Badeplatzes gibt es eine Feuerstelle.

Unser nächstes Ziel ist ein weiterer Höhepunkt einer Jurareise: Ungewohnt dramatisch türmen sich die Juraberge ums **Val de Travers**. So gibt es hier statt sanft grüner Hügel schroffe Felswände und romantische Schluchten. Zur ersten Begegnung mit dem Tal steuern wir zurück nach La Brevine und nähern uns über Fleurier oder Couvet dem 800-Seelen Ort **Môtiers**, der zu den schönsten Dörfern der Schweiz gehört. Einige der Häuser, welche die breite, platzartige Hauptstraße säumen, stehen hier bereits seit dem 17. und 18. Jahrhundert. Auch die Kirche ihm örtlichen Priorat wurde 1679 erbaut.

Der Philosoph und Schriftsteller **Jean Jacques Rousseau** lebte von 1762-1765 im Ort, was diesem ein kleines Rousseau-Museum beschert hat. Es ist Di, Do und am Wochenende von 14-17 Uhr geöffnet. Zur gleichen Zeit sperrt auch das Heimatmuseum in der Maison des Mascarons die Tür auf, wo Sie viel über eine hochprozentige, grüne Flüssigkeit erfahren können, die einst das ganze Tal berühmt gemacht hat.

Im Reich der grünen Fee oder die Wiege des Absinth

Heilmittel und Spirituose, von Ärzten verwendet zur Desinfektion und Lieblingsgetränk der Pariser Bohème im beginnenden 20. Jahrhundert – der Absinth hat eine vielseitige Geschichte. Erfunden wurde die grünliche, mit Wermut, Anis und Fenchel versetzte Flüssigkeit mit einem Alkoholgehalt von 45 bis 85% nachweislich im Val de Travers. Nach seinem Einstand als Krankheiten vorbeugendem Desinfektionsmittel in Lazaretten oder in der Seefahrt trat der Absinth vor allem in Frankreich seinen Siegeszug als schickes Spätnachmittagsgetränk an. Im Vergleich zu Wein war das hochprozentige Getränk preisgünstig, was ihn auch für arme Künstler und Arbeiter erreichbar machte. So wurde die »fée verte« zum bevorzugten Getränk in Pariser Künstlerkreisen. Es gibt ein Bild von van Gogh im Café, vor sich ein Glas mit Absinth, gemalt ist es von seinem Künstlerkollegen Henri Toulouse Lautrec. Der Absinthtrinker von Edouard Manet zeigt dagegen einen heruntergekommenen Alkoholiker... Und genau das war die Kehrseite des neuen Trendgetränkes. Preisgünstig und hochprozentig verführte der Absinth zu übermäßigem Genuss und geriet in den Ruf, abhängig und aggressiv zu machen und Wahnvorstellungen auszulösen. Man machte das Nervengift Thujon, welches im Wermut enthalten ist, für diese unerwünschten Wirkungen verantwortlich. Infolgedessen wurde die Produktion von Absinth in der Schweiz im Jahr 1910 verboten. Die Wermutfelder im Val de Travers wurden untergepflügt und die Destillerien der Region gingen in den Untergrund. So wurde in den nächsten 95 Jahren im Tal nur noch illegal und im Verborgenen gebrannt.

Seit 2005 ist der Absinth auch in der Schweiz rehabilitiert. Moderne Studien konnten die Schädlichkeit des grünen Gebräus beim Genuss adäquater Mengen nicht belegen. Die Nebenwirkungen, die vor 100 Jahren auftraten, scheinen eher durch minderwertigen Alkohol, bedenkliche Farbstoffe oder unmäßigen Alkoholkonsum begründet zu sein. So gibt es in **Môtiers** wieder mehrere Brennereien und jede arbeitet nach ihrem eigenen Rezept.

Ob es auch heute noch der Absinth ist, der Künstler ins Tal der Areuse nach Môtiers zieht? Jedenfalls ist das kleine Dorf schon seit 1985 regelmäßig die Bühne für ein besonderes Kunstereignis: Beim **Festival Art en plein air**, installieren namhafte und aufstrebende Künstler der Schweiz ihre Werke in der üppig grünen Natur des Val de Travers. Wenn Sie ganz viel Glück haben, sind Sie gerade im richtigen Jahr unterwegs. Die letzte Ausstellung war im Jahr 2011. Wenn der 4-Jahresrhythmus bleibt, wäre es 2015 wieder so weit ... Aber auch in Jahren zwischen den Ausstellungen finden Sie im Ort das ein oder andere Kunstwerk, das Môtiers nicht wieder verlassen hat. Informationen über die Ausstellungen finden Sie unter www.artmotiers.ch

Aber auch ohne Kunstausstellung und an den Tagen, an denen die Museen geschlossen sind, hat Môtiers einiges zu bieten. Besonders schön und ein bisschen verwildert ist die Natur rund um den Ort. Hoch über Môtiers wartet nämlich die malerische Waldschlucht **Gorges de la Poëta Raisse** auf ausdauernde Wanderer. Doch bevor Sie die märchenhafte Szenerie genießen können, müssen Sie ein gutes Stück hinauf... Erst einmal empfängt uns jedoch ein schön gelegener Wanderparkplatz mit gemütlichem Picknicktisch und Grillstelle. Und sollten Sie zu den ambitionierten Kletterern gehören: direkt hinter dem Tisch erhebt sich eine Felswand mit mehreren Kletterrouten.

(031) WOMO-Picknickplatz: Gorges de la Poëta Raisse

GPS: N 46°54'10", E 6°36'58", 746m

max. WOMOs: 2-3

Ausstattung/Lage: Waldparkplatz am Beginn der Wanderung zur Schlucht, Picknicktisch, Grillplatz und Feuerstelle direkt vor einer Kletterwand, außerorts und einsam gelegen.

Zufahrt: In der Ortsmitte von Môtiers an der historischen Markthalle rechts in die platzartige Grande Rue abbiegen und aus dem Ort hinaus bis zum Wanderparkplatz fahren. Ab hier ist die Straße für KFZ gesperrt.

Sonstiges: Ortsnähere Stellplätze auf der Fahrt zum Wanderparkplatz am Straßenrand unter den Bäumen gegenüber dem Elektrizitätswerk **GPS N 46°54'16", E 6°36'56".**

Wanderung durch die Gorges de la Poëta Raisse

Gehzeit ca. 4 h, 500 hm, *Ausrüstung: Wanderschuhe, Wasser*

Vom Parkplatz folgen Sie dem breiten Fahrweg zur Schlucht, der von Anfang an gleichmäßig durch den Wald aufsteigt. Etwa nach einer halben Stunde stehen Sie an einer Gabelung. Rechts geht es vorbei am Schloss zurück nach Môtiers. Wir nehmen links den schmaleren Weg, der jetzt zeitweise recht steil weiter hinauf klettert. Nach einer knappen Stunde Aufstieg erreichen wir den Eingang zur Schlucht. Eine Bank steht hier an einer Felswand und einige Stufen führen hinauf zwischen die Wände. Dahinter wird der Weg noch einmal weiter. Vorbei an einem weiteren Picknicktisch

erreichen wir dann den längeren oberen Teil der Gorges. Ein abenteuerlich schmaler Holzsteg ohne Geländer führt hindurch und unten plätschert das Wasser zwischen moosbedeckten Steinen. Die Steganlage in der Schlucht hat eindeutig schon bessere Tage gesehen und ist ganz anders als die gut ausgebauten üblichen Schluchtwege mit soliden Metallstegen und perfekter Sicherung.

Oberhalb der Schlucht kann man dann dem Wegweiser »La Combaz« folgen, um noch eine Einkehr in der beliebten Alpwirtschaft anzuhängen (ca. 45 min. einfach). Zuerst geht es nach links. Der Weg durch Wald und an Weiden entlang folgt eine Viertelstunde einer schmalen Teerstraße. Auf dem Jura-Höhenweg erreichen wir dann den Gasthof. Zurück geht es auf dem gleichen Weg.

Vom Künstlerort Môtiers steuern wir unser Womo auf der gut ausgebauten Straße gen Osten und rollen nach einigen Kilometern den Abzweig nach **Noiraigue** hinunter, wo zwei ganz gegensätzliche landschaftliche Höhepunkte erforscht werden wollen: die tiefe Schlucht, die die Areuse zwischen die Felsen gewaschen hat, und auf der anderen Seite des Ortes die schroffen, senkrecht abfallenden Wände des Felskessels Creux du Van. Sie ahnen es schon: Auch für die nächsten Programmpunkte brauchen Sie wieder ihre Füße – soweit diese sich inzwischen von der letzten Wanderung erholt haben. Der Aufstieg zum Plateau oberhalb der Steilwände erfordert schon ein wenig Kondition, der Ausflug in den spektakulärsten Teil der Areuse-Schlucht ist dagegen beinahe schweißfrei zu haben.

Der Aufstieg auf die Felsen des **Creux du Van** beginnt am Ortsende von Noiraigue. Mit einem größeren Fahrzeug parken Sie unten im Ort. Einen Platz, an dem Sie auch über Nacht bleiben können, finden Sie an der Auffahrt zur Ferme Robert am Gebäude der Feuerwehr.

(032) WOMO-Wanderparkplatz: Noiraigue

GPS: N 46°57'07", E 6°43'33", 725m **max. WOMOs:** 1-2.
Ausstattung/Lage: Ruhiger, ebener Parkplatz am Ortsrand, in Flussnähe, 10 min. Fußweg ins Dorf. Auch geeignet als Basisquartier zum Besuch der Gorge d'Areuse mit Zugtransfer (siehe S. 62).
Zufahrt: Von der Kantonalstraße kommend hinter dem Bahnhof rechts und weiter in Richtung Ferme Robert. Direkt rechts hinter der Brücke über die Areuse.
Sonstiges: Dass Sie beim Parken die Feuerwehrausfahrt nicht blockieren dürfen, muss ich eigentlich nicht extra erwähnen, oder?

Mit kleineren Wohnmobilen können Sie die schmale Waldstraße bis zum Berggasthof **Ferme Robert** hinauffahren. Das lohnt sich nicht nur um Wander-Höhenmeter zu sparen – hier oben findet man außerdem auch einen schönen Parkplatz für eine ruhige Nacht. Wobei die *ruhige Nacht* hier unbedingt wörtlich zu nehmen ist: die Unterkünfte der Herberge der Ferme Robert liegen direkt oberhalb des Parkplatzes, der tagsüber oft restlos belegt ist. Also bitte: nicht quer parken, keine Grillgelage und Markise und Stühle bleiben gut verstaut. Auch dicke Abfallbeutel sollten am nächsten Morgen wieder die Talfahrt antreten. Nur so bleibt die freie Zufahrt zum Parkplatz am Berg auch für Wohnmobile erhalten.

(033) WOMO-Wanderparkplatz: Ferme Robert

GPS: N 46°56'36", E 6°44'09", 983m **max. WOMOs:** 1-3.
Ausstattung/ Lage: Wanderparkplatz außerorts im Wald, die gemütliche Gaststätte Ferme Robert ist 200m entfernt.
Zufahrt: Vorbei am Bahnhof und dann rechts über die Schienen. Von der Ortsmitte aus beschildert. Schmale kurvige Waldstraße, teilweise schlecht asphaltiert, Ausweichstellen. Nur für wendige, nicht zu breite Wohnmobile.
Sonstiges: Der Platz liegt im Naturschutzgebiet. Bitte strikt an die Übernachtungsregeln halten. Platzsparend parken, der Parkplatz ist tagsüber stark frequentiert!

Wanderung zum Creux du Van

Gehzeit: 3,5 h, 500 hm

Ausrüstung: Wanderschuhe notwendig, Stöcke sinnvoll (sehr steiler, leicht rutschiger Abstieg), an heißen Tagen Sonnenhut und Wasserflasche nicht vergessen. Im Sommer empfiehlt sich dringend der Aufstieg am frühen Morgen – erstens ist es da noch schön kühl und zweitens begegnen Sie den vielen Menschen, die die beliebte Wanderung am späten Vormittag starten, erst wenn Sie schon wieder hinuntersteigen.

Vom Parkplatz laufen Sie hinauf zum Gasthaus und folgen dem breiten Waldweg in Richtung **Fontaine Froide**. Sanft ansteigend geht es in großen Bögen hinauf bis zur gefassten eiskalten Trinkwasserquelle neben dem Weg (30 min.). Hier können Sie erst mal Ihre Wasserflaschen füllen, denn jetzt beginnt der anspruchsvollere Teil des Aufstieges. Hinter der Quelle gabelt sich der Fahrweg. Wir laufen geradeaus (der linke Weg). Kurz darauf zweigt der **»Sentier du Single«**, der übersetzt als Wildschweinweg bezeichnet würde, rechts ab. Ordentlich steil windet er sich in engen Serpentinen durch lichten Wald, bringt uns heftig zum Schnaufen und außerdem auf kürzestem Weg auf das Hochplateau. Hat man dann endlich die Höhe der Felsen erreicht, steht man überrascht auf einer sanften, grasbewachsenen Hochebene. Nur wenige Schritte weiter ist jedoch deren abruptes Ende erreicht: senkrecht abbrechende Felswände bilden den 100 m tiefen Kessel des Creux du Van. Sie können sich der Abbruchkante an mehreren Stellen vorsichtig nähern und wenn Sie dann auf der Hochebene weiterlaufen – immer am Rand des Kessels entlang – erreichen Sie nach einer weiteren halben Stunde mit ständig wechselnden Blickwinkeln auf die imposanten Felswände, den urigen Gasthof **Ferme Le Soliat** mit Terrasse und gemütlichem Gastraum. Die Spezialität des Hauses ist übrigens Käsefondue. Außerdem kann man hausgemachte Würste, Käse, Brot und Honig erstehen, bevor man auf dem gleichen Weg zum Parkplatz zurückkehrt.

Die **Schluchten der Areuse** erstrecken sich von Boudry am Lac de Neuchâtel bis Noiraigue zu Füßen des Creux du Van. Läuft man die ganze Strecke von Boudry, muss man für die einfache Tour ca. 3 h kalkulieren, kann aber mit Umweg über Neuchatel den Rückweg per Zug antreten. Eine kürzere Wanderung in den schönen oberen Teil der Schlucht können Sie von Noiraigue oder vom Zugang in Champs de Moulin starten. Von Ort zu Ort laufen Sie etwa eine Stunde. Auch hier ist eine Rückkehr mit der Bahn möglich.

Nachdem unsere Füße ja heute schon einige Stunden Arbeit hinter sich haben, starten wir unsere Wanderung kräftesparend am Naturschutzzentrum in **Champs de Moulin**. Dazu fahren wir wieder hinauf zur Kantonalstraße mit der Nummer 10, um kurz darauf am braunen Schild »Gorges d'Areuse« erneut in Serpentinen ins Tal zu tuckern. Sie fahren am Bahnhof vorbei und biegen ganz unten im Tal direkt hinter der Brücke über die Areuse rechts ab auf den Wanderparkplatz **GPS N 46°57'26", E 6°46'11"**. Leider ist hier im Naturschutzgebiet eine Übernachtung ausdrücklich unerwünscht.

Eine kurze Wanderung durch die Gorges d'Areuse

1.15 h komplett, ca. 100 hm in der Schlucht. Läuft man vom Parkplatz zurück über die Brücke und dann links hinauf, kommt man zuerst zu schönen Plätzchen am ruhig dahin plätschernden Fluss. Statt auf dem breiten Fahrweg kann man hier auch auf einem Trampelpfad am Flussufer entlang gehen. So findet man jetzt bereits die schönsten Gumpen, an denen man auf dem Rückweg wunderbar die heißgelaufenen Füße kühlen kann.

Nach etwa 20 min. Gehzeit passiert man dann das Wasserkraftwerk, dann wird der Weg schmaler und die Schlucht enger und man steigt über Felsen hinauf bis zur fotogenen alten Steinbrücke *Saut du Brot* und zum Aussichtspunkt. Dahinter geht es wieder aus der Schlucht hinaus, man kehrt um oder erreicht von hier in 35 min. den Bahnhof von Noiraigue.

Von **Les Champs de Moulin** bleiben nur wenige Kilometer Fahrstrecke **bis Neuchâtel**, wo wir mit Tour 4 rund um die drei großen Seen zwischen Jura und Freiburger Land reisen. Wer weiter in den Süden zum Genfer See möchte, wählt aus dem Val de Travers die Strecke über St. Croix nach Yverdon.

St. Croix – die Stadt der mechanischen Träume

Kaum haben wir das Tal des Absinth verlassen, machen wir Bekanntschaft mit dem nächsten ungewöhnlichen Industriezweig der Region. Über 40 Unternehmen produzierten Ende des 19. Jahrhunderts in der Umgebung von St. Croix Musikautomaten. Entstanden war die Idee der Spieldosen aus einem verrückten Einzelstück: 1796 baute ein Genfer Uhrmacher eine musizierende Taschenuhr. Die Idee kam an und eine neue Geschäftsidee war geboren.

Viele ungewöhnliche Stücke können wir im Centre International de la Mécanique d'Art (CIMA) erleben. Das Museum ist stilecht im ehemaligen Fabrikgebäude der Firma Paillard untergebracht. An der umfangreichen Sammlung an Exponaten vom kleinen Singvogel bis zur riesigen Jahrmarktsorgel werden nicht nur Nostalgiker ihre Freude haben.
Geöffnet Juni bis September. Nur mit Führung zu besichtigen. Diese findet Dienstag bis Sonntag um 14, 15.30 und 17 Uhr statt. Montags gibt es eine Führung um 15 Uhr, im Juni nur Führungen um 14 und 15.30 Uhr und Montag geschlossen. Eintritt CHF 14.-, Kinder 6-16 Jahre CHF 7.-. Telefon: ++41(0)24 454 44 77, www.musees.ch
Einen ausreichend großen Parkplatz finden Sie vor der Tür.
GPS N 46°49'15", E 6°30'09"

Ein weiteres, kleineres, von einer privaten Initiative getragenes Automatenmuseum gibt es im Nachbarort **L'Auberson.** Da Wohnmobilisten dort außerdem mit einem offiziellen Stellplatz mit Euro-Relais willkommen geheißen werden, bekommt auch dieses Museum selbstverständlich seinen Platz in diesem Buch. Allerdings bedarf der Besuch in der Nebensaison guter Planung – geöffnet ist von Juli bis September täglich von 14 bis 17 Uhr, außerhalb dieser Zeit jedoch nur an Sonn- und Feiertagen von 10 bis 12 und von 14 bis 18 Uhr, samstags von 14 bis 17 Uhr und.

(034) WOMO-Stellplatz: L'Auberson

GPS: N 46°49'13", E 6°28'22", 1.092 m
max. WOMOs: 2-3
Ausstattung/Lage: ebener asphaltierter Parkplatz am Ortsrand, Euro Relais, Gasthof im Ort
Zufahrt: An der Ortseinfahrt links

Eine schöne Übernachtungsalternative finden Sie wenige Kilometer weiter auf dem großen Langlaufparkplatz des Ortteiles Les Rasses oder auf dem ebenfalls nicht weit entfernten Campingplatz.

(035) WOMO-Stellplatz: Les Rasses Téléski

GPS: N 46°49'50", E 6°32'42", 1.202 m
max. WOMOs: 4-5
Ausstattung/Lage: außerorts, ebener asphaltierter Parkplatz, Restaurant Les Planets an der Zufahrt zum Platz.
Zufahrt: Von St. Croix in Richtung Camping fahren und an den letzten Häuser des Weilers Les Rasses links den Hinweisen zum Skilift folgen.

(036) WOMO-Campingplatz-Tipp: Les Cluds-Bullet

GPS: N 46°50'33", E 6°33'35", 1.209 m **Öffnungszeiten:** ganzjährig
Lage: am Waldrand in schöner Alleinlage am Hang des Chasseron, Euro Relais vor dem Platz, Pauschalbetrag pro Platz inkl. 2 Erwachsene mit Kindern CHF 34.- bis 40.-, Strom CHF 6.-, Kurtaxe CHF 1,50.-, www.campings-ccyverdon.ch
Zufahrt: von St. Croix durch Les Rasses und Bullet. Hinter dem Ort den Hinweisschildern links hinauf folgen.

Haben Sie keine Scheu vor schmalen kurvigen Sträßchen und engen Ortsdurchfahrten (und ein Wohnmobil in der passenden Größe), können Sie jetzt auf der kleinen, in den meisten Karten weiß eingezeichneten Strecke über **Mauborget** und **Fontaines** ins Tal fahren. Bei klarem Wetter haben Sie hier tolle Blicke auf den See. Ansonsten fahren Sie zurück zur ebenfalls schön zu fahrenden Kantonalstraße, folgen dieser hinunter bis Yverdon-les-Bains und steigen dort in Tour 4 oder 6 ein.

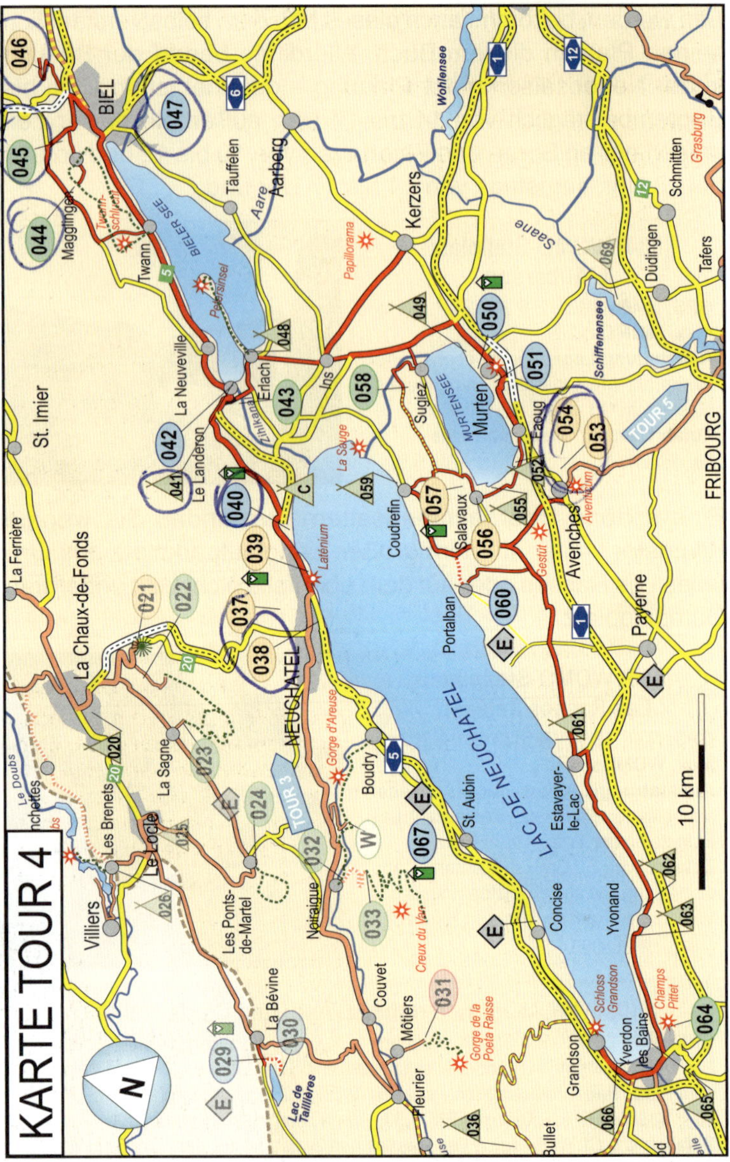

Die Region um die Trois-Lacs ist im Sommer ein beliebtes Reiseziel der Schweizer. Lange Badestrände, die mit Reben bedeckten Südhänge über den Seen und schöne alte Orte wie Erlach, Murten, Grandson oder Estavayer-le-Lac machen den Reiz der Region aus, die im Landesdurchschnitt eher zu den teureren Urlaubsgebieten der Schweiz zählt. Wir beginnen unsere Runde um die Seen in Neuchâtel und fahren echt schweizerisch ordentlich im Uhrzeigersinn. So erreichen wir vom Nordufer des Lac de Neuchâtel zügig den Bieler See.

TOUR 4 (ca. 155 km / 2-4 Tage)

Durch das Drei-Seen-Land

Neuchâtel – Biel – Erlach – Mont Vully – Murten – Estavayer le Lac – Yverdon-les-Bains

Freie Übernachtung:	Neuchâtel, St. Blaise, Le Landeron, Macolin Hohmatt, Leubringen, Biel, Murten, Mont Vully, Portalban, Yverdon
Ver-/Entsorgung:	Neuchâtel, St. Blaise, Portalban, Concise, St. Aubin und Campingplätze
Campingplätze:	Neuchâtel, Le Landeron, Erlach, Muntelier, Avenches, Cudrefin, Estavayer, Yvonand, Yverdon
Baden:	Neuchâtel, St. Blaise, Le Landeron, Biel, Erlach, Murten, Salavaux, Portalban, Yverdon
Besichtigen:	Neuchâtel, Laténium, Erlach, Papiliorama, Murten, La Sauge, Avenches, Yverdon les Bains, Schloss Grandson
Wandern:	Twannschlucht, Lohturm, Taubenlochschlucht, Petersinsel, Radtour Murtensee, Naturschutzgebiet Grand Cariçaie

Neuchâtel – Eine Altstadt aus dem Bilderbuch

Schon seit dem Ende des 10. Jahrhunderts ragt hier am Ufer des größten der drei Seen ein Schloss empor und rundherum entwickelte sich in den folgenden Jahrzehnten die Stadt, die in Ihrem Kern immer noch aussieht als wäre die Welt in der Zeit der Rittergeschichten stehengeblieben. Erfreulich neuzeitlich ist dagegen das Angebot an Restaurants und Cafés in den gemütlich verwinkelten Gassen. Wenn Sie sich bei Ihrem Bummel einfach treiben lassen, werden sie auch irgendwann auf die Treppen hinauf zum Schloss treffen – das ist durch seinen zentralen Standort kaum zu vermeiden. Sind sie wochentags unterwegs, können Sie dann an einer von 6 kostenlosen Führungen teilnehmen (zwischen 10 und 16 Uhr, immer zur vollen Stunde), an Sonn- und Feiertagen müssen Sie dazu zwischen 14 und 16 Uhr am Schloss eintreffen.

Wer bleiben möchte findet ein Nachtquartier auf dem offiziellen Wohnmobilstellplatz der Stadt oder – für Liebhaber einsamer Naturplätze – auf einem Wanderparkplatz hoch über Neuchâtel. Um dort hinzukommen, folgen Sie in der Innenstadt den Hinweisschildern zum botanischen Garten und zum Zentrum Dürenmatt.

(037) WOMO-Stellplatz: Neuchâtel Botanischer Garten

GPS: N 47°00'24", E 6°56'34", 649 m

max. WOMOs: 2-3

Lage: am Waldrand, außerorts, Schotterflächen rechts und links der Straße am Ende der Sackgasse und am Start zu einem Trimm-DIch-Pfad. Fährt man am Haus vor dem Parkplatz rechts hinunter (Fahrverbot in 600 m) kommt man zu einem kleinen Waldparkplatz unterhalb eines Felsens. Mit einem kleinen Wohnmobil kann man auch hier unten stehen. Ein Pfad führt hinauf zu einer ganz und gar ungewöhnlichen Feuerstelle mit weitem Blick über den See und die Stadt.

Anfahrt: Den Wegweisern zum botanischen Garten folgend, in einigen Kehren bergauf bis zum Kreisverkehr am Stadtrand und hier rechts ab und bis zum Ende der Straße (Chemin des Perrolets-Saint-Jean).

Sonstiges: Centre Dürrenmatt (geöffnet Mi-So 11-17 Uhr) und Botanischer Garten in 10-15 min. zu Fuß erreichbar (am Wohnhaus vorbei bergab). Vom Botanischen Garten aus wenige Minuten zur Bergstation der Standseilbahn *Crêt du Plan*, die hinab an den Rand der Altstadt führt.

(038) WOMO-Stellplatz: Neuchâtel

GPS: N 47°00'05", E 6°57'26", 437 m **max. WOMOs:** 3-4

Ausstattung / Lage: Durch einen Grünstreifen abgetrennte Parkbucht an einer Nebenstraße reserviert für Wohnmobile. Maximale Parkzeit 2 Tage, mit Euro Relais. Nicht unbedingt ruhig und auch nicht allzu zentral gelegen, aber doch ein kostenloser Service und durchaus als Nachtquartier geeignet. Am Schwimmbad.

Zufahrt: Von der Altstadt kommend in Richtung St. Blaise. Vorsicht! Am Schwimmbad nicht in den Tunnel fahren, sondern geradeaus und ebenso geradeaus durch den folgenden Kreisel. Kurz hinter dem Kreisel liegt der Parkplatz rechts der Straße.

Neben den üblichen Museen hat Neuchâtel auch noch das Laténium zu bieten. Obwohl es erst mal so klingt: mit Latein oder den Römern hat der Name gar nichts zu tun. Er bezieht sich auf den Ort La Tène, wenige Kilometer entfernt an der nördlichen Spitze des Sees. Was man an dieser Ausgrabungsstätte fand, seit sie 1857 zufällig von einem Fischer entdeckt wurde, gab einer ganzen Kulturepoche der frühen Eisenzeit ihren Namen. Typische Fundstücke der gallisch-keltischen Latènekultur sind Fibeln, Schwerter und Armreifen.

(039) WOMO-Stellplatz: Laténium

GPS: N 47°00'31", E 6°58'22", 431 m **max. WOMOs:** 3-4

Lage: Parkplätze am Laténium über dem Hafen, WC unten am Hafenbecken, tagsüber kostenpflichtig, in der Hauptsaison ist der Parkplatz sehr voll und daher nicht ganz so angenehm.

Zufahrt: Von der Ortsdurchfahrt mit Laténium ausgeschildert.

Sonstiges: Läuft man stadtauswärts am Ufer weiter (weg vom Museum) kommt man zu einem schönen grünen Parkgelände mit mehreren lauschigen Badebuchten.

Ausflug in die Geschichte der Menschheit
Das Laténium und die archeologische Fundstätte von La Tène

Der Entwicklung der Menschen von der Frühsteinzeit bis in die Renaissance widmet sich das große, aufwändig gestaltete Museum an Stadtrand von Neuchâtel. Die meisten der über 2000 Ausstellungsstücke stammen dabei aus der Region Neuchâtel, viele auch direkt aus La Tène.

Geöffnet Di-So von 10-17 Uhr, Eintritt CHF 9.-, Familienkarte CHF 20.-. Das Außengelände mit Nachbau eines Pfahlhauses und weiterer historischer Bauwerke ist jederzeit frei zugänglich.

Wenn es nach dem Museumsbesuch ein bisschen Entspannung braucht: Ein offizieller Übernachtungsplatz mit Badeufer befindet sich an der nördlichen Seespitze in St. Blaise.

(040) WOMO-Badeplatz: Marina St.Blaise

GPS: N 47°00‘41“, E 6°59‘17“, 430 m **max WOMOs:** 12

Ausstattung / Lage: Plätze zwischen hohen Hecken, aber nahe der Durchgangsstraße und nicht unbedingt leise, CHF 8.- pro Womo, Duschen und WC am Hafen, Umschlag zum Zahlen, falls der Hafenmeister im nicht im Büro ist, Badestelle 200 m entfernt links, Hafenbereich rechts, 5 min. Fußweg zum Ortskern mit Restaurants.

Zufahrt: Von Neuchâtel auf der Kantonalstraße 5 bis St. Blaise und am Kreisel neben dem Ort rechts auf der Avenue du Port und, den Schildern zur Marina folgend, unter der Bahnlinie hindurch zum Hafen. Wohnmobilstellplatz und Euro-Relais an der Parkplatzeinfahrt links.

Sonstiges: Im Naturschutzgebiet an der Nordspitze des Neuenburger Sees gibt es rechts und links vom Zihlkanal zwei Campingplätze, die beide direkt am Seeufer liegen, einen schönen Badplatz bieten und gut mit Dauercampern belegt sind. Zum **Camping La Tène** kommen Sie vom Hafen, indem sie vor der Bahnlinie rechts der Rue Louis-de-Meuron folgen. Geöffnet 1.3.-30.9., 2 Personen im Womo CHF 40.- inkl. Strom. Den in Ausstattung und Preis vergleichbaren **Camping Fanel** (TCS, April - September) erreichen Sie von Gampelen.

Der Bieler See

Ein besonders reizvolles Ziel findet man an der Südspitze des Bielersees: Erlach mit seiner schönen Altstadt und dem Naturschutzgebiet auf der Petersinsel sollten Sie nicht verpassen. Ein langes Badeufer mit Strandbad gibt es bei Le Landeron und auch die kleinen Winzerorte am Westufer lohnen einen Besuch. Hier findet man in jedem dritten Haus einen Weinkeller und kann bequem beim Erzeuger einkaufen. Nur die zwischen dem See und den Hängen der Weinberge eingequetschte Schnellstraße stört die Idylle. Der Bergrücken zwischen Twann und Biel lässt sich auf einer abwechslungsreichen Wanderung erforschen und auch Biel hat eine schöne kleine Altstadt – auch wenn es rundherum schon ein wenig nach Großstadt riecht. Das Ostufer des Sees ist dagegen eher unspektakulär.

Kommt man vom Lac de Neuchâtel, ist **Le Landeron** der erste Ort am Bieler See. Neben einer netten kleinen Altstadt mit bunten Häuschen zwischen zwei Stadttoren hat der Ort ein langes Badeufer und ein Freibad direkt am See zu bieten.

Ein großer Camping belegt das Terrain hinter der Badebucht und dem Sportboothafen. Rechts und links vom ausgedehnten Dauercamperbereich bieten Parkplätze die Möglichkeit für einen Badestopp ohne Campingplatzaufenthalt.

(041) WOMO-Campingplatztipp: Camping des Pêches

GPS: N 47°03'10", E 7°04'11", 429 m **Öffungszeiten:** 1.4. – 15.10.

Ausstattung / Lage: Separater gepflegter Bereich nur mit Touristenplätzen auf einem angenehmen Wiesengelände unter locker verteilten Bäumen etwas weiter vom See entfernt. Laden und schönes Restaurant. Zum Badeufer geht es ca. 400 m durch den Dauercamperbereich und durch ein Wäldchen hindurch. Wohnmobil inkl. 2 Pers. CHF 35,50, Kinder 6-16 Jahre CHF 4. Warme Dusche und Strom gehen extra. Wer Kinder dabei hat steht am Gemeindecamping Erlach besser und in der Nebensaison sogar günstiger ... Euro Relais Station vor dem Platzeingang.

Zufahrt: westlich vom Ort, direkt am Zihlkanal. im Ort ausgeschildert.

(042) WOMO-Badeplatz: Le Landeron

GPS: N 47°03'04", E 7°04'28", 431 m **max WOMOs:** 1-2

Ausstattung /Lage: Mai bis Oktober kostenpflichtig, hinter der Capitainerie der Marina mit Restaurant und WC, neben dem Dauercamperbereich des Campings

Zufahrt: Im Ort den Hinweisen zum Camping folgen. Fährt man an der Einfahrt zum Camping vorbei endet die Straße an mehreren Parkplätzen hinter dem Sportboothafen. Sehr geschützt steht man auf dem Grünstreifen hinter der Baumreihe am Straßenende links. Ein weiterer **Parkplatz** befindet am Ende der Stichstraße vor dem Campingplatz. Auf dem großen geschotterten Platz schlafen früh im Jahr noch gut eingepackte Boote. Das Badeufer ist hier in Sichtweite. Aber auch dieser Platz befindet sich unmittelbarer Nähe des Campings.

Sonstiges: Eine Stellplatzalternative für kleine Womos finden Sie auf dem Wanderparkplatz (43) am Zihlkanal .

(043) WOMO-Stellplatz: Le Landeron Kanalbrücke

GPS: N 47°02'45", E 7°03'56", 428 m **max. WOMOs:** 1-2

Lage / Ausstattung: außerhalb des Ortes und in der Nähe einer Durchgangsstraße, am Verbindungskanal zwischen Bieler und Neuenburger See, geschotterte Parkbucht, bitte parallel zum Kanal parken, daher nur bis ca. 6 m Länge

Zufahrt: Fährt man in Richtung Erlach über die Kanalbrücke sieht man den Platz rechts unten. Die Zufahrt befindet sich aber schon ca. 200 m weiter vorne, wo eine schmale Straße rechts von der Bundesstraße abzweigt und parallel zu dieser zum Kanal führt. Der Rad- und Fußweg am Parkplatz führt in der einen Richtung nach Le Landeron und in der anderen Richtung immer am Zihlkanal entlang nach St. Blaise am Neuenburger See.

Der nächste Ort am Westufer ist das Winzerdorf **La Neuveville**. Es ist das erste in einer Kette von kleinen Orten mit schöner alter Bausubstanz, kleinen Weingütern und engen Sträßchen. Soweit wie möglich sollte man sich bei der Durchfahrt von der vierspurigen Schnellstraße herunter halten, die man hier in den ohnehin engen Raum zwischen See und Weinbergen gequetscht hat. Neben einem Blick auf das private Château de Schlossberg oben am Berg und einem Bummel durch den Ortskern mit einigen gut erhaltenen mittelalterlichen Gebäuden, kann man in La Neuveville auch sein Wissen über den **Weinanbau** vertiefen – zumindest wenn man den Bieler See am Wochenende besucht.

Das Museum ist zwischen Mai und Oktober immer am Samstag und Sonntag Nachmittag geöffnet. Parkplätze sind im Ort eher rar. Eine Chance hat man, wenn man nach der Durchquerung der verwinkelten Altstadt auf der Durchfahrtstrasse Grand Rue rechts in Richtung See abbiegt. Nicht in der engen Altstadt rechts abbiegen, auch wenn Ihr Navi anderer Meinung sein sollte! An der Place du Marché und der Place de la Gare gibt es Parkplätze mit genügend Raum. Die GPS-Daten des in der Mitte liegenden Bahnhofes sind **N 47°03'46", E 7°05'42"**. Parkplätze finden Sie rechts (näher an der Altstadt) und links davon.

Weiter auf der Uferstraße erreicht man nach wenigen Kilometern **Twann**, den nächsten Weinort am Seeufer. Ein großer kostenpflichtiger Parkplatz zwischen Ort und Straße **GPS N 47°05'36", E 7°09'19"** ermöglicht einen unkomplizierten Stopp. Der größere Teil des Ortes mit schönen alten Häusern und mehreren Restaurants befindet sich rechts des Parkplatzes. Man könnte jetzt auch auch durch den Ort zur **Twannschlucht** hinaufsteigen,

schöner ist es jedoch, die Besichtigung der Schlucht in einen Rundweg von der Talstation der Seilbahn in Biel oder von unserem Stellplatz Hohmatt **(044)** einzubinden.

Durch die Twannschlucht

Die Talstation der Seilbahn befindet sich gleich links an der Ortseinfahrt von Biel. Ein großer Parkplatz rechts der Straße macht den Start unkompliziert **GPS N 47°08'08", E 7°14'08"**. Mit der Standseilbahn geht es hinauf nach Magglingen. Dort beginnt der gut markierte Weg zum Twannberg und zur Twannschlucht. Immer auf der Höhe läuft man beinahe eben mit tollen Talblicken bis Les Moulins und steigt durch die Schlucht wieder ab nach Twann. Gehzeit ca. 3 Stunden, 450 hm bergab. Von Twann fährt ein Bus zurück nach Biel. Alternativ kann man die Strecke aber auch mit dem Boot zurücklegen, dazu gibt es ein spezielles Kombiticket (Panorama Tour Douanne) Seilbahn + Schiff für ca. CHF 21.- pro Person. Infos unter www.funic.ch. Beschreibung mit guter Karte unter www.wanderland.ch (Twannbachschluchtweg) oder als Broschüre an der Talstation der Seilbahn in Biel.

Der Rundweg funktioniert aber auch ohne Boot oder Bus: Der Rebenweg verbindet Twann knapp über Seehöhe mit Biel. Für den Fußmarsch durch die Weinberge zur Seilbahn zusätzlich 1,5 Stunden rechnen. Auch dieser Weg ist in Twann gut ausgeschildert.

Wollen Sie die Wanderung von einem idyllischen Übernachtungsplatz starten, fahren Sie von Twann über die Höhe nach Orvin, rechts nach **Magglingen** hinunter, durchqueren den Ort und steuern nach **Hohmatt** hinauf.

(044) WOMO-Wanderparkplatz: Macolin (Magglingen) Hohmatt

GPS: N 47°08'10", E 7°11'54", 1.034m
max.WOMOs: 2-3
Lage / Ausstattung: Große geschotterte Parkfläche außerhalb des Ortes. 200 m oberhalb befindet sich die gemütliche Bergwirtschaft Hohmatt mit deftiger Hausmannskost. Hier kann man sich durch regionale Spezialitäten wie Rösti, Käsefondue, Chlöpfler (Bratwurst) und Brotzeitplatten mit Jura Hobelkäse (Tête de Moine) und Trockenfleisch probieren. **Zufahrt:** siehe Text.
Wandern: Ein kurzer Spaziergang rechts hinauf und vor dem Gasthof links am Waldrand entlang, bringt uns zum Lohturm hinauf. Von seiner Aussichtsplattform blickt man weit über die Baumwipfel und den See bis zu den Alpen. Möchten Sie vom Stellplatz den Rundweg durch die Twannschlucht laufen, halten Sie sich erst in Richtung Twannberg und folgen von dort der Wegbeschreibung auf Seite 71.

Fahren Sie dann durch **Magglingen** in Richtung **Leubringen** zurück, finden sie wenig abseits der Strecke einen weiteren Wanderparkplatz der an einer weiteren schönen Rundtour gelegen ist. Mit Aufstiegshilfe der Funiculaire Biel-Leubringen können Sie von hier die ebenfalls sehr schöne Wanderrunde durch die **Taubenlochschlucht** starten.

(045) WOMO-Wanderparkplatz: Leubringen

GPS: N 47°09'01", E 7°13'50", 807m **max WOMOs:** 2-3
Lage, Ausstattung: Geschotterter Parkplatz im Wald, in Straßennähe, außerorts
Zufahrt: In Leubringen links hinauf in Richtung Orvin. Oben auf der Höhe rechts und links der Straße Parkmöglichkeiten.

Durch die Taubenlochschlucht

Gehzeit: 2h. Ein Waldspaziergang führt vom Stellplatz in einer knappen Stunde nach Frinvillier. Weiter geht es auf einem guten Fussweg mit Stegen und Treppchen durch die Schlucht der Schüss (Suze). Ruhebänke und Feuerstellen laden zum Picknick ein. In Biel angekommen nehmen Sie den Sie der Bus zum Bahnhof der Seilbahn Biel-Leubringen. Von hier könnten sie noch eine Runde durch die benachbarte Bieler Altstadt drehen, bevor Sie sich in wenigen Minuten zurück nach Leubringen (Evilard) transportieren lassen. Durch den Ort laufen Sie dann hinauf zum Womo. Alternativ können Sie auch von Frinvillier in die Schlucht laufen. Die Zufahrt zum Waldparkplatz **GPS N 47°10'03", E 7°15'11"** ist jedoch für größere Womos recht eng.

Wenn Sie von Leubringen wieder nach **Biel** hinunter fahren, befindet sich am gegenüberliegenden Hang des **Bözinger Berges** ein kleiner **Tierpark** mit Murmeltieren, Luchsen, Eulen und anderen heimischen Tierarten. Der Besuch ist kostenlos.

(046) WOMO-Wanderparkplatz: Tierpark Biel

GPS: N 47°09'35", E 7°16'11", 520m **max. WOMOs:** 1-2

Ausstattung / Lage: Große, ruhige Schotterfläche außerorts, Tierpark ca. 100 m entfernt (kostenlos); dort WC während Öffnungszeiten.

Zufahrt: Auf der Bözinger Straße (Bundesstr. 5 Richtung Solothurn) stadtauswärts bis zur Tamoil-Tankstelle, dann 1,5 km steil bergauf durch das Wohngebiet. In der zweiten Spitzkehre befindet sich das Schild zum Parkplatz nach rechts.

Und last but not least gibt es bei einer Stadt am See natürlich auch die Möglichkeit zum Baden. Dazu müssen wir wieder runter in die Stadt. Dort parken Sie ihr Womo am Strandbad.

(047) WOMO-Badeplatz: Strandbad Biel

GPS: N 47°07'46", E 7°14'12", 431m **max. WOMOs:** 2-3

Ausstattung / Lage: Geschotterte Parkflächen auf dem ehemaligen Expo-Gelände von Biel. Problemlos anzufahren für Womos aller Größen, tagsüber kostenpflichtig. 150m zum gepflegten Bieler Strandbad mit schöner Liegewiese. Im Bistro der Lago Lodge kann man zu fairen Preisen essen oder ein Bier trinken. Die kleine Seebräu-Brauerei befindet sich direkt hinter der Lodge und das frisch gebraute Bier fließt direkt aus den Lagertanks in die Zapfanlage der Bar.

Zufahrt: Von der »5« am Kreisel an der südlichen Ortsausfahrt links, vorbei an einem ersten Parkplatz, an der Kreuzung Ländtestraße / Marcelin Chippot Straße, rechts über die Brücke und gleich wieder rechts zum See.

Sonstiges: Vom Parkplatz kommt man auch zur Schiffslände. In Richtung See laufen und rechts über die Kanalbrücke zum Anleger. Die Möglichkeiten reichen von der 3-Seen Fahrt bis zu Fahrten auf der Aare nach Solothurn. Die Tageskarte kostet ca. CHF 78.- pro Person, www.bielersee.ch

Wenn Sie die Bieler Altstadt nicht auf der Wanderung durch die Taubenlochschlucht besucht haben, lohnt dort noch ein Stopp, bevor wir am östlichen Seeufer entlang nach Le Landeron zurückkehren, um von dort den kleinen Ort Erlach anzusteuern.

Erlach und die Petersinsel

Die Altstadt von Erlach besteht nur aus wenigen Straßenzügen. Die Häuser reihen sich malerisch gestaffelt an steilen Kopfsteinpflastergassen bis zum Schloss, das bereits im 11. Jahrhundert erbaut wurde und aussieht wie ein stattlicher Gutshof. Heute ist hier eine Schule untergebracht. Zwischen Reben steigt man dann wieder hinab zum See und quert dabei die bunte Geschäftsstraße. In einer der beiden Bäckereien kann man die Erlacher Version einer lokalen Spezialität kosten: Niddlekueche, Niddelkuchen oder Gateau de Vully wie er am benachbarten Murtensee oft genannt wird. Unsere Version aus Erlach hatte einen hauchdünnen knusprigen Boden mit einer dicken Rahmschicht. Auch die verschiedenen Versionen salziger Quiches eignen sich vorzüglich für ein Picknick am Mittag – zum Beispiel an einem Seeplätzchen auf der Petersinsel.

Eine Radtour auf die Petersinsel

Strecke 10 km, eben. Die Petersinsel ragt langgestreckt und eben in den Bieler See. Nur ihr ovales bewaldetes Köpfchen erhebt sich 45 Meter über den Wasserspiegel. Vor der 1. Juragewässerkorrektion im Jahre 1878, bei der die Aare in den Bieler See umgeleitet und die drei Seen mit Kanälen verbunden wurden, um das Hochwasser im Aaregebiet in den Griff zu bekommen, gab es hier nur zwei Inseln im See. Durch die Baumaßnahmen fiel der Wasserspiegel im Bieler See um 2,5 Meter und das Inselchen mit dem alten Klostergebäude bekam eine Verbindung zum Land. Auf dieser Landzunge führt heute der schnurgerade Heidenweg zur ehemaligen Insel. Zu Fuss braucht man dorthin eine gute Stunde – mit dem Fahrrad geht es deutlich schneller. Die Inselspitze kann man auf einem bequemen Weg umrunden. Pfade zweigen ab zu netten Plätzchen am Wasser. Im Sommer kann man baden, zu anderen Zeiten eignen sie sich prima für ein Picknick. Wer es etwas gediegener mag: Im stilvoll mit gut erhaltener Patina restaurierten Kloster, dass schon seit etwa 900 Jahren im Zentrum der Insel steht, ist heute ein Hotel untergebracht. Hier kann man im geschützten Innenhof sehr gut speisen. Der Fisch kommt aus dem Bieler See, das Fleisch vom biologisch wirtschaftenden Inselbauern und selbst die Trauben für den Wein wachsen rund um den bildschönen Gutshof. Diese besondere Qualität hat allerdings auch ihren Preis. An schönen Tagen bietet das Bistro mit einfachen Snacks zwischen Pommes und Fruchtkuchen eine günstigere Alternative.

Wegbeschreibung: Der gut 4 km lange Heidenweg beginnt direkt neben der Zufahrt zum Camping. Ein Hinweisschild St. Petersinsel findet man schon an der Durchfahrtsstraße im Ort. Über ein Brückchen überquert man den Durchstich zwischen Insel und Festland und folgt dann dem Fahrweg. Unterwegs passiert man zwei Beobachtungstürme und einen kurzen Lehrpfad. Erste Abzweige führen rechts zu schönen Uferplätzen. Nach 4 km erreicht man an einer Kreuzung den Rundweg um den Inselkopf. Rechts herum steht man schnell am Gasthof.

Wer lieber zu Fuß gehen will, kann auch von Erlach mit dem Boot zur Inselspitze fahren und dort eine Runde drehen (ca. 45 min., Rückweg nach Erlach über den Heidenweg 1h). Der schnurgerade Fahrweg ist allerdings zu Fuss ein bisschen langweilig ...

Fahrräder kann man beim Tourismusbüro auf dem Gemeindecamping mieten. ½ Tag CHF 14.-, 1 Tag CHF 20.-. Die Fahrt mit dem Inselboot Navette kostet einfach CHF 12.- für Erwachsene und dauert 25 Minuten. Die Boote fahren ab 9.30 Uhr etwa alle zwei Stunden mit einer längeren Pause am frühen Nachmittag. Genauere Infos unter www.faulerlach.ch oder www.st-petersinsel.ch. Voranmeldung unter +41 (0) 079 760 82 60.

Wer über Nacht in **Erlach** bleiben möchte, muss auf den Campingplatz gehen. Für größere Mobile kommt da nur der Gemeindecamping Erlach direkt hinter dem Strandbad in Frage und der ist auch sicher nicht die schlechteste Wahl.

(048) WOMO-Campingplatz-Tipp: Camping Communal Erlach

GPS: N 47°02'45', E 7°05'55", 430m **geöffnet:** Ostern bis Ende Oktober

Ausstattung / Lage: direkt hinter der schönen Liegewiese des örtlichen Strandbades, Beachvolleyballplatz und toll gestalteter Spielplatz. Auch die Preisgestaltung ist familienfreundlich: bezahlt wird pro Stellplatz, Strom ist bereits inklusive. Die Zahl der Personen spielt keine Rolle. Sind nur zwei Personen im Womo, ist der Camping mit Platzpreisen ab CHF 38.- bis 60.- in der Hochsaison vergleichsweise teuer. In sich abgeschlossener Bereich für Dauercamper, die 60 Touristenplätze liegen direkt am See. Aufpreis für die erste Seereihe. Komfortable Sanitäranlagen, gutes Restaurant und Gästeinfo mit Fahrradverleih direkt auf dem Platz. Entsorgungsstation mit Bodeneinlass für Grauwasser. Bootsanleger in Sichtweite, Altstadt und Petersinsel sind in 5-10 min. zu Fuß erreichbar.

Sonstiges: Mobile in VW-Bus Größe finden nebenan auf dem Camping Mon Plaisir weitere Stellplätze am See in einem Gelände, das an einen leicht kruscheligen Vorgarten erinnert. Sehr enge Zufahrt. Etwas preisgünstiger.

Tropenparadies zwischen den Seen
Ein Abstecher zum Papiliorama nach Kerzers

Umschwirrt von Schmetterlingen streifen Sie im Papiliorama durch eine tropische Landschaft, im Nachbarhaus erspähen Sie zwischen den üppig grünen Blättern einen bunten Tukan oder einen der zart getönten rosa Löffler. Ein weiterer Höhepunkt des Besuches ist das Nocturama. Wie auch in allen anderen Räumen begegnen Sie den meisten Tieren ohne Gitter. So sausen in der künstlichen Nacht des Nocturamas die Fledermäuse haarscharf an den Besuchern vorbei, während diese von der spiralförmigen Empore Ausschau nach Faultieren und Nachtaffen halten. Ein Streichelzoo ermöglichet anschließend den jüngsten Besuchern hautnahe Tierbegegnungen und ein Spielplatz bietet Raum zum Toben.

Besonders sympathisch wird die Anlage durch das Engagement des Trägervereines, die das Papiliorama als gemeinnützige Stiftung betreibt. Ziel ist es, die Bevölkerung für das Schicksal der Regenwälder zu sensiblisieren. So gehört auch ein 110 km² großes Schutzgebiet im Regenwald von Belize, das Shipstern Naturreservat, zu den »Kindern« der Stiftung.
Geöffnet täglich von 9 - 18 Uhr. Eintritt CHF 18.-, Kinder 4-15 Jahre CHF 8.-, Parkplatz bei GPS N 46°59'14", E 7°12'07"

Spätestens jetzt wechseln wir an das Ufer des kleinsten Sees der Seenplatte und fahren von Kerzers weiter nach Murten.

Der Murtensee

Der touristische Höhepunkt am Murtensee ist das Örtchen Murten. Ein besonderes Erlebnis ist ein Spaziergang über den Dächern der Stadt auf der gut erhaltenen mittelalterlichen Ringmauer und ein Bummel unter den Arkaden der Einkaufsstraße. An der Südspitze lohnt ein Ausflug zu den Resten der römischen Stadt Aventicum rund um das heutige Dorf Avenches. Ein langer Sandstrand ziert die Südspitze des Sees und die Hänge des Westufers sind mit Reben bedeckt. In den Dörfern zwischen See und Hang klebt ein Weingut am anderen.

Wenn wir von der Kantonalstrasse 22 schon vor Murten auf die Seeuferstraße wechseln, treffen wir am oberen Seeende auf den ersten Campingplatz.

(049) WOMO-Campingplatz-Tipp: Löwenburg

GPS: N 46°56'35", E 7°08'03", 430 m **Öffnungszeiten:** April bis Oktober
Ausstattung / Lage: Fast nur Dauercamper. Eine besonders schöne grasbewachsenen Landzunge mit Badeplatz dient als Stellplatz für 8 Womos. Aus Platzgründen nur Fahrzeuge bis ca. 6 m Länge. Neue Sanitäranlagen, nette Betreiber und angenehme Atmosphäre. *Womo inkl 2 Pers. CHF 31.-, Strom 3,50, Tel. +41(0)79 776 74 80*

Durch die Straßen von Muntelier nähern wir uns Murten. Die Orte gehen lückenlos ineinander über. Direkt hinter dem Ortsschild von Muntelier finden wir ein sehr gutes Basisquartier zum Erforschen der Umgebung.

(050) WOMO-Badeplatz: Murten

GPS: N 46°55'57", E 7°07'10", 436m

max. WOMOs: 2-3

Ausstattung/Lage: Parkplatz oberhalb des örtlichen Strandbades. Der untere Teil ist mit einer Höhenschranke versperrt. Oben genügend Platz für Wohnmobile längs zur Fahrbahn (markierte Plätze ca. 6,50 lang), Kostenpflichtig von 10-18 Uhr. Zeltverbot unten auf der Wiese, aber kein Nachtpark- oder Caravanverbot. Direkt an der nachts kaum befahrenen Durchfahrtsstraße.

Zufahrt: Rechts der Seestraße zwischen Muntelier und Murten.

Sonstiges: Selbstbedienungs-Bistro mit Plätzen direkt am See rechts des Badebereiches, Minigolf und Gasthof links am Sportboothafen. Bäckerei 10 min. in Richtung Muntelier oder in der Murtener Altstadt an der Hauptstraße. Altstadt von Murten in 5 min zu Fuß zu erreichen. Öffentliches WC am rechten und linken Parkplatzende.

Wenn's zu kalt ist für ein Bad im See – im Ort gibt es auch noch ein Schwimmbad mit Hallenbad, Außenbecken und Sauna. Eigener großer Parkplatz bei **GPS N 46°55'33", E 7°06'34"**. Und wenn Sie nur die Altstadt anschauen wollen finden Sie einen Parkplatz vor dem Berntor **GPS N 46°55'44", E 7°07'12"**.

Über den Dächern der Stadt – Ein Spaziergang durch Murten

Ein Spaziergang durch Murten gleicht einer kleinen Zeitreise. Straßen und Häuser haben schon viele Generationen kommen und gehen gesehen. Ein besonderes Kleinod ist die mittelalterliche Ringmauer, deren Galerie auch heute noch begehbar ist, so dass Sie die Stadt gemütlich von oben

betrachten können. Die Altstadt ist überschaubar. Wer will, bummelt einfach so los, wer es systematischer mag, holt sich zuerst in der Information in der Kirchgasse den Flyer mit dem Altstadtrundgang, der an der französischen Kirche beginnt und bis zum Museum führt. Egal ob mit oder ohne Stadtplan, im Zuge ihrer Stadtrunde sollten sie unbedingt bei der Bäckerei Aebersold in der Hauptgasse vorbeischauen – dort gibt es noch einmal Nidelkuchen. Die spezielle Murtener Version, bei der fünf Schichten Rahm auf einem Boden aus Hefeteig gestrichen werden, ist gleich mehrfach prämiert.

Eine Stellplatz- und Badealternative finden Sie auf der anderen Seite von Murten. Fahren Sie dort wieder aus dem Ort hinaus, zieht rechts ein hoch aufragender Obelisk die Blicke auf sich, an dessen Fuß wir einen Parkplatz finden.

(051) WOMO-Badeplatz: Murten Obelisk

GPS: N 46°55‘11“, E 7°05‘59“, 443m **max WOMOs:** 1-2

Ausstattung / Lage: Geschotterte Parkfläche am großem Steinobelisken an der Ortsausfahrt rechts, ein wenig unterhalb der Schnellstraße und an den Bahngleisen. Der Platz selbst ist nicht sehr ruhig und auch nicht unbedingt idyllisch. Sehr reizvoll sind aber die kleinen Buchten mit Feuerstellen, die man über einen Wanderweg in 5-10 Minuten erreicht: Vor dem Obelisken durch die Bahnunterführung zum Seeufer und dort auf kleinen Pfaden zum Wasser. Hier folgen 2-3 intime Buchten zum Baden, picknicken oder für ein abendliches Lagerfeuer direkt aufeinander. Auch eine Radtour um den See kann man von hier gut starten. Parkplatz auch tagsüber kostenfrei.

Einmal um den Murtensee - Eine Velotour mit oder ohne Motor

29 km, mit Mont Vully 358 hm, ansonsten fast eben. Die Runde startet beim Radverleih am Bahnhof von Murten in Richtung Westen. Bis Faoug und von dort weiter um das westliche Murtenseeende verläuft der Weg am See abseits vom Straßenverkehr. Der lange **Sandstrand von Salavaux** bietet sich an für eine Badepause. Ab Salavaux führt die Strecke auf der Straße weiter durch die Winzerdörfer Motiez und Praz nach Sugiez. Ambitionierte Bergradler können auch über Bellerive und Vallamand-Dessus gut 250 m hinaufstrampeln und auf der Höhe durch Mur und Lugnorre auf den Gipfel des Mont-Vully radeln, der Sie mit einem wunderbaren Rundblick auf den Jura, die drei Juraseen, das Grosse Moos und die Alpenkette belohnt. Wer dazu nicht die passende Kondition hat, fährt später mit dem Womo hinauf. Danach folgt eine rasante Abfahrt den Hang hinunter nach Sugiez. Dort treffen sich beide Routen wieder. Am Bahnhof Sugiez mündet die Route in den Radweg durch den Chablais-Wald zum Fischerdorf Muntelier und zurück nach Murten. Eine topografische Karte zum Ausdrucken finden Sie unter unter www.veloland.ch unter Tour du Lac de Morat (hier mit Abstecher nach Avenches).

Sie haben keine Räder dabei? Einen Fahrradverleih gibt es in Murten am Bahnhof. Mietpreise ab CHF 33.- pro Tag, Für eBikes mit denen sie die 30 km spielend zurücklegen, zahlen Sie CHF 50.-, halber Tag CHF 35.-

Auf einen angenehmen Camping für einen längeren Aufenthalt am Murtensee treffen Sie bei der Weiterfahrt in Richtung **Avenches** direkt rechts am Seeufer.

(052) WOMO-Campingplatztipp: Port-Plage d'Avenches.

GPS: N 46°54'12", E 7°02'57", 433 m **Öffnungszeiten:** 1. April - 30. September
Ausstattung / Lage: Großer gut ausgestatteter Camping in Alleinlage mit kleiner privater Badebucht, der lange Sandstrand von Salavaux grenzt direkt an. Schöne, großzügige Plätze unter Bäumen, teilweise in der Nähe des Seeufers.
Womo inkl. 2 Personen CHF 33.- -41.- je nach Saison, www.avenches.ch

Die Stadt Avenches, 3 km vom Camping entfernt, ist ein attraktives Ziel für historisch Interessierte und Pferdefreunde. Die einen werden sich für die Reste der **Römerstadt Aventicum** interessieren, während sich die anderen für den Besuch des **Schweizerischen Nationalgestütes** begeistern. Wer Mitte

September nach Avenches reist, kommt gerade recht zur **Equus Helveticus**. An vier Tagen werden dort alle Disziplinen des Pferdesports dargeboten. Es finden nationale Prüfungen in der Dressur, dem Springen, dem Fahren, dem Westernreiten, dem Geschicklichkeitsreiten und den Zugprüfungen statt. Es werden die Fohlen prämiert und auf der Rennbahn fahren die besten Trabrenngespanne um den »Prix du Président«.

Schweizerisches Nationalgestüt Avenches

GPS N 46°53'11", E 7°01'15", Les Longs Prés. Direkt an der Rennbahn und Sportanlage, einen Steinwurf nordwestlich der Stadt, befindet sich ein weiteres Zuchtzentrum des Freiberger Pferdes. Die Aufgabe eines Nationalgestütes ist es, gute Hengste zur Zucht auszuwählen und ihre Dienste den kleineren Züchtern im Lande gegen eine festgelegte Decktaxe zur Verfügung zu stellen. So warten in den Ställen des Gestütes 60 der besten Freiberger Hengste auf ihren Zuchteinsatz. Das Gelände ist für Besucher frei zugänglich und täglich geöffnet. Besonders interessant ist ein Besuch aber von Montag bis Freitag zwischen 8 und 12 Uhr bzw.13:30 bis 16:30 Uhr. Dies sind die Zeitspannen, in denen mit den Pferden gearbeitet wird.

Das alte Aventicum und das heutige Avenches

Zu Beginn der christlichen Zeitrechnung war die Schweiz in den Händen der Römer. Die Stadt Aventicum, die mit über 20.000 Einwohnern viel größer war als das heutige Avenches, war damals ein bedeutendes wirtschaftliches und politisches Zentrum der römischen Provinz Helvetien und ab dem Beginn des 3. Jahrhunderts auch Bischofssitz. Ihre Blütezeit reichte bis ins 4. Jahrhundert n. Chr.. Danach wurde die Ansiedlung bei den Einfällen der Alamannen weitgehend zerstört und als noch mal 200 Jahre später der Bischofssitz an die Stadt Lausanne ging, versank Aventicum in der Bedeutungslosigkeit. Geblieben ist der nette Ort Avenches mit schönem historischen Stadtkern und einige gut erhaltene Mauerreste der römischen Stadtanlage.

Da das Areal von Aventicum größer war als die heutige Stadt, liegen auch die Ausgrabungsorte rund um den Ort verteilt. Ein guter Ausgangspunkt für eine Besichtigung ist der Parkplatz am perfekt erhaltenen Amphitheater. Fährt man auf Avenches zu, befindet sich dieser gleich rechts vor dem Ort. **GPS N 46°52'54", E 7°02'31"**. Eine Übernachtung ist hier nicht verboten, wird aber nicht gerne gesehen. Da es in der Umgebung gute Alternativen gibt, sollte man davon absehen, hier stehen zu bleiben – so schön der Platz auch ist. Am besten läuft man von hier in den Ort hinein und steuert die im Zentrum rechts der Straße gelegene Information an. Hier bekommt man eine Karte mit der Lage aller historischen Plätze.

Im Wehrturm am **Amphittheater** ist ein **Museum** untergebracht, in dem die Fundstücke der Ausgrabungen ausgestellt sind. Der besondere Stolz der Sammlung ist eine goldene Büste des Kaisers Marc Aurel, die 1939 entdeckt wurde. Ebenfalls sehr interessant sind die Reste des Theaters und das ehemalige **Osttor** mit einem Rest der ursprünglich 5,5 km langen Stadtmauer. Die Mauer hatte 4 Tore und 73 Türme, über die man zum Wehrgang hinauf gelangte. Das ehemalige Osttor mit einem gut erhaltenen Turm ist heute etwa 3-4 km vom Ort entfernt. Man erreicht es von dort zu Fuß oder mit dem Fahrrad, vorbei an einer einzeln stehenden Säule des ehemaligen Cigognier-Tempels, von dort zum Théâtre Romain und dann den Berg hinauf zum weithin sichtbaren Tor. Wer die Runde mit dem Womo fahren will, fährt vom Amphitheater zurück zur Hauptstraße und dort rechts nach Avenches hinein. Kurz darauf biegt links die schmale Zufahrt zum Theatre ein, die 400 m bis zum Parkplatz befahren werden darf. An einem kleinen Parkplatz im Grünen mit einer Grillstelle direkt vor den antiken Mauern. **(053) GPS N 46°52'49" E 07°02'54"** ist die Fahrt beendet. Meist steht man hier ruhig und idyllisch. Zu Fuß geht es in etwa 15 min. hinauf zum Tor. Mit dem Auto muss man, um dorthin zu kommen, einen großen Bogen schlagen – und eigentlich gibt es nur einen vernünftigen Grund, das zu tun: Oben auf dem Hügel auf dem Parkplatz am Tor (Porte de l'Est) gibt es ein weiteres, abgelegenes Plätzchen für die Nacht.

(054) WOMO-Stellplatz Avenches Porte de l'Est

GPS: N 46°53'13", E 7°03'33", 485 m **max. WOMOs:** 1-2
Lage: außerorts zwischen Feldern, am Ende einer Sackgasse, weiter Blick bis Avenches, 100 m zum römischen Osttor. Zufahrt problemlos.
Ausstattung: asphaltierte Parkfläche, schattenlos und ohne Bäume
Zufahrt: Vom Théâtre Romain fährt man zurück zur Hauptstraße, Hier geht es links in Richtung Donatyre / Fribourg. In Donatyre fahren wir an der abknickenden Vorfahrtsstraße geradeaus weiter in die schmale beschilderte Zufahrt zur Porte de l'Est. Die Straße endet an einer asphaltierten Parkfläche.

Von Avenches kehren wir zurück zum Murtensee und erreichen zunächst Salavaux, das vor allem ein Badeziel ist. Ein Quartier bietet der **Camping Salavaux Plage (055) GPS N 46°54‘50“, E 7°02‘00“,** der sich etwa 100 m von Ufer entfernt am See entlang zieht. Durch ein Wäldchen läuft man zum sanft abfallenden Badestrand. An der Zufahrt zum Camping Parkplätze für Tagesbadegäste. Ein ganzes Stück vom See entfernt passieren wir dann bei der Fahrt in Richtung Bellerive links der Straße einen kleinen privaten Stellplatz.

(056) WOMO-Stellplatz: Salavaux

GPS: N 46°55‘6“, E 7°01‘15“, 442 m **max WOMOs:** 3-4

Ausstattung: kleiner Asphaltplatz an der Durchgangsstraße neben Häusern. Ein ganzes Stück vom See entfernt. Euro-Relais und Grauwassergulli mit Bodeneinlass. Entsorgung CHF 10.-, Übernachtung noch einmal CHF 10.-, Strom CHF 5

Das Murtensee-Ostufer hat leider eine ungute Wohnmobilgeschichte hinter sich. Das Ergebnis sind Verbotsschilder an den wenigen engen Uferparkplätzen und misstrauische Blicke von allen Seiten, wenn Sie es wagen, ihr Womo durch den Ort zu steuern – selbst wenn es sich bei dem Fahrzeug nur um einen zierlichen VW-Bus handelt. Im Interesse des Urlaubsfriedens und zur Beruhigung der aufgeheizten Stimmung: meiden Sie Guévaux, Motier und Praz – parken können Sie sowieso nirgendwo. Wenn Sie die drei netten Weindörfer direkt am See erforschen wollen, nehmen Sie von Salavaux das Fahrrad.

Nur unter Vorbehalt nennen wir deshalb auch den Parkplatz mit Seeblick am Friedhof von Salavaux **(057) GPS N 46°55’19“, E 7°1’33“.** Folgen Sie am offiziellen Stellplatz der Hauptstraße in Richtung Cudrefin bis in den Ortsteil Cotterd. Hier geht es in der engen Linkskurve in den Chemin de l’Eglise nach rechts. Nach ca. 100 m hat man die Kirche mit Friedhof und Parkplatz am Hang erreicht. In Anbetracht der angespannten Situation in der Umgebung verhalten Sie sich unbedingt sensibel: den Platz nicht an Sonn- und Feiertagen anfahren, Tisch und Stühle im Wagen lassen und keinerlei Spuren hinterlassen. Auf dem Parkplatz finden Sie einen Wasserhahn, eine Bank mit tollem Ausblick und auf dem Friedhof ein WC.

Fahrer größerer Mobile sollten von Salavaux direkt Cudrefin am Lac de Neuchâtel ansteuern. Wer ein kompakteres Modell fährt, kann noch den sehr lohnenden Abstecher zum **Aussichtsberg Mont Vully** einschieben. Statt am See entlangzufahren, lenken Sie dazu ihr Womo von Salavaux über **Vallamand-Dessus** nach Mur und durch **Lugnorre** in Richtung Mont Vully. Vorsicht! Die Sträßchen in den Orten sind sehr schmal. Direkt oben auf dem Berg finden Sie dann einen großen Parkplatz mit unvergleichlichem Blick.

(058) WOMO-Wanderparkplatz: Mont Vully

GPS: N 46°57'50", E 7°5'39", 643 m **max. WOMOs:** 4-5

Ausstattung: großer geschotterter Wanderparkplatz, Papierkörbe, Alpenblick mit Panoramatafel und schön platzierte Sitzbänke.

Zufahrt: siehe Text

Sonstiges: Ausgangspunkt für eine Wanderung auf dem markierten **Sentier Historique de Vully**, der in einer Runde von 3 Stunden durch Wiesen, Wald und Weinberge an verschiedenen militärischen Befestigungsanlagen vorbeiführt. Auf jeden Fall sollten Sie sich aber auf den kurzen Weg zum Nachbau der alten helvetischen Festungsmauer (Oppidum) machen. Ca.10 min einfach vom Parkplatz.

Unbedingt beachten! Bitte auch auf diesem besonders schönen Platz äußerst sensibel an die Regeln halten. Der Mont Vully ist bei Einheimischen und Gästen beliebt und der Parkplatz ist vor allem am Wochenende gut frequentiert. Durchfahrt nicht behindern, nicht unnötig Plätze blockieren, keine Markise und keine Grillparties vor dem Wohnmobil. Auch dicke Müllbeutel sollten nicht in den wenigen Papierkörben zurückbleiben, sondern an weniger abgelegenen Stellen entsorgt werden. Es wäre wirklich tragisch, wenn auch hier oben die Einfahrt mit einem Womo-Verbot verziert würde.

Von hier führt unsere Strecke jetzt endgültig wieder hinüber zum **Lac de Neuchâtel.** Naturfreunde und Vogelliebhaber wählen von Lugnorre direkt die schmale Straße nach **La Sauge** und besuchen dort das Naturschutzzentrum.

Der Lac de Neuchâtel

Der Lac de Neuchâtel ist der größte der drei Seen. Das nordwestliche Ufer ist dicht besiedelt und durch die nah am See verlaufende Autobahn wenig idyllisch. Am Hang ziehen sich die ordentlichen Reihen der Weinstöcke den Berg hinauf, am Ufer bilden die beiden größeren Städtchen Grandson und Neuchâtel mit Schloss und schöner Altstadt die touristischen Höhepunkte. Dazwischen teilen sich Straße, Bahnlinie und Siedlungsbauten das Ufer und wir finden einige Campingplätze und einen Stellplatz direkt am Wasser, ansonsten ist das Ufer von Privatgrundstücken belegt. Den optimalen Ort für Badeferien finden Sie auf der anderen Seeseite. Drei besonders reizvolle, naturnahe Campingplätze mit schönem Badestrand findet man beim ebenfalls recht malerischen Ort Estavayer-Le-Lac und in Yvonand. Das Ganze hat nur einen Haken: es ist leider kein Geheimtipp mehr. So werden Sie in der sommerlichen Ferienzeit ohne Reservierung kaum ein freies Eckchen für ihr Wohnmobil finden. Ansonsten ist das südöstliche Ufer Naturschutzgebiet und das optimale Revier für Fahrradtouren und Spaziergänge.

Bird Life La Sauge

Anders als in gängigen Tierparks gibt es hier keine Tiergehege. Es ist eher so, dass hier das unter Naturschutz stehende Feuchtgebiet am Neuenburger See, in dem viele seltene Tiere zu Hause sind, für Menschen zugänglich gemacht wurde. Wege führen zu mehreren Biotopen, an denen Beobachtungshütten die Besucher vor der Tierwelt verbergen. Vom Blick in ein Eisvogelrevier bis zum Guckloch in der Kinderstube verschiedener kleiner Singvögel sind hier ungewöhnliche Einblicke in die Natur möglich. Schnelle Besucher werden für ihr Geld nicht viel sehen, hier sind eher geduldige Beobachter mit Fernglas gefragt. Auch (Hobby)Fotografen auf der Jagd nach dem ultimativen Eisvogelbild trifft man in den Holzhäuschen mit Ausblick. Geöffnet: 9 - 18 Uhr, Montag geschlossen. Am Parkplatz des Parks finden Sie außerdem ein gemütliches Restaurant mit Sonnenterrasse.

(059) WOMO-Campingplatztipp: Camping Cudrefin
GPS: N 46°57'37", E 7°01'40", 431m **Öffnungszeiten:** April - Oktober
Lage/Ausstattung: Wenn man es nach einigen 100 Metern durch die riesige Bungalow-Dauercamperanlage geschafft hat, überrascht der nette Bereich für Wohnmobile direkt hinter der Liegewiese am schönen Uferbereich, Sanitäranlagen in unmittelbarer Nähe. Womo inkl. 2 Pers. CHF 24.-, Strom CHF 3.-. Gut und günstig.
Zufahrt: Von La Sauge kommend rechts der Straße kurz vor Cudrefin.

Wir durchqueren den netten Ortskern von Cudrefin mit kleiner Boulangerie und gegenüberliegender Charcuterie. Kurz hinter dem Ortsausgang biegt rechts eine schmale Straße ab, auf der wir nach Portalban zum Womostellplatz neben dem örtlichen Camping rollen. Fahrer großer Womos steuern Portalban besser auf der Hauptstrecke über Villars und St. Aubin an.

(060) WOMO-Badeplatz: Stellplatz Portalban
GPS: N 46°55'18", E 6°57'20", 429m **max WOMOs:** 25
Ausstattung / Lage: Ebene Plätze mit Rasengitter im hinteren Bereich des Strandbad-Parkplatzes und neben dem Campingplatz. 200 m zum Badestrand und zur Marina. Womo inkl. 2 Pers. CHF 17.-, Strom CHF 1.-, Euro-Relais
Zufahrt: In Portalban den Hinweisen zum Camping folgen. An der Einfahrt des Campings vorbei rechts zum Stellplatz.

Um den nächsten Ort am Seeufer zu erreichen, müssen Sie zuerst zurück nach St. Aubin. Die Straße nach Estavayer Le Lac verläuft ein ganzes Stück vom See entfernt. Der Uferbereich ist hier nur durch Fuß- und Fahrradwege erschlossen, denen wir uns später zuwenden werden. Jetzt besichtigen wir zuerst einmal die Stadt. Wer länger bleiben will, muss dazu auf den Campingplatz, auf allen Parkplätzen zwischen Stadt und See ist nachts das Parken verboten.

(061) WOMO-Campingplatztipp: Nouvelle Plage
GPS: N 46°51'21", E 6°50'55", 427m **Öffnungszeiten:** April bis Mitte Oktober
Ausstattung/Lage: komfortabler Platz direkt am See mit Strandbad und Restaurant, Wasserski, Surfkurse, Bogenschießen, in der Saison sehr voll!
Womo inkl. 2 Pers. CHF 37.- bis 50.- , Strom CHF 4.-, www.nouvelle-plage.ch
Zufahrt: Am Ort vorbei zum See, dann rechts zum Camping. Ausgeschikdert.
Sonstiges: Parkplätze vor dem Camping zum Besuch des Strandbades

Zur Stadtbesichtigung parkt man das Womo am Besten auf den großen gebührenpflichtigen Parkflächen unten am Hafen **GPS N 46°51'04", E 6°50'29".**

Märchenstadt Estavayer-le-Lac
Auf der Suche nach dem richtigen Frosch

Weithin sichtbar ragen die Türme des Schlosses **Chateau de Chenaux** über die gut erhaltene Stadtmauer von Estavayer und vermitteln so den Eindruck einer verträumten Märchenwelt. So wird man kaum ohne einen neugierigen Blick hinter die Mauern an der Stadt vorbeifahren. Ob man jetzt ganz systematisch von einem der Stadttore dem **»Circuit des Remparts«** – dem Stadtmauerweg – folgt, oder ob man sich einfach erstmal treiben lässt: es gibt viele wunderbare Plätze in der Altstadt. Vom Hafen kommend, betritt man die Stadt durch die Porte de Grande Rive. Auf der Karte des Rundweges, die man in der Information bekommen kann, ist das die Nummer 18. Die interessantesten historischen Gebäude befinden sich an der Stadtmauer, wer sie sehen will läuft also außen herum.

Wer dagegen in den Gassen innerhalb der Mauer unterwegs ist, wird bald auf quietschbunte »fliegende Frösche« stoßen. Wie Sterne zur Weihnachtszeit turnen sie an Stahlseilen über den Straßenfluchten. Einer davon hängt auch über dem **Musée des Grenouilles** – dem Froschmuseum. Wenn Sie den richtigen in der Rue du Musée vor der Hausnummer 13 gefunden haben, können Sie anschließend das skurrile Museum besuchen. Sie sehen dann 106 präparierte Frösche in menschlichen Posen: beim festlichen Gelage, beim Billard oder gar beim Füttern der Hühner. Die Sammlung ist schon alt: Der Offizier, der sie Mitte des 19. Jahrhunderts erschaffen hat, muss allerdings einen ziemlichen Knall gehabt haben... Nichtsdestotrotz erfreut sich das Museum großer Beliebtheit – die Sammlung ist schließlich auf der Welt einmalig. *Öffnungszeiten: März bis Oktober: Dienstag bis Sonntag, 10 -12 und 14 -17 Uhr, im Juli und August auch montags geöffnet. Von November bis Februar dagegen nur am Wochenende. Eintritt CHF 5.- , Kinder CHF 3.-*

Grande Cariçaie – Ein Refugium für Pflanzen und Tiere

Das Seeufer um Estavayer Le Lac gehört zum Naturschutzgebiet Grande Cariçaie, das sich über das gesamte Südufer des Neuenburger Sees erstreckt. In den Feuchtgebieten am Seeufer sind etwa 1000 verschiedene Pflanzen- und noch weit mehr Tierarten zu Hause. Am Ufer hinauf führt ein Radweg (Mittellandroute 5) und einige kürzere Fußwege. Mit dem Auto ist das Ufer über weite Strecken nicht zu erreichen. Zwischen den Schutzzonen finden Sie eine Handvoll schön gelegener Campingplätze – den einen in Estavayer-le-Lac und zwei weitere in Yvonand. Zwei Naturschutzzentren ermöglichen auf Moorpfaden Zugang zu den Schilfzonen am Seeufer. Eines davon – das Centre Nature La Sauge – war bereits Teil unserer Tour. Das zweite, das Centre Nature Champ-Pittet am Stadtrand von Yverdon, ist unserer nächstes Ziel.

Die Grand Caricaie mit dem Fahrrad

Ein durchgehender 62 km langer Radweg führt mit wenig Höhenunterschieden von Yverdon bis Murten. Als Teiletappe können Sie zum Beispiel von Estavayer Le Lac bis Yverdon fahren. Das sind 22 km einfach. Mit gut 15 km etwas kürzer ist die Strecke vom Camping Estavayer Le Lac nach Pontalban. Der Weg ist markiert und führt meist an der für Fahrzeuge geperrten Uferzone entlang. Eine Karte und eine genaue Beschreibung finden Sie bei www.wanderland.ch unter Radtouren. Der Tourname ist Chemin des Trois-Lacs.

Als Basisquartier für Fahrradtouren im Naturschutzgebiet und für ruhige Badetage am See bieten in Yvonand zwei weitere Campingplätze schöne Stellplätzen im lichten Wald.

(062) WOMO-Campingplatztipp: de la Menthu

GPS: N 46°48'16", E 6°44'18", 430m **Öffnungszeit**: April bis Ende September
Ausstattung: großer Camping an langem Sandstrand, Spielplatz, Tischtennis, Imbiss und Grillplatz, Fahrradvermietung (CHF 30.- pro Tag), Gasdepot, am Ortsrand und direkt am See gelegen, in den Sommerferien unbedingt vorher reservieren. Womo inkl. 2 Pers. CHF 30, Strom 3,50, camping-yvonand.ch
Zufahrt: von Yvonand ausgeschildert

(063) WOMO-Campingplatztipp: Pointe d'Yvonand VD 8

GPS: N 46°48'13", E 6°43'02", 430m **Öffnungszeiten:** 1.4. - 30.9.
Ausstattung: außerhalb des Ortes in Alleinlage im Wald und am Seeufer. Schöne Plätze unter hohen Bäumen. Sand-Kies-Bucht, 400 Touristenplätze, in den Sommerferien unbedingt reservieren, Womo inkl. 2 Personen CHF 41.- bis 48.-, Strom CHF 6.-, www.campings-ccyverdon.ch
Zufahrt: Zufahrt von Yvonand auf 6 km Privatstraße, vom Ort ausgeschildert

Von Yvonand sind es nur noch ein paar Kilometer nach Yverdon, wo wir am Stadtrand zuerst auf das **Centre Nature Champ-Pittet** treffen.

Moorpfad und Naturmuseum am Naturschutzzentrum Champ-Pittet

Vom Parkplatz des Naturschutzzentrums spazieren Sie durch einen wunderbar angelegten Blumen- und Obstgarten zum Schlossgebäude, das ein Café und eine sehr gut gemachte Ausstellung über das Naturschutzgebiet beherbergt. Pfade führen durch den Garten weiter und unter der Kantonalstraße hindurch. Holzstege bringen uns direkt zwischen die hoch aufragenden Schilfhalme und den dunklen Wasserflächen. Es raschelt geheimnisvoll im Schilf und eine Familie Haubentaucher verschwindet blitzschnell von der Wasseroberfläche, um wenig später mit einem leisen plop woanders wieder aufzutauchen. An einem anderen Pfad erlaubt ein Aussichtsturm einen weiten Blick über das Sumpfgebiet.

Geöffnet Mitte März bis Anfang November von Dienstag bis Sonntag von 10 bis 17.30 Uhr, in den Ferien auch am Montag. Eintritt für die Ausstellung: CHF 8.-, Kinder bis 16 Jahre CHF 6.-. Die Moorpfade sind kostenlos und auch außerhalb der Öffnungszeiten frei zugänglich.

(064) WOMO-Wanderparkplatz: Champ-Pittet

GPS: N 46°46'57", E 6°39'50", 449 m **max. WOMOs:** 1-2

Ausstattung: Geschotterter Parkplatz am Ortsrand, 200 m zum Naturzentrum.

Zufahrt: Am Kreisel an der Ortseinfahrt in Richtung Centre Nature und am Schulzentrum links in den Chemin de Champ-Pittet.

Sonstiges: Wandermöglichkeit durch die Uferzone auf 2 km Naturlehrpfaden. Übernachtung für Besucher des Naturzentrums möglich, aber bitte unbedingt nachfragen. Man möchte im Zentrum nicht, dass der Parkplatz zum Durchgangsstellplatz für Wohnmobile wird. Besucher des Naturzentrums dagegen sind willkommen.

Alternativ finden Sie in Yverdon Unterkunft auf dem Camping Iris, der ebenfalls am Stadtrand und in bester Seeuferlage neben dem Strandbad platziert ist.

(065) WOMO-Campingplatztipp: Iris

GPS: N 46°47'05", E 6°38'55", 431 m **Öffnungszeiten:** 4.4.-7.10.
Ausstattung / Lage: direkt am See mit Strandbad benachbart, 5 min. Fußweg in die Innenstadt und zu den Museen. Womo inkl. 2 Pers. CHF 27.-, Strom CHF 3.-, www.reisen-tcs.ch
Anfahrt: An der westlichen Ortseinfahrt rechts am See. Ausgeschildert.

Die Menhire von Clendy

Zwischen dem Camping Iris und Champ-Pittet treffen sie mitten in den Grünflächen am Seeufer auf einen **steinzeitlichen Steinkreis**. Sie befinden sich zwischen See und Straße ungefähr auf der Höhe des Strandbades. Der Steinkreis vor den Toren von Yverdon besteht aus 45 bis zu 4,5 hohen Steinblöcken. Sie wurden vor etwa 6000 Jahren erstmals am Seeufer errichtet, aber später vom Wasser überspült. Bei der Gewässerkorrektur Ende des 19. Jahrhunderts, als die Wasserfläche des Lac de Neuchâtel etwa 2,7 Meter sank, blieben die bearbeiteten Steine zurück. Im Jahr 1986 hat man sie dann hier erneut aufgerichtet.

Stadtbummel in Yverdon

Yverdon les Bains ist nach Lausanne die zweitgrößte Stadt des Kantons Waadt. Besucher können hier durch die Fußgängerzone in der Altstadt schlendern, in der Therme entspannen oder eines der im Schloß am Rande der Altstadt untergebrachten örtlichen Museen besuchen. Im **Schloss** haben Sie die Wahl zwischen dem **Schweizer Modemuseum** oder einer Ausstellung, die sich mit 6000 Jahren Ortsgeschichte befasst. Beide Museen öffnen ihre Pforten von Dienstag bis Sonntag von Oktober bis Mai: 14-17 Uhr, von Juni bis September: 11-17 Uhr. Der Eintritt liegt bei CHF 8.-

Sie wollen sich zur Abwechslung lieber mit der Zukunft als mit der Vergangenheit beschäftigen? Dann gehen Sie doch ins **Museum für Science-Fiction, Utopien und außergewöhnliche Reisen**. Hier sehen Sie neben einer umfangreichen Sammlung an Büchern, Spielzeugen und Kunstwerken

aus der Welt der Science-Fiction auch eine Dauerausstellung über Jules Verne und wechselnde Sonderausstellungen zu Themen aus den Bereichen Raumfahrt bis Utopie.
Geöffnet Di-Fr 14-18 Uhr, am Wochenende ab 11 Uhr, Eintritt CHF 12.-, Kinder CHF 8.-, www.ailleurs.ch. Das Museum befindet sich in der Maison d'Ailleurs an der zentralen Place Pestalozzi direkt vor dem Schloss.

Zum **Besuch der Altstadt** und der Museen parken Sie am besten auf dem großzügigen zentralen Platz vor dem Bahnhof. **GPS N 46°46'49", E 6°38'27"**, CHF 1.- pro Stunde. Kostenfrei in der Mittagszeit.

Wenn nach soviel Kultur und Stadtbummel der Kopf raucht und die Füße schmerzen, hilft sicher ein Besuch in der traditionsreichen Therme von Yverdon. Nach einem Besuch ist dort auch eine Übernachtung möglich.

Warmes Bad am See – die Therme von Yverdon

Drei Thermalbecken mit Temperaturen zwischen 28 und 34°C, davon zwei auf dem Außengelände, verwöhnen mit Massage- und Sprudeldüsen. Außerdem gibt es auch einen Strömungskanal. Zusätzlichen Eintritt zahlt man für Sauna und Dampfbad. 3 Stunden CHF 19.-, Kinder 3-15 Jahre 11,50. Sauna inkl. Therme CHF 30.- ohne Zeitbegrenzung. Geöffnet Montag bis Samstag 8-22 Uhr, sonn- und feiertags 8-20 Uhr. Der Parkplatz **GPS N 46°46'18", E 6°38'53"** ist für Hausgäste reserviert und nach dem Bad eine Stellplatzmöglichkeit.

Bei heißem Sommerwetter bietet die ausgedehnte Uferzone zwischen der Stadt und dem Lac de Neuchâtel kühlere Alternativen. Auf dem ehemaligen Expo-Gelände Parc des Rives zwischen Stadt und See ist heute ein frei zugängliches Freizeitgelände mit Sportplätzen, Picknick- und Spielplatz sowie einem Café und daneben ein großes Freibad. Dann folgt der Camping Iris und rechts davon das Strandbad mit zwei langen Sandbuchten. Große, gebührenpflichtige Parkflächen bieten auch genug Platz für Wohnmobile **GPS N 46°47'07", E 6°38'29".** Nachtparkverbot.

Bevor sie von Yverdon in die eine oder andere Richtung weiter fahren, lohnt ein Abstecher nach Grandson, dem schönsten Ort am westlichen Seeufer. Vom See sehen Sie im Ort allerdings nicht allzuviel. Das Ufer ist fast durchgängig von Privatgrundstücken belegt. Einen Zugang zum Wasser und zu einer offiziellen Badestelle finden Sie am **Camping Les Pécos (066) GPS N 46°48'10", E 6°38'03"**. Vor dem Camping gibt es auch öffentliche Parkplätze für Badegäste.

Besonders sehenswert sind in Grandson die Altstadt und das zugehörige Schloss aus dem 11. Jahrhundert, das mit seinen fünf runden Türmen sehr eindrucksvoll aussieht. Ihr Womo parken Sie während der Besichtigung entweder direkt an der Ortseinfahrt beim Sportboothafen oder solange dort etwas zu finden ist – auf dem Parkplatz in der Ortsmitte direkt vor dem Schlosseingang. **GPS N 46°48'34", E 6°38'46"**

1000 Jahre Schlossgeschichte
Ein Besuch im Schloss Grandson

Sie wollen den berühmten weißen Rolls Royce von Greta Garbo sehen? Oder den Austin, den Winston Churchill gefahren hat? Sie finden sie zwischen weiteren Oldtimern und einigen alten Kutschen im Fuhrpark im untersten Stockwerk des Schlosses von Grandson. Weiter oben tauchen Sie dann ein in die Welt des Mittelalters und der Ritter. Treppen führen durch verwinkelte Gänge in versteckte Turmkammern und geräumige Säle mit hohen Decken. Rüstungen für Pferd und Reiter, antike Waffen und Ausstellungstafeln wechseln sich ab mit original eingerichteten Zimmern aus verschiedenen Epochen. Auch der bekannten Schlacht von Grandson im Jahr 1476, wo es den Eidgenossen aus Bern, Freiburg und Schwyz, gelang Karl den Kühnen und seine Burgunder trotz zahlenmäßiger Unterlegenheit zu schlagen, ist ein eigener Raum gewidmet. Auch den Aufstieg zum alten Wehrgang sollten Sie nicht verpassen – nicht nur weil der Blick von hier oben einfach phantastisch ist.

Das Schloss ist von April bis Oktober täglich von 8.15 bis 18 Uhr geöffnet, zwischen November und März schließt man schon um 17 Uhr. Die Anlage kann auf eigene Faust erkundet werden. Eintritt CHF 12, Familienkarte CHF 28.-, www.chateau-grandson.ch

Vor dem Schloss starten zwei **markierte Wege.** Der eine führt zu den schönsten Plätzen der Altstadt. Hierzu können Sie sich im Maison des Terroirs, der örtlichen Touristen-Information, kostenlos einen **Audioguide** leihen, der Ihnen Wissenswertes zur Kirche und verschiedenen historischen Gebäuden vermittelt. Außerdem beginnt am Platz vor dem Schloss der markierte **Pfad der Sinne** (Sentier nature en tous sens). Er führt durch die Altstadt und ihre Gärten und hinunter ans Seeufer. Eine Karte mit Beschreibung erhalten Sie ebenfalls im Maison des Terroirs am zentralen Parkplatz.

Das Nord-Ostufer des Neuenburger Sees

Das Gebiet zwischen Grandson und Neuchâtel ist dicht besiedelt und die Strecke ist nicht wirklich schön zu fahren. Es gibt dort aber zwei offizielle Stellplätze, die wir Ihnen nicht vorenthalten wollen. Erst einmal weist am Ortseingang von **Concise** das Euro-Relais-Symbol nach rechts zum Hafen hinunter. Der Parkplatz, auf dem man auch übernachten darf, liegt aber leider nicht direkt am Hafen. Auf einem Schotterweg fährt man weiter an den Bahngleisen entlang und landet schließlich direkt an der Tunnelausfahrt der Züge. Der See ist nicht weit entfernt, aber nicht zu sehen. Das **Euro Relais GPS N 46°51'07", E 6°43'31"** ist leicht anzufahren und wenn Sie Oropax dabei haben, können Sie auch über Nacht bleiben. Die Gleise sind ca. 5 m vom Parkplatz entfernt.

Interessanter ist der Wohnmobilplatz einige Orte weiter an der Marina von **St. Aubin**. Hier teilen sich Sportboothafen und Stellplatz ein Häuschen mit einfachen Sanitäranlagen. Es gibt einen großen Picknicktisch am Seeufer und morgens kommt der Bäckerwagen. Auch eine kleine Badebucht gehört zum Gelände des Freizeithafens.

(067) WOMO-Badeplatz: St. Aubin

GPS: N 46°53'31", E 6°46'28", 432 m
max WOMOs: 5-7
Ausstattung / Lage: Parkplatz im Hafen, Wohnmobilplätze im hinteren Teil neben den Euro-Relais, Dusche und WC, Badestrand 100 m, Gebühr CHF 20.- pro Nacht, maximal 24 Stunden.
Anfahrt: In St. Aubin von der Kantonalstrasse 5 dem Euro-Relais Symbol nach rechts folgen. Am Sportboothafen.

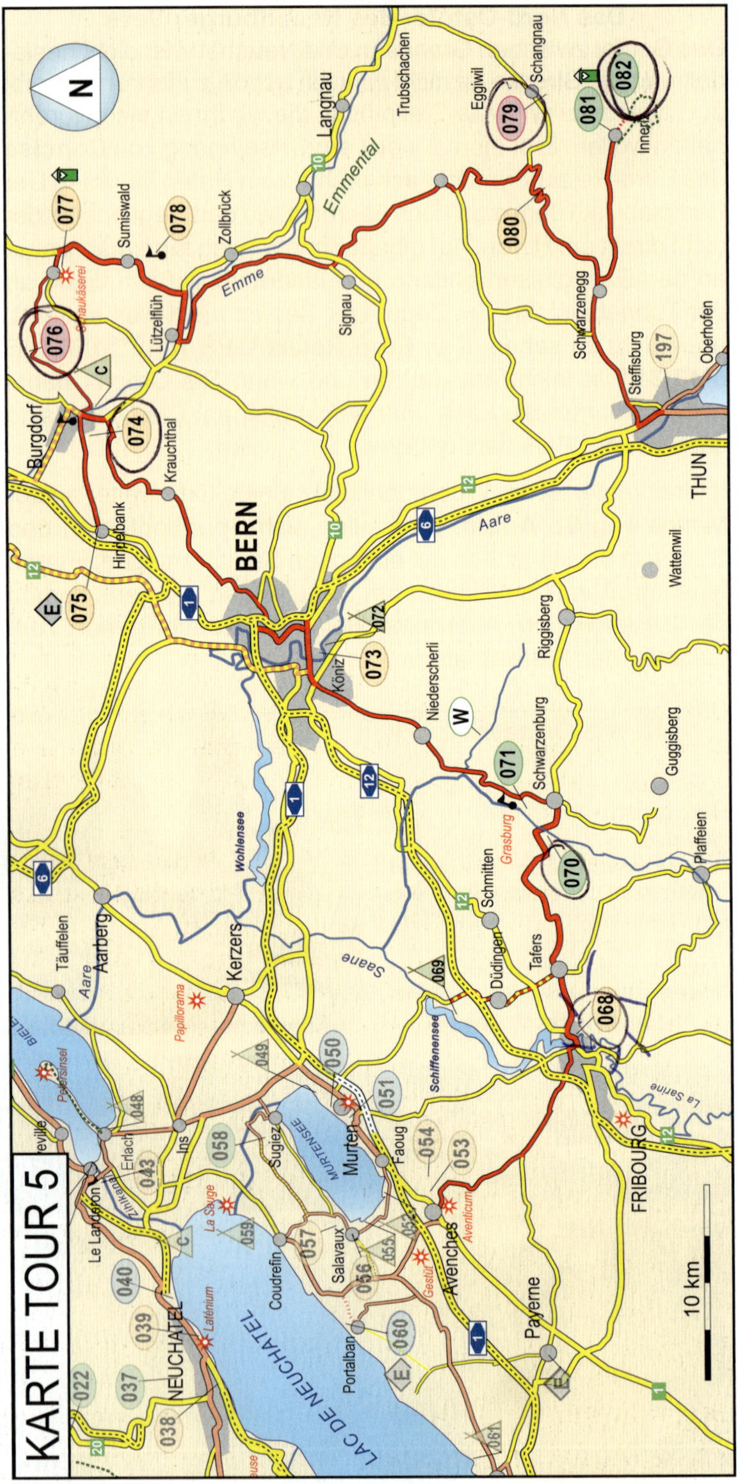

KARTE TOUR 5
N
BERN
THUN
FRIBOURG
NEUCHATEL
LAC DE NEUCHATEL
MURTENSEE
Schiffenensee
Wohlensee
Emmental
Emme
Aare
Saane
La Sarine
Burgdorf
Hindelbank
Krauchthal
Lützelflüh
Sumiswald
Zollbrück
Signau
Langnau
Trubschachen
Eggiwil
Schangnau
Innereriz
Schwarzenegg
Steffisburg
Oberhofen
Wattenwil
Riggisberg
Guggisberg
Plaffeien
Köniz
Niederscherli
Schwarzenburg
Grasburg
Schmitten
Düdingen
Tafers
Aarberg
Täuffelen
Kerzers
Papillorama
Petersinsel
Erlach
Ins
Le Landeron
Sugiez
Murten
Faoug
Avenches
Aventicum
Gestüt
Salavaux
Coudrefin
Portalban
Payerne
La Sauge
Laténium
Schaukäserei
10 km
022
037
038
039
040
043
048
049
050
051
053
054
055
056
057
058
059
060
061
068
069
070
071
072
073
074
075
076
077
078
079
080
081
082
197

TOUR 5 (ca. 145 km / 2-3 Tage)

Vom Murtensee ins Berner Oberland

Avenches – Fribourg – Schwarzenburg – Bern – Burgdorf – Affoltern – Emmental – Inneriz – Thun

Freie Übernachtung:	Fribourg, Sensegraben Heitenried, Bern, Burgdorf, Hindelbank, Lueg, Affoltern, Trachselwald, Mühli-Töpferei Schallenbergpass, Inneriz
Ver-/Entsorgung:	Hindelbank, Campingplätze in Düdingen und Bern
Campingplätze:	Düdingen, Bern
Baden:	Aare Strandbad Bern
Besichtigen:	Museen in Bern und Fribourg, Schaukäserei Affoltern, Schloß Burgdorf, Schloss Trachselwald
Wandern / Fahrrad:	Grasburg und Sensegraben, Radtouren Burgdorf Inneriz Talrunde

Zwei schöne alte Städte sind die Höhepunkte dieser Tour. Die Altstadt der Landeshauptstadt Bern trägt sogar das Prädikat UNESCO Weltkulturerbe. Fribourg ist etwas gemütlicher und überschaubarer, steht aber ansonsten kaum hinter Bern zurück. Dazwischen erholen Sie sich vom Stadttrubel in schönster Natur im Tal von Sense und Emme und erreichen dabei beinahe unbemerkt die beiden blauen Seen zu Füßen der berühmten Berggiganten des Berner Oberlandes.

Am westlichen Ortsende von **Avenches** fahren Sie auf kleinen Straßen nach **Donatyre**, wo Sie an der **Porte de l'Est** des antiken Aventicum unseren **Stellplatz (054)** aus Tour 4 finden und folgen dann der Beschilderung über Cournillens nach Fribourg. Ebenfalls schön ist die Strecke von Murten, die die Stadt von Norden erreicht und dabei am Schiffenensee entlangführt.

Das Zentrum von **Fribourg** thront auf einem Hochplateau über der Saane. Die Altstadt zieht sich von hier oben hinunter bis zum Fluss. Die Saane windet sich in mehreren Schleifen um die Stadt und ist nördlich von Fribourg zum **Schiffenensee** aufgestaut. Die Altstadt erforschen Sie am besten auf einem markierten Stadtrundgang von etwa 1,5 Stunden, der durch verträumte Gassen und Winkel führt und Sie dabei praktischerweise auch noch zu den interessantesten Museen der Stadt bringt. Aber erst mal brauchen wir jetzt einen Platz für unser Wohnmobil.

Auf den Parkplätzen in der Stadtmitte an den Museen darf man nur kurze Zeit stehen bleiben und eng sind Sie außerdem. Recht streßfrei parken Sie ihr Fahrzeug auf der nördlichen Saaneseite. Kostenpflichtige Parkplätze parallel zur Straße finden Sie an der **Zähringerbrücke,** über die Sie dann auch bequem die Altstadt erreichen **GPS N 46°48'25", E 7°10'07"**. Ist hier kein Platz mehr, bietet wenig weiter der Parkplatz hinter dem Tour de Chat auch die Möglichkeit zum Übernachten.

(068) WOMO-Stellplatz: Tour de Chat

GPS: N 46°48'18", 7°10'22", 609m **max. Womos:** 1-2

Lage / Ausstattung: am Stadtrand, geschottert, Fußweg zur Altstadt ca. 10 min.

Anfahrt: an der Zähringerbrücke rechts Richtung Bourgouillon. Parkplatzzufahrt links der Straße kurz nach dem Tour de Chat.

Die 1250 erbaute Pont de Berne ist eine der ältesten Brücken der Schweiz

Für die Stadtbesichtigung stehen Sie ebenfalls gut und zentral auf dem **Parking La Patinoire** an der Pont de Berne unterhalb der Zähringerbrücke (leider max. 3 h) oder mit etwas mehr Zeitreserven (max. 10 h) in der Nähe der Talstation der Standseilbahn auf dem **Parking de la Route Neuve GPS N 46°48'7", E 7°09'21"**. Alle Plätze sind kostenpflichtig und befinden sich nahe an der beschriebenen Altstadtrunde.

Die Altstadtrunde

Wenn Sie oben an der **Zähringerbrücke** parken, kommen Sie dort in die Altstadt, wo die Straße zur Saane hin abfällt. Laufen Sie links hinunter bis zum **Sankt-Johanns-Platz**, der auf der Spitze der Landzunge in einer Saaneschleife liegt. Links verbindet die schöne überdachte Holzbrücke **Pont de Berne** die Altstadt mit dem anderen Flussufer (hier befindet sich auch der Parking La Patinoire), rechts geht es über die **Pont du Milieu** in die modernere Unterstadt. Links vor der Brücke treffen Sie in einem der alten Stadthäuser auf ein kleines, uriges Marionettenmuseum.

Marionettenmuseum Fribourg

Mehr als 3000 Marionetten aus aller Welt bekommen Sie in den verschachtelten Räumen des alten Hauses in der Altstadt zu sehen. Eine Spielecke für Kinder und ein kleines Café, in dem Sie Crèpes und bretonische Spezialitäten erhalten, erfüllt das Haus mit Leben. *Geöffnet Mittwoch bis Sonntag 10-17 Uhr, Eintritt CHF 5.-*

Hinter der Brücke führt der markierte Weg am Saaneufer weiter und dann auf die Straße zurück bis zum zentralen Parkplatz der Unterstadt. Hier überqueren Sie abermals die Saane und haben jetzt die Wahl, ob Sie links hinüber zur Funiculaire laufen oder über die **Escalier du Court Chemin** (Foto links oben) auf eigenen Füßen in die Oberstadt zurückkehren. Mit der **»Funi«**, die schon seit 1899 die Unterstadt mit dem Stadtzentrum verbindet, ruckeln Sie für 2,30 pro Person ohne größere Anstrengung den Berg hinauf. Die Bahn fährt von 9.30 bis 19.00 Uhr, wochentags auch zwischen 7 und 8.15 Uhr.

Zum **Aufstieg auf dem kurzen Treppenweg** halten Sie sich geradeaus und erleben beim Gang durch eine der malerischsten Gassen der Stadt die Höhenunterschiede innerhalb Fribourgs noch einmal recht intensiv. Halten Sie sich dann oben erst rechts und dann gleich wieder links, steuern Sie auf den über die Stadt ragenden Turm der **Kathedrale** zu. Wer weitere 368 Stufen verkraftet, steigt in den Turm hinauf und schaut weit über die Häuser, die vielen Flussbrücken und den Schiffenensee (geöffnet 9.30 – 18 Uhr). Links hinauf erreicht man an der **Place de Notre Dame** den in einem alten Straßenbahndepot untergebrachten **Espace Jean Tinguely Niki de Saint Phalle**, der Werke beider Künstler zeigt und daneben das **Gutenberg Museum.**

Espace Jean Tinguely
Niki de Saint Phalle

Die schwarzen Maschinen Tinguelys und die bunten Skulpturen der französischen Künstlerin Niki de Saint Phalle ergänzen sich nicht nur in zahlreichen Wasserinstallationen wie dem bekannten Brunnen am Centre George Pompidou in Paris. In Fribourg erfüllen die Arbeiten des Künstlerpaares ein eigenes kleines Museum mit Leben. Die Halle des ehemaligen Tram Depots bietet viel Platz für eine der größten Installationen Tinguelys – den Altar des westlichen Überflusses. Niki de Saint Phalle ist mit einigen kleineren Skulpturen vertreten.
Geöffnet Mittwoch-Sonntag 11-18 Uhr, Donnerstag bis 20 Uhr, Mo+Di geschlossen, Eintritt CHF 6.-

Das benachbarte **Gutenbergmuseum** beschäftigt sich mit der »bunten Welt der schwarzen Kunst«. Also der mit Entwicklung der Buchdruckkunst von deren Erfindung durch Johannes Gutenberg bis zur Kommunikationstechnologie der Zukunft. *Geöffnet ist zu den gleichen Zeiten wie nebenan, Eintritt CHF 10.-*

Um jetzt wieder zur Zähringerbrücke zu kommen, gehen Sie zurück zur Kathedrale, links an dieser vorbei und treffen dann einige Häuser weiter unten auf den gesuchten Platz.

Zur **Altstadtrunde** können Sie in der **Touristen-Information** am Bahnhof (Place Tinguely 1) auch für CHF 15.- einen Audioguide leihen. Außerdem bekommen Sie hier die Beschreibung zweier **Themenwege am Wasser** rund um die Stadt (3 Flüsse-Weg 11 km und See-Rundweg 8 km) und eine Karte der Altstadt.

Wenn Sie mehr von der Umgebung Freiburgs sehen wollen, finden Sie auf dem Camping Schiffenen in **Düdingen** nördlich der Stadt ein Quartier am Ufer des Schiffenensees. Hier führt zum Beispiel die 25 km lange **Wanderung Tour du Lac** vorbei, auf der Sie mehrere Schlösser, ein geschütztes Moorgebiet und die in Felshöhlen über dem See verborgene **Magdalena-Einsiedelei** entdecken können.

(069) WOMO-Campingplatz-Tipp: Camping Schiffenen

GPS: N 46°52'42", E 7°11'30", 545m **Öffnungszeiten:** April - Oktober
Ausstattung/Lage: Pool, Restaurant und Bootsverleih neben dem Platz, Ver- und Entsorgung, Womo inkl 2 Personen CHF 35.-, Telefon + 41 (0)26 493 19 17
www.camping-schiffenen.ch
Zufahrt: Auf der Kantonalstraße 12 an Düdingen vorbei und kurz nach dem Ort links zum Schiffenensee abbiegen. Camping ausgeschildert.

Wir fahren für dieses Mal weiter, hinaus aus der Stadt und entlang des **Naturschutzgebietes Sensegraben** zur nächsten ebenso sehenswerten Schweizer Metropole: Unser nächstes Ziel ist **Bern**, die offizielle Hauptstadt der Schweiz. Dazu fahren wir an der Zähringerbrücke links in Richtung Bern, halten uns dann rechts in Richtung **Tafers.** Kurz hinter der Ortsdurchfahrt von **Heitenried** quert dann die Straße das Bett der Sense – den wildromatischen Sensegraben. Ein Wanderparkplatz rechts neben der Brücke über den Fluss ermöglicht uns das Bleiben.

(070) WOMO-Badeplatz: Sensegraben

GPS: N 46°49'31", E 7°19'08", 661 m **max WOMOs:** 1-2

Ausstattung / Lage: schön gelegen mit Flusszugang neben einer alten Holzbrücke, Gasthof Sodbach 100 m, 35 min. Fußweg zur Grasburg, nicht ganz ruhig, da nahe der Straße, außerorts, Möglichkeit zum Baden im Fluss,

Sonstiges: zu weiteren Parkplätzen die Brücke überqueren und direkt dahinter links dem Fahrweg folgen. Wanderweg zur Ruine Grasburg markiert.

Kürzer ist der Weg zur imposant auf einem Felssporn über dem Fluss aufragenden Ruine vom Örtchen **Steinbus**. Die Zufahrt ist jedoch eng und nur für kleinere Mobile empfehlenswert. In Schwarzenburg, das Sie nach kurzer Weiterfahrt erreichen, biegen Sie links ab in Richtung Bern. Bei Steinbus ist rechts ein braun beschilderter Abzweig zur Grasburg markiert. Die Strecke dreht einen Bogen unter der Straße nach Bern hindurch und führt dann als Schotterweg weiter. Rechts hinunter, durch einen Bauernhof und zum leider sehr schrägen und daher nur mit geschick-

tem Rangieren für eine Übernachtung nutzbaren Parkplatz am Waldrand **(071) GPS N 46°49'55", E 7°20'4"**.

Burgromantik über dem Sensegraben
Der kurze Weg zur Grasburg

Die Angabe von 5 Minuten Gehzeit auf dem Wanderschild ist leicht irreführend: erwarten Sie keinen mühelosen Spaziergang. Es geht ca. 5 min. steil hinunter und anschließend über viele Holzstufen wieder hinauf zur Burganlage. Ich würde eher 10-15 Minuten kalkulieren. Der vordere Teil der Burg befindet sich gleich am Ende der Treppe, geradeaus weiter geht dann es zum anderen Ende der ausgedehnten Anlage. Auf der Grasfläche dazwischen sorgt eine Feuerstelle für einen romantischen Rastplatz. Weitere Grillstellen finden Sie direkt an den Burgmauern.

Auf einen beinahe ebenso romantischen Platz an der Mündung der Schwarzwasser in die Sense treffen Sie bei der Weiterfahrt beim Ort Riedburg. Dazu achten Sie hinter Äckenmatt auf das Ortsschild Schwarzwasserbrücke und biegen ca. 400 m hinter der Brücke rechts ab. Beschildert ist hier Schwarzwasser. An einem Hof vorbei zieht sich die ebenfalls schmale Straße in Serpentinen hinunter zum Fluss. Parkplätze finden Sie am Straßenrand vor der Flussbrücke **GPS N 46°51'53", E 7°21'53"**. Diese sind leider so schräg, dass an eine Übernachtung nicht zu denken ist. Hinter der Brücke führt der Fahrweg in ebenso vielen Serpentinen zurück zur Straße.

Abstecher zur Schwarzwasserschlucht

Vor der Brücke unten am Fluss zweigt rechts ein schöner Weg ab, der in ca. 15 min. am Fluss entlang zu einer Kiesbank am Fuße eines Kletterfelsens führt. Hier mündet die Schwarzwasser in die Sense und auf den weitläufigen Kiesflächen kann man prima sonnenbaden und picknicken. Auch für ein erfrischendes Bad reicht das Wasser locker.

Wenn Sie am Ufer entlang weiterlaufen, können Sie nach etwa 3 km an der Riederenbrücke den Fluss überqueren und auf der anderen Flussseite zurücklaufen. Kurz hinter der Mündung der Schwarzwasser treffen Sie

dann auf eine lange Hängebrücke, über die Sie an andere Ufer zurückkehren. Links hoch führt Sie der Wanderweg zurück zur Schwarzwasserbrücke und zum Parkplatz. Diese Runde haben wir aber bisher noch nicht selbst ausprobiert..

Von der Schwarzwasser sind es dann nur noch knapp 10 km nach Bern. Kurz vor **Köniz** wird die Umgebung städtisch, und schon bevor wir Bern erreichen, hilft uns ein Wegweiser rechts die Zufahrt zum ruhig gelegenen Camping Eichholz zu finden, der sich sehr als Basisquartier zum Erkunden der Stadt eignet. Der Platz liegt ruhig an der Aare und Sie erreichen die Altstadt in etwa 20 min. zu Fuß. Alternativ hilft auch die Tram beim Transfer.

(072) WOMO-Camping: Eichholz
GPS: N 46°55'58", E 7°27'20", Strandweg
Austattung / Lage: ruhig und im Grünen, Wohnmobilplätze auf Rasengitter unter Bäumen hinter der großen Zeltwiese, die direkt an den Aareuferweg angrenzt. Gute Sanitäranlagen, Ver- und Entsorgung an der Einfahrt. Ankunft abends bis 21 Uhr möglich. Aare-Strandbad direkt nebenan. Fussweg zur Altstadt gut 20 min., mit dem Fahrrad geht es schneller. Tierpark am gegenüberliegenden Ufer über Fußgängersteg in 10 min. erreichbar. **Zufahrt:** Siehe Text.

Für einen Kurzaufenthalt haben Sie am Tierpark eine gute Chance auf einen Parkplatz ohne Nachtparkverbot. Parkfläche bei **(073) GPS N 46°56'5", E 7°26'47"**. Von dort beginnend kann man längs der Straße am Aareufer parken (zentrale Parkuhr) und an der Aare entlang in die Stadt laufen (20 min). Stadtnah parken Sie an der Nydeggbrücke **GPS N 46°56'59", E 7°27'34"**, doch da brauchen Sie schon eine satte Portion Parkplatzglück. Unsere Empfehlung ist in Bern ganz klar der Campingplatz und eine Karte für die Tram.

Bern – Hauptstadt mit Charme

Die Altstadt von Bern gehört seit 1983 zum Weltkulturerbe der UNESCO. Die langen, parallel verlaufenden Straßenzüge in der Altstadt sind von überdachten Arkadengängen gesäumt, was unser Glück war. Bei unserem Besuch in Bern schüttete es nämlich wie aus Kübeln. Die Fotos können

daher nur andeuten, was es hier zu sehen gibt. Sie können also auch bei echtem Sauwetter gemütlich von Geschäft zu Geschäft bummeln. Die typischen Läden einer städtischen **Fußgängerzone** befinden sich dabei oberhalb des **Zeitglockenturmes**. In Richtung Nydeggbrücke finden Sie Restaurants, kleine Cafés und kleinere Läden mit ausgefallenem Angebot. Wenn Sie dann die Brücke überqueren, kommen Sie zum **Bärenpark**, in dem vier Exemplare des Berner Wappentieres in einem großem Gehege am Fluss residieren.

Fahren oder laufen Sie von hier aus am Aareufer rechts und zurück bis zur Kirchenfeldbrücke, nähern Sie sich dem **Museumskomplex** der Stadt. An der Kirchenfeldbrücke links finden Sie hinter dem Helvetiaplatz erst mal das **Historische Museum** (Di- So 10-17 Uhr), das mit 500.000 Objekten als eines der bedeutendsten Museen der Schweiz gilt. Weil es einen guten Überblick verschafft fanden wir für Schweizreisende das **Alpine Museum** besonders interessant. Von Klimawandel und Gletscherschwund bis zu den Alpen in der Kunst reichen die Themen der Ausstellung, die Di-So von 10- 17 Uhr geöffnet ist. Eintritt CHF 12.-, Kinder von 6-16 Jahr CHF 6.-. Parken können Sie an den Museen kaum, vom Bahnhof am Rande der Altstadt bringt Sie aber die Tram 6, 7 oder 8 zur Haltestelle **Helvetiaplatz**.

Für Kunstinteressierte ist das **Zentrum Paul Klee** am Stadtrand ein absolutes Muss. Der luftig wellenförmige Neubau des Stararchitekten Renzo Piano beherbergt seit 2005 die weltweit größte Sammlung mit Werken des Künstlers. Von den 4000 im Archiv vorhandenen Arbeiten sind in halbjährlichem Wechsel um die 150 Werke in den Ausstellungsräumen zu sehen. Einen Zugang zur Kunst für die jüngsten Besucher versucht das ebenfalls im Zentrum untergebrachte Kindermuseum Creaviva mit Führungen und offenen Workshops zu vermitteln.

Geöffnet: Di - So 10 - 17 Uhr, Eintritt CHF 20.-, Kinder 6-16 Jahre CHF 7.-, Familie CHF 40.-, Schosshaldenstr. 92c. Vor dem Museum gibt es große kostenpflichtige und mit Schranke abgesperrte Parkplätze. Vom Bahnhof erreichen Sie das Zentrum Paul Klee mit dem Bus Nr. 12 in 10 min.

Durchs Emmental nach Thun

Wir verlassen Bern in Richtung Nordwesten und wählen die schöne Nebenstrecke über **Krauchthal** nach Burgdorf, wo sich am Stadtrand zuallerst ein schöner Stellplatz anbietet.

(074) WOMO-Stellplatz: Vitaparcours Rothöhe

GPS: N 47°02‘59“, E 7°36‘25“, 607 m **max. WOMOs:** 1-2

Ausstattung / Lage: außerorts am Waldrand, auf einem Hügel mit schönem Blick, Vtaparcours, Sitzbank

Anfahrt: In Burgdorf an der Ortseinfahrt erst in Richtung Bern / Hindelbank und dann links in Richtung Rothöchi, Vitaparcours halten. Der Parkplatz befindet sich links an der Zufahrt zum Gasthaus Rothöchi.

Sonstiges: zur Gaststätte mit schöner Aussichtsterrasse 2,5 km weiter den Berg hinauf. Montag und Dienstag Ruhetag.

Goldfieber an der Emme

Der Name sagt es schon: Über den Straßen von **Burgdorf** thront eindrucksvoll eine gut erhaltene Burg. Dort wartet das Schlossmuseum, ein Museum für Völkerkunde und ein **Goldmuseum** auf Sie. Das Gold, um das es geht, gilt als besonders hochwertig und stammt tatsächlich aus der Emme. Die Mengen reichten jedoch nie für eine professionelle Ausbeutung des Vorkommens und so kann man an der Emme auch heute noch Gold waschen. Wenn Sie es ausprobieren wollen: in der Information in Burgdorf können Sie Workshops buchen. *Das Schloss mit allen drei Museen ist von April - Oktober Mo - Sa 14 - 17 Uhr und am So 11 - 17 Uhr geöffnet. Eintritt CHF 7.-*

In Burgnähe an der **Markthalle** finden Sie ausreichend Parkraum für ihr Wohnmobil **GPS N 47°03‘13“, E 7°37‘47“**, so dass Sie sich in Ruhe umsehen können. Hier treffen Sie auch auf die Zufahrt zum **Burgdorfer Camping**. Der Platz ist schön an der Emme gelegenen, aber leider nur über eine 2 m breite Brücke zugänglich und so für die meisten Womos nicht erreichbar.

Das Emmental mit dem Fahrrad

Zwei schöne Rundtouren können Sie auf dem gut ausgebauten Radwegenetz um Burgdorf radeln. Die beiden ca. 35 km langen Strecken führen durch grüne Hügel zur **Schaukäserei** nach Affoltern (350 Höhenmeter), oder mit weniger Steigungen an der Emme entlang zum **Wasserschloss Landshut** beim benachbarten Utzenstorf. Ein Trekkingrad oder ein Elektro-Bike bekommen Sie an der Velostation Burgdorf, die Sie am Bahnhof finden. Tagesmiete CHF 33.- für ein Countrybike oder CHF 50.- für ein eBike.

Zügig erreichbar ist von Burgdorf der 6 km entfernte sehr gut sortierte Laden Bantam Camping für Campingzubehör und Wohnmobile mit Entsorgungsstation und Werkstatt.

(075) WOMO-Stellplatz: Hindelbank/Bantam

GPS: N 47°03'08", E 7°32'58", 523 m (Kirchbergstr. 18) **max. WOMOs:** 3-4.
Ausstattung/Lage: Ortsrand, Nähe zur Durchgangsstraße/Bahnlinie; V/E Station, auf dem Parkplatz Übernachtung erlaubt. Gut sortiertes WOMO-Zubehörgeschäft / Werkstatt.
Zufahrt: Von Burgdorf kommend über Kirchberg, links vor der Ortseinfahrt von Hindelbank an der Straße nicht zu übersehen.

Ihre Ausstattung ist vollständig und das Womo wohlauf? Dann verlassen wir Burgdorf über die Emme und wählen die schmale Straße über **Hueb** und **Guetisberg**. Unser nächstes Ziel und ein Höhepunkt der Reise durch das Emmental ist die **Schaukäserei in Affoltern**. Die Strecke dorthin führt durch stille grüne Hügel und oben an der Passhöhe, wo es am schönsten ist, kann man mitten in der Einsamkeit das Wohnmobil parken.

(076) WOMO-Picknickplatz: Lueg

GPS: N 47°04'25", E 7°42'09" **max WOMOs:** 1-2
Ausstattung / Lage: außerorts, Parkbucht am Rand einer schmalen, wenig befahrenen Straße
Anfahrt: kurz hinter dem Landgasthof Lueg links in eine Nebenstraße.
Sonstiges: eine kurzer steiler Fußweg (5 min.) führt vom Parkplatz hinauf zu einem Grillplatz mit mehreren Feuerstellen auf einer Hügelkuppe mit Fernblick.

Wenige Kilometer weiter stoßen wir vor dem Ortsschild von Affoltern auf die größere Straße und biegen gleich wieder in einen der Parkplätze der Schaukäserei ein.

(077) WOMO-Stellplatz: Affoltern Schaukäserei

GPS: N 47°03'50", E 7°43'51", 801 m **max. Womos:** 2-3
Austattung / Lage: Ruhig gelegener Parkplatz gegliedert mit Bäumen, entweder links der Straße oder auf dem rechten Platz ganz hinten parken. Vorne im Eingangsbereich sammeln sich in der Früh die Milchwagen. Beginn der Käseherstellung in der alten Sennerei ca. 9 Uhr. Restaurant auch zum Frühstück möglich, ansonsten Bäckerei direkt nebenan. Übernachten bitte nur mit Anfrage in der Käserei.

Alles Käse? Ein genussreicher Stopp in Affoltern

In den verschiedenen Gebäuden der Anlage im Dorfkern, kann man die ganze Breite der Käseherstellung betrachten und mit alllen Sinnen erfahren. In der Almsennerei wird der im Laden angebotene Stöcklikäse noch heute genau so hergestellt wie schon im 17. Jahrhundert. Ein großer Kupferkessel hängt über dem offenen Feuer, es riecht nach Rauch und das Licht ist schummrig. Im Hauptgebäude erlauben große Glasfenster den Blick in die Räume der modernen Käserei und in die Lagerräume mit den riesigen Käserädern. Erklärungen per Kopfhörer, ergänzen was man sieht. Im Restaurant und hinter der langen Theke im Laden der Käserei können Sie das Ergebnis dann auch kosten. So erfahren Sie Käse mit allen Sinnen ...

Hinter Affoltern mündet unser Nebenstrecke auf die »23«, der wir rechts über Trachselwald nach Lützelflüh folgen. Ein Stopp lohnt am Schloss Trachselwald oberhalb von Sumiswald.

(078) WOMO-Stellplatz: Schloss Trachselwald

GPS: N 47°01'04", E 7°44'29", 754m **max. WOMOs** 1-2

Austattung / Lage: außerorts, asphaltierter ebener Parkplatz zwischen dem Schloss und einem Gutshof.

Sonstiges: Das Schloss kann von Mo-Sa 9 - 18 Uhr und So + feiertags von 12-18 Uhr besichtigt werden. Über eine lange überdachte Holztreppe steigen Sie hinauf zum Schlosstor. Die Attraktion des Gemäuers aus dem 13. Jahrhundert sind die Gefängniszellen oben im Burgfried. Hier wartete im Jahre 1653 Nikolaus Leuenberger, der Anführer der Bauern im Schweizer Bauernkrieg, auf seine Hinrichtung. Den tollen Blick vom Burgturm, konnte er bei seinem unfreiwilligen Schlossbesuch vor über 350 Jahren wohl kaum genießen...

Wir folgen jetzt der »23« bis **Lützelflüh** wo in den schönen alten Häusern des Ortskernes mehrere Gasthöfe auf hungrige Besucher warten. Dann überqueren wir die Emme und und fahren links auf der westlichen Flussseite weiter durch typische Emmentallandschaft mit grünen Hügeln und üppig bepflanzten Gärten um die stattlichen Höfe. Durch mehrere kleine Orte geht es nach **Emmenmatt** und Eggiwil. Kurz nach Eggiwil stoßen wir auf die Strecke nach Thun. Ein kurzer Abstecher nach links bietet bei Schangnau die Möglichkeit zu einer Pause auf einem schönen Grillplatz am Fluss.

(079) WOMO-Picknickplatz: Mühli-Töpferei

GPS: N 46°49'16", E 7°51'31", 871 m
max. WOMOs: 1-2.
Ausstattung/Lage: Grillstelle mit Holzvorrat, Mülleimer und überdeckter Picknickbank, am Fluss/außerorts.
Zufahrt: Kurz vor Ortsausgang **Schangnau** dem Schild zur Grillstelle folgen. Nach 400 m passiert man die Mühli-Töpferei. Kurz danach überquert man auf einer gedeckten Holzbrücke den Fluss und kann direkt vor oder nach der Brücke das Womo abstellen.

Ohne Grillstopp biegen wir rechts ab nach **Thun** und die Straße steigt an. Nach einigen Serpentinen in malerischer Umgebung erreichen wir die Passhöhe des Schallenberg-Passes. Kurz vor der Höhe erlauben Parkflächen rechts und links der Straße einen passablen Übernachtungsstopp **(080) GPS N 46°49'33", E 7°47'41"**. Ein Gasthof ist ca. 100 m weit entfernt.

Auf halben Weg nach Thun erreichen Sie in **Schwarzenegg** den Abzweig ins Eriztal, an dessen Ende ein Talkessel mit schöner Wanderrunde und einladenem Parkplatz wartet. Die Straße ins Tal ist nicht breit, bleibt aber 2-spurig und unkompliziert. Am Talende endet Sie abrupt an einer halb versperrten Straße. Rechts über die Holzbrücke kommen Sie zu einem großen Wanderparkplatz mit Hütte und Lädeli und tollem Blick ins weite Tal.

(081) WOMO-Wanderparkplatz: Innereriz

GPS: N 46°47'03", E 7°49'36", 1.072m
max. WOMOs: 2-3
Ausstattung/Lage: großer Wander-Parkplatz am Ortsrand, an der Holzbrücke und in Bachnähe, Kiosk mit regionalen Produkten, während der Öffnungszeiten WC, Parkuhr, Tagesparkgebühr CHF 5.-
Sonstiges: 5 min. Fußweg zum Gasthof Schneehas.

Fährt man an der Absperrung weiter hinauf, was nur für Fahrzeuge unter 3,5 t möglich ist, wird aus Asphalt Schotter, und kurz vor der Alpe befindet sich rechts der Straße ein weiterer Wanderparkplatz.

(082) WOMO-Wanderparkplatz: Alpe Trüschhübel

GPS: N 46°46'49", E 7°50'21", 1.136m **max WOMOs:** 2-3

Austattung / Lage: außerorts am Waldrand. Bis 3,5 t Zufahrt auf geschottertem Fahrweg erlaubt, einsam gelegen.

Anfahrt: Siehe Text

Sieben Hengste über Inneriz
Eine Wanderrunde mit Wildwest-Kulisse

Gehzeit ca. 2 h, 200 hm. Von einem der beiden Parkplätze folgen Sie dem Fahrweg bis zur Alpe Trüschhübel und haben schon hier den Blick auf die stolz aufragenden Felswände, die den Talschluss bei Inneriz einrahmen. Vor allem die Formation der Sieben Hengste rechts über dem Ort zieht die Blicke magisch an. Zu Füßen der imposanten Felsen bildet das Justital die Verbindung zum Thuner See und unserem Stellplatz 186 (Tour 11). Passierbar ist der Talweg aber nur zu Fuß, mit dem Womo machen wir später einen großen Bogen über Thun. Ganz so weit wollen wir heute nicht mehr, also folgen wir den Schildern nach Fall und nehmen von dort den den Wanderpfad zurück nach Inneriz.

Aus dem Eriztal wieder zurück auf der Hauptstrecke durchqueren wir **Steffisburg** und finden uns unvermittelt im Verkehrstrubel wieder. Die alte Zähringerstadt **Thun** mit ihrem imposanten Schloss, das das Zentrum der sehenswerten Altstadt bildet, zieht vor allem an Wochenenden viele Besucher an. Wir übergeben Sie jetzt hier an **Tour 11**, die ab Seite 220 am Thuner See weiterführt und ihnen mehr über Thun verrät.

TOUR 6 (ca. 110 km / 2-3 Tage)

Vom Lac de Joux zum Genfer See

Yverdon-les-Bains – Orbe – Romainmotier – Vallorbe – Lac de Joux – Col de Marchiaruz – Nyon

Freie Übernachtung:	Montcherant, Romainmotier, Vallorbe, Juraparc, Lac de Brenets, Bioux, Col de Marchiaruz
Ver-/Entsorgung:	Camping Vallorbe, Orbe und Le Sentier
Campingplätze:	Orbe, Vallorbe, Abbaye (à la ferme), Le Sentier
Baden:	Lac de Brenets, Lac de Joux
Besichtigen:	Römische Mosaike in Orbe, Romainmotier, Grotte und Jurapark in Vallorbe, Uhrenmuseum Le Sentier
Wandern:	Gorges de l'Orbe, Grottes aux Fées, Tour de Lac de Joux
Gasthöfe:	Alpage de la Croisette

Statt von Yverdon zügig zum Genfer See zu fahren, wählen wir weiterhin den Weg durch das »westlichste Ende der Schweiz«. Und wer den Lac de Taillières mochte, sollte den Lac de Joux keinesfalls verpassen. Tour 6 führt uns mitten in schönste Schweizer Tourismusprovinz und hat für Liebhaber wenig berührter Natur einiges zu bieten.

Von Yverdon folgen wir einer der Landstraßen in südlicher Richtung und fahren über Mathod nach **Orbe**. Gleich am Ortseingang stoßen wir auf den Linksabzweig zum schönen Camping Le Signal, der sich direkt neben dem Freibad befindet.

(083) WOMO-Campingplatz-Tipp: Le Signal

GPS: N 46°44'10", E 6°31'59", 492 m **Öffnungszeiten:** 4.4. - 7.10.
Ausstattung / Lage: Am Ortsrand von Orbe direkt neben dem Freibad, unparzellierte Stellplätze im lichten Wäldchen, TCS Camping, Womo incl. 2 Pers. CHF 32.- - 37.-, Kurtaxe CHF 1.-, Strom CHF 4.-, Eintritt ins Freibad inklusive.
Anfahrt: Am Ortseingang links ausgeschildert.

Fährt man stattdessen geradeaus in den Ort, liegt man rechts der Straße die bekannteste Sehenswürdigkeit von Orbe:

Szenen römischer Mythologie – die Mosaike von Orbe

In der Kleinstadt Orbe hat man Mitte des 19. Jahrhunderts 8 große Mosaike ausgegraben, die einst die Böden einer riesigen römischen Villa schmückten. Von der Villa selbst ist nichts mehr übrig, die Mosaike werden heute von eigens errichteten Pavillons geschützt.
Geöffnet: Mo-Fr 9 - 12 Uhr und 13.30 - 17 Uhr, Sa, So und an Feiertagen nur am Nachmittag 13.30 - 17.30 Uhr. **GPS: 46°44'03", E 6°32'50"**

Nähert der Kleinstadt aus dieser Richtung, präsentiert sie sich nicht von ihrer Schokoladenseite und man übersieht leicht das Zentrum mit seiner schönen mittelalterlichen Altstadt. Von dort können Sie zu einer der interessantesten Wanderungen der Region starten: Der Weg durch die Schlucht des Flusses Orbe verbindet den Ort mit der Nachbarstadt Vallorbe.

Durch die Gorges de l'Orbe

Die komplette Strecke durch das Flusstal ist mit 17 km zu lang, um Sie doppelt zu laufen. Entweder Sie nehmen den Bus nach Vallorbe (fährt morgens gegen 8 Uhr) und wandern von dort in ca. 4,5 Stunden auf dem markierten Weg nach Orbe zurück, oder Sie folgen unserem Wandervorschlag und machen auf halber Strecke im netten Dorf Les Clées kehrt. Wenn Sie dann auf der anderen Flussseite zurückkehren, können Sie sogar einen Rundweg laufen.

Wir parken das Womo am Bahnhof von Orbe **GPS N 46°43'30", E 6°31'49"** oder noch günstiger auf der gegenüber liegenden Flussseite am Fussballplatz **GPS N 46°43'37", E 6°31'48"** und laufen zur Orbe hinunter. Der Weg führt vom Fussballplatz auf der linken Flussseite bis zum Kraftwerk. Dort überqueren wir die Brücke und folgen dem Pfad auf der rechten Flussseite zwischen die steilen Kalkwände der Schlucht. In knapp 2h erreichen wir die ersten Häuser von Les Clées. Dort überqueren wir die Orbe und laufen auf der anderen Seite hoch über dem Fluss zurück. (4 h, ca. 200 hm)

Wenn Sie dann in Richtung Moncherand weiterfahren, können Sie die **Gorges de l'Orbe auch in Kurzversion** besuchen.

Gorges de l'Orbe für alle - Spaziergang auf dem Sentier nature

Auf dem 1,8 km langen »Sentier nature pour tous« sieht man zwar nicht besonders viel vom Fluss, der schön angelegte ebene geschotterte Weg ist dafür auch mit Kinderwagen und Rollstuhl befahrbar. Er verläuft hoch oben am Rand der Steilwände und ermöglicht denen, die keine 4 Stunden laufen können, einen entspannten Blick auf das Naturspektakel. Den Parkplatz finden Sie an der Kantonalstraße in Richtung Moncherand. Die Zufahrt zweigt bei **GPS N 46°43'43", E 6°30'25"** links von der Straße ab und führt über einen engen Schotterweg zu einem kleinen unebenen Waldparkplatz.

Schräg gegenüber auf der anderen Seite der Kantonalstraße befindet sich ein großer Picknickplatz mit Wasserhahn, WC und Veranstaltungsgebäude, auf dem ein verwittertes Schild informiert, dass das Abstellen von Wohnwagen und Wohnmobilen hier verboten ist – was immer das konkret heißen soll. Einen Platz ohne Verbot gibt es am Sportplatz in **Montcherand**.

(084) WOMO-Stellplatz: Moncherand
GPS: N 46°44'03", N 6°30'16", 581 m
max. WOMOs: 1-2
Ausstattung / Lage: großer, asphaltierter Parkplatz an einer Sportanlage, außerorts
Anfahrt: Von Orbe am ersten Abzweig nach Moncherand vorbei, durch die spitze Kurve mit dem Abzweig zum Wanderparkplatz und ca. 700 m weiter rechts hinauf (Terrain des Sports) und gleich wieder links zum Sportplatz.

2 Kilometer weiter in Richtung Vallorbe treffen wir auf den Abzweig nach **Les Clées**. Wenn Sie durch die Orbe-Schlucht gelaufen sind, kennen Sie den Ort bereits. Wir fahren die enge Straße links hinunter, überqueren in Les Clées die Brücke und kurven weiter, bis wir wieder die größere Straße erreichen, an der es links nach **Romainmôtier** geht. Der schöne kleine Ort mit dem großen romanischen Kloster ist unser nächstes Ziel. Die Parkplätze im Ortskern sind für die meisten Wohnmobile zu kurz, genug Raum ist auf dem Parkplatz oberhalb des Ortes.

(085) WOMO-Stellplatz: Romainmôtier
GPS: N 46°41'29", E 6°27'40", 681 m **max. WOMOs:** 2-3
Lage / Ausstattung: ebener Parkplatz ca. 400 m oberhalb von Romainmôtier
Anfahrt: Durch den Ort durchfahren, Parkplatz und Camping sind ausgeschildert.
Sonstiges: Der etwa 1000 m entfernte **Camping Le Nozon** wirkte trotz einer stolzen Sternesammlung und Pool ungepflegt und die Stellplätze zwischen den Dauercampern wenig reizvoll – aber vielleicht haben wir auch nur einen schlechten Zeitpunkt erwischt? Womo inkl. 2 Pers. CHF 29.-, Dusche 2.- und Strom CHF 5.-

Romainmôtier und die Mönche von Cluny

Die Blütezeit des Klosters von Romainmôtier begann vor über 1000 Jahren. Nach dem Vorbild der Abteikirche von Cluny, dessen Verwaltung das Kloster unterstand, wurde zwischen 990 und 1030 n. Chr. die **Stiftskirche** gebaut, die beinahe unverändert erhalten ist. Das ehemalige **Klostergebäude** dagegen, wurde im Zuge der Reformation abgerissen. Die Kirche hat man damals in eine reformierte Pfarrkirche umgewandelt. Heute ist Romainmôtier ein Ort der Ökumene und der Kunst: die Kirche wird von beiden Richtungen des christlichen Glaubens für Gottesdienste genutzt und die sonntäglichen **Konzerte**, die im Juli und August regelmäßig und sonst nur sporadisch das Kirchenschiff mit vollen Tönen erfüllen, bereiten auch Heiden und Atheisten Freude. Das aktuelle Konzertprogramm können Sie unter www.romainmotier-tourisme.ch aufrufen.

Ein weiteres Gebäude in der Ringmauer des Ortes ist bereits viele hundert Jahre alt und verdient aus mehreren Gründen besondere Aufmerksamkeit. Das **Haus des Priors**, in dessen Tea Room Sie heute mit Tee, heißer Schokolade und köstlichen Kuchen verwöhnt werden, war schon immer ein Ort der Gastlichkeit. Hier wurden Besucher untergebracht und Feste gefeiert. Nach dem Tee können Sie das ehrwürdige Gebäude mit Wandgemälden aus dem Mittelalter besichtigen. Eintritt CHF 5.-

Über die gut ausgebaute Straße erreichen wir von Romainmôtier zügig Vallorbe, wo es jede Menge Spannendes zu sehen gibt. Ausnahmsweise gehört der Ortskern nicht dazu. Vallorbe ist Verkehrsknotenpunkt und grenznah und war damit immer ein geeigneter Standort für Industrie und Militär. So können Sie im Ort das **Musée du fer et du chemin de fer** besuchen. Wer möchte, besucht oberhalb von Vallorbe auch das unterirdische **Fort 39/45 aus dem 2. Weltkrieg**.

Das **Musée du fer** beschäftigt sich mit Produkten aus Eisen – und mit der Eisenbahn. Untergebracht ist das Museum in einem ehemaligen Hüttenwerk, dessen Schmiede immer noch funktionsfähig ist und sporadisch in Betrieb genommen wird. Eisenbahnfans finden im oberen Stockwerk eine riesige Modellbahnanlage mit historischen Zügen. *Geöffnet von April bis Oktober Mo von 14-18 Uhr und Di-So von 10 - 18 Uhr, Im Winterhalbjahr nur Di-So von 14 - 18 Uhr, Eintritt CHF 10.-, Kinder CHF 6.-*

Der Fluss im Berg und die Höhlen von Vallorbe

Ebenfalls unter der Erde befindet sich eine dritte Sehenswürdigkeit, die Sie keinesfalls auslassen sollten: in Vallorbe verschwindet der Fluss Orbe im Berg – und da, wo das Wasser aus dem Fels sprudelt, hat sich in Millionen Jahren ein Höhlensystem mit unterirdischen Seen und Tropfsteinen gebildet. Die Höhlen sind seit 1974 für Besucher zugänglich. Vom Parkplatz am Ortsrand von Vallorbe laufen Sie etwa 500 m bis zum Höhleneingang. Dort starten die 1-stündigen Führungen in den Bauch des Berges. Jacke nicht vergessen, die Temperatur in den Höhlen liegt unter 10° C.

Eintritt: CHF 15.-, Kinder 6-15 Jahre CHF 7.-, geöffnet Juni – August 9.30 – 17.30 Uhr, ab April und bis Oktober 9.30 – 16.30 Uhr, November und März am Wochenende von 13.30 -16.30 Uhr.

Der Parkplatz an den Grotten **GPS N 46°42‘06“, E 6°20‘57“** eignet sich gut für eine Rast. Direkt angrenzend gibt es schöne, sehr schattige Plätzchen direkt am Fluss. Wenn Sie das Womo ganz hinten parken, haben Sie das Ufer fast vor der Tür. WC und Infotafel am Parkplatz. Nur übernachten dürfen Sie hier leider nicht ...

Eine Kurzwanderung zur Grotte aux Fées

Gehzeit: 20 min einfach, ca. 100 hm. Läuft man vom Parkplatz in Richtung Tropftsteinhöhle, führt kurz vor dem Eingang ein Weg rechts ab. Den Wegweisern zur Grotte aux Fées folgend, überquert man die Orbe und läuft erst auf einem ebenen breiten Waldweg, dann auf einem in Serpentinen ansteigenden Pfad hinauf zu einem weiteren Höhlensystem. Eine große Apsis bildet den Auftakt, von dort führt ein Gang in den Berg hinein. Wer im Gegensatz zu uns eine Taschenlampe dabei hat, kann dort ein gutes Stück hineinlaufen. Für uns war nach einigen Metern Schluss – der Gang macht einen Bogen und so wird es schnell dunkel.

Auf dem Weg von Vallorbe zu den Höhlen kommen Sie an einem **Picknickplatz** vorbei. Zwei Tische und ein Trinkwasserbrunnen laden ein zu einer erholsamen Pause – es sei denn, auf dem Schießstand nebenan wird gerade trainiert. Am Wochenende finden hier ab und zu Veranstaltungen statt, ansonsten steht man ruhig und geschützt zwischen den Bäumen.

(086) WOMO-Picknickplatz: Vallorbe

GPS: N 46°42'08", E 6°21'30", 777 m **max. WOMOs:** 1-2
Ausstattung / Lage: Tische, Trinkwasserquelle, links der Straße sichtgeschützt in einer Baumgruppe, am Schießstand.
Anfahrt: An der Zufahrt von Vallorbe zu den Höhlen links der Route de la Raz

Weiter in Richtung Lac de Joux sorgt schon auf halbem Weg der Jurapark für den nächsten zwingenden Halt:

Wildnis zum Anschauen – ein Besuch im Jurapark

Haben Sie schon mal junge Braunbären beobachtet? Im Jurapark bei Vallorbe könnten Sie Glück haben. Die Bären, die in dem großen naturnahen Gelände leben, haben regelmäßig Nachwuchs. Genauso wie auch die Wölfe, die sich das Gehege mit den Bären teilen. Ein Holzweg auf Stelzen führt die Besucher hoch über den Zäunen durch das Gelände. Sie können also ohne störende Zäune den jungen Bären beim Spielen zusehen und natürlich auch fotografieren. Der Jurapark ist kein Zoo im eigentlichen Sinne: außer Bären und Wölfen sind hier nur noch Luchse, eine Gruppe Bisons und einige Nachzüchtungen des Prezewalski-Pferdes zu Hause. Dafür werden die Tiere möglichst artgerecht gehalten, was Sie mit regelmäßigem Nachwuchs danken. Für Tier- und Naturfreunde ist der Park ein ganz besonderer Ort. *Öffnungszeiten: Mo-Mi von 9 - 18 Uhr, Do-So bleibt der Park bis zum Einbruch der Dunkelheit geöffnet, Eintritt CHF 6.-, Kinder 6-16 Jahre CHF 4,50.-. Einige Regendächer auf dem Steg machen den Besuch auch bei mäßigem Wetter möglich.*

(087) WOMO-Gaststätte: Restaurant Juraparc

GPS: N 46°41'31", E 6°20'27", 1.060 m **max. WOMOs:** 1-2

Ausstattung / Lage: Parkplatz hinter dem Park-Restaurant, ein gutes Stück von der Straße entfernt, ruhig an einer Reihe Bäume aber nahe am Eingangsgebäude. Daher unbedingt nach Besuch des Parkes oder Restaurants um Erlaubnis zum Übernachten bitten.

Sonstiges: Restaurant unter anderem mit Bisonspeziälitäten. Täglich geöffnet.

Anfahrt: zwischen Orbe und Vallorbe an der Verbindungsstraße.

Der Lac de Joux und der Parc Jurassien vaudois

Beinahe nordisch wirkt die karge Landschaft rund um den Lac de Joux. Der See friert im Winter komplett zu und ist dann ein Paradies für Schlittschuhläufer. Im Sommer können Sie den Ausflug auf dem See mit dem Ruder- oder Tretboot starten – den Verleih finden Sie am nördlichen Seeende in Le Pont. Badeplätze gibt es am östlichen Ufer neben der Straße und am kleineren Lac de Brenet gleich nebenan. Beinahe unbesiedelt und ein interessantes Ziel für Wanderer sind die Berge südwestlich des Sees im Schutzgebiet des Jurassien vaudois.

Von Vallorbe kommend erreichen Sie den See bei Le Pont. Wenn Sie jetzt schnell ins Wasser wollen, haben Sie die erste schöne Bademöglichkeit gleich rechts am Lac Brenet.

(088) WOMO-Badeplatz: Lac Brenet 1

GPS: N 46°39'58", E 6°18'58", 1.018 m **max WOMOs:** 1-2

Ausstattung / Lage: Geteerter Parkplatz zwischen einigen Häusern und der breiten Uferwiese mit mehreren Badebuchten, im Ort.

Anfahrt: In Le Pont rechts zu den wenigen Häusern von Les Charbonnières. Im Ort rechts den Schildern zur Firma Valltronic Technologies folgen und gleich wieder rechts auf den Parkplatz am See und am Sportplatz.

(089) WOMO-Badeplatz: Lac Brenet 2
GPS: N 46°40'16", E 6°19'04", 1.009m
max. WOMOs: 1-2
Ausstattung / Lage: außerorts, an schöner Badebucht, Bänke am See
Anfahrt: wie 1. Stellplatz am See aber statt rechts zum See geradeaus weiter, an der Firma Valltronics vorbei und auf der Rue de Bonport weiter bis zum Fahrverbot. Parkbucht rechts der Straße.

Den ersten guten Badezugang am Lac de Joux finden Sie dann auf der Strecke zwischen Le Pont und Le Sentier kurz vor Abbaye **GPS N 46°39'7, E 6°19'27"**. Eine Parkbucht rechts neben der Straße ermöglicht den Zugang zum Badeplatz hinter den Bäumen. Unterhalb der Parkbucht befinden sich mehrere Sand-Kies Buchten und etwas rechts davon eine kleine Liegewiese. Zum Übernachten ist der Platz direkt neben der Straße allerdings weniger geeignet.

Einen weiteren größeren Parkplatz finden Sie kurz darauf links der Straße **GPS N 46°38'53", E 6°19'3.77"**. Zum Badeplatz müssen Sie an der gegenüberliegenden Gemeideverwaltung von Abbaye vorbei zum See. Robuste Naturen bleiben auch über Nacht. Wenn Sie Campingplätze nicht kategorisch als Quartier für Warmduscher verurteilen, lässt sich aber doch ein netteres Plätzchen finden. Zum Beispiel am nächsten Seezugang. Hier ziehen sich die Terrassen eines einfachen Camping à la ferme den Hang hinab bis zu einer winzigen Badebucht. Für wendige Wohnmobile gibt es hier richtig nette Plätze mit Blick auf See und Sonnenuntergang.

(090) WOMO-Campingplatztipp: Camping à la ferme
GPS: N 46°37‘32“, E 6°16‘46“, 1.013 m
Öffnungszeiten: Christi Himmelfahrt (40 Tage nach Ostern) - Ende August
Ausstattung / Lage: Tolle Stellplätze, aber einfache Infrastruktur. Keine Entsorgung, Wasser nachfüllen am Gartenschlauch möglich, Bad mit 2 Duschen und 2 WCs und Schlange stehen vor dem einzigen Spülbecken. Wenn Sie sich damit arrangieren können, stehen Sie hier bestens!
Anfahrt: Zwischen Abbaye und Bioux zwischen Straße und See.

(091) WOMO-Stellplatz: Les Bioux
GPS: N 46°37‘15“, E 6°15‘55“, 1.007 m **max. WOMOs:** 5-8
Ausstattung / Lage: Ebenfalls reizvoll ist das Bade- und Campinggelände in Bioux, wo Sie neben der Surfschule ganz offiziell gegen eine kleine Gebühr übernachten können. Vorne im Uferwald finden nur Zelte einen Platz, mit dem Wohnmobil müssen Sie auf dem festen Grund im Bereich des Parkplatzes bleiben.
Anfahrt: In Les Bioux auf der Straße La Taches rechts zum Seeufer.

Somit haben wir die untere Seespitze und den Ort Le Sentier erreicht. Hier finden wir ein kleines Uhrenmuseum und einen zweiten Campingplatz, der 100 m vom Ufer entfernt am Hang liegt. Hier finden auch größere Womos einen Platz – wenn noch einer übrig ist. Sehr groß ist das Gelände nämlich nicht.

(092) WOMO-Campingplatztipp: Le Sentier
GPS: N 46°37‘34“, E 6°15‘10“, 1.018 m **Öffnungszeiten:** ganzjährig
Ausstattung / Lage: Stellplätze oberhalb des Sees aufgereiht an einem Fahrweg auf baumfreier Wiese., Womo inkl. 2 Pers. CHF 27.- bis 34.-, www.camping-club-vaudois.ch
Anfahrt: In Le Sentier ausgeschildert.

Unterhalb des Campings Le Sentier bietet ein großer Parkplatz mit Nachtparkverbot genug Platz für Tagesgäste, die die Badebuchten von Le Sentier besuchen möchten. **GPS N 46°37‘29“, E 6°15‘9“.**

Ausflüge am Lac de Joux

Genug gebadet? Zum Schwimmen ist es viel zu kalt? Dann machen Sie doch einen Ausflug ins Uhrenmuseum oder wandern auf dem gut markierten Uferweg.

Auf der »Tour du Lac de Joux« rund um den See

4-5 h, ca. 100 Höhenmeter. Als schmaler Fußweg, Bretterpfad oder Sträßchen führt die *Tour du Lac de Joux* immer am Seeufer entlang. Starten können Sie an jedem Parkplatz am Seeufer. Im Sommer sollten Sie unbedingt Badesachen einpacken – Sie werden unterwegs viele schöne Badeplätze entdecken. Eine Einkehr ist in Le Sentier – oder am anderen Ende – in Le Pont möglich. In Le Sentier finden Sie auch einen kleinen Picknickplatz mit Tisch. Ansonsten gibt es unterwegs jede Menge lauschige Örtchen, um die Picknickdecke auszubreiten.

Die Tour ist Ihnen zu lang? Auch den deutlich kleineren **Lac Brenet** kann man zu Fuss umrunden. Der Weg beginnt an unserm Bade- und Wanderparkplatz in Charbonnières (088). Rechnen Sie eine gute Stunde für die Runde um den See.

Espace Horloger, Le Sentier
Den Nachbau einer Uhrmacherwerkstatt und seltene Stücke aus den 16. bis 19. Jahrhundert bekommt man im kleinen Uhrenmuseum von Le Sentier zu sehen.
Öffnungszeiten: Mai bis Oktober Dienstag - Sonntag von 10.30 Uhr bis 17.30 Uhr, November bis April Dienstag - Sonntag von 13 Uhr bis 17 Uhr. Eintritt Erwachsene CHF 12.-, Kinder CHF 6.-, Grand Rue 2

Zwischen Lamas, Kühen und Pferden - Ein Kurzurlaub auf der Alp

Sie haben Kinder dabei? Sie mögen abgelegene Plätze in der Natur? Dann machen Sie einen Abstecher in die grünen Hügel südlich des Sees. Von Mai bis Oktober finden Sie auf der Alpage des Croisettes eine bunte Almgemeinschaft aus Hochlandrindern, Alpakas, Schafen, Kaninchen, Eseln und Pferden und mittendrin einen liebevoll gestalteten Gasthof, in dem aus regionalen Zutaten leckere Speisen bereitet werden. Auf dem hauseigenen Parkplatz mit Blick über die Weiden dürfen Gäste des Restaurants auch über Nacht stehen bleiben. Und wenn Sie sich so schnell nicht wieder trennen können: man kann vom Hof aus verschiedene Wanderungen unternehmen. Zu den Spezialitäten des Hauses gehören Fondue und Raclette, so wie die hausgemachten Meringues.

(093) WOMO-Gasthof: Alpage des Croisettes

GPS: N 46°38'24", 6°20'12", 1.328 m
max. WOMOs: 2-3
Ausstattung / Lage: Alp in Alleinlage, umgeben von Wald und Weiden, ebene Parkflächen am Haus. Gasthof und viele Tiere. Geöffnet 23.4.-23.10., Montag und Dienstag Ruhetag.
Anfahrt: Von Le Pont in Richtung Col de Mollendruz. Kurz vor dem Abzweig nach Vaulion führt bei **GPS N 46°39'36", E 6°20'43"** eine schmale, mit einem großen Schild markierte Straße hinauf zur Alpage. Nach etwa 3 km kurviger Fahrt quer durch Kuhweiden endet die Straße an der Alm.

Auf schnellstem Weg zum Genfer See?

Wenn Sie den Weg zum Genfer See etwas abkürzen wollen oder müssen, können Sie jetzt die Fahrt auch über den Col de Mollendruz fortsetzen. Auf dem Parkplatz auf der Passhöhe stehen Sie etwas unruhig, eine Übernachtung wäre im hinteren Bereich aber durchaus denkbar. **GPS N 46°38'60", E 6°21'55"** , 1183m. Den See erreichen Sie dann bei Lau-

sanne. Unterwegs lohnt das **Schloss von L'Isle** mit dem Namen **Petit Versailles** einen Stopp. Sie können im Park spazieren gehen oder sich ein der Wanderungen aussuchen, die an der Infotafel vor dem Schlosspark beschrieben sind. Das Schloss selbst kann nicht besichtigt werden, denn trotz seines klangvollen Namens wird es ganz profan genutzt: dort residiert die Gemeindeverwaltung des Ortes.

Der schönste Weg zum Genfer See

Wer genug Zeit hat, fährt mit uns über den landschaftlich interessanten **Col de Marchiaruz** und nähert sich dem Genfer See bei Nyon. Kurz hinter der Passhöhe finden Sie rechts der von halbhohen Bruchsteinmäuerchen gesäumten Passstraße einen großen Schotterplatz, der auch als Ausgangspunkt für eine kurze Wanderung dient. Hier können Sie übernachten oder sich eine Runde die Füße vertreten.

(094) WOMO-Wanderparkplatz: Col de Marchiaruz

GPS: N 46°32'30", E 6°15'16", 1.339 m
max. WOMOs: 2-3.
Ausstattung: außerorts, ebener Schotterplatz am Waldrand
Zufahrt: 1,6 km nach der Passhöhe rechts der Straße.
Sonstiges: Startpunkt für den Spaziergang auf dem Sentier du Sapin à Siméon

Auf dem Sentier du Sapin à Siméon

Gehzeit 45 min., 1,7 km. Der Naturlehrpfad beginnt am Parkplatz und führt zunächst parallel zur Straße bis zu einer Panoramatafel, die den Blick hinüber zum Genfer See erklärt, in dessen Bergkulisse bei guter Sicht auch der Mont Blanc erkennbar ist. Am zweiten Picknickplatz trifft der Fußweg auf die Passstraße und führt auf der anderen Seite zum Parkplatz zurück.

Etwa 400 m weiter passieren Sie links der Straße einen ersten **Picknickplatz GPS N 46°32'27", E 6°15'22"**. Kurz darauf folgt rechts ein zweiter, den Sie schon gesehen habe, wenn Sie den Rundweg gelaufen sind. Der Tisch steht zwar nahe an der Straße, dafür können Sie hier mit weitem Talblick vespern. Wenn nicht gerade Horden von Motorradfahrern die Passstraße hinaufpreschen, ist die Straßennähe nicht wirklich tragisch. Meist ist der abgelegene Pass nicht allzu befahren.

Nach einer ausgedehnten Pause wollen wir jetzt hinunter zum Genfer See, der in seiner Heimat allerdings unter dem in Deutschland weniger vertrauten Namen **Lac Léman** bekannt ist. Ein letzter Stopp vor dem Ziel wird in St. Georges fällig, wenn Sie Kinder an Bord haben. Im **Zoo La Garenne** wollen Luchs, Wolf und Adler besucht werden...

Zoo Garenne, Le Vaud bei St. Georges

Vorwiegend einheimische Tiere. Geöffnet im Sommer täglich 9 -18 Uhr, im Winter nur bis 17.30 Uhr, Eintritt: CHF 10.-, Kinder bis 15 Jahre CHF 5.- , **GPS N 46°28'41", E 6°14'36"**

Dann erreichen Sie bei Nyon die blaue Fläche des Lac Léman. Wenn Sie das Ufer mit seinen kleinen und großen Städtchen, von denen jedes mindestens ein Schloss und ein Strandbad zu bieten hat, von einem festen Quartier erforschen wollen, empfehlen wir den **Campingplatz** in **Rolle** (Womo-Platz Nummer 101). Hier stehen Sie schön und ruhig am See, die vorderen Plätze direkt am Wasser. Nebenan befindet sich auf der einen Seite der schöne, überschaubare Ort und auf der anderen Seite die öffentliche Badestelle mit Liegewiese und Kiesstrand – alles in allem ein sehr angenehmes Basisquartier. Wenn Sie lieber jeden Tag ein Stückchen weiterfahren, steigen Sie entweder bei **Nyon** in die **Tour 7** ein, oder Sie fahren zügig nach **Genf** und beginnen dort die Erforschung des größten Sees der Schweiz.

TOUR 7 (ca. 160 km / 3-4 Tage)

Der Lac Léman
Am Schweizer Meer zwischen Genf und Montreux

Genf – Coppet – Nyon – Prangins - Rolle – Aubonne – Morges – Lausanne Lutry – Servion – Vevey – Montreux – Caux – Le Bouveret

Freie Übernachtung:	Val de l'Allondon, Onex, Nyon, Prangins, Weingut Perroy, Aubonne, Morges, Lausanne, Lutry, Servion, Oron, Caux, Le Bouveret
Ver-/Entsorgung:	Nyon, Lausanne, Montreux und aufgeführte Campingplätze
Campingplätze:	Genf, Val de l'Allondon, Rolle, Morges, St. Saphorin, Lausanne, Noville, Le Bouveret
Baden:	Nyon Strandbad, Rolle, St. Prex, Lausanne Ouchy, Montreux, Le Bouveret, Aqua Parc Le Bouveret

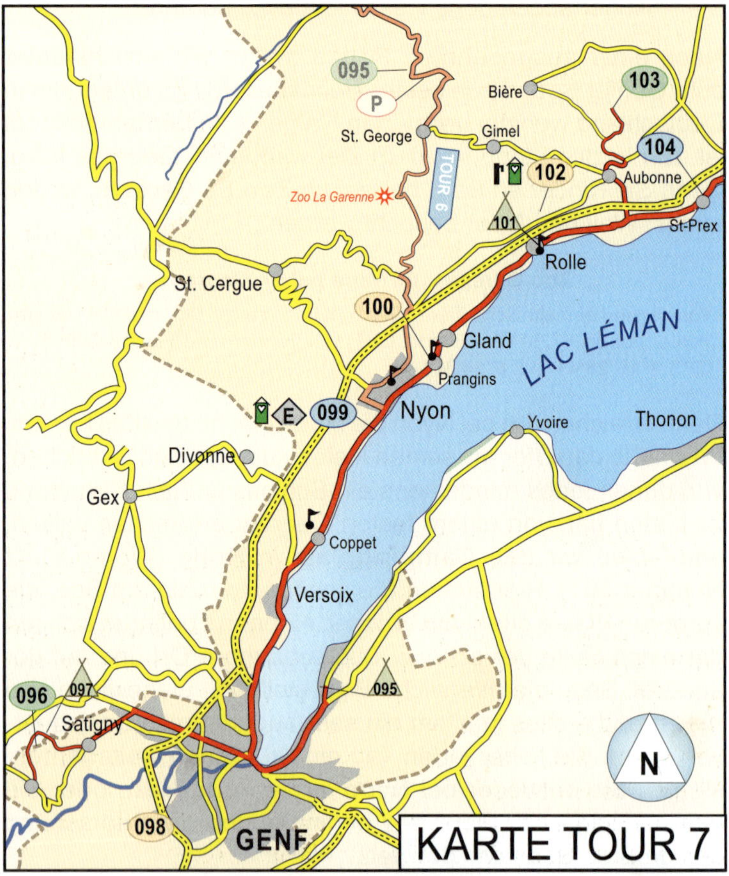

KARTE TOUR 7

Besichtigen:	Palais des Nations, Altstadt Genf, Rot-Kreuz Museum, Altstadt und Museen Nyon, Lausanne inkl. Musée de l'Art brut und Olympisches Museum, Lutry, Corniche de Laveaux, Zoo und Tropiquarium Servion, Seepromenade Vevey und Montreux, Swiss Vapeur Parc
Wandern:	Arboretum Aubonne, Rochers-de-Naye, Radtour Les Grangettes
Erlebnis:	Bootstour nach Yvoire, Hochseilgarten Signal de Bougy

Kurz und knapp »die Küste« nennt man das Ufer des Lac Léman westlich von Lausanne. »La Côte« ist aber auch der Name des Weinanbaugebietes, dass sich hinter den kleinen Küstenorten den Berg hoch zieht. Interessante Städte, stimmungsvolle Ortszentren mit schönen Uferpromenaden, vielen Schlössern und guter Gastronomie sind die Höhepunkte der siebten Tour, die am unteren Seezipfel in Genf beginnt.

Noble Hotels und berühmte Persönlichkeiten verbindet man mit dem östlichen Teil des Lac Léman – der Riviera der Schweiz. Freddy Mercury verbrachte seine letzten Jahre in Montreux und Charlie Chaplin war lange in Vevey zu Hause. Man kann ihre Wahl durchaus verstehen: Der tiefblaue See, eingerahmt von den schroffen Felsen der Dents du Midi am gegenüberliegenden französischen Ufer, ist wahrlich ein schöner Anblick. Hinzu zu kommt durch die geschützte Lage ein besonders mildes Klima, das am Seeufer sogar Palmen gedeihen lässt. Im Juni und Juli macht das berühmte Montreux Jazz Festival den Lac Léman zum favorisierten Ziel für Musikliebhaber.

Genf – das internationale Zentrum der Schweiz

Genf ist eine Multi-Kulti Stadt – allerdings eine recht gediegene. Fast die Hälfte der Einwohner sind keine Schweizer und der Mietspiegel ist selbst für Schweizer Niveau astronomisch. Der Grund für beides ist die Präsens von über 20 der wichtigsten internationalen Organisationen. Das beginnt bei der WOSM und der WMO (nein, hat nichts mit Womos zu tun) und reicht bis zu den bekannteren Organisationen wie der WHO, der UNHCR oder der UNO. Den Palais des Nations – den Genfer Sitz der UNO – können Sie im Rahmen einer Führung besichtigen und das Museum des Roten Kreuzes macht Sie mit der Geschichte einer der wichtigsten internationalen Organisationen vertraut. Der Initiator des roten Kreuzes, Henry Dunand, war übrigens tatsächlich ein Schweizer. Außerdem hat Genf eine lange Uferpromenade mit dem höchsten Springbrunnen der Schweiz, gepflegte Parks und eine sehr schöne Altstadt zu bieten. Ein Besuch in der überschaubaren Schweizer Weltstadt lohnt sich also auf jeden Fall.

Sie wollen jetzt doch gerne wissen, was es mit den Kürzeln am Anfang des Absatzes auf sich hat? Die WOSM ist die World Organization of the Scout Movement, also die Weltpfadfinderorganisation und hinter den drei Buchstaben WMO verbirgt sich die Weltorganisation für Meteorologie. Außerdem gäbe es da noch die WIPO, die Weltorganisation für geistiges Eigentum, und auch das WCC, das World Council of Churches, hat seinen Sitz in Genf. Dem ließen sich weitere aussagekräftige Kürzel hinzufügen, aber ich glaube, es ist genug. Vielleicht finden Sie ja selbst weitere internationale Organisationen, von denen Sie nicht geahnt hätten, dass Sie existieren könnten.

Sie rollen also den See entlang und erreichen parallel zur Uferpromenade das Zentrum, wo Sie gleich die Fontäne des Jet d'Eau begrüßt. Mit unbändiger Energie schießt das Wasser aus der Tiefe des Hafenbeckens, um in 140 m Höhe, in Millionen feine Tröpfchen zerfallend, zurück in den See zu schweben... Ursprünglich erfüllte das heutige Wahrzeichen der Stadt tat-

sächlich einen Zweck: Die Fontäne diente als Überdruckventil für eine Wasserleitung, mit der die Genfer Juweliere ihre Maschinen betrieben. 1891 entschlossen sich die Stadtväter die Wassersäule, die bei Besuchern so viel Aufsehen erregte, als Touristenattraktion ins Hafenbecken zu versetzen und zu beleuchten. Seitdem hat Genf den Jet d'Eau, den Sie jetzt im Vorbeifahren betrachten können.

Wenn Ihnen das nicht reicht, haben Sie ein Problem. Das Suchen eines Parkplatzes gehört in Genf zu den wenig erfreulichen Unterfangen. PKWs verweist man in eines der Parkhäuser, ein Womo werden Sie kaum unterbringen. Einige Parkplätze schräg zur Fahrbahn für zierliche 5 m-Fahrzeuge gibt es neben der Ausfahrtsstraße nach Évian. Dort haben wir auch einzigen Parkbereich am See mit perfektem Fotoblick auf den Jet d'Eau entdeckt, der groß genug ist, dass hier auch längere Womos ihre müden Reifen ausruhen können: Quai du General Guisan **GPS N 46°13'40", E 6°11'7"**. Allerdings ist zwischen 7 und 19 Uhr die Parkzeit auf 2 h beschränkt. Wenn Sie um 17 Uhr parken, hätten Sie genug Zeit für einen Abendbummel am Seeufer... Einige Wohnmobile hatten sich hier auch für die Nacht platziert, was direkt neben der vierspurigen Straße eine wenig heimelige Sache ist. Am entspanntesten lösen Sie das Problem, wenn Sie ihr Womo auf dem Campingplatz unterstellen und mit dem Bus in die Innenstadt gondeln.

(095) WOMO-Campingplatztipp: Pointe à la Bise

GPS: N 46°14'42", E 6°11'37", 375m **Öffnungszeiten:** April bis Anfang Oktober
Ausstattung Lage: TCS-Camping, sehr schön gelegen, ruhig und direkt am Seeufer in einem Vorort von Genf, gutes Restaurant am Platz, öffentlicher Badeplatz 150m vom Camping. Womo inkl. 2 Personen CHF 38.- bis CHF 48,50, Kurtaxe CHF 1,65, Strom CHF 4,50, Telefon 022 752 12 96
Anfahrt: Genf am Seeufer durchqueren und der Uferstraße in Richtung Frankreich folgen. In Vesenaz, kurz vor Bellerive Beschilderung links zum Camping.
Sonstiges: Naturschutzzentrum Pointe à la Bise mit Naturpfad direkt nebenan.

Jetzt haben Sie genug Muße, sich in Genf umzusehen und müssen eine Wahl treffen zwischen vielen Attraktionen. Hier ein paar besonders interessante Möglichkeiten zur Auswahl:

Palais des Nations

Den Sitz der UNO in Genf können Sie bei einer einstündigen Führung durch verschiedenen Sitzungssäle kennenlernen. Anschließend informiert ein Film über die Arbeit der UNO. *Bitte anmelden unter +41 22 917 48 96. Führungen finden Mo-Fr. 10-17 Uhr statt und kosten CHF 12.- pro Person. Avenue de la Paix 14, am Ariana-Park.*

© Geneva Tourism & Conventions

Das Musée du Croix Rouge et du Croissant Rouge

Das rote Kreuz und der rote Halbmond sind die größten humanitären Hilfsorganisationen der Welt. Das Museum sammelt und präsentiert Dokumente der Einsätze. Fotos, Plakate und Filme geben einen berührenden und manchmal auch bestürzenden Einblick in die Arbeit und die Geschichte der wichtigsten internationalen Organisation der Welt. Komplett neu gestaltet wird das Museum im Mai 2013 nach längeren Renovierungsarbeiten wiedereröffnet. Öffnungszeiten und Preise sind noch nicht veröffentlicht.

Die Genfer Altstadt

Das Zentrum der Altstadt ist der ehemalige von alten Häusern umringte Marktplatz Place du Bourg-de-Four mit Kunst- und Antiquitätenläden und gemütlichen Cafés. Bei einem Bummel durch die Gassen sollten Sie außerdem unbedingt an der mächtigen aber angenehm schlichten Kathedrale St.Pierre stoppen, die schon seit dem 12. Jahrhundert an dieser Stelle steht. Südwestlich der Kirche wird nach noch älteren Spuren der Besiedelung gegraben. Die Ausgrabungsstätte (Krypta) ist teilweise zu besichtigen. Wer die Altstadt systematisch erkunden möchte, bekommt an der Information auch einen AudioGuide und ein Karte. Die Information finden Sie in der Rue du Mont Blanc 18, auf halbem Weg zwischen Rhonebrücke und Bahnhof. Geöffnet täglich 9-18 Uhr (Mo erst ab 10 Uhr).

Darüber hinaus gibt es in Genf, einen botanischen Garten, schöne Parkanlagen und viele weitere Museen, in denen Sie leicht den Rest ihres Urlaubs verbringen könnten...

Ein Kurzbesuch in Genf reicht Ihnen? Dann kommen Sie am besten früh – da sind die Aussichten auf einen Parkplatz am besten – und fahren zum Übernachten wieder aus der Stadt hinaus. Einen besonders schönen Übernachtungsplatz finden Sie südwestlich der Stadt im grünen Val de l'Allondon.

(096) WOMO-Wanderparkplatz: Val de l'Allondon

GPS: N 46°12'41", E 5°59'39", 400m **max. WOMOs:** 2-3
Ausstattung/Lage: großer geschotterter Parkplatz außerorts in einsamer Lage. Naturschutzgebiet, bitte penibel an die Übernachtungsregeln halten.
Zufahrt: Über Vernier nordwestlich von Genf nach Satigny und über Peissy dem Campingplatzschild folgend in Richtung Malval. An der Einfahrt des Campings vorbei, über eine Brükke, dann folgt rechts der Straße der ehemalige Gasthof Les Granges. 500 Meter weiter treffen Sie links der Straße auf den langen Parkplatz.
Sonstiges: Feuerstellen am Bachufer. Ein schmaler Fußpfad am Bachufer verlockt zu ausgedehnten Erforschungstouren. Eine Stellplatzalternative ist natürlich der Camping, an dem wir gerade schon vorbei gefahren sind.

(097) WOMO-Campingplatztipp: Communal Val de l'Allondon

GPS: N 46°13'09", E 6°00'04", 415m
Ausstattung / Lage: einfacher preisgünstiger Platz, sehr ruhig und abgelegen im Wald. Busverbindung nach Genf. Gasdepot.
Zufahrt: von Satigny ausgeschildert, ansonsten wie Stellplatz (096)

Zentraler und näher an der Stadt und ebenfalls campingplatzfrei parken Sie ihr Womo im Vorort Onex.

(098) WOMO-Stellplatz: Sportplatz Onex

GPS: N 46°11'18", E 6°05'43", 422m **max. WOMOs:** 2-3

Lage / Ausstattung: geschotterter Platz am Waldrand, saisonal für Holzlagerung genutzt. Eine Ausweichlösung ist dann der ca. 50 m entfernte reguläre Parkplatz **GPS N 46°11'17", E 6°05'35".** Beide Plätze am Stadtrand an einer Nebenstraße. Dieser Stellplatz ist ein Lesertipp, der nach der Recherchefahrt eintraf, so dass ich mir den Platz nicht selbst ansehen konnte. Nach eingehender Luftbildrecherche möchte ich Ihnen die Koordinaten aber nicht vorenthalten. Vielen Dank dafür an P. Vogt.

Das Ufer zwischen Genf und Nyon ist dicht besiedelt, den See bekommt man auf der Fahrt selten zu Gesicht. Ein Stopp lohnt sich im netten Weinbauort Coppet und dann hat man auch schon Nyon erreicht, wo die nächste schöne Altstadt und weitere interessante Museen warten. Direkt hinter dem Strandbad bietet ein riesiger Parkplatz einen akzeptablen Stellplatz für kleinere Mobile.

(099) WOMO-Badeplatz: Nyon

GPS: N 46°22'07", E 6°13'32", 375m **max. WOMOs:** 5-6

Ausstattung / Lage: Nahe an der Durchfahrtsstraße nach Genf, Sichtschutz durch eine Hecke. Euro-Relais-Station und WC im hinteren Platzteil mit eingeschränkter Durchfahrt. Picknickplatz auf einem von Hecken umrahmten Wiesenstück hinter dem Euro-Relais und direkt am Strandbad.

Zufahrt: Von Genf kommend vor Nyon rechts neben der Straße. Zufahrt am hinteren Ende gegenüber den Sportplätzen (dort weitere Parkmöglichkeit). Rechts zum Strandbad abbiegen. Kleinere Mobile fahren in den ruhigeren hinteren Teil. Die Zufahrt ist mit zwei Betonblöcken schmal gehalten. Durchfahrtsbreite auf Radhöhe: 2,20 m. Breitere Womos können nicht zum Euro Relais durchfahren und parken vor der verengten Durchfahrt. Einen Campingplatz hat Nyon übrigens nicht mehr.

Ein Bad im Lac Léman?

Direkt am Parkplatz befindet sich der Zugang zum gepflegten, schön angelegten Strandbad mit großer Liegewiese. Baden im Genfer See oder im Pool? Sie haben die Wahl. Außerdem gibt es noch ein Plantschbecken, einen Spielplatz, einen Imbiss und leider nur kalte Duschen oben an den Umkleiden. *Geöffnet Mai, Juni und September 9.30 - 20 Uhr, Juli und August bis 20.30 Uhr, Eintritt CHF 7.-, Kinder CHF3.-*

Zur Besichtigung der Altstadt oder zum Museumsbesuch können Sie vom Stellplatz in ca. 15-20 min. an der Straße entlang in die Stadt laufen. Sie kommen am öffentlichen Badestrand vorbei und durch das Fischerviertel mit kleinem Hafen, in dem die Boote der Seefischer liegen. Hier wird noch täglich hinausgefahren und Sie können am Vormittag den frischen Fang des Morgens erstehen. Zwei kostenpflichtige Parkplätze, (für große Womos recht eng) befinden sich unten am See bei **GPS N 46°23'02", E 6°14'42"** und weiter oben hinter der Altstadt an der Place du Perdtemps **GPS N 46°23'3", E 6°14'18".**

Ein Ort mit Geschichte – Römische Spuren in Nyon

Sie laufen durch die Altstadt zum weithin sichtbaren Schloss hinüber, von dessen Terrasse man die komplette Altstadt bis hinunter zum See überblickt. Bei guter Sicht können Sie sogar den Jet d'Eau im Hafen von Genf erspähen. Im Schlossgebäude befindet sich das Musée historique et des porcelaines, vor dessen Eingang die Place du Chateau mit mehreren netten Cafés und einem Trinkwasserbrunnen. Vom Schloss kann man dann entlang der Promenade des Vieilles Murailles an der weinbewachsenen Stadtmauer entlang zu den römischen Säulen und von dort durch den Parc du Bourg-de-Rive zum Musée du Léman bummeln. Ein Abzweig im oberen Bereich des Stadtmauer-Weges bringt einen auch zum römischen Museum. Wenn Sie eines der Museen besuchen, ermöglicht Ihnen übrigens Ihr Ticket zum Preis von CHF 8.- freie Passage an der Kasse der beiden anderen...

Im **Musée du Léman** erfahren Sie alles über den größten See der Schweiz. Alte Fotos illustrieren die Geschichte der Orte an seinen Ufern, historische Boote – Originalstücke und Modelle – machen die Vergangenheit greifbar und ein Aquarium mit über 300 heimischen Fischen erlaubt einen Blick in die Unterwasserwelt des Sees, ohne dazu tauchen zu lernen. Das Museum wurde im Winter 2012 komplett renoviert und eröffnet im Frühjahr 2013 neu. *Geöffnet April bis Oktober: 10 - 17 Uhr, Im Winterhalbjahr nur 14 - 17 Uhr, Montag geschlossen, Eintritt CHF 8.-, Kinder bis 16 Jahre kostenlos Quai Louis-Bonnard 8, www.museeduleman.ch*

Auf den und um die Mauern der antiken Forumsbasilika ist das **Musée Romain** errichtet. Wer Spaß an römischer Kultur hat, findet im Museum Fundstücke aus der Zeit des alten Noviodunum, die bei Grabungen im heutigen Nyon auftauchten. *Place du Château 5. Geöffnet April bis Oktober: 10 - 17 Uhr, Im Winterhalbjahr nur 14 - 17 Uhr, Montag geschlossen, Eintritt CHF 8.-, Kinder bis 16 Jahre kostenlos.*

Seehüpfen ohne Wohnmobil – Ein Ausflug nach Frankreich

Die Sonne scheint und Sie wollen nicht ins Museum? Dann wechseln Sie doch Fahrzeug, Land und Seeseite und fahren mit dem Ausflugsschiff nach Yvoire. Die Boote fahren im Sommer auf dieser Strecke im 30 Minuten-Takt mit einer längeren Pause gegen Mittag, so dass Sie auch spontan starten können. Nach 20 min. Fahrt erwartet Sie ein idyllisches, mittelalterliches Dorf. Bummeln Sie durch die Gassen, bewundern Sie den üppigen Blumenschmuck, trinken einen Café au lait, stöbern in den kleinen Kunsthandwerkerläden und besuchen den Garten der fünf Sinne, der sich rund um das Schlossgebäude aus dem Jahr 1306 erstreckt. Der Garten ist täglich von 11 - 19 Uhr geöffnet und kostet €8.- Eintritt. Für die Überfahrt rechnen Sie ca. CHF 22.- pro Person.

Fast übergangslos erreicht man hinter Nyon den nächsten Ort und das nächste Schloss – und zwar ein besonders großes. Im Schloss von Prangins ist das Schweizerische Landesmuseum untergebracht, das sich mit Menschen und Kultur der Schweiz vom 18. Jahrhundert bis heute beschäftigt. Auf dem Parkplatz am Ortsrand kann man auch locker die Nacht verbringen.

(100) WOMO-Stellplatz: Château Prangins

GPS: N 46°23'43", E 6°14'57", 415m **max. WOMOs:** 1-2

Ausstattung: Asphaltierter Parkplatz nahe dem Zentrum, kleiner Spielplatz, Zugang zum Schloss. Nicht weit zu Fuß ins Zentrum zur Chocolaterie, Bäckerei und Einkehrmöglichkeiten. Max. 72 Std.

Zufahrt: Von der Durchgangsstrecke (Rue de Lausanne) links ab in den Chemin de Chaux, in die Route de Benex-Dessous und dann links in die Route de Benex.

Die Schweizer Geschichte von den Helvetiern bis heute ist das Thema im **Schweizerischen Landesmuseum**. Im ersten Stock entführt Sie eine ganz neu gestaltete Ausstellung in das Leben im Schloss im 18. Jahrhundert. Im Gemüsegarten lernen Sie dann alte Gemüsesorten kennen und beim Gang durch den Park erfahren Sie alles über die Zeitepoche der Aufklärung. Geöffnet Di bis So, 10 - 17 Uhr, Eintritt CHF 10.-, Kinder bis 16 Jahre frei.

Rolle – Campingparadies zwischen Genf und Lausanne

Dass Rolle in den letzten Jahren schnell und heftig gewachsen ist, sieht man nicht auf den ersten Blick. Ein großer Büroneubau schaffte innerhalb weniger Jahre Raum für 13 internationale Firmen und deren Mitarbeiter. So sieht man am Stadtrand die Schriftzüge von Chiquita, Nissan und Yahoo leuchten. Im Ortskern bekommt man vom neuen Boom wenig mit. Direkt am Seeufer logiert das langgezogene Gebäude des hiesigen Schlosses, in dem unter anderem die Bibliothek untergebracht ist. Davor bummeln Sie auf einer schönen Promenade, und direkt neben dem Schloss befindet sich ein Spielplatz. Den Parkplatz an den Schlossmauern ziert ein 2 Meter-Balken. Fahren Sie an der Schranke vorbei, sehen Sie rechts einen Sportplatz. An dessen hinterer langer Seite gibt es große Plätze auch für Womos. Um dorthin zu kommen, fahren Sie auf der Hauptstraße weiter, am Sportplatz vorbei bis zur ersten Straße die nach rechts führt. **GPS N 46°27'37.6", E 6°20'35.4"**

Ansonsten ist der nette kleine Ort wunderbar wenig spektakulär. Es gibt einen schönen Badeplatz direkt neben dem ebenso schönen Camping. Auf dem zugehörigen Parkplatz **GPS N 46°27'43", E 6°20'57"** gilt Wohnmobilverbot. Stehen Sie dort für einen kurzen Badeaufenthalt (ohne mehrere Plätze zu blockieren) wird kaum jemand etwas sagen. Alternativ können Sie Ihr Fahrzeug auch auf dem Grünstreifen links der Zufahrt platzieren, hier steht kein Verbotsschild. Über Nacht bleibt Ihnen in Rolle aber nur der Campingplatz.

(101) WOMO-Campingtipp: Aux Vernes / Rolle

GPS: N 46°27.42", E 6°20'46", 375m
geöffnet: April-September.
Ausstattung: Am See und am Badestrand, Spielplatz, Entsorgungsanlage vor der Einfahrt. 500m zur Altstadt. Womo inkl. 2 Pers. CHF 26.- bis 34.-, Aufschlag für Seeplätze, Strom CHF 3,80. Kurtaxe 1,50, www.camping-rolle.ch
Zufahrt: Ab Ortsmitte nach dem Sportplatz ausgeschildert

Wenn Sie stattdessen lieber einen ruhigen Übernachtungsplatz in den Weinbergen möchten, wären Sie wenige Kilometer außerhalb von Rolle auf dem Weingut der Familie Perroy wunderbar aufgehoben:

(102) WOMO-Stellplatz: Weingut Perroy

GPS: N 46°27'52", E 6°21'36", 388m
max. WOMOs: 2
Ausstattung / Lage: außerorts, am Wohnhaus des Weingutes, Strom möglich, Übernachtung CHF 10.- pro Fahrzeug.
Zufahrt: Kurz hinter Rolle von der Kantonalstraße mit der Nummer 1 beim Wohnmobilsymbol links hoch.
Sonstiges: Weinprobe und Direkteinkauf von Wein möglich

Grüne Giganten im Landschaftspark

Sie brauchen jetzt eine längere Abstinenz von schönen Altstädten, Museen, Schlössern und vollen Badeplätzen und Ihre Seele schreit nach ein wenig Grün und weiter offener Landschaft? Machen Sie mit uns einen Schlenker ins Hinterland von Rolle über Fèchy nach Aubonne. In sicherem Abstand zur nächsten schönen Altstadt, die Aubonne selbstverständlich auch zu bieten hat, schmiegt sich der Landschaftspark Arboretum d'Aubonne zwischen grüne Hügel. Über 3000 Baumarten verteilen sich über ein 200 ha großes Terrain mit mehreren Teichen und einem kleinen Stausee, das ausgedehnte Spaziergänge ermöglicht. Der Parkplatz am Eingang eignet sich vorzüglich für eine ruhige Übernachtung.

(103) WOMO-Wanderparkplatz Arboretum Aubonne

GPS: N 46°30'34", E 6°22'11", 554m
max WOMOs: 1-2
Ausstattung / Lage: außerorts, am Eingang zum Arboretum, Wander-Infotafel, 15 min. Fußweg zum Museum und zum Imbiss (abends geschlossen)
Anfahrt: Von Rolle nach Aubonne und dort den braunen Hinweisschildern folgen. Von Aubonne ca. 3 km auf schmalen Straßen.

Der Sentier des Pêcheurs und das Musée du Bois

Eine schöne kleine Runde im Park beginnt direkt am Zugang zum Arboretum auf den Wiesenpfad rechts abbiegen.

Der Weg ist als Sentier du Pêcheur markiert und schlängelt sich an den ersten Stationen eines Waldlehrpfades vorbei in den Wald und mündet kurz hinter dem zentralen Platz am Musée du Bois wieder auf den Hauptweg. Laufen Sie hier links, stehen Sie wenig später vorm Imbiss mit Terrasse und dem Holzmuseum, das über die unterschiedliche Verarbeitung von Holz informiert. Wollen Sie die Ausstellung sehen, müssen Sie am Nachmittag hier sein: das Museum ist mittwochs, am Wochenende und an Feiertagen von 14-18 Uhr geöffnet. Der Eintritt ist gratis. Von hier geht es auf dem Fahrweg in ca. 15 min. zurück zum Parkplatz.

Wenden Sie sich dort, wo der Sentier de Pêcheurs auf den Hauptweg trifft, nach rechts, kommen Sie zum Stausee und in ein ruhiges grünes Tal und können hier Ihren Spaziergang beliebig ausdehnen. Eine Karte des Parks finden Sie auf der Infotafel am Parkplatz.

Auf Rückfahrt von Aubonne nach Rolle bringt ein kurzer Abstecher Abwechslung ins Programm – vor allem wenn Sie mit Kindern unterwegs sind. Fahren Sie hinter **Aubonne** in Richtung **St. Georges**, zweigt gleich hinter dem Ort eine schmale Straße zum **Signal-de-Bougy** ab. Dort im Parc Pré vert finden Sie einen kleinen Funpark für jüngere Kinder, einen Minigolfplatz, einen Streichelzoo, grüne Wiesen und einen Gasthof. Direkt daneben gibt es einen Golfplatz und einen der größten Hochseilgärten der Schweiz.

Parc Aventure Signal de Bougy

Am Rande einer großen Parkanlage mit Kleintiergehege und Gasthof befindet sich der Hochseilgarten mit 14 verschiedenen Parcours. Für 3 Stunden Kletterzeit zahlen Erwachsene CHF 38.-, Jugendliche zwischen 12 und 18 Jahre CHF 28.-, Kinder von 8-11 CHF 23.-. und die Jüngsten zwischen 4 und 8 Jahren sind mit CHF13.- dabei. Ab 3 Personen gibt es auch eine Familienkarte. Auf den Parkplätzen **N 46°29'08", E 6°21'18"** der Anlage ist allerdings absolutes Nachtparkverbot und auch tagsüber sollten Sie Ihr Womo so platzieren, dass es nicht quer über mehrere Parkplätze steht.

Zurück am See, könnten wir in St. Prex zur Erfrischung ins Wasser springen, bevor wir uns wieder den Schlössern, Museen und schönen Städten widmen.

(104) WOMO-Badeplatz: St. Prex

GPS: N 46°28'49", E 6°27'40", 375m **max. WOMOs:** 1-2

Ausstattung: Parkplatz an der Festhalle am Rand der Altstadt, Badestrand mit Liegewiese und 3 kleinen Buchten benachbart, mehrere Gasthöfe im Ort

Zufahrt: Von der Kantonalstraße 1 Richtung Burg halten, vom Badestrand ein Stück östlich zum Sport-/Festplatz (Quai du Suchet).

Das nächste Schloss steht in Morges. Parkt man direkt am Ortseingang rechts **GPS N 46°30'11", E 6°29'15"** (Parkzeit begrenzt, Übernachtung nicht möglich) oberhalb des Sportboothafens, kann man am Seeufer entlang einen weiteren Spaziergang machen. Vorbei am Campingplatz läuft man zu einem Park mit uralten Riesenbäumen aus aller Welt, einem Strandbad und einem Spielplatz. Hinter dem Park erheben sich direkt am Seeufer die dicken Mauern des Schlosses von Morges. In seinem Inneren können Sie das Waadtländer Militärmuseum besichtigen und dahinter beginnt die Altstadt.

(105) WOMO-Campingplatztipp: TCS Morges

GPS: N 46°30'13", E 6°29'16" **Öffnungszeiten:** April bis Mitte Oktober

Ausstattung / Lage: am See, aber ohne direkten Seezugang, kostenloser Eintritt ins benachbarte Strandbad, gut ausgestattete Anlage mit dem Charme eines Großparkplatzes, von hoher Hecke eingefasst. Auch mit großem Womos leicht anzufahren. Womo inkl. 2 Pers. CH 38.- - 51.-, Strom CHF 4,50, Hund CHF 5.-, www.voyages-tcs.ch

Zufahrt: Gleich an der Ortseinfahrt links, neben der Marina

Einen Platz für die Nacht oder eine Pause im Grünen finden Sie am anderen Ende der Stadt in Seenähe und an einem Park.

(106) WOMO-Stellplatz: Morges

GPS: N 46°30'58", E 6°30'36", 1-2 WOMOs

Ausstattung / Lage: WC, Kiosk, Spielplätze, Parkanlage, teils »blaue Zone« (von 18 - 8 Uhr und am Wochenende unbegrenzt, sonst maximal 1 h, Parkscheibe verwenden!), teils max. 10 Stunden, Kläranlage in der Nähe

Zufahrt: 1 km nach der Ortsmitte rechts zum Parkplatz »Step ERM« (beschildert).

Hinter Morges wird die Besiedlung dichter und wir landen in der typisch unschönen Außenzone einer größeren Stadt. Wir nähern uns **Lausanne**. Zuerst stoßen wir am Stadtrand auf die Zufahrt zum Campingplatz, der sich am Seeufer befindet. Direkt vor dem Camping hat man einen Wohnmobilstellplatz mit Euro Relais angelegt.

(107) WOMO-Stellplatz: Euro Relais Lausanne

GPS: N 46°31'03", E 6°35'54", 375m **WOMO-Zahl:** < 10.
Ausstattung: Euro Relais mit Bodeneinlass, umzäuntes Wiesengelände mit Stellplätzen, Übernachtung CHF 23,50, nur 6-18 Uhr CHF 10.-, nur Entsorgung CHF 3.-, Anmeldung an der Rezeption des Campings
Zufahrt: Von der Kantonalstraße 1, kurz hinter dem Ortsschild am Kreisel rechts ab, ausgeschildert Camping und Euro Relais.
Sonstiges: Ein Stellplatz auf dem benachbarten Campingplatz kostet für ein Womo inkl. 2 Pers. CHF 40.-, Strom CHF 3.-, Kurtaxe CHF 2,10

Eine ebenfalls günstig gelegene Alternative zum Camping bietet der Park & Ride Parkplatz Ouchy. Fahren Sie auf der Hauptstrecke in Seenähe geradeaus in die Stadt hinein, können Sie die großen Parkflächen rechts der Straße kaum verfehlen.

(108) WOMO-Badeplatz: Ouchy

GPS: N 46°30'34", E 6°37'09", 375m **max WOMOs:** 4-5
Ausstattung / Lage: Der richtige Park & Ride Platz liegt links der Zufahrt. Hier ist es aber für größere Wohnmobile viel zu eng. Die finden rechts der Einfahrt auf der großen Asphaltfläche neben den LKWs einen Platz. Wenn Sie hier ein Parkticket ziehen, zahlen Sie CHF 2,50 pro Stunde und CHF 6.- für ein Tagesticket. Wenn Sie mit Bus und Bahn in die Stadt wollen, können Sie ihr Ticket aber auch an den Automaten des Park & Ride Platzes ziehen. Für CHF 11, 14 oder 17 ist hier das Tagesticket für alle öffentlichen Verkehrsmittel für 1,2 oder 3 Personen gleich inklusive. Direkt neben dem Parkplatz befindet sich auch das öffentliche Strandbad.

Unterwegs in Lausanne

Lausanne ist die Hauptstadt des Kantons Waadt und gehört mit ihren 130.000 Einwohnern zu den kleinsten und schönsten Großstädten der Welt. Von Ouchy unten am Seeufer fahren Sie mit dem Bus hinauf in die **Altstadt**, die auf einem Felsen hoch über dem See erbaut wurde. Dort lässt es sich in den autofreien mittelalterlichen Gassen rund um die im Jahre 1275 feierlich geweihte **Kathedrale** von Lausanne wunderbar bummeln, im Café sitzen und einkaufen. Wer mehr auf Kultur aus ist, hat im nahe gelegenen **Palais de Rumine** die Wahl zwischen 5 Museen. Der Palais beherbergt Kunstmuseum, Museum für Archeologie und Geschichte, Münzmuseum und die Museen für Zoologie und Geologie. Etwas weiter ist der Weg zur

© Lausanne Tourismus / B. H. Bissat

weltweit einzigartigen **Collection de l'Art Brut im Château de Beaulieu,** erreichbar mit den Bussen 2, 3 und 21 bis zur Haltestelle Beaulieu-Jomini.

Die Künstler des **Musée de l'Art Brut** stehen am Rande der Gesellschaft: die Gemälde, Zeichnungen und Skulpturen der Sammlung sind in Gefängnissen und psychiatrischen Kliniken entstanden. Ausdrucksstark und jenseits des gängigen Kunstbegriffs, nur aus Seele und Gefühl des Künstlers entstanden, beeindrucken die Arbeiten nachhaltig. Die zugehörigen Biografien erzählen ungewöhnliche Lebensgeschichten, die genauso wenig in die Norm passen, wie die Werke der Ausstellung. *Geöffnet: Di - So 11 - 18 Uhr, im Juli und August auch am Montag, Eintritt CHF 10.-, Kinder bis 16 Jahre gratis, 1. Samstag im Monat ebenfalls gratis.*

Fahren Sie vom Stellplatz weiter, nähert sich die Straße dem Hafenbecken. Direkt dahinter hat das **Olympische Museum**, welches 2012 und 2013 komplett neu renoviert und gestaltet wird, seinen Platz **GPS N 46°30'26", E 6°38'02"**. Parken können Sie nur auf einem Streifen entlang der Straße, wenn ihr Womo nicht zu lang ist. Am besten lassen Sie es also gleich auf dem P&R stehen und laufen in ca 15 min. an der Uferpromenade entlang, am **Stadthafen** vorbei und am **Schloss Ouchy** zum Museum hinüber.

Musée Olympique

Das Museum über die Geschichte der Olympischen Spiele wird aufwändig und mit großen Plänen neu gestaltet. Die Neueröffnung ist für Ende 2013 geplant. So lange können Sie leider nur durch den Garten spazieren, die Skulpturen bewundern und das stetig brennende olympische Feuer mit eigenen Augen betrachten.

Von **Lausanne** folgen wir der Uferstraße und erreichen in der Reihe vieler schöner Orte am Seeufer ein ganz besonders schönes Exemplar. In **Lutry** sollten Sie unbedingt stoppen, auch wenn das Parken nicht ganz so einfach ist. Auf dem kostenpflichtigen Parkplatz am Ortseingang neben der Straße **GPS N 46°30'12", E 6°41'8"** kommen nur kleinere Womos unter. Fahren Sie am Parkplatz vorbei und biegen dahinter rechts und gleich wieder links ab, kommen Sie durch die schmale Chaussee de Riettes hinunter zum See. Hier finden Sie neben einem PKW Parkplatz eine Parkfläche mit Naturboden, die, wenn sie nicht gerade als Festplatz dient, Parkraum für größere Fahrzeuge bietet. Vorsicht! Die Straße die hierher führt ist eng! **(109) N 46°30'07", E 6°40'57"**.

Eine weitere Parkmöglichkeit zur Stadtbesichtigung mit unkomplizierterer Zufahrt und dazu noch ein Badeufer finden Sie am anderen Ende des Ortes, wenn Sie am Kreisel rechts zum See abbiegen **GPS N 46°30'04", E 6°41'21".**

Steine in allen Formen –
Ein Spaziergang durch die mittelalterlichen Gassen von Lutry

Auf die erste Sehenswürdigkeit von Lutry stoßen Sie gleich neben dem oberen Parkplatz: hier reihen sich mitten zwischen den Häusern 24 Menhire, die 1984 beim Bau eines Parkhauses gefunden und am ursprünglichen Standort neu aufgerichtet wurden. Machen Sie ansonsten einen Bummel durch die schmalen Gassen, betrachten die alten, leicht windschiefen Häuser, genießen am Hafen einen Crèpe oder einen Kaffee, schauen ein wenig auf den See und ergänzen Ihre Vorräte in der Fromagerie oder Boulangerie im Ort.

Ein Ausflug ins Lavaux

Lutry ist das Tor zum Lavaux, dem Weinanbaugebiet oberhalb des Sees. Am Hafen können Sie Rundfahrten durch die Weinberge und die schönen Winzerdörfer in einem kleinen Touristenzug buchen – eine echte Alternative zur Fahrt mit Ihrem Womo, denn da oben am Weinberg sind alle Straßen schmal. Der Zug fährt am Mittwoch, Freitag und Sonntag von Lutry und Montag, Dienstag und Samstag von Cully, einem Ort wenige Kilometer weiter. Abfahrten gibt es jeweils um 13.30, 15.00 und 16.30 Uhr, die Fahrt kostet CHF 13.- pro Person.

Mit wendigeren Mobilen können Sie sich auch selbst auf den Weg machen: Die **Corniche de Lavaux** zweigt kurz hinter Lutry von der Kantonalstraße ab und führt über Aran, Grandveaux, Riex und Epesses nach Chexbres und von dort wieder ans Seeufer – es sei denn, Sie verspüren Lust auf einen Ausflug in die gut gestalteten Anlagen des Zoos und des Tropiquariums von Servion. Dann verlassen sie in Chexbres den See.

Abstecher nach Servion

Biegen Sie in Chexbres ab in Richtung Essertes / Oron la Ville und wählen in Puidoux die Straße links am Lac de Bret vorbei, wo man am unteren Seeende recht gut Pause machen kann. **GPS N 46°30'25", E 6°46'11"**. In Essertes biegen Sie ab nach Servion und fahren bis zum gut ausgeschilderten Parkplatz.

(110) WOMO-Stellplatz: Servion Zoo und Tropiquarium

GPS: N 46°34'00", E 6°46'26", 778m **max WOMOs:** 2-3

Lage: außerorts, schön im Grünen, aber schräg am Hang gelegener Parkplatz unter Bäumen, einige halbwegs gerade Plätze am Rand der Parkfläche.

Zufahrt: siehe Anfahrt zum Zoo

Der Zoo von Servion

Der Zoo ist nicht groß, beherbergt aber eine erstaunliche Vielzahl an großen Raubkatzen. In großen naturnahen Gehegen sehen Sie Tiger, Löwen und Nebelpanther. Außerdem leben hier verschiedene Affen, Bären, Wölfe und auch einige weniger spektakuläre Tierarten.
Geöffnet täglich 9-19 Uhr. Fütterungszeiten zwischen 14.30 Uhr und 15.15 Uhr bei Wölfen, Schneepanthern, Löwen und Tigern (außer Montag und Freitag), Hunde sind im Park verboten, Eintritt CHF 10.-, Kinder 6-16 Jahre 5.-, Kombiticket mit Tropiquarum CHF 17.-, Kinder 9.-

© Zoo Servion

Das Tropiquarium von Servion

Schildkröten, Pinguine und tropische Vogelarten bevölkern die Gehege des Tropiquariums. Weitere Vögel aus kühleren Klimazonen können Sie in begehbaren Großvolieren ganz ohne Gitter betrachten. Im Vivarium begegnen Sie Krokodilen und verschiedenen kleineren Echsen. Geöffnet täglich 9-19 Uhr, Eintritt CHF 10.-, Kinder 6-16 Jahre 5.-, Kombiticket mit Zoo CHF 17.- , Kinder CHF 9.-

Ein improvisiertes Euro Relais findet man in direkter Nachbarschaft im Gewerbegebiet von Oron La Ville. Hier darf man auch übernachten, gemütlich ist der staubige Platz hinter einer Lagerhalle jedoch nicht **(111) GPS N 46°34‘21“, E 6°49‘10“.**

Von hier suchen Sie sich jetzt eine der Straßen aus, die sie wieder zum See und hinunter nach Vevey bringen. Kurz vor Vevey liegt am Seeufer ein weiteres verschachteltes Bilderbuchdorf: das winzige St. Saphorin. Parken können Sie nur unterhalb des Ortes an der Straße am Seeufer. Ganz in der Nähe bietet ein kleiner, einfacher Campingplatz eine Möglichkeit zum Bleiben.

(112) WOMO-Campingplatztipp: Camping de la Pichette

GPS: N 46°28‘12“, E 6°48‘35“, 374m **Öffnungszeit:** April bis Ende September
Lage: auf einer Landnase direkt neben der Uferstraße, am Sportboothafen, ein gutes Stück vom nächsten Ort entfernt. Nicht besonders ruhig und daher eher für einen kurzen Stopp als für einen Urlaub geeignet, dafür sehr preisgünstig. Telefon ++ 41 (0) 21 - 921 09 97, 2 Personen und Womo CHF 16.-, Dusche CHF1.-, Strom CHF 2.-
Zufahrt: zwischen St. Saphorin und Vevey an der Kantonalstraße 9 nicht zu übersehen.

Charlie Chaplin unter Palmen

Auf der Seeuferstraße fahren sie nach **Vevey** hinein, passieren das örtliche Freibad und steuern dann den zentralen Parkplatz (Parkgebühr) direkt an Stadtkern und Uferpromenade an. **GPS N 46°27‘36, E 6°50‘31“**. Eine Parkplatzalternative gibt es am anderen Ende der Uferpromenade: Fahren Sie zurück zur Durchgangsstraße Rue du Simplon, folgen ihr bis zum Kreisel und nehmen dort die erste Ausfahrt. An der Rue entre deux villes finden Sie rechts und links je einen weiteren Parkplatz **GPS N 46°27‘23“, E 6°51‘15“**

Von beiden Plätzen können Sie leicht die Stadt erkunden. Sehr empfehlenswert ist ein Bummel am Seeufer entlang, wo Sie auch auf das Standbild eines Ehrenbürgers von Vevey treffen: **Charlie Chaplin** lebte hier von 1953 bis zu seinem Tod. Auf der Promenade können Sie bis Montreux weiterlaufen. Selbstverständlich hat auch Vevey Museen zu bieten. Film und Fotofans besuchen hier das **Musée de l’Appareil Photographique**, das **Alimentarium** beschäftigt sich mit Ernährung und der Geschichte des im Ort ansässigen Lebensmittelriesen Nestlé und vielleicht wird in den nächsten Jahren ja auch das lang geplante Charlie Chaplin Museum realisiert.

Bei der Weiterfahrt werden Sie kaum bemerken, dass Sie Vevey verlassen und ins Stadtgebiet von **Montreux** einfahren, welches als die nobelste Adresse am Genfer See gilt. Die palmengesäumte Uferpromenade erinnert ans Mittelmeer, was auch das Lebensgefühl in der Stadt bestimmt. Ein großer Parkplatz mit Euro Relais ermöglicht einen bequemen Stopp in Clarens – einem weiteren Vorort von Montreux.

(113) Euro Relais und Badeplatz Montreux

GPS: N 46°26'24", E 6°53'24" **max WOMOs:** 2

Lage: Parkplatz mit Euro Relais, einfache Badestelle mit Liegewiese., 7-19 Uhr CHF 1.- pro Stunde, Fußweg 2 km ins Stadtzentrum von Montreux. Nachtparkverbot.

Zufahrt: Auf der Uferstraße Rue du Lac von Vevey kommend am Ortseingang von Clarens rechts ins die Rue du Torrent.

In Montreux lohnt der Bummel an der Seepromenade mit Pause in einem der schönen Cafés oder eine aufregenden Fahrt mit der Zahnradbahn auf den Rocher-de-Naye, den Hausberg von Montreux, von dem sie das Seepanorama zur Abwechslung von weit oben betrachten können.

Perspektive wechseln – eine Fahrt auf den Rochers-de-Naye

Ein besonders schöner Ausflug führt uns auf den Hausberg von Montreux. Per Zahnradbahn rattern wir vom Bahnhof am See erst hinauf nach Caux und von dort schweißfrei fast bis zum Gipfelkreuz, an dem man einen grandiosen Blick über den Genfer See hat. Läuft man von der Bergstation in der einen Richtung, kommt man zu einem schön angelegten Alpengarten zwischen malerisch zerklüfteten Felsen. In der anderen Richtung ziehen sich am Hang die Gehege von 6 Murmeltiergruppen hinauf. Leider ist **Marmots Paradise** aber nicht halb so schön in die Landschaft integriert wie der Alpengarten, so dass die Anlage etwas lieblos wirkt. Trotzdem kommen Sie hier ganz nah heran an die ansonsten so scheuen Nager, vor allem wenn Sie sie in ihren leer gefressenen Gehegen mit frischen Kleeblüten locken...

Wie alle Fahrten mit der Zahnradbahn ist der Weg auf den Rocher-de-Naye keine ganz billige Sache. Ein Teil der Fahrtkosten sparen Sie ein, wenn sie den Abstieg vom Gipfel bis zur Mittelstation in Caux zu Fuß antreten. Sie starten dazu auf einem schönen Pfad mit tollem Ausblick über den See und laufen gute 2 Stunden. Fahren Sie ein wendiges Wohnmobil und haben keine Scheu vor engen Bergsträßchen, können sie auch bis zur Mittelstation in Caux fahren, was die Zugfahrt geringfügig günstiger macht und Ihnen außerdem einen Übernachtungsplatz mit toller Aussicht verschafft. Hin und retour kostet die Fahrt von Montreux CHF 66,50 pro Person, wenn Sie von Caux starten und anschließend hinunter laufen sind Sie bei CHF 28.-

(114) WOMO-Wanderparkplatz: Caux

GPS: N 46°25'59", E 6°56'15", 1047 m **max.** 1-2 kleine **WOMOs**
Lage: Parkplatz neben den Tennisplätzen, Holzbänke mit Ausblick auf den See, die supernoble Hotelfachschule von Caux befindet sich in Blickweite, 5 min. Fußweg zur Bahnstation zur Fahrt auf den Rocher-de-Naye, Wertstoffcontainer
Zufahrt: Von Montreux der Beschilderung nach Caux folgen. In vielen Serpentinen auf steiler, enger Straße bergan bis zum schloßartigen Gebäude der Hotelfachschule und gleich darauf links hinauf zum Parkplatz.

Zwischen Montreux und dem kleinen Ort Villeneuve treffen Sie dann auf das wohl berühmteste Bauwerk der Region: das bereits 1150 in antiken Schriftstücken erwähnte **Château Chillon**. Auf einer Felseninsel steht es praktisch im Lac Léman.

Zu Besuch auf Schloss Chillon

Sie können das Schloss auf eigene Faust mit Faltblatt oder Audioguide besuchen. Führungen gibt es nur für angemeldete Gruppen. Kinder bekommen eine Schatzkarte, die durch die verschiedenen Räume führt. Jeder Raum von Gewölbekeller zur Dachkammer erzählt ein Stück der Schlossgeschichte... Der Parkplatz am Straßenrand vor dem Schloss **GPS N 46°24'46", E 6°55'47"** ist nicht groß und schnell überfüllt. Eine nette Sache ist es daher, eine Schlossbesichtigung vom Campingplatz in Villeneuve oder Les Grangettes mit dem Fahrrad anzutreten – zumal Sie sich dann dem Schloss von seiner fotogensten Seite nähern. Der gut markierte Fernradweg kommt aus dem Rhonetal und führt von Villeneuve immer am Seeufer entlang bis hinauf nach Lausanne. Genauso reizvoll ist der Schlossbesuch von Montreux aus mit dem Schiff. Von Mitte Mai bis Mitte September haben Sie die Wahl zwischen täglich 8 Abfahrten.

Wenig später erreichen sie **Villeneuve**, das durch seine Lage mit bestem Blick auf Chateau Chillon ein attraktives Ziel ist. Im Ort finden Sie auch einen Campingplatz, der aber keinen direkten Seezugang hat und hauptsächlich von Dauercampern belegt ist. Wenn ihnen nicht die zentrale Lage wichtig ist, stehen Sie besser und ruhiger auf dem Camping Les Grangettes mitten im Naturschutzgebiet an der Mündung der Rhone.

(115) WOMO-Campingplatztipp: Les Grangettes

GPS: N 46°23'36", E 6°53'44", 375 m **Öffnungszeiten:** ganzjährig
Ausstattung / Lage: in Alleinlage direkt am See und am Naturschutzgebiet, separater Touristenbereich, Badewiese, Ver- und Entsorgung am Sanitärgebäude, Womo inkl. 2 Personen CHF 28 - 31.-, Strom CHF 4.-, Kurtaxe CHF 1.-, www.treyvaud.com
Zufahrt: Von der Kantonalstraße 9 abbiegen nach Noville. Von dort rechts zum See (beschildert)

Eine weitere Unterkunftsalternative ist der Camping in Le Bouveret, der mitten zwischen zwei viel besuchten Attraktionen liegt.

(116) WOMO-Campingplatztipp: Rive Bleue / Le Bouveret

GPS: N 46°23'11", E 6°51'36", 376 m **Öffnungszeiten:** April - Oktober
Ausstattung / Lage: Wiesenplätze mit einigen Bäumen zwischen Aquapark und Swiss Vapeur Park, in Seenähe. Eintritt ins Strandbad mit geheiztem Schwimmbecken und Zugang zum See inklusive. Womo incl. 2 Personen 29 - 37.-, Strom 4,30, Kurtaxe 80 Rappen. www.camping-rive-bleue.ch
Zufahrt: Über Noville nach Le Bouveret. Von dort ausgeschildert.

Reisen wie Gulliver – Unterwegs im Swiss Vapeur Parc

Ein Zug, aus dem oben Köpfe herausschauen, saust durch eine Miniaturschweiz und hält am Bahnhof Prairie, wo wir dann erst mal eine Weile auf einen Anschluss warten. Signale ertönen, Schranken gehen rauf und runter und Sie können dem Schloss von Aigle problemlos aufs Dach schauen. So etwa muss sich Gulliver gefühlt haben, als er nach Lilliput reiste. 12.000 qm bedeckt die einmalige Modellbahnanlage und 17 originalgetreu nachgebaute Lokomotiven sind auf den Schienen unterwegs. Nicht jeder Zug hält an jedem Bahnhof. Wollen Sie also in einen ganz bestimmten Zug einsteigen, wird das Ganze zur kniffligen Sache. Kinder und Modellbahnfans kommen hier voll auf Ihre Kosten.

Der Park ist täglich geöffnet. Von 13.30 bis 18.00 Uhr gehen Sie auf Nummer sicher. Am Wochenende fahren die Bahnen bereits ab 10.00 Uhr. Eintritt CHF 15.-, Kinder CHF13.-. An der Einfahrt des zugehörigen kostenpflichtigen Parkplatzes steht ein Wohnmobilverbot. Wenn Sie es nicht ignorieren wollen, parken sie am Aquapark, der nur 5 min. entfernt ist. Beide Parkplätze sind gebührenpflichtig! Auch vom Campingplatz, der zwischen beiden Attraktionen liegt, laufen sie in wenigen Minuten zum Parkeingang.

Zwischen Adrenalin-Schock und Sprudelliege
Das ultimative Wasser Paradies

Sie wollten schon immer mal 15 m frei fallen, um sich dann im Wasser wiederzufinden? Eine pechschwarze Rutsche ohne einen Hauch von Licht ist für Sie einen spannende Herausforderung? Dann dürfen Sie den **Aqua Parc** auf gar keinen Fall verpassen. Sollten Sie die Rutschpartien überleben, können Sie sich hinterher im Sprudelbecken oder dem Wellnessbereich mit Sauna und Hamman erholen. Aber auch für Familien und weniger Wagemutige ist hier viel geboten: Im Kinderbecken ankert eine lebensgroße Galeone, an der man klettern und spielen kann, und fünf verschiedenen Familien-Rutschen bieten für jeden Gast die richtige Dosis Adrenalin.

Die Badezeit ist unbegrenzt. Das Bad öffnet um 10.30 Uhr, die Schließzeiten variieren stark mit der Saison. Im August und an Samstagen ist bis 20.30 geöffnet, sonst bis 18.30 oder 19.30. Wenn Sie es genau wissen müssen, fragen Sie unter Tel. ++41 (0) 24.482.00.00, Eintritt CHF 49.-, Kinder 5-15 Jahre 39.-, Familienkarte 149.-.

Den großen Parkplatz des Aquapark finden Sie bei **GPS N 46°23'24", E 6°51'41"**. Es gibt hier kein Nachtparkverbot und wir sahen am Abend mehrere für die Nacht platzierte Fahrzeuge, der Camping von Le Bouveret befindet sich allerdings in unmittelbarer Nähe.

Velotour im Rhonedelta – Im Vogelschutzgebiet von Les Grangettes

Das Naturschutzgebiet Les Grangettes am Einfluss der Rhone in den Lac Léman ist perfekt zum Fahrrad fahren. Zudem finden Sie in Le Bouveret auf dem Parkplatz vor dem Swiss Vapeur Park eine Station von »Wallis rollt«. Bis zu vier Stunden ist hier das Leihen eines Fahrrades kostenlos, danach zahlen Sie CHF 2.- pro Stunde, geöffnet von Juni bis Ende Oktober Mi-So von 9 - 12.15 Uhr und von 13 - 18 Uhr

Folgen Sie von Le Bouveret der markierten **Veloroute 1**, die durch das ganze Rhonetal führt. Sie passieren dabei den Campings Les Grangettes und erreichen nach 6 km Villeneuve. Von dort können Sie immer am Seeufer entlang zum Schloss Chillon und nach Montreux oder Vevey weiterfahren.

Alternativ zu einer Übernachtung auf dem Camping können Sie Le Bouveret verlassen und sich zurück auf den Weg zur Kantonalstraße machen. Kurz hinter dem Ort zweigt links eine schmale Straße zu einer sehenswerten kleinen Kirche ab. In den großzügigen Parkbuchten an der Straße finden 1-2 Womos einen ruhigen Platz.

(117) WOMO-Stellplatz: Eglise Romain

GPS: N 46°22'19", E 6°52'19" **max. WOMOs:** 1-2

Ausstattung / Lage: Asphaltierter, zum Friedhof gehörender Parkplatz an wenig befahrender Straße, WC

Zufahrt: Von Le Bouveret auf die 21 in Richtung Aigle. Hinter dem zweiten Kreisverkehr folgt rechts eine Kiesgrube, kurz darauf folgt links der Abzweig zur Kirche.

TOUR 8 (ca. 105 km / 1-2 Tage)

Vom Genfer See ins Wallis

Le Bouveret – Aigle – Bex – St. Maurice – Vernayaz – Les Marécottes – Martigny

Freie Übernachtung:	Bex, Lavey, Martigny
Ver-/Entsorgung:	Campingplätze
Campingplätze:	Aigle, Le Marécottes, Martigny
Baden:	Thermalbad Lavey, Les Marécottes
Besichtigen:	Weinmuseum Aigle, Mines de Sel de Bex, Grotte aux Fées, Bergzoo Les Marécottes, Fondation Pierre Gianadda, Musée et chiens du Grand Saint Bernard
Wandern:	Gorge de Trient
Erlebnis:	Hochseilgarten Aigle, Labyrinthe Aventure

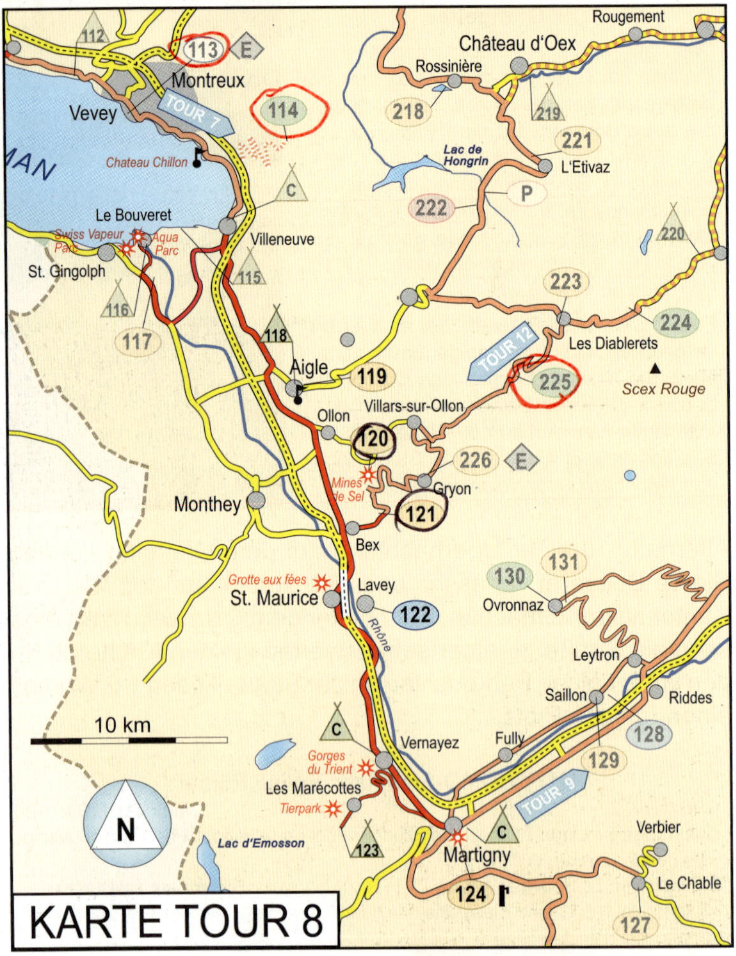

KARTE TOUR 8

Wenn wir jetzt vom Lac Léman der Rhone zu ihrem Ursprung folgen, erwartet uns ein abwechslungsreiches Reiseprogramm. Denn auch wenn das Rhonetal in diesem Bereich nicht unbedingt zu den landschaftlichen Highlights der Schweiz gehört: Höhlen, Schluchten und Burgen, ein erstes Thermalbad und ein Salzbergwerk sorgen für spannende und vielseitige Stopps bis wir mit der Stadt Martigny ein kulturelles Zentrum der Region und außerdem das Tor zur einmaligen Bergwelt des Wallis erreichen.

Von Le Bouveret machen wir uns auf den Weg, um uns das Märchenschloss aus dem Swiss Vapeur Park auch in Originalgröße anzuschauen. Dazu sausen wir zügig auf der Kantonalstraße 15 km weiter nach Aigle. Auch dieser Ort am Fuße des Diableretsmassivs lebt hauptsächlich vom Weinbau. Die Widmung des örtlichen Schlossgebäudes liegt daher nahe: Hinter den Mauern der imposanten Anlage am Stadtrand von Aigle verbirgt sich ein Museum für Weinbau.

Musée de la Vigne et du Vin

Von der uralten Weinpresse im Erdgeschoss bis zur modernen interaktiven Info-Station über Weinbau, Degustieren von Wein und die Anbauregion um Aigle reicht die Spannweite der Präsentation. Schön gemachte Filme und gute Erklärungen sorgen dafür, dass Sie sich dem Status eines Weinkenners vorsichtig annähern. Sie können sogar ihre Nase schulen: riechen Sie die Unterschiede zwischen einem Rosenbouquet und einem fruchtigen Pfirsich? Turmtreppen hinauf und durch schmale Durchgänge erforschen Sie dabei das urige alte Gemäuer auf eigene Faust: Entdecken Sie die Kerkerräume und den Zugang zur Galerie über dem Innenhof?

Geöffnet: Di-So 11-18 Uhr, im Juli und August täglich geöffnet. Eintritt CHF 11.-, Kinder CHF 5.-

Parken können Sie entlang der Zufahrtsstraßen zum Schloss **GPS N 46°18'54", E 6°58'34".** Das letzte Stück durch schmale Gassen, vorbei an der Kirche und einem Weinkeller laufen Sie zu Fuß.

Nach dem Besuch können Sie in einem der umliegenden Gasthöfe einkehren oder einen Spaziergang durch die Altstadt machen. Weitere Parkplätze finden nördlich der Altstadt an der Zufahrt zum Camping **GPS N 46°19'15", E 6°58'03"**.

(118) WOMO-Campingplatztipp: De la Piscine / Aigle

GPS: N 46°19'25", E 6°57'44", 406 m **Öffnungszeiten:** April-Sept.
Ausstattung: Wiesengelände, teils mit Bäumen, Schwimmbadeintritt inklusive, Minigolf in der Nähe. 500 m zum Schloss Aigle. Ver-/Entsorgungsstation. Womo inkl. 2 Pers. 28.- bis 35.-, Strom CHF 4.-, www.campingdelapiscine.ch
Zufahrt: Am nördlichen Ortsrand. Von der »9« nach Aigle, dort ausgeschildert

Ebenfalls am Stadtrand baumeln die Seile, Schaukeln und Netze des familienorientierten **Parc Aventure Aigle**. Zwischen den Baumwipfeln spannen sich 8 Parcours – 3 davon sind auch schon für mutige Kletterer ab 4 Jahren geeignet und befinden sich in überschaubaren 1-3 m über dem Boden. Hochseilgarten-Profis sausen an zwei 250 m langen Tyrolliennes über den Abgrund. Geöffnet im Juli und August täglich 9-19 Uhr, Nebensaison nur Mi - Fr von 13 -18 Uhr, WE ab 9 Uhr. 3 h Kletterzeit für Erwachsene CHF 38.-, Jugendliche 12-18 Jahre CHF 28.-, Kinder 8-11 CHF 23.-. und die Jüngsten (4 - 8 Jahre) sind mit CHF13.- dabei. Ab 3 Personen gibt es auch eine Familienkarte. Kinder unter 14 Jahre müssen von einem Erwachsenen begleitet werden. Wenn es jetzt zu spät ist zum Weiterfahren, können Sie den Parkplatz auch als Stellplatz nutzen **(119) GPS N 46°18'59", E 6°59'15"**.

Eine Alternative für die Übernachtung und ein Ausflugsziel, das Sie keinesfalls auslassen sollten, ist die Salzmine im nahen Bex. Hier sehen Sie aus erster Hand, wie Salz unter Tage abgebaut wird – die Minen sind nämlich noch in Betrieb. Folgen Sie in Bex der Ausschilderung zu den Mines de Sel, erreichen Sie nach knapp 4 km den Parkplatz des Bergwerkes.

(120) WOMO-Stellplatz: Mine de Sel de Bex

GPS: N 46°16'42" E 7°01'37", 635 m. **max. WOMOs:** 2-3.
Ausstattung: Picknickbänke, Mülleimer, Souvenirshop und Restaurant.
Zufahrt: In Bex ausgeschildert. Auf der »9« von Aigle kommend am Ortseingang links in die Route de Mine de Sel bis zum Parkplatz. Fährt man vom Schotterplatz hinter dem Eingang noch ein Stück weiter, erreicht man über einen Schotterweg einen versteckten kleinen Platz an einem Wasserfall.

Mit dem Grubenzug ins Salzbergwerk – Salzgewinnung in den Mines de Sel de Bex

Nach einem einführenden Film über die 300jährige Geschichte der Salzminen fahren Sie wie die Bergarbeiter mit dem Grubenzug in den Stollen ein. Dort geht es dann zu Fuss weiter durch niedrige Gänge. Aus erster Hand erfahren Sie alles Wichtige über den Salzabbau unter Tage. Nach knapp zwei Stunden sind Sie dann zurück im Tageslicht. Im Laden bekommen Sie Salz aus dem Bergwerk in küchenfertigen Portionen und könnten für den Rest der Reise ihre Womoküche mit einer der excellent gewürzten Salzmischungen bereichern. Die Temperatur im Bergwerk beträgt konstant 17 C. Auf den unebenen Wegen in den Stollen sind feste Schuhe notwendig. Die Mines de Sel sind nur im Rahmen einer Führung zu besichtigen.

Von Juni-August täglich 5 x, April, Mai, September, Oktober 2x täglich und montags geschlossen. Die erste Führung startet am Morgen um 10.30, die letzte Tour in den Berg beginnt um 15.45, Anmeldungen sind unter Telefon +41 24 463 03 30 möglich, Eintritt CHF 20.-, Kinder CHF 12.-

(121) WOMO-Picknickplatz: Bex / Vita Parcours

GPS: N 46°15'45", E 7°01'33", 503 m.
max. WOMOs: 1-2.
Ausstattung: Geschotterter Parkplatz im Wald, Grillstelle, Mülleimer, Hütte, Fitnessparcours mit Joggingstrecke auf Rindenmulchbelag.
Zufahrt: In Bex fahren wir in Richtung Villars/Gryon. Hinter den letzten Häusern führt die Straße durch den Wald und in zwei engen Serpentinen auf eine kleine Passhöhe. Dort ist der Vita-Parcours links ausgeschildert.

Folgen wir dann der Rhone nach St. Maurice – welches auf Deutsch zwar St. Moritz heißt, aber trotzdem nichts mit dem berühmten Skiort in Graubünden zu tun hat. Neben viel mittelalterlicher Bausubstanz im Stadtkern und dem berühmten **Kloster Abbaye St-Maurice d'Agaune** mit noch berühmterem Klosterschatz, den man besichtigen kann, verführen hier auch noch die Grotte aux Fées und das Militärmuseum in der ehemaligen Festung zu einer Pause. Der Parkplatz unterhalb der Festung ist auch der Ausgangspunkt zum 15 minütigen Aufstieg zur Höhle. Sie parken entweder oben quer zur Straße **GPS N 46°13'20", E 7° 00'14"** oder mit mehr Platz auf dem P2 unterhalb der Bücke **GPS N 46°13'19", E 7°00'17"**. Beide Plätze sind zum Übernachten nicht geeignet. Zum Kloster kommen Sie, wenn Sie die Straße in Richtung Ort zurücklaufen.

Barbie kriegt Flügel oder der lange Weg in die Grotte aux Fées

Die Grotte aux Fées ist seit gut 100 Jahren für Besucher zugänglich und war damit die erste Schauhöhle der Schweiz. Auf einem Serpentinenweg steigen Sie ca. 15 min hinauf bis zum Höhleneingang mit Restaurant. Von dort führt ein finsterer Gang in den Berg hinein bis zum »Feenplatz« an einem unterirdischen See. Unterwegs machen Zahlen auf Sehenswertes aufmerksam – die Erklärung dazu bekommen Sie am Eingang. Um auch die jüngsten Besucher bei Laune zu halten, hat man im Tunnel Feen versteckt. Feen mit lang gestreckten Beinen, blonden Mähnen und stereotypen Gesichtern, die Sie wahrscheinlich schon häufiger in Kinderzimmerregalen gesehen haben... Am Ende des Tunnels stehen Sie am See mit sanft rieselndem Wasserfall, der im schräg einfallenden Licht wirkt wie ein hauchdünner Feenschleier.
Geöffnet vom 15. März bis 15. November täglich von 10-17 Uhr, Im Juli und August bis 18.00 Uhr, Eintritt CHF 8.-, Kinder 5.-, Innentemperatur 10 °C

Im Schloss am Fuße des Berges sehen Sie wechselnde Kunstausstellungen und finden Informationen über die militärische Geschichte der Stadt. Gleich zwei große, teilweise unterirdische Forts sind in die Berge über St. Maurice gegraben, das durch die Lage am Eingang des Rhonetales immer ein strategisch bedeutender Ort war. Die Anlagen des Fort du Scex (1911 - 1995) und des Forts Cindy aus dem zweiten Weltkrieg kann man mit Führung besichtigen. Im Juli und August täglich10.30, 13.30 und 16.00, in der Nebensaison nur am Wochenende. www.forteresse-st-maurice.ch

Ein schöner ruhiger Stellplatz mit der Aussicht auf ein warmes Bad ist auf der anderen Rhoneseite zu haben: Wechseln Sie dazu in St. Maurice über den Fluss und folgen der Beschilderung nach Lavey les Bains.

(122) WOMO-Badeplatz: Therme Lavey

GPS: N 46°12'10", E 7°01'13", 433m **max. WOMOs:** 2-3.
Ausstattung: Mülleimer, geschotterter Parkplatz. Thermalbad ca. 400 Meter entfernt. Gaststätte und Brunnen kurz unterhalb des Thermalbades.
Zufahrt: Von der Kantonalstraße 9 ab St. Maurice ausgeschildert. Für Womos ist der »Parking D« 200 m nach dem Bad gedacht.

Les Bains de Lavey

Das Wasser der Bäder von Lavey kommt aus der heißesten Thermalquelle der Schweiz. Schwer zu verkraftende 62 bis 70 Grad hat es, wenn es aus 600 m Tiefe hinaufgepumpt wird. Abgekühlt auf 32 bis 36 C füllt es dann die Badebecken mit Massagedüsen und Wasserfällen. Zwei befinden sich im Freien, ein weiteres im überdachten Bereich. Außerdem können Sie sich im heißen Sprudeltopf, in verschiedenen Saunen und dem Hammam (eines davon getrennt für Männer und Frauen) entspannen. *Geöffnet täglich 9- 21 Uhr, Freitag und Samstag bis 22 Uhr. 3 Stunden CHF 25.-, 4 Stunden CHF 32.-, Kinder 17 bzw. 22 CHF, leicht reduzierter Familientarif*

Wechseln Sie jetzt wieder die Uferseite der Rhone, wartet in Evionnaz ein noch einmal ganz anderes Vergnügen, an dem vor allem Familien ihren Spaß haben werden.

Spaß und Spiel im Labyrinthe Aventure

Im Labyrinthe Aventure verirren Sie sich mit vielen Kletterhindernissen. Kinder können sich außerdem auf dem Trampolin austoben oder einen Schatz suchen. Es gibt wilde Rutschen und schräge Fahrräder. Alles in allem eine nette Abwechslung und ein Stopp, nach dem Kinder müde und ausgetobt wieder ins Auto sinken. Eintritt CHF 18.-, Kinder CHF 16.-. Geöffnet Mitte März bis Mitte November täglich von 10 – 18 Uhr. Der Parkplatz bietet auch für größere Womos ausreichend Parkraum, liegt aber direkt zwischen zwei viel befahrenen Straßen **GPS N 46°09'56", E 7°01'39"**

Immer noch auf der gleichen Flussseite geht es 4 km weiter bis nach Vernayaz. Direkt am Ortsbeginn bietet neben der Straße der **Camping La Cascade GPS N 46°08'35", 7°01'51"**, eine Alternative zu freien Stellplätzen. (Womo + 2 Pers. CHF 30.-). Der gewaltige Wasserfall mit dem skurrilen Namen Pissevache (Kuhpipi) ist von hier aus leicht zu Fuß zu erreichen.

Schluchtweg am Wegesrand

Wenig weiter öffnet sich die Gorge de Trient zwischen den Felswänden rechts der Straße. Den zugehörigen Parkplatz finden Sie direkt rechts der Durchfahrtsstraße vor einem Blumenladen, in dem Sie auch die Tickets kaufen. Die Schlucht beginnt gleich dahinter. Holzbrücken führen knapp über dem Wasser an den Felswänden entlang. Am Ende der Schlucht sehen Sie weit über sich die eine Autobrücke über dem Abgrund, die Sie überqueren werden, sollten Sie anschließend nach Les Marécottes weiterfahren. Erwarten Sie nicht die spektakulärste Schlucht der Schweiz, werden Sie Freude haben an der charmanten kleinen Steganlage, die Sie meist ganz in Ruhe genießen können.

Um zum Tierpark nach Les Marécottes hinauf zu kommen, folgen Sie zuerst der Kantonalstrasse nach Martigny. Kurz vor der Stadt zweigt im spitzen Winkel die kleine Straße nach **Les Marécottes** ab. Sie windet sich kurvenreich gute 10 km den Berg hinauf. Sie fahren am Ort vorbei und folgen der Beschilderung zum Tierpark.

Les Marécottes – Bergzoo mit Felsenpool

Sie haben bei Ihren Wanderungen bisher weder Murmeltiere noch Gämsen gesehen? Im Tierpark Les Marecottes können Sie in Ruhe vergleichen, was Gämsen und Steinwild unterscheidet, sich das Pfeifen eines Murmeltieres anhören oder bei Fuchs und Waschbär vorbeischauen. Die Gehege sind großzügig und naturnah gestaltet und die Besucher laufen auf angenehm schattigen Wegen. Für abenteuerlustige Kids hat es am Wegrand viele tolle Klettersteine. Einige der Tiere können auch gefüttert werden. Tierfutter gibt es an der Kasse. Ein besonderes Vergnügen ist an heißen Sommertagen der anschließende Besuch des außergewöhnlich schön angelegten, in einem Felsen eingelassenen 70 m langen Naturschwimmbades am Parkeingang. *Eintritt CHF 10.- Kinder 6.-, Eintritt in den Park inkl. Felsenbad CHF 15.-, Kinder CHF 9.-.* Auf dem Parkplatz **GPS N 46°06'43", E 7° 0'42"** ist leider Campieren verboten.

Fahren Sie geradeaus weiter, treffen Sie nach ein paar hundert Metern auf einen kleinen, etwas improvisierten Campingplatz.

(123) WOMO-Campingplatztipp: La Médettaz / Les Marécottes
Position: N46°06'28", E 7°00'26", 1.052 m **Öffnungszeit:** Mai-Sept.
Ausstattung: Preisgünstig, einfach und etwas eng, kleines Restaurant. Stellplätze auf der Wiese neben der (sehr wenig befahrenen) Ortsdurchfahrt. Ausguß für Chemietoiletten, ansonsten keine Entsorgung, Tel. +41 (0) 27 - 76 118 30.
Zufahrt: 250 m nach dem Zoo.

Auf dem gleichen Weg geht es in vielen Kurven wieder hinunter auf die Hauptstrecke nach **Martigny**, wo Sie mit der **Fondation Pierre Gianadda** ein interessantes Kunstmuseum erwartet. Besonders stimmungsvoll ist der Skulpturengarten vor dem Museum an warmen Sommerabenden – deshalb ist hier dann auch bis weit in den Abend hinein geöffnet. Ihr Wohnmobil parken Sie direkt vor dem Eingang. Genauso nah an unserem Stellplatz wohnen die Bernhardiner des **Musée et chiens du St. Bernhard**. Die gutmütigen braun-weißen Riesen ziehen nicht nur Kinder sofort in ihren Bann.

(124) WOMO-Picknickplatz: Martigny
GPS: N 46°5'43", E 7°04'24", 479 m. **max. WOMOs:** 4-5.
Ausstattung: Große, geschotterte Parkfläche am Ortsrand beim Friedhof und am Amphitheater. Picknicktische. Brunnen.
Zufahrt: Wenn Sie auf der »9« nach Martigny fahren, halten Sie sich zuerst in Richtung Fondation Gianadda und folgen dann den Hinweisen zum Amphitheater in den Chemin du Vivier. Der Parkplatz befindet sich gegenüber dem orangen Gebäude des Musée et chiens de St. Bernhard.
Sonstiges: Von hier geht es unter den Schienen hindurch und Sie stehen auf dem großen asphaltierten Parkplatz der Fondation Gianadda. Tagsüber ist die Parkzeit auf 5h beschränkt, von 19 - 7 Uhr und an Sonn- und Feiertagen parken Sie frei. Für eine Übernachtung stehen Sie auch hier recht gut. Das hier installierte Euro Relais ist leider nicht mehr in Betrieb. Mit dem Auto müssen Sie von Parkplatz zu Parkplatz einen Bogen schlagen, um die Schienen zu überqueren. Die Zufahrt befindet sich in der Parallelstraße Rue du forum. **GPS N 46°05'43', E 7°04'15".** Für längere Aufenthalte gibt es in Martigny einen Camping **GPS N 46° 05'51", E 7° 4'43".**

Die Fondation Pierre Gianadda
Eine bunte Mixtur aus Kunst und Geschichte

Ein Automuseum, eine Ausstellung über die gallisch-römische Vergangenheit der Stadt, ein Raum mit Werken von Chagall und der lebendig schöne Skulpturengarten sind die vielseitigen Standards der Stiftung Pierre Gianadda. Dazu kommen interessante wechselnde Ausstellungen. Im Sommer 2012 stand der Tausendsassa, Zeichner, Maler und Erfinder Leonardo da Vinci im Mittelpunkt und parallel dazu gab es einen Blick in eine ganz andere Epoche. Der Mythos der Farbe: Van Gogh, Picasso, Kandinsky. Im Sommer 2013 wird Modigliani und die Pariser Schule das Thema sein.

Auch wenn Sie keinen rechten Zugang zur Kunst haben, sollten Sie zumindest einen Bummel durch den besonders schön gestalteten Garten machen. Skulpturen, unter anderen auch von namhaften Künstlern wie Joan Miró, Niki de Saint Phalle, Auguste Rodin oder Henry Moore sind hier in bunter Stilmixtur angenehm unaufgeregt zwischen Büschen, Aprikosenbäumen, gigantischen Kastanien, schwimmenden Enten und kleinen Wasserflächen platziert. An warmen Sommerabenden wird das ansonsten verschlossene Gittertor zum Parkplatz ab 19 Uhr und bis 22 Uhr geöffnet. Der Eintritt, der sonst an den Museumsbesuch gekoppelt ist, ist dann gratis.

Öffnungszeiten: 9-19 Uhr, einige Ausstellungen nur bis 18 Uhr, Eintritt: CHF 20.-, Kinder bis 10 Jahre gratis, 10-25 Jahre CHF 12.-,

Musée et chiens du St. Bernard
Museum für einen vierbeinigen Mythos

Sie sitzen im Museumsfoyer und in jedem Spielwarenladen: Braun, weiß und mit Fässchen um den Hals. Es gibt Sie wuschelig oder mit glattem Fell – und wenn Sie am Hundegehege die echten Tiere genau betrachten, sieht keiner aus wie der andere und nur wenige entsprechen dem Stoffhundeklischee. In den Innenräumen der Hundequartiere informieren Tafeln über die Lebensläufe ihrer Bewohner, die längst nicht so heroisch daherkommen wie die Vita ihres berühmten Ahnen: Barry, geboren im Jahr 1800 im Augustinerhospiz auf dem Großen St. Bernhard. In seiner 12 jährigen Laufbahn als Schutz- und Lawinensuchhund soll er 40 Menschenleben gerettet haben. Die beiden Filme, die über sein Leben gedreht wurden, werden im ersten Stock gezeigt, zusammen mit einem bunten Sammelsurium an Ausstellungsstücken mit Bernhardinermotiven und heldenhaften Bernhardinergeschichten aus längst vergangener Zeit.

Barrys Nachfahren wären der Aufgabe als Lawinenhund wohl kaum mehr gewachsen: durch Zuchtauswahl sind die Hunde heute viel massiger und schwerfälliger als früher. Ihre Arbeit im Schnee haben leichtere wendige Hunde wie der Deutsche Schäferhund, Labrador oder Retriever übernommen – wenn nicht gleich Lawinensuchgeräte im Einsatz sind. Einige der sanften Riesen haben heute einen Sommerjob als Touristenattraktion und Fotomodell – hier im Museum, am St. Bernhard Hospiz oder an der Bergstation der großen Seilbahnen. Ansonsten sind Bernhardiner beliebt als gutmütige, anhängliche Familienhunde. *Geöffnet täglich 10 – 18 Uhr. Bis 17 Uhr sind einige der Hunde im Museum unterwegs, so dass man Sie auch anfassen kann. Eintritt CHF 12.-, Kinder CHF 7.-, Familienkarte CHF 25.-*

TOUR 9 (ca. 450 km / 5-7 Tage)

Neun Täler und ein Fluss
Eine aufregende Reise durchs Wallis

Val Ferret – Val d'Ovronnaz – Val Derborence – Val d'Herémence – Val d'Anniviers – Leukerbad – Lötschental – Saastal – Mattertal – und immer wieder das Rhônetal

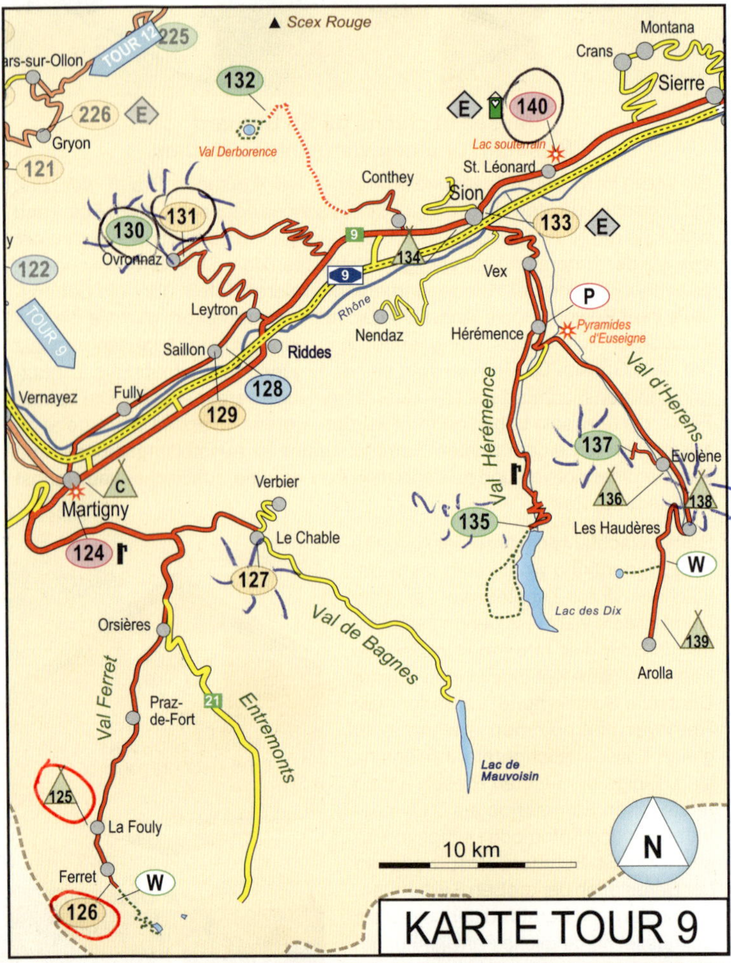

Freie Übernachtung:	Ferret, Le Chable, Saillon, Ovronnaz, Derborence, Sion, Lac de Dix, Lannaz, Lac de Saint Leonard, Sierre, Grimentz, Zinal, Blatten, Gampel, Saas Fee, Täsch
Ver-/Entsorgung:	genannte Campingplätze, Sion, St. Leonard, Grimentz, Leuk, Saas Fee

KARTE TOUR 9

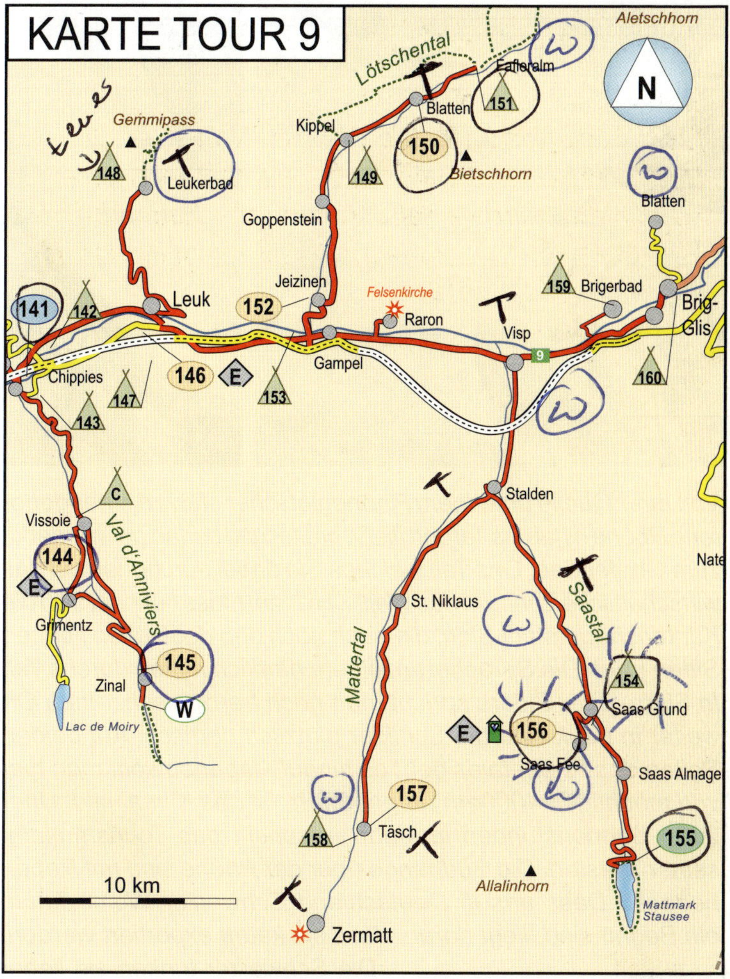

Campingplätze:	La Fouly, Sion, Evolène, Les Haudères, Arolla, Sierre, Leuk, Leukerbad, Kappel, Fafleralp, Gampel, Saas Grund, Täsch, Brigerbad, Brig
Baden:	Thermalbäder Saillon, Ovronnaz, Leukerbad Brigerbad, Lac Géronde (Sierre)
Besichtigen:	Verbier, Burgruine Saillon, Burgruine Sion, Evolène, Lac souterrain St. Leonard, Grimentz, Pyramiden von Euseigne, Lötschentaler Museum, Felsenkirche Raron, Turtmann, Zermatt, Bergführermuseum
Wandern:	Val Ferret, Lacs de Fenêtre, Ovronnaz, Val Derborence, Lac Bleu bei Arolla, Zinal, Gemmiweg, Lötschental: Höhenweg und Anenhütte, Erlebnis- und Suonenweg Saas-Amagell, Mattmarksee, Zermatt
Erlebnis:	Hochseilgarten La Fouly und Saas Fee, Sommerrodelbahn Saas Fee

Von ihrer Quelle unter dem Rhônegletscher stürzt die neugeborene Rhône hinab ins Tal und fließt, breiter und behäbiger werdend, zum Genfer See. Das Tal, welches Sie dabei durchquert, ist das wirtschaftliche Zentrum des Wallis. Hier am Fluss befindet sich die Kantonshauptstadt Sion, die auch noch den deutschen Namen Sitten trägt. Die Sprachgrenze geht nämlich mitten durchs Tal: In Sierre oder Siders spricht man noch französisch, einen Ort weiter in Leuk sind die Schilder plötzlich deutsch. Auf beiden Seiten des Rhônetales geht es hinauf – aber obwohl man hier von mächtigen 4000ern umgeben ist, ist das Klima mild. Über 2000 Sonnenstunden im Jahr verspricht das Tourismusamt seinen Gästen. Die Südhänge über der Rhône sind mit Reben bedeckt. Dass uns in Deutschland Schweizer Weine kaum ein Begriff sind, liegt daran, dass sie kaum exportiert werden. Die Schweizer trinken sie lieber selbst.

So idyllisch das alles klingt – das Rhônetal selbst wird mit jedem Kilometer den sich die Rhône dem Genfer See nähert, weniger ansehnlich. Sie ist auf weiten Strecken kanalisiert und mit Industriegebäuden verziert. Die wirklichen Schönheiten des Wallis finden Sie in den Seitentälern, die nördlich und südlich des Flusses zwischen die Berge führen. Die Sache hat nur einen Haken: an den meisten Stellen

Klein, willensstark, pechschwarz und stämmig: Die Eringer Kuh ist eine echte Walliserin. Aus den üblichen Kraftproben der Leitkühe bei Zusammenführung der Herden vor dem Alpauftrieb ist im Wallis die Tradition der Kuhkämpfe in der Arena entstanden. Die Siegerinnen dieser beliebten Veranstaltungen gehen als gefeierte Königinnen beim Almauftrieb der Herde voraus.

geht es vom Tal aus steil hinauf und die ersten Kilometer der Talzufahrten sind dann extrem kurvig, teilweise recht eng und glänzen mit mehr oder weniger dramatischer Straßenführung. Wenn Sie also absolut keine Bergsträßchen mögen, unter Höhenangst leiden oder ein Wohnmobil in Reisebusgröße ihr eigen nennen, sollten SIe Ihre Fahrstecke mit Bedacht wählen.Ich beschreibe dazu das Wallis von seiner Mittelachse, der Rhône, ausgehend und bespreche Tal für Tal. Sie suchen aus, in welche Täler Sie hineinfahren wollen. Alternativ können Sie auch von einem Basisquartier im Rhônetal die Seitentäler mit dem Postbus erforschen, der seine Fahrgäste selbst an die abgelegensten Orte bringt.

WIr beginnen unsere Wallisreise in **Martigny** und haben hier gleich einen besonders schönen Talausflug zur Wahl. Das Val Ferret ist zudem über eine schmale, aber weitgehend undramatische Straße gut zu erreichen.

Wo sich Fuchs und Hase gute Nacht sagen
Bergeinsamkeit im Val Ferret

Das Val Ferret gehört zu den wenig touristischen Tälern des Wallis. Ein einziger einfacher Sessellift hilft im Hauptort La Fouly beim Aufstieg auf die Gipfel, und auch größere Skiliftanlagen sucht man vergebens. Liebhaber unberührter Natur finden hier ihr Wanderparadies. Ein sehr schöner Campingplatz bietet in La Fouly ein Quartier für längere Aufenthalte und die Zufahrt ist überraschend undramatisch.

Direkt von Martigny folgen wir den Hinweisen in Richtung **Col de Saint Bernard,** Val de Bagnes und biegen dann in **Orsières** rechts von der Zufahrt zum Pass ins **Val Ferret** ab. Die Straße ist bis **La Fouly** breit genug und gut befahrbar. An der Ortseinfahrt finden Sie an der Seilbahn einen großen Parkplatz mit Nachtparkverbot. Wenige Schritte weiter gibt es eine Touristeninformation. Rechts hinunter führt eine etwas schmalere Zufahrt zu einem großzügig angelegten Camping, auf dem Wohnmobile aller Größen gut unterkommen.

(125) WOMO-Campingplatztipp: Les Glaciers / La Fouly

GPS: N 45°56'01", E 7°05'43", 1592 m **Öffnungszeiten:** Mai bis September
Ausstattung: naturnaher Platz am Ortrand des Touristendorfes La Fouly, sehr schöne, große Terrassen und tolle Bergkulisse, Fluss in der Nähe, am Ortsrand, Womo-Entsorgung mit Bodeneinlass an der Einfahrt, 2 Pers. und Wohnmobil CHF 26.- bis 32.-, Strom 3,50, Tel. +41 (0) 27 783 18 26, www.camping-glaciers.ch
Zufahrt: siehe Text

In La Fouly gibt es außerdem einen kleinen, familienorientierten **Hochseilgarten** mit 3 Parcours. Der niedrigste ist für die Kleinsten ab 4 Jahren gedacht, de zweite ab 7 Jahren freigegeben und für die Profis gibt es Nummer Drei. *Geöffnet von Mai bis Oktober. Im Juli und August täglich von 10 – 18 Uhr, ansonsten nur am Wochenende von 13 bis 17 Uhr. Erwachsene CHF 25.-, Kinder 4-15 Jahre CHF 15.-. In La Fouly ausgeschildert. www.sentier-suspendu.ch*

Wandern in La Fouly
Im Ort beginnen fünf kurze einfache **Themenwege** vom Eichhörnchenweg mit 45 Minuten bis zur Hirschrunde mit 1h 30 min. Alle Wege sind gut markiert. Ein Faltblatt mit Kartenskizze bekommen Sie in der Information.
Wer richtig wandern möchte, fährt mit dem Sessellift hinauf und folgt von der Bergstation dem Rundweg **Sentier des Bergers**, der auf halber Höhe und mit wenigen Steigungen eine ausgedehnte Runde um den Talschluss dreht. Dabei passieren

Sie vier im Sommer bewirtschaftete Alpen mit schwarzen Walliser Kühen. Auf der letzten, der Alpage de La Peule, können Sie dann auch einkehren. Gehzeit: 6,5 Stunden.

Eine weitere sehr schöne Bergtour führt steil hinauf zu den drei bildschönen, in karger Bergwelt gelegenen Lacs de Fenêtre. Sie könnten auch vom Sentier des Bergers abzweigen, um hinaufzukommen, etwas kürzer ist die Tour jedoch vom Wanderparkplatz am Ende der Fahrstraße. Fahren Sie also von **La Fouly** weiter ins Tal hinein und passieren die den kleinen Ort **Ferret**. Weiter geht es auf einem schmalen Sträßchen mit Ausweichstellen. Rechts neben der Straße kommen Sie erst an eine kleine, dann an eine etwas tiefere Kies-Parkbucht, in der Sie es sich auch für eine Nacht bequem machen können.

(126) WOMO-Wanderparkplatz: Ferret

GPS: N 45°54'33", E 7°06'38", 1.772 m **max. WOMOs:** 1-2

Lage: außerorts neben kaum befahrener Straße, toller Bergblick, Alpe mit Käseverkauf 10 min. Fußweg entfernt.

Anfahrt: Von Ferret weiter ins Tal fahren. Links neben der Straße. Eine zweite kleinere Bucht für maximal 1 Womo hat es etwa 200 m weiter vorne.

Fahren Sie die Straße bis zu ihrem Ende. An der Alpage des Ars führt ein geschotterter Fahrweg rechts hinunter auf einen großen Parkplatz am Fluss, der ein guter Ausgangspunkt für die Wanderung zu den Lacs de Fenêtre ist, sich aber auch für ein Picknick und einen faulen Stopp am eiskalten Wasser eignet. Nur übernachten dürfen Sie hier nicht.

Wanderparkplatz Alpage des Ars

GPS: N 45°54'19", E 7°06'57", 1777m

Les Lacs de Fenêtre – Drei Seen unterm großen St. Bernard

Gehzeit: 4 h, 700 hm

Die landschaftlich besonders spektakuläre aber unkompliziert zu gehende Strecke gehört zu den bekanntesten Touren im Val Ferret und ist an schönen Sommertagen gut frequentiert. Außer dem Aufstieg vom Tal gibt es auch noch eine gerne begangene Tour von St. Bernhard-Pass, vorbei an den Seen hinunter nach La Fouly (von dort geht es dann mit dem Bus zurück nach Martigny). Es lohnt sich daher, nicht zu spät zu starten, da sich vor allen die geführten Wandergruppen erst im Laufe des Vormittags auf den Weg machen. Wir sind an einem strahlenden Augustsamstag hinauf gestiegen und hatten den Weg zwischen 8 und 10 Uhr beinahe für uns alleine. Beim Abstieg kamen uns dann gefühlte zweihundert, vom Aufstieg in der Sonne schwer schnaufende, Wanderer entgegen.

Wanderung: Von einem der beiden Parkplätze folgen Sie der Fahrstraße dort, wo sie für Fahrzeuge gesperrt ist, weiter ins Tal. In großen Schleifen steigt sie sanft an, trifft an der Alphütte Les Ars Dessus auf den Sentier des Bergers und führt immer noch als breiter ebener Weg bis zur Alpage du Plan-la-Chaux, mit Butter und Käseverkauf. Über den Sammelplatz der Kühe laufen Sie vor dem Haus links hinauf, kriechen gegebenenfalls mehrfach unter dem E-Zaun hindurch und steigen von hier auf einem schmalen, steinigen Bergpfad weiter hinauf. 1 Stunde und 10 Minuten sind es von hier noch zu den Seen. Kurz darauf wird der Weg steiler und die Luft wird uns auch ohne brennende Sonne knapp. Aber es lohnt sich sowieso, ab und zu stehen zu bleiben: der Blick ist einfach hinreißend. Kurz vor dem Ziel wird der Pfad undeutlich und verschwindet zwischen Steinen. Wenn Sie hier gut auf die Markierungen achten, stehen Sie kurz darauf am untersten See. Die beiden anderen verstecken sich in zwei Mulden etwas höher in

Richtung des Passes Fenêtre de Ferret. Besonders schön für eine ausgiebige Pause vor dem Abstieg sind der untere See und der größere der oberen Seen auf der rechten Seite des Aufstiegsweges.

Hinunter geht es auf dem gleichen Weg. Wer besonders gut trainiert ist, kann von der Alpage du Plan-la-Chaux dem Sentier des Bergers links zum Fluss hinunter folgen und dann auf der anderen Seite zum Einkehren wieder zu Alpage de Peule hinaufsteigen (Gegenanstieg ca. 250 hm, ca. 1 h zusätzlich). Von dort gibt es einen direkten Abstiegsweg zum Parkplatz hinunter.

Shopping per Bergbahn

Sie mögen Kontraste? Dann fahren Sie aus dem Val Ferret nicht direkt zurück nach Martigny, sondern planen einen Stopp am Eingang des Val de Bagnes. Unten im Tal finden Sie in Le Chable an der Seilbahn einen guten Übernachtungsplatz.

(127) WOMO-Stellplatz: Le Chable Seilbahn

GPS: N 46°04'38", E 7°13'06" , 835m **max. WOMOs:** 3-4

Ausstattung: großer asphaltierter Parkplatz am Ortsrand und an der Seilbahn nach Verbier, weiter hinten ruhige Plätze auf Schotter oberhalb eines schmalen Flusses, WC während der Öffnungszeiten der Bahn.

Anfahrt: Von der Durchfahrtsstraße Route de Verbier am Kreisel rechts runter zur Seilbahn. Auf dem Parkplatz links am Fluss entlang durch eine schmalere Durchfahrt in den hinteren Platzbereich fahren.

Die Seilbahn spart Ihrem Womo 13 Serpentinen und 700 hm und bringt Sie auf den Berg hinauf – nein, nicht zum Wandern. Sie landen mitten in **Verbier**, in einem der beliebtesten Skiorte des Wallis. Im Sommer steigt man hier auf Moutainbiking um und kann so den winterlichen Skizirkus auch ohne Schnee fortsetzen. Neben zahlreichen markierten Wegen lockt der **Bike-Park La Tzoumas** mit einer rasanten Talfahrt. Mitte August startet dann der **Grand Raid**, das größte Mountainbikerennen der Schweiz. Wir begegnen an der Straße vielen Menschen, mindestens 5 Fahrradläden mit Verleih, vielen bunten Souvenirgeschäften, einer lebendigen Torte und wenig Parkplätzen. Also nehmen Sie besser die Seilbahn (fährt bis 17.30 Uhr) und gehen Sie bummeln. Wir haben bei dem unerwartet plötzlichen Tapetenwechsel vor lauter Schreck das Fotografieren vergessen, aber wenn man sich vom ersten Schock erholt hat, hat das Spektakel einen skurilen Charme. Wenn Sie ihr Womo doch nicht alleine im Tal lassen wollen, am Sportzentrum gibt es einen größeren Parkplatz **GPS N 7°13'05", E 7°13'08".**

Zurück im Rhônetal treffen Sie im Städtchen **Saillon** auf das nächste Thermalbad, einen echten Schweizer Helden und eine urige kleine Altstadt.

Les Bains de Saillon

Mit seiner neuen Rivière thermale – einem Wasserbecken, das sich dekorativ durch das Freigelände schlängelt – einem ebenfalls neu eingerichteten Saunabereich, drei Thermalbecken und einem etwas kühleren Schwimmbecken mit Wasserrutsche ist hier außergewöhnlich viel geboten – und das zu einem ganz gewöhnlichen Preis. Das Tüpfelchen auf dem i ist dann der Übernachtungsplatz für Wohnmobile, den Kunden des Bades kostenlos nutzen können.

Geöffnet täglich von 8 – 21 Uhr, Tageskarte ohne Zeitbegrenzung, CHF 24.-, Kinder 4-16 Jahre CHF 13.-, Abendtarif ab 19 Uhr CHF 20.-

(128) WOMO-Badeplatz: Bains de Saillon

GPS: N 46°10'26", E 7°11'39", 465 m — Nur für Gäste des Thermalbades!

Ausstattung / Lage: Wiese unter hohen Bäumen, am Ortsrand 200 m vom Thermalbad entfernt und von Weinbergen umringt. Maximaler Aufenthalt 48 Stunden. Nur Parken erlaubt, keine Markisen und keine Wäscheleinen, Grillen verboten, Tisch und Stühle auf der schönen Wiese platzieren auch! Auch Müll muss vollständig wieder mitgenommen werden.

Anfahrt: Das Bad ist im Ort gut ausgeschildert. Zum Womo-Platz am Eingang vorbei auf den hinteren Parkplatz fahren. Die Stellplätze sind ganz hinten auf einem Wiesenstück.

Einen Alternativplatz, der sich auch als Parkplatz für eine Runde in der Altstadt oben am Berg anbietet, finden Sie an der Durchfahrtsstraße links. Dort begegnen Sie außerdem dem ungewöhnlichen Helden der Stadt. **Josef Samuel Farinet** erwirtschaftete seinen Lebensunterhalt mit einer im Land der Banken geradezu empörenden Betätigung: er fälschte Geld. Dass er dieses anschließend großzügig an Bedürftige verteilte, ist der Grund, dass Farinet in Saillon als Held und Robin Hood der Schweiz gefeiert wird. Parken Sie also vor seinem Denkmal und am Beginn des Sentier Farinet, der Sie in einer einstündigen Runde rund um Saillon führt.

(129) WOMO-Wanderparkplatz: Saillon Bourg

GPS: N 46°10'24", E 7°11'19", 464 m — **max. WOMOs:** 2-3

Ausstattung / Lage: eben und asphaltiert, am Ortsrand, Spielplatz, Grünanlage

Zufahrt: Im Ort in Richtung Bourg. Links der Straße am Chemin des Ecoliers.

Sonstiges: Beginn des Wanderweges Sentier Farinet, Ver- und Entsorgung am gut ausgestatteten aber wenig idyllischen **Camping de la Sarvaz**. Womo incl. 2 Personen CHF 38.- (Hauptsaison, sonst minus10-30%), **GPS N 46°09'36, E 7°10'02"**

Burgturmblick und enge Gassen
Eine Stadt mit bröckeligem Charme

Den schönsten Weg in die Stadt hinauf finden Sie, wenn Sie den runden Glasbildern des Sentier Farinet folgend, ein Stück an der Straße entlang zurücklaufen bis gegenüber eines Steinhäuschens rechts der »Sentier sous le Scex« abzweigt. Endlos viele Stufen steigt man jetzt durch den Weinberg hinauf – bis zur nächsten Tafel des Sentier Farinet und bis zum südlichen Stadttor. Die Altstadt ist überschaubar. Laufen Sie einfach geradeaus hinein, vorbei am Falschgeldmuseum, und halten sich dann links. An den letzten Häusern verlassen wir den Farinet Themenweg, der hier auf der Straße in den Weinberg führt und steigen stattdessen links hinauf zum alten Burgturm. Der Weg ist kurz, aber steil und rutschig. Oben angekommen betritt man den Turm durch einen niedrigen Eingang, um dann auf einer abenteuerlich schmalen Wendeltreppe bis ganz hinaufzusteigen. Die ganze Anlage ist für schweizerische Verhältnisse ungewohnt aber sehr sympathisch unperfekt – so wie eigentlich der ganze Ort. Wenn Sie sich vom Turmblick trennen können, laufen Sie durch den Ort zurück. Hier können Sie ab 17 Uhr im örtlichen Weinkeller edle Tropfen probieren (das Womo ist ja gut untergebracht) oder es sich im Café gemütlich machen. Das Falschgeldmuseum, in dem Sie mehr über die Geschichte von Samuel Farinet erfahren, ist nur von Mittwoch bis Sonntag von 14 bis 17.30 Uhr geöffnet. Wenn Sie links aus dem Ort hinausgehen treffen Sie auf die öffentlichen Toiletten und auf einen weiteren Parkplatz am Friedhof **GPS N 46°10'23", E 7°11'18"**, der aber wegen der engen Zufahrt nur für kleinere Mobile zu empfehlen ist.

Das Bergbad von Ovronnaz

Oberhalb von Saillon speist die Thermalquelle von Saillon ein weiteres Bad. Eine serpentinenreiche Straße führt hinauf nach Ovronnaz, wo Sie oberhalb des Ortes auch noch zwei schöne Stellplatzmöglichkeiten finden.

Les Bains de Ovronnaz

Zwei große Außenbecken mit grandiosem Bergblick und vielen Sprudelliegen sorgen in diesem Thermalbad für Entspannung. Einen Innenbereich mit Becken und Whirlpool gibt es natürlich auch. Der neue Saunabereich wird mit Beginn der Saison 2013 eröffnet.
Geöffnet 8 – 20.30 Uhr, Eintritt CHF 19.-, Kinder ab 6 Jahre CHF 12.-

Der Parkplatz vor dem Bad **GPS N 46°11'52", E 7°10'30"** ist zum Übernachten nicht geeignet. Es gibt aber gleich zwei gute Alternativen am Ortsrand: auf den großzügigen Plätzen unterhalb der Seilbahn und auf einem Langlaufparkplatz am Waldrand. Und wenn Sie aus dem Wasser bereits die tollen Felsformationen oberhalb des Ortes bewundert haben – es ist ganz einfach, dort hinauf zu kommen...

(130) WOMO-Wanderparkplatz: Ovronnaz Seilbahn,

GPS: N 46°12'17", E 7°09'52",1370 m
max WOMOs: 2-3
Ausstattung: ebene, geschotterte Parkterrasse über dem Ort am Ortsrand mit weitem Blick ins Rhônetal
Anfahrt: Von der Therme in Richtung Seilbahn weiterfahren. Die etwas kahlen terrassierten Schotterflächen sind an der Zufahrt zur Bahn kaum zu übersehen.

Wandertour mit Weitblick

Sie wollen jetzt die Bergbadkulisse von nahem sehen? Mit dem Sessellift schweben Sie hinauf zum Berggasthof Jorasses am Fuß der imposanten Felsgipfel, die Ovronnaz im Norden schützend einfassen. Von hier aus haben Sie die Wahl zwischen Touren verschiedenster Länge. Eher gemütlich, ist z. B. die Tour du Chatillon auf der man mit moderaten 200 hm in knapp 2 Stunden mit bester Aussicht die beiden Felsspitzen oberhalb von Les Jorasses umrundet.

Ebenfalls oberhalb des Ortes bietet sich ein weiterer Platz zum Übernachten an:

(131) WOMO-Stellplatz: Ovronnaz Tourbillon

GPS: N 46°12'11", E 7°10'34", 1.401 m **max. WOMOs:** 2-3
Ausstattung / Lage: geschotterter Parkplatz im Wald und am Festplatz.
Zufahrt: Im Ortszentrum rechts in Richtung Mayen de Chamoson. Hinter der Auberge d'Ovronnaz rechts zum Langlaufzentrum Tourbillon.
Sonstiges: Vom Parkplatz sind mehrere Wanderwege ausgeschildert.

Zwischen Urwald und Bergsee
Die aufregende Fahrt ins Val Derborence

Auch der nächste Ausflug aus dem Rhônetal gehört zu den Highlights für Naturliebhaber. Von Sion führt eine schmale Zufahrt hinauf in das Naturschutzgebiet im Val Derborence. Der See, der heute den Talkessel ziert, ist im Jahr 1749 durch einen Felssturz entstanden. Das Tal wurde erst 1960 mit einer Straße erschlossen und ist immer noch einsam. Eine Handvoll Alphütten und ein Gasthof schmiegen sich oberhalb der Wasserfläche an den Hang. Auf der anderen Seeseite zieht sich vom Ufer ein dichter urwaldähnlicher Baumpelz bis zu den Gipfeln hinauf. Hier oben leben Gämsen, Steinböcke und Murmeltiere, die im Naturschutzgebiet nicht gejagt werden dürfen. Auf der schönen, einfachen Wanderung rund um den See bekommen Sie einen ersten Eindruck vom Tal.

Die Zufahrt ist abenteuerlich. Die Straße, die von Aven hier hinaufführt, ist an den meisten Stellen so schmal, dass nur ein Auto darauf passt, hat aber in regelmäßigen Abständen Ausweichstellen. Haben Sie den Gegenverkehr nicht rechtzeitig gesehen, hilft nur rückwärts rangieren. Besonders aufregend sind da die in den Fels geschlagenen Tunnelstrecken ... Ist ihr Womo nicht höher als 3,25m, dürfen Sie fahren. Wenn ihnen die Strecke zu aufregend ist, nehmen Sie einfach von Sion den Postbus. Die Abfahrtszeiten sind aber auch für Autofahrer von Interesse.

Wenn Sie außerhalb dieser Zeiten fahren, vermeiden Sie ganz einfach eine schweißtreibende Begegnung. Zwei Postbusse fahren täglich von Aven hinauf. Der erste zwischen 9.39 und 10.11 Uhr, der zweite zwischen 14.39 und 15.11 Uhr. Wieder hinab geht es dann zwischen 11.55 und 12.25 Uhr bzw. zwischen 16.40 und 17.11 Uhr. Und wenn Sie es bequem wollen: hängen Sie sich einfach hinten an...

Sollten Sie die entspannte Fahrt *im* Postbus vorziehen: Vom Bahnhof von Sion **GPS N 46°13'42", E 7°21'41"** fahren Sie nach dem Fahrplan von 2012 ab 9.10 Uhr oder 14.10 Uhr direkt nach Aven und wechseln dort den Bus. Die Fahrtzeiten sollten Sie aber unbedingt vorher überprüfen! Auch in der zuverlässigen Schweiz gibt es Fahrplanänderungen! Im Internet unter fahrplan.sbb.ch oder bei der Entreprise du car postal pour Derborence unter Telefon: +41 (0)27 346 58 58

(132) WOMO-Wanderparkplatz: Derborence

GPS: N 46°16'56", E 7°13'03", 1.468 m **max. WOMOs:** 2-3

Ausstattung: geschotterter Parkplatz mitten in der Einsamkeit. Berggasthof ca. 400 entfernt am See.

Zufahrt: Von Erde über Aven und Montbas über die beschriebene Straße.

ACHTUNG: Wir befinden hier in einem Naturschutzgebiet! Beachten Sie hier absolut penibel die Regeln der freien Übernachtung. Nehmen Sie Ihren Müll wieder mit ins Tal, stören Sie keine Tiere. Führen Sie den Hund an der Leine und pflücken Sie keine Pflanzen! Grill und Lagerfeuer sind absolut tabu!

Die Tour du Lac

Wenn Sie zügig durchlaufen, haben Sie den Lac de Derborence in 45 Minuten umrundet – doch dafür ist der schöne Weg eigentlich viel zu schade. Nehmen Sie sich etwas mehr Zeit und laufen vom Parkplatz auf dem gegenüber der Informationstafel abzweigenden Pfad hinunter zum See. Bei den großen Felsblöcken am Waldrand geht der Weg weiter. Zwei Holzstege helfen hier, den Abfluss des Sees zu überqueren. Haben Sie Kinder dabei,

brauchen Sie hier unbedingt Zeit zum Klettern und Spielen – oder für ein zünftiges Picknick auf einem der Felsen. Danach geht es in den Wald hinein. Kühl und feucht ist es hier. An der ersten Wegkreuzung zweigt links die Tour du Vallée ab. Wir laufen rechts über dem See entlang, überqueren den Seezufluss und laufen jetzt direkt am Ufer auf die Alphütten und den Gasthof zu. Von dort geht es auf dem Fahrweg zum Parkplatz zurück.

Die Tour de la Vallée

Wer das Tal ausführlicher kennenlernen will, kann auf der markierten Tour de la Vallée einmal rund um den Talkessel laufen. Für die 15 km lange Strecke mit 500 m Höhenunterschied kalkulieren Sie 5-6 Stunden. Sollten Sie unterwegs über einen Internetzugang verfügen: eine Karte zum Rundweg gibt es unter www.derborence.ch.

Zwei Burgen überm Häusermeer

Zurück im Rhônetal bekommt jetzt Sion die Hauptstadt des Kantons die gebührende Aufmerksamkeit. Der Parkplatz am Euro-Relais ist für eine Übernachtung wenig erfreulich, aber für eine Runde durch die Altstadt parken Sie hier recht günstig.

(133) WOMO-Stellplatz: Sion

GPS: N 46°13'54" E 7°22'05", 500 m. **max. WOMO:** 4-5.
Ausstattung: Mülleimer, Ver- und Entsorgung, asphaltierter Parkplatz im Ort. Gebühr Mo-Do 9-12 und 13.30-19 Uhr, freitags bis 17 Uhr. Über die Straße und links am Schlosshügel vorbei erreichen Sie in 10 min. die Altstadt.
Zufahrt: Am westlichen Ortsende an der »9«, zwischen Straße und Bahnlinie.
Sonstiges: Für eine ruhige Übernachtung finden Sie am anderen Ortsende zwischen Rhône und Badesee den komfortablen **(134) TCS Camping Les Iles** (WOMO inkl. 2 Pers. CHF 33.-bis 47.-) **GPS: N 46°12'42", E 7°18'50"**. Der benachbarte **Camping Sedunum** ist einfacher und preisgünstiger, hat aber kein eigenes Badeufer.

Für eine Runde durch die Altstadt und über die beiden Hügel mit der Ruine der Festung von Tourbillon und der auf dem zweiten Hügel gelegenen Basilika Notre Dame de Valère, in deren Nebengebäuden man das Historische Museum des Wallis besuchen kann (Di-So 11 - 17 Uhr, Juni - Sept. bis 18 Uhr und auch Montag geöffnet), Rechnen Sie 1,5 h reine Gehzeit – und lassen Sie sich nicht vom hässlichen Häusermeer Sions abschrecken. Die schöne verschachtelte Altstadt und die romantische gut erhaltenen Festungsruine (Besichtigung kostenlos 10-18 Uhr, Montag geschlossen) lohnen den Fußweg und die Mühe des Aufstiege unbedingt.

Val d'Hérémence und Val d'Herèns

Uralte Holzhäuser, teilweise auf Pfählen erbaut, bilden den Ortskern von Evolène und sind auch in vielen anderen Orten zu finden. Ansonsten erwartet Sie im Val d'Héremence eine wilde, ursprüngliche Bergwelt.

Die Straße ins Tal ist schmal, aber gut ausgebaut, und die ersten Höhenmeter sind mit vier Serpentinenkurven erledigt. Im Val d'Herens selbst ist mit freien Stellplätzen nicht viel zu machen, daher biegen wir zuerst rechts ins kleinere **Val d'Hérémence** ab. Hier gibt es nur kleinere Ansiedlungen. Wenn wir uns dem Talschluss nähern, wird es wieder kurvig. Serpentine um Serpentine nähern wir uns der mächtigsten Staumauer der Schweiz. Der 285 m hohe Koloss ist an seiner Basis 200 m breit. 6 Mio. Kubikmeter Beton wurden in 14 Jahren Bauzeit verarbeitet, bis das Kraftwerk im Jahr 1965 in Betrieb ging. Eine Seilbahn transportiert Wanderer vom Fuß der Staumauer zu Ihrer Krone, wo eine 5-stündige Wanderrunde beginnt.

(135) WOMO-Wanderparkplatz: Lac de Dix

GPS: N 46°05'05" E 7°24'16", 2.092 m. **max. WOMO:** 2-3.
Ausstattung: Schotterplatz vor der Staumauer, Seilbahnstation und Gaststätte im Riz-Hotel 300 m entfernt.
Zufahrt: Die Straße ins Val d'Hérémence bis zum Ende fahren, bis wir gleich hinter einem Tunnel rechts den ersten Parkplatz erreichen. Eine weitere Parkmöglichkeit gibt es noch eine Kurve weiter oben.
Sonstiges: Weitere Stellplätze an der Straße, zum Beispiel am Beginn der Steigung bei **GPS N 46°05'39" 7°24'07"**. 400 m davor Parknische mit Brunnen.

Hoch über dem Lac de Dix

Gehzeit: 5 h, 850 hm. Anfangs gemütlich und später steiler steigt der Weg zur Hütte Cabane de Prafleuri auf. Ebenso steil geht es weiter bis zum Pass Col de Roux, wo man den langgezogenen Stausee aus der Vogelperspektive betrachten kann. Auf gutem Weg steigt man wieder zum See hinunter, passiert die Cabane des Écoulaies und landet dann auf dem Fahrweg am Ufer. Durch mehrere beleuchtete Tunnel kommt man zurück zur Staumauer. Sie finden diese Tour auch im Rother Wanderführer Unterwallis.

Grandioser Ausblick hin oder her – der Parkplatz unterhalb der Staumauer war uns nicht ganz geheuer. Vor uns der Abgrund, wenige Meter hinter uns die unvorstellbare Gewalt von 400 Millionen Liter Gletscherwasser, gebändigt von ebenso unvorstellbaren Massen Beton, und über uns am Himmel ein aufziehendes Gewitter – wir sind trotz später Stunde wieder vom Berg hinunter gerollt, um unser Nachtquartier nach **Evolène** zu verlegen.

(136) WOMO-Camping: Evolène
GPS: N 46°06'39", E 7°29'48", 1.359 m
Öffnungszeiten: ganzjährig
Ausstattung / Lage: einfacher Camping in bester Lage auf einer Wiese unterhalb des bildschönen Dorfkernes mit großer gastronomischer Auswahl zu fairen Preisen. Womo inkl. 2 Pers CHF 27.-, Strom CHF 4.-, Kurtaxe 80 Rappen, Hund CHF 3.-
Zufahrt: Am Ortsende rechts, im Ort ausgeschildert.

Wollen Sie ohne Übernachtung den Ort Evolène besuchen, was vor allem für die Einkehr in eines der gemütlichen Gasthäuser lohnt, finden Sie einen großen Parkplatz am hinteren Ortsende **GPS N 46°06'42", E 7°29'54".** Frei stehen Sie im Nachbardorf **Lannaz** auf dem Wanderparkplatz an der Seilbahn.

(137) WOMO-Wanderparkplatz: Skilift Lannaz
GPS: N 46°07'12"N, E 7°28'38", 1.390 m **max WOMOs**: 2-3
Ausstattung / Lage: geschotterter, terrassierter Parkplatz mit Blick ins Tal, am Ortsrand, Gasthof im Ort
Zufahrt: Von Evolène die schmale Straße nach Lannaz hinauf. Oberhalb des winzigen Ortes ist der Parkplatz nicht zu übersehen.

Fährt man zum Wandern weiter ins Tal hinein bieten zwei weitere angenehme Campingplätze ein Quartier. Der erste, wenige Kilometer weiter in **Les Haudères**, ist komfortabel ausgestattet und am Ortsrand gelegen. Mitten in der Natur übernachtet man dagegen im **Tal von Arolla**, wo auch eine überaus schöne kurze Wanderung lockt.

(138) WOMO-Campingplatztipp: Molignon / Les Haudères
GPS: N 46°05'26", 7°30'25", 1.406 m **Öffnungszeiten:** ganzjährig
Ausstattung / Lage: schöne ruhig gelegenen Stellplätze am leicht terrassierten Hang, teilweise unter Bäumen, naturnah, kleiner Pool mit Dach und Spielplatz. Kostenlose WiFi-Zone. Entsorgungsstation für Womos. Gemütliches Restaurant nit breiter Auswahl zwischen wallisischen Spezialtäten, Fondue und Pizza. Etwa 1 km vom Ort entfernt. Womo incl. 2 Personen CHF 20.- bis 31.-, Strom 3,80. Kurtaxe 80 Rappen
Zufahrt: Von Evolène kommend kurz vor Haudère rechts, ausgeschildert.

Aufstieg zum Lac Bleu

Kurz vor Arolla beginnt im Weiler **La Gouille** der Aufstieg zu einem der wunderbar türkis glitzernden Tümpel, die im französischsprachigen Bereich lac bleu genannt werden und in der deutschen Schweiz den niedlichen Namen Blauseeli bekommen. Zwei Parkbuchten an der Straße haben ausreichend Tiefe für normal große Wohnmobile **GPS N 46°03'14", E 7°29'25"**. Ein großes Schild kündigt die Wanderung an und sorgt dafür, dass man den Parkplatz kaum verfehlen kann.

Picknickparadies im Val Arolla – Die Wanderung zum Lac Bleu

Gehzeit: 45 Minuten einfach, 280 hm, Wanderschuhe trotz der Kürze unbedingt sinnvoll. Picknickdecke und Brotzeit nicht vergessen.

Zwischen den Häusern steigt man auf einem schmalen Pfad erst durch den Wald, dann später über Wiesen, ordentlich bergan, passiert die Hütten der Alp Louché und steht kurz darauf an einem wahrlich paradiesischen Fleckchen. Ein Wasserfall stürzt in das azurblaue Becken des großen Sees und ein schmalerer, beinahe ebenso blauer zweiter Teich versteckt sich hinter dem Hügel zur Rechten. Suchen Sie sich einfach ihren Lieblingsplatz und machen es sich gemütlich.

Auf den dritten empfehlenswerten Camping im Tal treffen Sie dann kurz vor Arolla.

(139) WOMO-Campingplatztipp: Petit Praz / Arolla

GPS: N 46°01'39", E 7°29'09", 1970 m **Öffnungszeiten:** 1.6. bis 20.9.

Ausstattung: schönes Wiesengelände mit 80 Plätzen, gut anzufahren, moderne Sanitäranlagen, Berg- und Gletscherblick, keine Dauercamper, 10 min. Fußmarsch zum einladenden Gasthof, Womo mit 2 Pers. CHF 24.- bis 28.-, Strom CHF 3,50, Dusche CHF 2.-, www.camping-arolla.com

Zufahrt: Am Gasthof von der Hauptstrecke abbiegen und auf einem geschotterten Waldweg zum Camping, schmale Bachbrücke kurz vor dem Platz.

Familienwanderung mit Babysitter

Bei **Montagne et Nature** in Les Haudères können Sie an geführten Wanderungen im Tal von Arolla teilnehmen. Besonders spannend für Familien werden diese, wenn auch Vagabon und Pinochio mit von der Partie sind. Die beiden sind professionelle Kinderanimateure und haben graues Fell und lange Ohren. Sie tragen außerdem nicht nur das Picknick, sondern zwischendurch auch mal die wandermüden Kinder. Es gibt Halbtagestouren (CHF 20.- pro Person und Tagestouren mit Picknick für CHF 45.- bzw. reduziert CHF 35.- pro Person, Pierre-André Anzévui, Route du Vieux Village 59, Haudères, Telefon +41 (0) 27-28 33 07, www.montagne-nature.ch

Der Zahn der Zeit und die Pyramiden von Euseigne

Wenn Sie wie wir aus dem Val Hérémence nach Evolène gefahren sind, erwartet Sie auf dem Rückweg ins Rhônetal noch etwas Neues: ein bizarres Naturphänomen, an dem sich ein kurzer Stopp anbietet. Was zuerst einmal aussieht, als hätte ein Bildhauer eine monumentale Betonskulptur über der Straße errichtet, ist natürlichen Ursprungs. Die Stein-Lehm Pyramiden von Euseigne sind Relikte abziehender Gletscher, deren besondere Form durch Bodenerosion entstanden ist. Betrachtet man die Hänge zwischen Evolène und Euseigne genauer, sieht man weitere, kürzere Nadeln und verwandte

senkrechte Felsstrukturen. Der Erosionsprozess wird sich fortsetzen: angegriffen von Wind, Wasser und Frost zersetzt sich die bröselige, betonartige Masse. Zuerst fallen die Steinblöcke, die wie Kappen auf den Pyramidenspitzen ruhen, dann zerbröckelt die nun ungeschützte Spitze mit doppelter Geschwindigkeit... Aber noch können Sie die Pyramiden betrachten. Vor der Tordurchfahrt finden Sie am Straßenrand eine schmale Parkbucht, ca. 50 m dahinter bietet ein Parkplatz rechts der Straße mehr Platz **GPS N 46°10'21", E 7°24'56"**. Von hier kann man am Straßenrand zurück laufen – allerdings gibt es keinen Fußweg. Mit Kindern ist das daher wenig empfehlenswert. Nur eine Kurve weiter treffen Sie dann auf einen Picknickplatz mit bestem Pyramidenblick. **GPS N 46°10'30", E 7°24'37".**

Dann erreichen wir die vertrauten Serpentinen am Ende des Tales und sind zurück an der Rhône, wo wenige Kilometer weiter in Richtung **Sierre** tief im Südhang des Tales eine der spektakulärsten Sehenswürdigkeiten des Wallis verborgen ist. Ein 300 m langer unterirdischer See ermöglicht eine Höhlenbesichtigung mit dem Boot. Damit Sie statt in der Schlange zu stehen die erste Tour am Morgen oder eine der letzten Besichtigungen am Abend wählen können, übernachten Sie einfach auf dem offiziellen Stellplatz am **Lac souterrain**.

(140) WOMO-Picknickplatz: Lac Souterrain de Saint Leonard

GPS: N 46°15'20", E 07°25'32", 503 m **max. WOMOs:** 5

Ausstattung, Lage: ebener asphaltierter Parkplatz mit fünf markierten Wohnmobilplätzen mit Länge 6,50 m. Zwei davon mit Stromanschluss neben dem Euro Relais, Picknicktische und öffentliche Toiletten. Die Nachtparkgebühr von CHF 10.- entrichten Sie im benachbarten Café Domino.

Zufahrt: Der vertrauten Kantonalstraße 9 durch den Ort folgen und kurz vor dem Ortsende links den Schildern zu Lac Souterrain folgen. Die Stellplätze befinden sich rechts auf dem kleineren Parkplatz.

Sonstiges: Der unterirdische See wird mit hölzernen Ruderbooten befahren. Die geführten Touren dauern 30 min. und sind von März bis November täglich zwischen 9 und 17.30 Uhr möglich. Erläuterungen auf deutsch, französisch, italienisch und englisch. Eintritt CHF 10.- , Kinder 6-16 CHF 6.-

Wir sparen uns die extrem kurvenreiche Bergstrecke am Südhang, die unter anderem zum Skiort Crans Montana führt und bleiben bis **Sierre** im Rhônetal. Am Ortsrand von Sierre haben wir am Badesee Lac Géronde einen weiteren Übernachtungsplatz entdeckt:

(141) WOMO-Badeplatz: Strandbad Lac Géronde

GPS: N 46°17'10", E 7°32'22", 533 m **max. WOMOs:** 2-3

Ausstattung / Lage: ebener asphaltierter Parkplatz, teilweise Schatten durch Bäume, Wertstoffcontainer, am Stadtrand von Sierre und am Rand eines Wohngebietes. Hinter dem Parkplatz befinden sich Weinberge. Fußweg zum See ca. 250 m. Dort direkt Liegewiese, Kiosk und Seezugang. Schönere Badestellen an der anderen Seeseite, vorbei am Hotel La Grotte und über die Brücke vor dem zur Zeit geschlossenen Freibad, am Parkplatz Pizzeria Bella Italia.

Zufahrt: Auf der nördlichen Rhôneseite auf der Höhe von Chippis. Wenn Sie von Sierre auf der Kantonalstraße 9 der Ausschilderung ins Val d'Anniviers folgen, kommen Sie nach dem 2. Kreisel direkt dort vorbei. Der See liegt links der Straße.

Zwei Campingplätze folgen kurz darauf an der Zufahrt zum Val d'Anniviers in der Nähe der Rhônebrücke.

(142) WOMO-Campingplatztipp: Swiss Plage / Sierre

GPS: N 46°18'07", E 7°33'52", 580 m **Öffnungszeiten:** Ostern bis Ende Oktober

Ausstattung / Lage: An der Rhône, kleiner Badesee auf dem Gelände, Touristenplätze in Seenähe, viele schattige Plätze unter Bäumen, naturnahes Gelände. Snackbar, Restaurant, Wifi, Womo incl. 2 Pers. CHF 27.- bis 34.-, Strom 3,60, Kurtaxe 80 Rappen, Telefon +41 27 455 66 08, www.swissplage.ch

(143) WOMO-Campingplatztipp: Bois de Finges / Sierre

GPS: N 46°17'22", E 7°33'53", 580 m

Ausstattung: Ein Camping wie ein wilder Platz im Wald: einsam, naturnah und ein bisschen strubbelig. In einem ausgedehnten Pinienwald am Hang verstecken sich in stattlichen Abständen große und kleine Terrassen. Der Weg den Hang hinauf wird zunehmend hoppelig – größere Fahrzeuge sind unten besser aufgehoben. Im Eingangsbereich Sanitäranlagen und schön angelegter Pool. Womo-Entsorgung. Womo inkl.2 Personen CHF 32.- - 38.- , Strom CHF 4.-, www.camping-de-finges.ch

Val d'Anniviers – Abenteuertour ins Eifischtal

Die Zufahrt ins Eifíschtal, das ist der deutsche Name des Val d'Anniviers, ist nichts für schwache Nerven. Es beginnt harmlos und gerade, dann schraubt sich die immerhin recht breite Straße in etlichen extrem engen Serpentinen hinauf, die unserem Navi einen mittleren Kollaps bescherten. Es konnte uns leider nicht mehr korrekt orten ... Aber was soll's, verfahren kann man sich hier eh nicht – es gibt ja nur eine Straße. Abzweigungen verbietet der gähnende Abgrund auf der rechten Seite. Hart an der Felswand geht es weiter, die Straße wird immer mal wieder überraschend enger, bis sich das Tal kurz vor Vissole langsam weitet. Hier findet unterhalb der Straße sogar ein kleiner **Camping** Raum. Die Zufahrt ist jedoch eng und steil und der Platz mäßig attraktiv **GPS N 46°13'05", E 7°34'59"**. Da es sich zur Zeit um den einzigen Camping im Tal handelt, soll er wenigstens Erwähnung finden.

Eine schmale Straße führt von Vissole hinauf nach Grimentz, welches mit seinem historischen Ortskern aus alten Holzhäusern nostalgisches Flair verbreitet. Und unterhalb des Ortes gibt es tatsächlich einen offiziellen Stellplatz für Wohnmobile.

(144) WOMO-Stellplatz: Grimentz

GPS: N 46°10'25", E 7°34'18", 1.600 m **max WOMOs:** ca. 10-12

Ausstattung / Lage: zwei große geschotterte Parkterrassen am Ortsrand vor den Hotel Cristall, Euro Relais. Übernachtung gegen Entrichten der Kurtaxe in der Touristeninformation. Wenn Sie zu spät eintreffen reicht, können Sie auch am nächsten Morgen zahlen. Direkt unterhalb des historischen Ortskernes. Geschlossen Mitte August zum Grand Raid und bereits 1-2 Wochen vorher eine halbe Baustelle.

Zufahrt: Am zentralen Parkplatz im Ort rechts in die Route de Moiry.

Die weitere Zufahrt zum Lac de Moiry ziert ein Schild, dass Camping und Caravaning an der Barrage de Moiry untersagt. Wir fahren also von Grimentz weiter nach Zinal, wo etliche lange Touren in die wilde Bergwelt des abgelegenen Tales möglich sind. Ohne die passende Wanderliteratur mit Karten kommen Sie allerdings nicht weit. Das Infomaterial an den Bergbahnen fanden wir wenig erhellend. Rund um den Ort finden Sie mehrere Kletterfelsen mit markierten Routen für Anfänger und Fortgeschrittene.

Der auf vielen Karten eingetragene Campingplatz in Zinal ist seit der Saison 2012 geschlossen. So lange der Ort keinen Camping hat, ist der erste Parkplatz rechts neben der Straße für Wohnmobile reserviert und zum Übernachten freigegeben.

(145) WOMO-Stellplatz: Zinal

GPS: N 46° 8'25", E 7°37'26", 1.647 m

max. WOMOs: >10 Womos

Ausstattung / Lage: asphaltierter Parkplatz außerorts neben der Straße die in Zinal endet, nachts ruhig, ca. 5 min. Fußweg nach Zinal, Vignette zur Platzbenutzung gegen Entrichten der Kurtaxe in der Touristeninformation.

Zufahrt: Vor den ersten Häusern von Zinal links der Straße. Wohnmobilsymbol markiert den Platz.

Wer sich nur ein wenig die Füße vertreten will, fährt durch Zinal hindurch und weiter ins Tal hinein, bis die Straße nach wenigen Kilometern auf einem schön gelegenen Wanderparkplatz mit Nachtparkverbot endet.

Käseeinkauf und ein Spaziergang am Fluss

Gehzeit ca. 1 h, eben

Vom Wanderparkplatz können Sie an der Navisence entlang weiter ins Tal laufen: auf beiden Flussseiten führen breite Wege entlang. Gerade vor Ihnen zieht sich der Zinalgletscher ins Tal und die weiße Spitze rechts im Hintergrund ist der 4357 Meter hohe Dent Blanche. Laufen Sie hier geradeaus weiter, begeben Sie sich mitten in die straßenlose Bergwildnis zwischen der Schweiz und Italien. Wenn aus dem Spaziergang keine Bergtour werden soll, wechseln Sie an der ersten Brücke die Flussseite und laufen zurück zum Parkplatz. Bevor Sie wieder aufbrechen, empfiehlt sich der Einkauf von frischem Alpkäse an der Alphütte oberhalb des Platzes oder vielleicht die Einkehr im urig gemütlichen Almgasthof La Czougdana mit Spielplatz und kleinem Streichelzoo.

Zurück im Rhônetal geht es auf der Kantonalstraße nach Leuk. Hier finden Sie im Ortsteil Susten direkt neben der Hauptstraße einen offiziellen Stellplatz mit **Entsorgungssäule** und fünf selbst für Dickschiffe großzügig dimensionierte Parkplätze **(146) GPS N 46°18'39", E 7°38'4"**. Das Ganze ist gut gemeint, aber attraktiv oder gar ruhig ist der Schlafplatz unterhalb der Durchgangsstraße nicht, zumal auch noch ein stolzer Übernachtungspreis verlangt wird. Wesentlich attraktiver ist da die Übernachtung auf dem oberhalb von Susten gelegenen komfortablen Campingplatz.

(147) WOMO-Campingplatztipp: Bella Tola

GPS: N 46°17'56", E 7°38'11", 756m **Öffnungszeit**: April bis Oktober

Ausstattung: Mitten im Grünen angelegter, gepflegter Viersterne-Camping mit großzügigen, meist halbschattigen Plätzen. Sehr ruhig und in schöner Umgebung. Viele Bäume. Separater Touristenbereich ohne Dauercamper. Beheiztes Schwimmbad und moderne Sanitäranlagen. Restaurant, Imbiss und gut sortierter Laden. WLAN. Verleih von E-Bikes und in direkter Nähe der spektakulären Butanbrücke hinüber ins Naturschutzgebiet Pfynwald.

Womo-Servicestation und Gasdepot, Womo incl. 2 Pers. Juli und August CHF 44.-bis 52.-, Nebensaison -25%, Strom CHF 3,50, www.bella-tola.ch

Zufahrt: An der Ortsdurchfahrt Susten ausgeschildert (rechts), Waldstrasse 133

Von Susten fahren wir jetzt auf breiter kurviger Straße links hinauf zum bekannten Kurort Leukerbad.

Wellnessparadies Leukerbad

Leukerbad ist ein Badeort mit Tradition. Die Thermalquellen waren schon in römischer Zeit beliebt und das »Maison blanche«, das älteste Hotel am Ort, existiert seit 1719. Mitte des 19. Jahrhunderts war der damals noch kleine Bergort mit sieben großen Hotels ein bevorzugtes Ziel der europäischen Oberschicht. Erst nach dem 1. Weltkrieg wechselte die Klientel. Heute kuren im Burgerbad und in der nobleren Alpentherme ganz normale Schweizer Bürger.

© Leukerbad Tourismus

Trotz seiner langen Geschichte als Touristenort hat das Ortsbild von Leukerbad erst einmal wenig Charme. Es ist bestimmt von großen, modernen Hotels der gehobenen Preisklasse und gesichtslosen Straßenzügen. Die Berge im Hintergrund sind da schon deutlich schöner anzusehen. Knubbelige Felsnasen wechseln mit grünen Grasmatten und eine Fahrt mit der 1957 eröffneten Gemmi-Seilbahn bringt uns hinauf in die karge Hochgebirgslandschaft zwischen Dauben- und Lämmerensee. Ein Rundgang um den Daubensee ist mit 2 Stunden auch für weniger trainierte Wanderer gut zu machen. Der Abstieg vom Gemmipass auf dem serpentinenreichen Felsenweg war früher eine gefährliche Herausforderung – heute ist ein aufregender, aber gefahrloser Bergpfad draus geworden. Was Leukerbad besonders macht, sind aber auch heute noch seine Bäder. Das heiße Wasser sprudelt hier im Überfluss aus rund 20 Quellen, so dass neben den Becken der beiden öffentlichen Thermalbäder auch noch die Heilbäder einiger Kurhotels gefüllt werden können. In Leukerbad finden Sie die größten Thermenanlagen der Schweiz. Die Zufahrt ins Tal ist gut ausgebaut und unkompliziert zu fahren.

Der Abstieg vom Gemmi-Pass

Das Burgerbad – Spaß und Entspannung für Jedermann

Das familienfreundliche Burgerbad ist eine Mischung zwischen Therme und Spaßbad. Besucher haben die Wahl zwischen 10 Thermalbecken von frischen 28 C bis zu badewannenwarmen 43 °C. Ein Sportbecken mit mehreren Riesenrutschen sorgt für Kinderspaß, die Natursteingrotte und Massagedüsen für Entspannung.
Geöffnet täglich 8-20 Uhr, Tageskarte CHF 28.-, Kinder ab 8 Jahre CHF 15,50, 3 Stunden CHF 22.- / 13., preisreduzierte Familientageskarten

Die Alpentherme – Wellnessparadies und Heilbad

Innen- und Außenbecken der 1993 erbauten Alpentherme haben besten Bergblick und viele Massagedüsen. Im angeschlossenen Wellnessbereich haben Sie die Wahl zwischen ayurvedischen Massagen, Thalasso-Therapie, Kräuterbädern mit Alpenpflanzen und vielen weiteren gesundheitsfördernden Anwendungen. Saunafreunde dürfen sich gleich an einem ganzen Saunadorf mit vier verschiedenen Hütten und uriger Dorfbeiz erfreuen.
Geöffnet ist täglich von 9 – 20 Uhr, die Sauna öffnet um 10 Uhr. Tageskarte Sauna und Bad CHF 53.-, 5 Stunden CHF 39.-

(148) WOMO-Campingplatztipp: Sportarena Leukerbad

GPS: N 46°22'52", E 7°37'25", 1400 m **Öffnungszeit**: April bis Oktober
Ausstattung / Lage: 140 Plätze, kaum Dauercamper, Stellplätze auf schattenlosen Wiesenterrassen am Rand eines Wäldchens und am Ortsrand, direkt an der modernen Sportarena, Burgerbad und Gemmi-Bahn sind zu Fuß erreichbar. Womo inkl. 2 Personen CHF 34.-, Strom CHF 6.-, www.sportarenaleukerbad.ch
Zufahrt: durch den Ort hindurch. Am oberen Ortsende links. Ausgeschildert.

Das Rhônetal zwischen Leuk und Gampel ist auf den ersten Blick wenig spektakulär. Ein Stopp lohnt sich jedoch im kleinen Ort Turtmann.

Ein Stützpunkt auf Simplonhandelsweg
Ein Rundgang durch das historische Turtmann

Gut gelegen an einem der wichtigsten Handelswege nach Italien, erlebte Turtmann im 17. Jahrhundert seine Blütezeit. Waren wurden damals mit Maultieren über den Simplonpass transportiert und Turtmann war ein wichtiger Handelsplatz an der Route. Im Ortskern verbergen sich über 20 gut erhaltene historische Gebäude, die mit einen zweistündigen Rundweg, dem Kulturpfad Turtmann, verbunden sind. Der Weg beginnt an der Kirche und führt von uralten, vorsichtig restaurierten Patrizierhäusern bis zur alten Sennerei und zur alten Säge, wo ein Abstecher zum Wasserfall lohnt. Bodenmarkierungen erlauben die sorgenfreie Orientierung unterwegs, außerdem bekommen Sie an der Information auch ein Faltblatt mit der Beschreibung. Am Bahnhof können Sie dann in der Schaukäserei besten Walliser Käse direkt vom Erzeuger kaufen.

Die im Ort abzweigende Straße ins Turtmanntal ist mit Vorsicht zu genießen. Sie ist durchgängig sehr schmal und überhaupt nur mit kompakten Womos befahrbar. Unterwegs gibt es keinerlei Parkmöglichkeiten und am Talschluss nur wenige Parkplätze im Weiler Gruben oder am Rand der Straße kurz vor dem Talende. Am Straßenende können Sie nicht drehen!

Kurz nach Turtmann biegt in südlicher Richtung die gut ausgebaute Straße zum Bahntunnel mit **Autoverladung** ab. Sicher verstaut auf einem Eisenbahnwagen könnte Ihr Wohnmobil in einer schlappen Viertelstunde (Wohnmobil bis 5t CHF 22.- bis 28.-) durch den Berg und hinüber nach Kandersteg im Berner Oberland rollen ...

Aber eigentlich haben wir jetzt hier etwas anderes vor: Fährt man nämlich an der Bahnstation vorbei, führt rechts eine erfreulich unkomplizierte Straße an der Lonza entlang in ein immer noch ruhiges abgelegenes Tal.

An der Lonza

Maskenzauber und UNESCO Weltnaturerbe
Natur und Kultur im Lötschental

Eine Straße führt erst seit den 50er Jahren ins Tal, vorher waren die Orte Kippel, Wiler und Blatten nur mit der Bahn zu erreichen. So haben sich im Lötschental weit weg von der modernen Welt alte Traditionen und Bräuche erhalten, die im Rest der Schweiz völlig unbekannt sind. Besonders eindrucksvoll ist der Aufzug der Tschägätta. Zottelige Gestalten mit grauslichen Fratzen streifen in den kalten, schneereichen Faschingstagen durch die Dörfer, um dort Angst und Schrecken zu verbreiten. Eine schöne Sammlung von Masken, die meist aus Arvenholz geschnitzt und dann in kräftigen Farben bemalt werden, kann man auch außerhalb der Faschingszeit im Lötschentaler Museum in Kippel betrachten. Im Einsatz sehen Sie Masken und Zottelpelze jedes Jahr Anfang Februar beim Tschäggättu-Umzug, dem Höhepunkt der Lötschentaler Faschingssaison. Etwa 100 Maskierte laufen dann die Strecke zwischen den Dörfern Blatten und Ferden ...

Und das ist es, was auch Sie hier im Tal unbedingt tun sollten: Laufen. Besser mit Wanderschuhen als mit Holzmaske und den Fellumhang können Sie sich im Sommer auch sparen. Das Gebiet hinter der Fafleralm am Talende hinauf zum Gletschertor des Langgletschers wurde 1901 zum Weltnaturerbe erklärt. Ein einfacher, gut markierter Wanderweg führt zu zwei idyllischen Seen, an der Lonza entlang zum Gletschertor und durch ein felsgesprenkeltes Wiesental weiter hinauf zur Anenhütte. Und das i-Tüpfelchen an der Sache: unterhalb der Fafleralm ermöglicht ein einfaches Campinggelände direkt am sprudelnden Wildbach einen entspannten Aufenthalt mit abendlichem Lagerfeuer und ausführlicher Grillsession vor dem Wohnmobil – und das vor bilderbuchreifer Bergkulisse.

Wenn Sie ins Tal hineinfahren, finden Sie den ersten Platz zum Bleiben bereits im ersten Dorf in Kippel: Am Ufer der Lonza gibt es hier ein einfaches Campinggelände.

(149) WOMO-Campingplatztipp: Lonzastrand / Kippel

GPS: N 46°23'54", E 7°46'30", 1.357 m
Öffnungszeiten: Ca. Mai - Oktober.
Ausstattung/Lage: Unterhalb des Bergdorfes Kippel, Ort ca. 500 m. Einfache Ausstattung, keine V/E-Anlage, Wiesengelände am Fluß. Platzwart kommt morgens zum Kassieren. Womo inkl. 2 Pers. CHF 24.-, Strom CHF 4.-
Zufahrt: Im Ort ausgeschildert. **Sehr enge** Zufahrt mit Dachüberhängen. Vorsicht mit großen WOMOs!

Ebenfalls hier im Ort in der Museumsstraße 1 finden Sie das **Lötschentaler Museum**. Neben der Sammlung von 60 Tschägätta-Masken aus den letzten 100 Jahren finden Sie hier einiges über das Zusammenleben von Mensch und Berg und über die Geschichte des Lötschentales.
Von Juni bis Oktober geöffnet von Di-So 15-17 Uhr, im Winter nur Mittwoch bis Freitag. Eintritt CHF 5.-

Einen zentralen und doch übernachtungstauglichen Parkplatz am Ufer der Lonza hat der nächste kleine Ort zu bieten.

(150) WOMO-Stellplatz: Blatten

GPS: N 46°25'10" E 7°49'09", 1.535m **max. WOMOs:** 2-3.

Ausstattung/Lage: Parkplatz im Ort. Parkgebühr kann bis zu 7 Tagen gelöst werden, Tagesparkschein CHF 5.-, WC und Mülleimer, Einkehrmöglichkeit im benachbarten Restaurant Silberdistel mit großer Auswahl. Unter anderem bekommen Sie auch einfache Gerichte wie Käsefondue, Röstispezialitäten oder Pizza zu vergleichsweise günstigen Preisen.
Zufahrt: Direkt an der Ortsdurchfahrt, kurz nach der Überquerung der Lonza.

Der schönste Platz im Tal ist jedoch unbestritten der ebenfalls sehr einfache Camping neben dem großen Parkplatz am Straßenende. Für Tagesgäste ist der Parkplatz (Tagesparkschein CHF 5.-) eine gute Basis für die beiden beschriebenen Wanderungen.

(151) WOMO-Campingplatztipp: Fafleralm

GPS: N 46°26'06", E 7°51'41", 1.765 m **Öffnungszeiten:** ca. Mai - Oktober
Ausstattung/Lage: Im Talkessel zwischen mehreren Gletschern am Bach gelegen. Halbwegs ebene Wiesenfläche. Feuerstellen am Bachufer und Murmeltierbau am Hang hinter dem Platz. Am Parkplatz Kiosk, Hütte mit Snackverkauf und WC. Für Campinggäste separater einfacher WC/Duschcontainer, Trinkwasser vorhanden. keine V/E-Station, Telefon +41 (0)27 939 14 03
Zufahrt: Am Straßenende durch die Parkplatzschranke (Ticket ziehen) und dann links zum Wiesengelände. Anmeldung und Münze zum wieder Hinausfahren am Kiosk.
Sonstiges: Postbusstation am Platz. Optimaler Ausgangspunkt für zwei schöne Wanderungen.

Der Lötschentaler Höhenweg – eine Wanderung für Genießer

Gehzeit 2,5 h, 140 m hoch, 340 m hinunter. Weit oberhalb von Straße und Fluss führt ein einfach zu gehender Fußweg durch blühende Wiesen und über sprudelnde Bäche mit weitem Blick ins Tal hinein. Wer den Lötschentaler Höhenweg in seiner vollen Länge laufen möchte, ist zwischen der Fadumalm am Taleingang und der Fafleralm am Straßenende gut 5 Stunden und 16,5 km unterwegs. Unsere Teilstrecke ist weniger anspruchsvoll und auch für weniger trainierte Wanderer und Familien locker zu schaffen. Nehmen Sie einfach vom Parkplatz am Talende den stündlich fahrenden Postbus nach Wiler, lassen sich von der Seilbahn hinauf zur Lauchernalp transportieren und laufen von dort mit weiter Sicht ins Tal auf dem gut markierten Weg zurück zum Womo. Auf halben Weg können Sie am Tellistafel in der Tellisalp einkehren, und kurz vorm Ziel lassen sich am Schwarzsee idyllische Picknickplätze entdecken oder der Sprung ins kalte Wasser wagen. Sie finden eine genaue Beschreibung dieser Wanderung unter anderem im Buch *Entdeckertouren Oberwallis* von Eugen Hüsler oder in verschiedensten Varianten unter www.loetschental.ch

Wanderung zum Langgletscher und zur Anenhütte

13 km, 710 hm, ca. 4,75 h (bis zur Anenhütte), ohne Besuch der Anenhütte ca. 3,5 h, 460 hm. Etwas höhere Ansprüche an die Kondition stellt ein Ausflug von der Fafleralm in die andere Richtung. Landschaftlich nicht weniger eindrucksvoll geht es sanft ansteigend an der wilden Lonza entlang ins Tal hinein. Schon nach einer knappen halben Stunde steht man am türkisblau schimmernden **Grundsee** und müsste eigentlich gar nicht weiter gehen, so schön ist es hier. Dann hätten die schwer beladenen Blaubeerbüsche am Hang unserer Wanderung beinahe ein vorzeitiges Ende bereitet.

Doch der Gletscher lockt dann doch zu sehr: Mit blau getönten Fingern und Zungen wandern wir weiter am Fluss entlang und erreichen über mehrere Stationen des **Gletscherlehrpfades**, der uns den ganzen Weg begleitet, das **Tor des Langgletschers**. Erst wenn man immer näher kommt, wird klar, dass die Eishöhle, aus der die Lonza mit Schwung hervorschießt, das Format eines mächtigen Kellergewölbes hat. Von weiter weg sieht es klein und harmlos aus. Das letzte Wegstück zum Langgletscher ist ein Stichweg, auf dem wir aus dem schmalen Tal, welches der zurückweichende Gletscher hinterlassen hat, zurücklaufen, bis es um uns wieder weiter wird. Hier zweigt rechts der erste **Abzweig zur Anenhütte** ab, die, nachdem eine Staublawine sie 2006 komplett zerstörte, seit dem Herbst 2008 in neuer, hochmoderner Pracht neben dem Gletscher steht. An ihrer Architektur dürften sich wohl die Geister scheiden, der Standort und der Weg dorthin sind allerdings unvergleichlich. Auch wenn wir es nicht mehr ganz bis dorthin geschafft haben – Sie wissen schon die Blaubeeren und vorher war die Sonne so warm und der Platz vor dem Womo so gemütlich. So blieb uns nach dem Aufstieg durch das grüne Tal mit üppig sprudelndem Bachlauf zwischen wild in der Wiese verstreuten Felsen nur ein bedauernder Blick nach rechts oben. Das nächste Mal gehen wir früher los. So wenden wir uns heute kurz vor dem anvisierten Ziel nach links und laufen über die felsgesprenkelten Wiesen der **Guggialp** zum nächsten See. Kurz bevor Sie den **Guggisee** erreichen, zweigt ein Pfad zurück zum Parkplatz ab: das wäre der kürzeste Weg zurück. Wir laufen weiter zum See, links am Ufer entlang und steigen erst an der Almsiedlung **Guggistafel** in Serpentinen wieder hinab ins Tal und erreichen eine gute halbe Stunde später die **Fafleralm**.

Wenn Sie nur von der Fafleralm zum Gletschertor wollen, kalkulieren Sie dafür gut 2,5 Stunden, allerdings verpassen Sie dann den landschaftlich grandiosen Aufstieg zur Guggialm. Eine Karte mit allen Wegen finden Sie

am Parkplatz. Dort oder am Kiosk bekommen Sie auch einen Flyer, der die einzelnen Stationen des Weges beschreibt. So können Sie mit Hilfe der Erklärungen die landschaftlichen Spuren lesen, die der Langgletschers über die Jahrhunderte im Tal hinterlassen hat.

Wir trennen uns schwer von dem schönen Tal, das uns schon in kurzer Zeit ans Herz gewachsen ist, und kehren zur Rhône zurück, um neuen Reisehöhepunkten entgegenzufahren. Ganz besonders hoch hinaus wird uns der Abstecher ins nächste Tal bringen: von Zermatt geht es dann hinauf zum 3000 Meter hohen Gornergrat. Aber bevor es soweit ist, haben wir in Gampel noch einen netten Stellplatz für Sie. Am Parkplatz der Seilbahn nach Jeizinen können Sie ortsnah die Nacht verbringen.

(152) WOMO-Stellplatz: Seilbahn Jeizinen / Gampel

GPS: N 46°18'53", E 7°44'17", 632 m **max- WOMOs:** 1-2

Ausstattung / Lage: Am Ortsrand von Gampel, asphaltierter, ebener, von Bäumen eingerahmter Platz mit Parkuhr an der Talstation einer wenig frequentierten Seilbahn, WC zu Öffnungszeiten der Seilbahn.

Anfahrt: Von der Hauptstraße in Gampel ausgeschildert (Seilbahn Jeizinen) Alternativ gibt es an der Zufahrt nach Gampel gleich vorne an der Rhône auch einen Campingplatz.

(153) WOMO-Campingplatztipp: Rhône Gampel

GPS: N 46°18'27", E 7°44'29", 630 m **Öffnungszeiten:** April bis Oktober

Ausstattung / Lage: Plätze in Rhônenähe, moderne Sanitäranlagen, Schwimmbad, Spielplatz, Restaurant, Fahrradvermietung (Tag CHF 8.-)
Womo + 2 Personen CHF 24.-, www.campingrhone.ch

Zufahrt: Direkt links am Abzweig von der E 62 nach Gampel

Einen weiteren Stopp auf der Fahrt zu den Vispertälern könnten Sie an der **Felsenkirche in Raron** einplanen. Anfahrt: Vorsicht! Bei Raron unbedingt die erste Zufahrt von der »9« zum Ort wählen und die Rhône über die Grossibrigga Gesch queren. Die Zufahrt zur Brücke im Ort (Bahnhofstraße) führt auf der südlichen Rhôneseite durch einen 2,40 hohen Tunnel. Auch bei der Rückkehr zur Kantonalstraße also erst aus dem Ort hinaus und dann erst links über die Rhône fahren. Parkplatz an der Kirche **GPS N 46°18'37", E 7°48'8"** mit Nachtparkverbot.

Die Felsenkirche von Raron und Rilkes Grab

Die eigentliche Felsenkirche, von der nur der moderne Eingang sichtbar ist, befindet sich unten im Berg. Der große Höhlenraum, in dem 500 Gläubige Platz haben, wurde 1974 aus dem Burgfels gebrochen. Der Raum im Bauch der Mutter Erde hat nicht nur eine besondere Stimmung, sondern auch einen besonders gute Akustik. So dass er gerne für Konzerte genutzt wird.

Hoch über der modernen Felsenkirche ragt der Turm der um vieles älteren Burgkirche St. Romanus in den Himmel. Sie wurde um 1512 errichtet und beherbergt ein gut erhaltenes äußerst martialisches Gemälde mit der Darstellung des jüngsten Gerichtes, das die verqueren Moralvorstellungen der (frühen?) katholischen Kirche wunderbar auf den Punkt bringt. Liebhaber des Dichters Rainer Maria Rilke pilgern auf den Kirchberg, um sein Grab zu besuchen. Der Dichter verbrachte, auf der Flucht vor den Wirren des 1. Weltkrieges, seine letzten Jahre in der Schweiz. Er lebte in einem Schlösschen oberhalb von Sierre, wo er 1926 mit gerade einmal 51 Jahren an Leukämie starb. Einen Einblick in sein Werk bekommen Sie im Museum im Pfarrhaus, das außerdem auch eine Ausstellung über Kirchenbau im 19. Jahrhundert beherbergt. Geöffnet von Juni – September täglich von 10 – 16 Uhr. Eintritt CHF 4.-. Grab und Kirche sind frei zugänglich. Um hinauf zu kommen, laufen Sie vom Parkplatz in den Ort (Hinweisschilder) und dann rechts in einem Bogen steil hinauf. Der Ausblick ist von hier oben übrigens phantastisch.

Am nächsten Abzweig ist es so weit: Durch einen Tunnel rollen wir unter der üblichen steilen Felsstufe am Talbeginn hindurch und nähern uns zwei der bekanntesten Touristenorte der Schweiz. **Zermatt** und **Saas Fee**. Wir sind gespannt und ein bisschen graust es uns auch vor dem zu erwartenden Trubel. Aber die Überraschung ist durchweg positiv.

Die Vispertäler

Das Tal der Saaser Vispa und auch das Tal der Matter Vispa erforschen Sie problemlos auch mit größeren Wohnmobilen. Auf der Fahrt nach Zermatt ist einige Kilometer vor dem Ort Schluss. Zermatt ist komplett autofrei. Fahren können Sie nur bis Täsch, wo Sie Ihr Wohnmobil am besten auf dem gut gelegenen Campingplatz unterbringen, um mit dem Zug nach Zermatt weiter zu fahren. Im Nachbartal in Saas Fee treffen wir unerwartet auf ein kleines Wohnmobilparadies. Auch hier bleiben Autos vor der Stadt. Für Wohnmobile gibt es einen großen, gut besuchten Stellplatz direkt hinter dem PKW Parkhaus. Man steht hier recht ruhig auf einer Wiese und hat an den Randplätzen tollen Talblick. Besonders interessant ist aber der seit 2012 eingeführte Bürgerpass für knapp CHF 5.- Kurtaxe pro Person, mit dem Sie kostenlos Bergbahn fahren und viele Attraktionen des Ortes besuchen. So können Sie hier erlebnisreiche Tage verbringen, ohne ein Vermögen auszugeben, was Ihnen nebenan in Zermatt schwerlich gelingen wird. Also fahren Sie los und schauen sich das Ganze selber an...

Freie Ferienrepublik Saastal – ereignisreiche Tage mit dem Bürgerpass

Nach den ersten 9 Kilometern haben Sie die Wahl: Saastal oder Mattertal. Wir biegen links ab und rollen zuerst ins ruhigere **Saastal** hinein. Bis Saas Grund ist die Straße beinahe eben und gerade. Hier geht es dann links nach Saas Fee hinauf und geradeaus weiter auf schmaler werdender Straße in ein sehr reizvolles Talende. In **Saas Grund** finden Sie nebeneinander gleich vier Campingplätze, die mit Preisen zwischen CHF 26.- und CHF 32.- trotz guter Ausstattung unter dem Schweizer Preisdurchschnitt liegen und nicht so viel teurer sind als der

Stellplatz oben am Berg. Dazu gilt auch hier: ab der ersten Übernachtung ist der Bürgerpass inklusive, so dass Sie alle Bergbahnen und das Postauto kostenlos benutzen und viele interessante Ausflüge machen können. Wenn Sie also nicht unbedingt direkt am quirligen Dorfleben von Saas Fee interessiert sind, stehen Sie hier unten auch recht gut.

(154) WOMO-Campingplatztipp: Campingplätze Saas Grund

Ausstattung / Lage: Vier Campingplätze in einer Reihe bieten Ihnen jede Menge Auswahl für einen schönen Platz. Am Hotel und mitten im Ort in direkter Nähe zur touristischen Infrastruktur und mit kostenlosem Eintritt ins Hallenbad befindet sich der **Camping Bergheimat**. Naturnah und etwas außerhalb im Grünen liegen die von Mai bis Oktober geöffneten Plätze **Kapellenweg** und **Mischabel**, die uns am besten gefallen haben. Ebenfalls etwas außerhalb des Ortes in Richtung Saas Amagell empfängt Sie der vierte **Camping Schönblick** ebenfalls ganzjährig.

Zufahrt: Die Plätze reihen sich an der Straße um Saas Grund und weiter in Richtung Saas Amagell und sind beschildert.

In Saas Grund haben Sie auch das perfekte Basisquartier für eine besonders spannende Wanderung.

Der Suonen- und Erlebnisweg von Saas Amagell

8 km, 2h 30 min, 540 hm bergab

Wanderschuhe notwendig, für den Erlebnisweg schwindelfrei und trittsicher! Kinder frühestens ab 10 Jahren.

Nehmen Sie von Saas Grund das Postauto nach Saas Amagell zur Furggstalden Sesselbahn und starten von dort auf einem erlebnisreichen Weg zurück. An der Bergstation der Bahn beginnt der Almageller Erlebnisweg. Nach einem kurzen Stück auf einem Fahrweg geht es mit toller Aussicht auf gut gesicherten Felspfaden mit einigen Leiterchen und Eisentritten rund um das Almageller Horn zur Almagelleralp. Höhepunkt des Weges sind zwei lange Hängebrücken. Auf der Höhe des Ortes Saas Amagell steigt man dann nach etwa 45 Minuten aufregendem Bergweg wieder ein ganzes Stück hinunter

und folgt knapp über den Dächern des Dorfes dem Pfad in Richtung Saas Grund, Moosgufer. Wem der Erlebnisweg zu heftig ist, der kann auch vom Parkplatz im Dorfzentrum zur Holzbrücke über dem Wasserfall hinaufsteigen und hier links in Richtung Moosgufer laufen. Im leichten Auf- und Ab läuft man von hier an der sanft plätschernden Suone entlang zurück nach Saas Grund.
Vorsicht! Der Sessellift fährt nur zwischen10 und 12 und 14 und 16 Uhr. Ohne Bahn steigen Sie erst mal 430 m hinauf. Eine Karte und eine ganz genaue Beschreibung finden Sie bei www.planetoutdoor.de unter Erlebnisweg Almagellerhorn und Moosgufer-Suone oder im gerne zitierten Buch *Entdeckertouren Wallis* (Hüsler).

Eine Suone? Was ist das denn?
Genau das fragten wir uns vor nicht allzu langer Zeit. Inzwischen kann ich es Ihnen erklären: Eine Suone ist eine mehr oder weniger antike Wasserleitung. Die Südhänge der Walliser Berge sind trocken und damit dort und im sonnigen Tal Wein und Gemüse gedeihen kann, braucht es Wasser, welches es in den Bergen zu Genüge gibt. So baute man erst Gräben und später offene Leitungen, die teilweise aufwändig an steilen Hängen entlanggeführt wurden. Einige Suonen sind heute noch in Betrieb oder man hat sie instandgesetzt. Auf ihren Trassen wurden teilweise recht abenteuerliche Wanderwege eingerichtet. Unsere Suone ist eine der zahmeren Art. Eine schöne Auswahl weiterer Suonenwanderungen finden Sie im empfohlenen Wanderbuch.

Wenn Sie jetzt von **Saas Almagell** weiter ins Tal fahren, ist es schnell vorbei mit der ebenen, geraden Straße. Am Ende des Saastales haben uns die Kurven wieder: Serpentine um Serpentine schraubt sich die Straße hinauf, bleibt dabei aber immer zweispurig, so dass Sie sich auch mit größeren Mobilen hinauftrauen können. Ganz oben vor dem Natursteinwall des **Mattmarkstausees** kann man dann auch frei übernachten.

(155) WOMO-Wanderparkplatz: Mattmarkstausee

GPS: N 46°02'59", E 7°57'27", 2.176 m
max. WOMOs: 2 - 3.
Ausstattung/Lage: Am Fuß des Steinwalles der Staumauer. Auf dem unteren Schotterplatz nur wenige halbwegs ebene Nischen. Oben auf der Asphaltfläche am Gasthof eben, aber stark dem Wind ausgesetzt, Berggasthof mit Ausstellung zum Stauseebau etwa von Mitte Mai bis Mitte Oktober bewirtschaftet.
Zufahrt: Nach Saas-Almagell 7 km bis zum Ende der Fahrstraße.

Wanderung im Steinbockland – eine Runde um den Mattmarkstausee

Vom Parkplatz können Sie auf bequemem Weg mit wenigen Steigungen in gut 2 Stunden einmal um den Stausee spazieren. Der Weg an der Westseite führt erstmal durch einen langen Tunnel und dann auf Asphalt bis zur Seespitze unterhalb der Distelalp. Auf der anderen Seite geht es auf einem Sand-Schotterweg zurück. Auf dem Rückweg – bereits kurz vor der Dämmerung – sind wir mitten auf dem Staudamm einer Gruppe junger Steinböcke begegnet. Sie leckten hochkonzentriert und mit verzücktem Gesichtsausdruck etwas Köstliches von den Steinen auf dem Damm. Salzige Steinkrümel? Losgetreten von Wandererschuhen? Wir wissen es nicht. Jedenfalls ließen uns die Tiere ganz erstaunlich nahe heran...

Wenn eine richtige Bergtour aus dem Spaziergang werden soll, steigen Sie an der Distelalp knapp 600 Meter hinauf bis zum Monte Moro-Pass, einem alten Passweg zwischen der Schweiz und Italien. Das Rifugio Oberto, in dem Sie kurz hinter der Passhöhe einkehren können, steht bereits auf italienischem Boden. (Gehzeit 6 h, Wanderschuhe, Karte und Bergerfahrung notwendig). Auch diese Tour finden Sie im Buch Entdeckertouren Oberwallis.

Saas Fee

Nach so viel Bergeinsamkeit am Mattmarksee stürzen wir uns jetzt wie versprochen ins touristische Dorfleben von Saas Fee. Direkt am Ortseingang werden Sie vom Womo-Symbol empfangen und links am Parkhaus vorbei auf den Stellplatz gelotst. Die ersten 3 Stunden parken Sie hier übrigens kostenlos, so dass Sie sich in Ruhe umsehen können, um zu entscheiden ob Sie bleiben.

(156) WOMO-Stellplatz: Saas Fee

GPS: N 46°06'38", E 7°56'00", 1.777 m **max. WOMOs:** >10.

Ausstattung/Lage: Große, ebene Wiese hinter dem Parkhaus, ruhig und gut abgeschirmt, Wasserhahn, WC, Entsorgungs-Station mit Bodeneinlass für Grauwasser. Zufahrt durch eine Schranke, 3 Stunden parken Sie kostenfrei. Wenn Sie länger bleiben, holen Sie sich in der Tourist-Information den Bürgerpass, der Ihnen einen günstigeren Parktarif und freie Fahrt mit der Bergbahn sichert. Parkgebühr mit Bürgerpass CHF 18.- zuzüglich CHF 4,70 pro Person für Kurtaxe und Bürgerpass.

Zufahrt: Straße führt von Saas Grund in Serpentinen hinauf bis zum riesigen Parkhaus. Vor dem Parkhaus links hinab zum WOMO-Stellplatz (P4).

Wir erreichen die »freie Ferienrepublik« pünktlich zum Markttag und kaufen mitten im Nobelort zu unerwartet günstigen Preisen ein. Es gibt Walliser Knoblauchwurst, frischen Almkäse, hausgebackenes Brot und die köstlichen Schweizer Fruchtwähen. Gasthöfe und Cafés finden Sie in allen Preisklassen. Auf der Straße herrscht buntes Gewimmel und dazwischen schnurren die kleinen Elektroautos der Hotels umher. Alle anderen Fahrzeugen ist der Zugang zum Ort verwehrt, sie bleiben im riesigen, im Sommer halb leeren Parkhaus am Ortseingang.

Im Ort mischen sich alte Holzhäuser mit modernen Hotels und schmale Gassen sorgen für dörfliches Flair. Wenn es Ihnen gefällt, holen Sie in der Touristen-Information, die Sie beim Weg ins Dorf kaum verfehlen können, ihren Bürgerpass mit dem Sie dann die Qual der Wahl zwischen vier Seilbahnstrecken am Ort haben. Sie könnten zum Beispiel hinauf zum **Allalin Gletscher** fahren oder am **Spielboden** die **zahmen Murmeltiere** besuchen – das Angebot ist eigentlich unwiderstehlich. Wandervorschläge um die Bergstationen der Seilbahnen bekommen Sie in der Information. Außerdem finden Sie an der Talstation des Alpin Expresses in Richtung Allalin-Gletscher einen kleinen **Hochseilgarten** mit 2 Parcours und die rasante **Sommerrodelbahn Feeblitz** (mit Bürgerpass reduzierter Tarif). Oben am Gletscher könnten Sie das ganze Jahr über Ski fahren. Langweilig wird es Ihnen in Saas Fee also ganz bestimmt nicht.

Verlassen wir jetzt das gastfreundliche Tal der Ferienrepublik und machen uns wieder auf den Weg. Dazu fahren wir zurück in Richtung Taleingang und wählen dieses Mal die Straße ins Nachbartal, an deren Ende der Schweizer Berg der Berge auf uns wartet.

Der lange Weg zum Matterhorn

Der Weg zum Matterhorn ist eine Expedition. Das gehört sich schließlich so bei einem 4000er. So nähern wir uns jetzt dem Wahrzeichen der Schweiz auf verschlungenen Pfaden. Einfach hinfahren und anschauen? Vergessen Sie es. Vom Abzweig ins Tal durchqueren wir **St. Niklaus** und rollen von dort bequem weiter nach **Täsch**, wo die Reise abrupt auf einem der vielen kostenpflichtigen Parkplätze endet. Für private Fahrzeuge ist die weitere Straße gesperrt. Ab hier nehmen Sie ein Shuttle-Taxi oder Sie steigen in den Zug. Und hier beginnen Sie auch mit dem Rechnen oder Sie lassen es besser gleich bleiben – billig ist der Besuch im berühmtesten Ort des Wallis nämlich nicht. Kalkulieren Sie zu 10-15 CHF Parkgebühr ca. CHF 15.- pro Person für die Zugfahrt. Wenn Sie hoch hinaus auf den Gornergrat wollen, kommen noch mal CHF 80.- pro Erwachsenem dazu. Etwas günstiger ist der Gletscherblick nach 14 Uhr. Späte Gipfelstürmer sind mit CHF 66.- für die Bahn dabei. Da die letzte Bahn vom Gornergrat so gegen 19 Uhr startet, haben Sie auch dann noch ausreichend Zeit.

Natürlich gibt es günstigere Alternativen zum Gornergrat. Doch dazu später mehr. Jetzt müssen Sie erst mal ihr Womo parken. Wenn Sie in der Touri-Information fragen, schickt man Sie wahrscheinlich auf den **Busparkplatz**, für den Sie vor dem Parken im Bahnhofsgebäude ein Parkticket lösen müssen – das ist die teuerste und komplizierteste Lösung. Der Parkplatz befindet sich nämlich einen guten Kilometer außerhalb an der Ortseinfahrt von Täsch. Der Fußweg an der Matter Vispa entlang zum Bahnhof ist zwar nett, aber eben doch recht lang.

Deutlich besser stehen Sie auf dem privaten Parkplatz von Taxi Christophe, wo Sie auch über Nacht bleiben können, wenn Sie sich an die gängigen Übernachtungsregeln halten.

(157) WOMO-Stellplatz: Täsch Taxi Christophe

GPS: N 46°04'08", E 7°46'34", 1.435 m **max. WOMOs:** ca. 10

Ausstattung / Lage: Parkplätze in asphaltiertem Hinterhof mit dem Charme eines Gewerbegebietes. Tagesparkgebühr CHF 10.-, Tag+Nacht CHF 20.-. Übernachtung im Womo möglich (kein Camping).

Zufahrt: In Täsch, links der Straße kurz vor dem Bahnhof.

Unsere Empfehlung für einen entspannten Aufenthalt ist in diesem Fall der sehr günstig direkt am Bahnhof und trotzdem im Grünen gelegene Campingplatz, bei dem Sie für ihre »Parkgebühr« zumindest ein nettes Nachtquartier bekommen.

(158) WOMO-Campingplatztipp: Alphubel Täsch

GPS: N 46°03'55", E 7°46'30", 1.443 m **Geöffnet:** 15. Mai bis 15. Oktober.
Ausstattung/Lage: Schöne Wiesenplätze am Fluß, zentral und trotzdem ruhig und grün, wenige Schritte zu Fuß in den Ort und zur Bahnstation. Keine Dauercamper. Der Platz ist immer gut besucht. Reservierungen sind nicht möglich. V+E Station, neue Sanitäranlagen, Womo inkl. 2 Personen CHF 28.-, Strom CHF 5.-, Kurtaxe CHF 1.-, www.campingtaesch.ch
Zufahrt: Die Straße bis an ihr Ende fahren und dann hinter dem Bahnhof rechts über die schmale Flußbrücke.

Nachdem unser Haus gut untergebracht ist, wenden wir uns jetzt endlich dem Ziel des ganzen Aufstandes zu. Sie besteigen jetzt mit einer dicken Traube Reiselustiger aus aller Welt den **Zermatt Shuttle**, der alle 20 Minuten eine neue Gruppe neugierig schauender und unsicher umherirrender Menschen am Bahnhofsplatz von **Zermatt** ausspuckt. Hier fallen Sie direkt in die örtliche Information, wo Sie sich am besten erst mal mit einem Stadtplan ausstatten.

Zermatt – Bergsteigerdorf und Nobelquartier
38 Viertausender reihen sich rund um Zermatt und machen den Ort seit fast 150 Jahren zum Traumziel vieler Bergsteiger. Das Matterhorn – von den Einheimischen liebevoll Horu genannt – ist der berühmteste Berg der Schweiz. Auf dem Bergsteigerfriedhof im alten Teil des Ortes liegen Wagemutige aus aller Welt begraben: tödliche Unfälle gab es an den Bergen rund um Zermatt immer wieder, seit im Jahr 1865 die Siebenergruppe um den englischen Bergsteiger Edward Whymper zum ersten Mal einen Fuß auf die Felsspitze des Matterhornes setzte. Dem Triumph folgte die Tragödie:

Vier der sieben Erstbesteiger fanden anschließend ihre letzte Ruhestätte in Zermatt – sie stürzten beim Abstieg über die Nordwand ab. Heute pilgern jeden Sommer um die 3000 Bergsteiger zum Horu – und das innerhalb der 6-8 Wochen im Sommer, in der die vier möglichen Aufstiegsrouten begehbar sind. Von der Hörnlihütte über Zermatt gelangt man in 5-6 Stunden auf den berühmtesten Gipfel der Schweiz – allerdings braucht es dazu schon recht solide Bergerfahrung, wirklich gute Kondition und die Begleitung eines Bergführers. Und ungefährlich ist die Sache auch heute nicht.
Längst nicht alle Besucher Zermatts gehören zur besonderen Spezies der Bergsteiger – die 124 Hotels des Ortes sind rund ums Jahr gut gebucht und haben sich auf den gehobenen Tourismus spezialisiert. Der mangelnde Raum im Tal, setzt dem Wachstum enge Grenzen – und so setzt man stattdessen auf besondere Qualität. Längst hat der Ort die Grenzen des alten Dorfes gesprengt und die Außenbezirke sind unschön verbaut. Im Ortskern bleibt Zermatt jedoch ein Dorf. So streift das internationale Publikum des Abends auch durch die engen Gassen des ganz alten Zermatt, und wenn sich am Nachmittag die zurückkehrenden Wanderer mit schweren Stiefeln und dreckigen Hosen unter das schicke Publikum in den Cafés mischen, bekommt der Ort einen ganz besonderen Charme.

Matterhornblick vom Gornergrat

Um in Zermatt hoch hinauf zu kommen, müssen Sie kein Bergsteiger sein – es braucht dazu nicht einmal Bergstiefel. Sie steigen einfach in die Zahnradbahn und schauen die nächsten 30 Minuten wie gebannt aus dem Fenster. Etwa nach einem Drittel der Fahrt taucht es zum ersten Mal auf: das Matterhorn. Und wenn Sie dann 1465m weiter oben wieder aussteigen sind Sie umringt von Gletschern – und wahrscheinlich ebenfalls von Menschen. So stehen Sie eng gedrängt und bewundern das Panorama, speisen auf einer der Terrassen oder hinter großen Glaswänden mit windfreiem Talblick. Wenn Sie gerne etwas mehr vom Berg spüren wollen, nehmen Sie doch die

Wanderschuhe mit hinauf. Eine schöne und recht unkomplizierte Strecke zum Laufen haben Sie vor sich, wenn Sie an der Station Rotenboden aussteigen und von hier erst zum Riffelsee und dann über einen schmalen Bergpfad mit vielen Horublicken bis zur Riffelalp hinabsteigen (andersrum geht es natürlich auch). Das letzte Stück ist etwas steiler, ansonsten läuft man recht gemütlich durch die raue Hochgebirgswelt. Gehzeit ca. 1h 45 min., ca. 600 hm bergab.

Natürlich gibt es um Zermatt noch viele andere Wanderrouten. Ruhiger als am Gornergrat ist es gegenüber am Schwarzsee, und wer unten im Tal bleiben möchte, könnte zum Beispiel die Gornerschlucht besuchen. Und wenn Sie gute Kondition und Spaß an einer ausgedehnten Wanderung mitbringen, schauen Sie sich das Matterhorn doch einfach von der anderen Talseite an, so wie es auch die Zermatter machen, wenn Sie die Lust zum Wandern packt. Dort fährt keine Bahn hinauf und den Aufstieg auf 2740 m müssen Sie aus eigener Kraft schaffen, dafür kommen Sie an einen ganz besonderen Ort weit abseits der Touristenströme.

Der Höhenweg über die Höhbalmen
Eine Wanderung mit Matterhornblick

Gehzeit 6h, 1130 Höhenmeter. Vom Zermatter Bahnhof läuft man auf der Bahnhofstraße durchs Dorf, bis rechts eine enge Gasse nach Trift abzweigt. Auf einem botanischen Lehrpfad geht es in die Triftschlucht hinein und durch den Wald steil hinauf, bis man nach 750 hm und 2 h den einsam gelegenen urigen Berggasthof Hotel du Trift erreicht. Hier wäre auch eine Übernachtung möglich (Zimmer oder Lager, www.zermatt.net/trift/de). Weiter geht es dann hinauf zur Hochebene der Höhbalmen. Jetzt beginnt der entspanntere Teil der Tour: nur sanft ansteigend führt der Weg mit bestem Matterhornblick auf den Zmuttgletscher zu und von dort über den Gasthof Chalbermatten und die Zmuttalm zurück nach Zermatt.

Wenn Sie nach dem Besuch am Matterhorn vom Bergfieber gepackt sind, machen Sie doch auf der Fahrt zurück zur Rhône Halt beim Nikolaus. Sie haben ihn bestimmt schon auf der Herfahrt am Kreisel stehen sehen – groß und knallrot kündet der vom Namen des zugehörigen Ortes: **St. Niklaus**. Hier ist eine der ersten Bergführerschulen der Schweiz zu Hause und ein **Museum im Meierturm** im Ortszentrum informiert über die Geschichte des Bergsteigens und das Leben der ersten Bergpioniere. Wenn Sie das Museum sehen wollen, müssen Sie allerdings viel Glück haben oder gut planen: Geöffnet ist von Mitte Juli bis Mitte September immer dienstags und freitags zwischen 18 und 20 Uhr ...

Zurück im Rhônetal treffen wir in **Brigerbad** auf die letzte Therme unserer Wallisreise. Mit einer riesigen Wasserrutsche, Sportbecken, Strömungskanal und einem 40 C heißen Grottenbad bietet das Bad für jeden etwas. Da alle Becken im Freien liegen, ist die Therme nur im Sommerhalbjahr (Mai - Oktober) jeweils von 11 - 19 Uhr geöffnet. Eintritt CHF 14.-, ab 14 Uhr CHF 12.-, Kinder CHF 7.-, Grottenbad zusätzlich CHF 3.- (ab 16 Jahre). Auf den großen Parkplätzen rund ums Bad ist Nachtparkverbot – kein Wunder, der Campingplatz befindet sich direkt nebenan.

(159) WOMO-Badeplatz: Thermal Camping Brigerbad

GPS: N 46°18'07", E 7°55'56", 655 m **Offnungszeiten:** Mai - Oktober
Ausstattung / Lage: Camping direkt neben der schönen Anlage des Thermalbades, Wiesenplätze unter in gleichmäßigen Reihen gepflanzten Bäumen. Bei voller Besetzung etwas eng ... Hunde verboten. Womo inkl. 2 Personen CHF 29.- bis 33.-, Strom 4,50, thermalbad-wallis.ch
Zufahrt: Ca. 1 km westlich des Ortes Brigerbad. Von der »9« ausgeschildert.

Einen weiteren Campingplatz gibt es in Brig, wo unsere Tour durch das Wallis ein Ende hat.

(160) WOMO-Campingplatztipp: Geschina Brig

GPS: N 46°18'34", E 7°59'38", 715 m **Öffnungszeiten:** Mai - Oktober
Ausstattung / Lage: am Bach außerhalb von Brig, 250 m Fußweg zum Freibad, Kostenloser WLAN Zugang, nur Ausguss für Chemie WC, Womo inkl. 2 Pers. CHF 24.- bis 27.-, Strom 2,50, Hund 2.-
Zufahrt: Links neben der Kantonalstraße 9 südlich von Brig

In Brig können Sie den im 17. Jahrhundert erbauten **Palast des Kaufmanns Kaspar von Stockalper** besichtigen, der als der Fugger der Alpen und genialer Kaufmann gilt. Die Besichtigung von Schloss und neu angelegtem Garten ist Di- So von 9.45 - 11.15 und 13.15- 16.45 möglich. Eintritt CHF 8.-, Jugend 7-16 CHF 3.-. Parken können Sie am Stadtrand **GPS N 46°18'54", E 7°59'2"** in der Glismattenstrasse oder außerhalb der Badesaison am Freibadparkplatz in der Nähe des Schlosses **GPS N 46°18'45", E 7°59'33"**.

TOUR 10 (ca. 150 km / 2-4 Tage)

Vom Wallis ins Berner Oberland

Brig – Aletscharena – Obergoms – Grimselpass – Innertkirchen – Meiringen

Freie Übernachtung:	Bettmeralpbahn, Mühlebach, Zauberwald Ausser binn, Gletsch, Grinselpass, Oberaarsee, Grimselkraftwerk, Räterichbodensee, Gelmerbahn, Guttannen, Gental, Ballenberg
Ver-/Entsorgung:	genannte Campingplätze
Campingplätze:	Mörel, Grengiols, Binntal, Blitzingen, Gluringen, Ulrichen, Innertkirchen, Meiringen
Besichtigen:	Grimselkraftwerk, Aare-Schlucht, Ballenberg

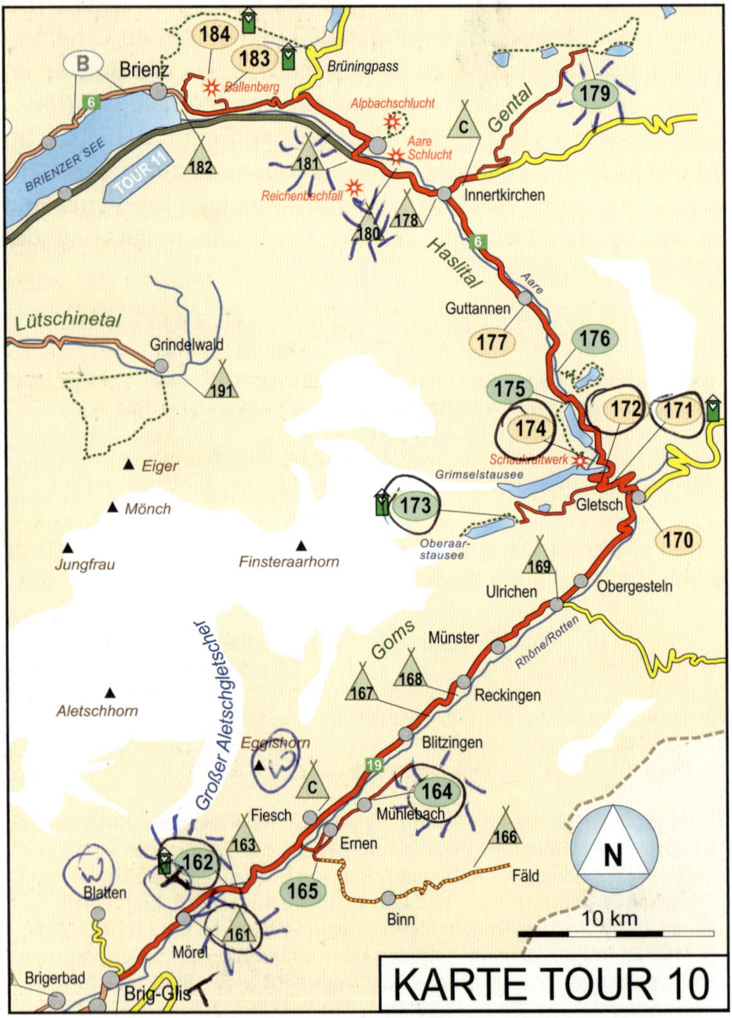

Wandern:	Aletscharena, Zauberwald, Gletsch, Oberaarstausee, Räterichbodensee, Gelmersee, Gental, Meiringen

Immer am Rand der höchsten Berge der Schweiz entlang führt die zehnte Tour durchs malerisch urige Goms zur Quelle der Rhône und über den Grimselpass mitten ins Hochgebirge hinein. Von dort geht es mit grandiosen Gebirgseindrücken wieder hinunter, am Ufer der Aare durchs Haslital und auf die andere Seite der Berge, wo Brienzer und Thuner See vor großer Bergkulisse in klarem Blau schimmern.

Aletsch der Große

Zurück im Rhônetal nähern wir uns schon dem nächsten Höhepunkt der Reise. Das Tal wird hier langsam enger, die Orte kleiner und die Straße schmaler. Kurz: das Rhônetal beginnt, ein wenig romantisch zu werden. Nachdem wir uns jetzt wieder im deutschsprachigen Teil der Schweiz befinden, trägt die Rhône hier ihren deutschen Namen: Rotten. Weit oberhalb des Flusses bewegt sich der **große Aletschgletscher** zwischen mächtigen Bergreihen vom Jungfraugebiet bis ins Wallis hinab. **Aletscharena** wird das Plateau unterhalb des Gletschers zwischen den vier autofreien Almsiedlungen **Belalp, Riederalp, Bettmeralp** und **Fiescheralp** genannt. Jede dieser »Alpen« ist ein kleiner Ferienort mit mehreren Hotels und zu jedem führt eine Bergbahn aus dem Tal hinauf. Weitere Seilbahnen erschließen den Bergkamm zwischen den Ansiedlungen und dem Aletschgletscher. Drei der Alpen erreicht man direkt aus dem Rhônetal von den Orten **Mörel, Betten** und **Fiesch**.

Wandern in der Aletscharena

Die einfachste Tour für **Wanderer mit wenig Bergerfahrung** startet an der Bettmeralp und führt durch den Aletschwald, der dem rauen Gletscher einen lieblich grünen Rahmen verpasst, zum Naturschutzzentrum in der dekorativen alten Villa Cassel (genauer auf S. 200). Eine besonders schöne

Tour oberhalb des Gletschers entlang beschreiben wir von der Bergstation Fiescheralp (S. 202), und wer die Gletscherschlucht per Hängebrücke überscheiten will, wählt die Strecke von der Belalp zur Riederalp. Das sind nur drei von vielen Möglichkeiten. Mit einem Tagespass für CHF 40.- kann man die verschiedenen Bahnen der kompletten Aletscharena zu einer Rundwanderung mit wenig Steigungen kombinieren. Auch die Rückfahrt im Tal mit dem Zug ist schon dabei. In der Nachsaison im Herbst bekommen Sie zum gleichen Preis noch ein Mittagessen auf dem Berg dazu.

Beginnen wir unsere Reise zum Aletschgletscher in Mörel. Hier fährt die Seilbahn zur Riederalp und im Tal finden Sie einen einfach ausgestatteten Campingplatz direkt am Fluss.

(161) WOMO-Campingplatztipp: Tunetsch / Mörel

GPS: N 46°21'33", E 8°03'05", 761 m **Öffnungszeiten:** ganzjährig
Ausstattung / Lage: Einfacher, aber sehr netter Platz in schöner Lage am kräftig rauschenden Bach, am Ortsrand, Restaurant am Platz, Talstation der Riederalpbahn in ca. 5 min. zu Fuß erreichbar, Womo inkl. 2 Pers. CHF 22.-, Strom 2,50, Kurtaxe CHF 2.-, Hund kostenlos, www.tunetsch.com
Zufahrt: Von der Ortsdurchfahrt auf der Kantonalstraße 19 am Ortsende von Mörel rechts hinter dem Restaurant Tunetsch. Der Camping ist ausgeschildert.

Der Aletschgletscher mit grünem Rahmen
Von der Riederalp durch den Aletschwald

Steigen Sie in Mörel in die Seilbahn, landen Sie wenig später im autofreien Bergferienort Riederalp. Zwischen etlichen Hotels gibt es zwei weitere Seilbahnen, die Sie auf die Hohfluh oder die Moosfluh bringen. Sie können von der Riederalp direkt in Richtung Aletschwald und Riederfurka marschieren und an der Villa Cassel den Aufstieg zur Moosfluh beginnen, oder Sie kürzen per Seilbahn ab. Der Weg von der Moosfluh über Biel hinunter und dann oberhalb des Aletschgletschers zur Riederfurka ist ein gut 2-stündiger unschwieriger Bergspaziergang mit tollem Gletscherblick. Steigen Sie auf eigenen Füßen von der Riederalp zur Moosfluh hinauf, rechnen Sie insgesamt 3,5h mit gut 400 m Höhenmetern. Egal, wie Sie entscheiden, am Ende Ihrer Wanderung lädt das **Naturschutzzentrum** in der **Villa Cassel** mit Alpenblumengarten und einer **Ausstellung zu Gletscher und Aletschwald** zum Besuch ein. Geöffnet ist Mitte Juni bis Mitte Oktober von 9-18 Uhr.

Walliser Schwarznasen

Zum jährlichen Almauftrieb im Aletschgebiet stapfen nicht nur die Kühe mit schweren Glocken den Berg hinauf. Ein helleres Bimmeln kündigt die kleineren Sommergäste auf den Almwiesen im Gletschergebiet an. Schwarze Gesichter und weißes Zottelfell, dazu mehrfach gedrehte Hörner verleihen dem wallisischen Schaf mit dem Namen »Schwarznase« sein charakteristisches Aussehen. Schwarznasen sind robuste und genügsame Bergschafe, die geschickt klettern, so dass Sie auch auf karg bewachsenen Steilhängen ihr Futter finden. Dass diese uralte Haustierrasse fast unverändert erhalten blieb, ist dem unbeugsamen Naturell der Walliser Schafzüchter zu verdanken, die sich allen Bemühungen, ein Schweizer Standardschaf mit hohem Fleischertrag zu züchten, erfolgreich widersetzten. So begegnen Sie den knuffigen Gesellen im Sommer häufig auf Wanderungen am Aletsch und rund um Zermatt.

Fahren wir weiter in Richtung Osten, snd es nur wenige Kilometer zur nächsten Seilbahnstation. Auf dem Parkplatz der **Bettmeralpbahn** ist die Übernachtung im WOMO toleriert.

(162) WOMO-Wanderparkplatz: Bettmeralpbahn

GPS: N 46°22‘18“, E 8°04‘49“, 835 m **max. WOMOs:** 3-4

Ausstattung / Lage: asphaltierter Großparkplatz zwischen Straße und Bach. . Tagesparkschein CHF 5.-. Fahren Sie auf der schmalen Straße zwischen Rhône und Durchgangsstraße vom Hauptparkplatz auf den großen Platz östlich der Talstation (durch die Schranke). Hier stehen Sie relativ ruhig direkt am Flussufer, wo das Rauschen des Wassers locker die Straßengeräusche übertönt.
Zufahrt: Zwischen Mörel und Fiesch direkt links der Kantonalstraße 19.

Vom hinteren Parkplatz ist der angenehme Camping Grengiols mit schönen Plätzen auf der Wiese am Fluss bereits in Sichtweite. Zur Seilbahn läuft man von hier wenige Minuten.

(163) WOMO-Campingplatztipp: Gemeindecamping Grengiols
GPS: N 46°22'22", E 8°05'05", 844 m **Öffnungszeiten:** Sommersaison
Ausstattung: einfacher Wiesenplatz direkt an der Rhône, keine V/E Station.
Zufahrt: Kurz hinter der Bettmeralpbahn links an der Kantonalstraße 19.

Wandern an der Bettmeralp

Von der Bettmeralp können Sie weiter hinauf zum Bettmerhorn fahren, und von dort in die Wanderrunde zum Märjelensee einsteigen, die wir von der Fiescheralm beschreiben (siehe unten). Sie sparen sich dadurch einige Höhenmeter Aufstieg und brauchen etwa genauso lang. Sehr lohnend aber anspruchsvoll ist auch der UNESCO Höhenweg von der Bergstation der Bahn zum Bettmerhorngipfel. Will man gar weiter über die Elsenlücke bis zum Eggishorn, braucht es solide Berg(steiger)erfahrung.

In **Fiesch** erreichen wir schließlich die dritte der großen Seilbahnen in die Aletscharena. Auf dem gebührenpflichtigen Parkplatz ist tagsüber genug Platz für Wohnmobile, nachts jedoch Parkverbot. Von Fiesch kann man zur **Fiescheralm** hinauf fahren, die ebenfalls eine ausgewachsene Feriensiedlung und keine Alm im eigentlichen Sinne ist, und von dort weiter zum fast bis zum Gipfel des Eggishorn schweben. Spannender ist es, sich dem weißen Band des Aletschgletschers langsam zu nähern. Dazu fahren Sie nur bis zur Fiescheralm (ca. CHF 27.- pro Pers. hin und retour).

Eiszeit – Zwischen Aletschgletscher und Gletscherstube

Gehzeit 4,5 h, ca. 300 hm, steinige Pfade, komplette Wanderausstattung notwendig. Von der Bergstation wenden Sie sich links und laufen auf der Almstraße an den Häusern vorbei. An den letzten Häusern geht es rechts hinauf in Richtung Bettmerhorn. Der breite Sandweg steigt mäßig und gleichmäßig an und hält auf die weithin sichtbare Kabinenbahn zum Bettmergrat zu. Kurz nachdem Sie unter den Seilen hindurch sind, haben Sie an der Hobhalm den höchsten Punkt des Bergrückens erreicht und der Gletscher kommt in Sicht. Hier folgen Sie den Wegweisern zur Roti Chumma und zur Gletscherstube am Märjelensee auf den steinigen Panoramapfad,

der ab hier über dem Gletscher entlang führt und ihnen eine besonders eindrucksvolle Wanderung beschert. Es geht stetig bergab und das Eis kommt immer näher, bis man unten an der **Roti Chumma** die Gletscherspalten genau erkennen kann. Hier mündet von oben der Weg von der Bergstation der Bettmergratbahn und bietet eine Alternative, sollte der untere Weg noch wegen Schnee gesperrt sein. Nach einer Wegstrecke knapp über dem Gletscher, steigt der Pfad wieder an. Dann verabschieden wir uns vom Gletscher, wenden dem Eis den Rücken zu und wandern zwischen den Wasserbecken des **Märjelensees** hinauf zum **Gasthof Gletscherstube**. Dicke grüne Büschel mit Wollgras schaukeln im Wind vor blauen Wasserflächen. Ein schmaler Wasserlauf sucht sich seinen Weg zwischen dicken Felsen und verbindet einen See mit dem nächsten. Malerischer kann eine Landschaft kaum sein. Nach gut drei Stunden Gehzeit haben Sie sich dann eine Rast an der Gletscherstube redlich verdient. Wenn Sie Glück haben, sitzen Sie gemütlich in der Sonne und lassen Sich Raclette, Rösti oder eines der dick belegten Sandwiches schmecken. Lecker ist alles und die Preise sind o.k..

Frisch gestärkt könnten Sie jetzt den Tälligrat überschreiten – wir nehmen jedoch den kürzeren Weg unten hindurch. Es gibt hier tatsächlich einen Fußgängertunnel durch den Berg. Jede Wette – so was finden Sie nur in der Schweiz. Wir marschieren also in schummeriger Beleuchtung einen ebenen Fahrweg entlang und erblicken nach etwa 15 Minuten Licht am Ende des Tunnels. Leicht geblendet nehmen wir dann die letzte Stunde Gehzeit auf einem breiten Schotterweg zurück zur Alm in Angriff und steigen in die Gondel, die uns wieder zu unserem Womo bringt.

Sind Sie mit Kindern unterwegs? In unmittelbarer Nähe zur Talstation der Seilbahn gibt es noch eine beliebte Attraktion für die Jüngsten: Im **Tierpark Aletsch** begegnet man Alpentieren wie Steinböcken und Murmeltieren. Vor allem aber ist das Streichelgehege mit Ponys und Ziegen für Kinder der Hit. Ponyreiten kann man dort auch und sich außerdem über artgerechte Tierhaltung informieren. Der Streichelzoo ist täglich geöffnet.

Die Ortsdurchfahrt von Ernen ist nur für kompakte Wohnmobile passierbar.

Vermutlich neigt sich inzwischen der Tag seinem Ende zu und Sie brauchen ein Nachtquartier. Auch in Fiesch gibt es einen Campingplatz, der zwar komfortabel, aber auch ungemütlich rechtwinklig angelegt ist – und zudem mit Preisen ab CHF 40.- fürs Wallis überdurchschnittlich teuer. Dafür gibt es in der Nähe für Womos in Durchschnittsgröße schöne freie Alternativen. Die erste finden Sie in **Mühleberg,** wo ein Skiliftparkplatz für großzügigen Parkraum sorgt. Etwas eng ist nur die Zufahrt durch den Ortskern des schnuckligen Dörfchens **Ernen**.

(164) WOMO-Wanderparkplatz: Ernen Mühlebach

GPS: N 46°24‘35“, E 8°09‘30“, 1.237m **max. WOMOs:** 2-3

Ausstattung / Lage: geschotterter Parkplatz am Ortsrand mit schönem Blick auf Mühlebach. Gut essen können Sie im nahe gelegenen Café Mühlebach. Auch im Hotel Restaurant Moosji im Ort kocht man für Sie Walliser Spezialitäten mit Bioge-

müse aus dem eigenen Garten.
Zufahrt: Von Ernen in Richtung Mühlebach / Steinhaus. Am Ortende von Mühlebach Parkplatz links der Straße
Sonstiges: Von Mühlebach können Sie entlang der seit 2006 neu in Betrieb genommenen Trusera Suone durch den Wald bis zum Zauberwald über Ernen laufen (Siehe nächster Stellplatz). Gehzeit ca. 2,5 h

Zu Trollen und Feen im Zauberwald

Etwas weiter oben, an der Zufahrt zum Binntal, finden wir ein weiteres Familienziel. Ganz neu ist der liebevoll gestaltete **Zauberwald** mit Bachspielplatz und Riesenschaukel, Grillplatz, Schluchtweg und Alphornrutsche. 20 tolle Spielstationen sorgen für einen äußerst abwechslungsreichen Waldspaziergang. Einen engen, kleinen Parkplatz gibt es am Wegbeginn **GPS N 46°23'09", E 8°07'49",** der zweite befindet sich eine Kurve weiter auf einer Wiesenfläche neben der Straße. Dort ist auch die Haltestelle des Postbusses, der von Fiesch hier hinauffährt. Mit kleineren Womos ist auf einem der beiden Plätze auch eine Übernachtung möglich. **(165) Stellplatz Außerbinn Zauberwald GPS N 46°23'7", E 8°07'52".**

Fahren Sie von Außerbinn weiter ins abgelegene **Binntal** hinein, führt die Straße durch einen langen Tunnel. Zwischen Binn und Fäld treffen Sie dann auf einen sehr schönen Camping, den Sie als Basis für Wanderungen im Tal nutzen können.

(166) WOMO-Campingplatztipp: Giessen / Binn

GPS: N 46°22'11", E 8°12'10", 1.474 m **Öffnungszeiten:** Mai - 15. Oktober
Ausstattung / Lage: Alleinlage mitten in der Natur. Wiesengelände mit Wäldchen an der Binna, Sanitäranlagen, aber keine V/E Station, Womo inkl. 2 Pers. CHF 24.-, Strom CHF 3,50, Familie Gunten, Tel. 027 971 46 19, www.camping-giessen.ch
Zufahrt: An der Binntalstraße kurz vor dem Talende in Fäld.

Hinter Fiesch beginnt das **Obergoms** und es wird im Tal immer ruhiger. Bergbahnen gibt es keine und auch die ganz großen Attraktionen werden Sie hier nicht finden. Dafür reiht sich ein schönes kleines Dorf ans nächste und Wanderer, die die Ruhe lieben, finden hier ihr kleines Paradies. Die Dörfer zwischen Bellwald und Ulrichen haben bei unserer Recherche nicht die Zeit abgekriegt, die Sie verdienen. Wir werden es nachholen. So lange bekommen Sie hier unsere ersten Impressionen und eine Handvoll Tipps zum Weiterforschen.

Das Obergoms zu Fuß oder mit dem Fahrrad

Die Wanderattraktion des Tales ist der neu angelegte Gommer Höhenweg, der oberhalb der Orte durch das komplette Tal führt. Von Bellwald bis Oberwald ist man 9-10 Stunden unterwegs. Der Weg ist jedoch von den Talorten, die durch die Matterhorn-Gotthard Bahn verbunden sind, in jeweils 20-30 Minuten erreichbar. So kann man auch gut kürzere Abschnitte laufen. Eine Panoramakarte bekommen Sie in allen Tourist-Informationen im Goms.

Weiter unten können Sie die junge Rhône mit dem Fahrrad begleiten. Der markierte **Radweg 1** der **Rhône-Route** führt in Flussnähe von Ernen nach Oberwald, wobei aber auch die ein oder andere Steigung zu bewältigen ist und viel auf Naturwegen gefahren wird. Leichter geht es mit einem e-Bike. Da wäre dann auch für weniger Sportliche die Tour von Blitzingen ins Binntal zu schaffen. Einen Verleih finden Sie in Bodmen bei Blitzingen bei Olympia Sport Telefon +41 (0) 27-971 03 30. Für ein e-Bike zahlen Sie eine Tagesmiete von ca. CHF 47.-

Aber auch die Fahrt im Womo auf der Kantonalstraße mit der Nummer 19 hat ihre Reize. Immer in Rhônenähe führt die Straße ins Tal hinein und durch die ersten kleinen Orte mit schmucken alten Holzhäusern hindurch. Nach **Niederwald** nähern wir uns **Blitzingen**, wo im Sommer ein erfrischender Ausflug lockt.

Rund um Blitzingen führt ein **Natur-Kneippweg**. Barfuss geht es durch Wiesen und einen kalten Gebirgsbach und an ganz warmen Tagen kann man auch im Wasserfall duschen und ein Bad im Bach nehmen. Der Weg beginnt am Parkplatz an der Ortseinfahrt direkt links der Straße **GPS N 46°26'29", E 8°12'07".** Zum Übernachten liegt der Platz arg nah an der Straße. Alternativ finden Sie einen guten Kilometer weiter bei Ritzingen direkt an der Rhône ein einfaches Campinggelände.

(167) WOMO-Campingplatztipp: Camping Brigga

GPS: N 46°27'19", E 8°13'35" **Öffnungszeiten:** Mai bis September
Ausstattung / Lage: Stellplätze in vier Bereichen an der Rhône verteilt, teilweise schattig, Womo inkl. 2 Personen CHF 16,50, Strom CHF 3.-, Telefon +41(0)27 973 16 31, www.campingbrigga.ch
Zufahrt: Von der 19 in Ritzingen rechts zur Rhônebrücke, ausgeschildert

Ebenfalls direkt an der Rhône gibt es in Gluringen neben dem öffentlichen Schwimmbad einen weiteren Camping.

(168) WOMO-Campingplatztipp: Augenstern Gluringen

GPS: N 46°27'54", E 8°14'42", 1.312 m **Öffnungszeiten:** ganzjährig
Ausstattung / Lage: Gut ausgestattet, geheizte Sanitäranlagen, Spielplatz, Restaurant, Stellplätze am Fluss, Womo incl. 2 Personen CHF 29.-, Strom CHF 4,50, +41 (0) 27 973 13 95, www.campingaugenstern.ch
Zufahrt: In Gluringen rechts über die Rhône, am Schwimmbad vorbei zum Campingplatz

Um **Ulrichen** wird die Bebauung im Tal wieder dichter. Um die alten Häuser in der Ortsmitte gruppieren sich viele Neubauten. Ein weiterer Campingplatz sorgt für die gesicherte Unterkunft, wenn man es von hier nicht mehr auf die Passhöhe schafft.

(169) WOMO-Campingplatztipp: Nufenen Ulrichen

GPS: N 46°30'15", E 8°18'40", 1.348 m **Öffnungszeiten:** 1.6. - 30.9.
Ausstattung / Lage: Wiesenplätze in Rhônenähe an einem Bach am Ortsrand, Schattenplätze unter Bäumen, Kiosk, Womo inkl. 2 Personen CHF 26.-, Strom CHF 3,50, Telefon +41 (0) 27 973 1437, www.camping-nufenen.ch
Zufahrt: In Ulrichen rechts über die Rhône, beschildert

Besonders empfehlen können wir noch den **Käseeinkauf** in der Dorfsennerei in **Obergesteln**, wo Sie guten Almkäse zu günstigen Preisen bekommen. Sie finden die Käserei am kleinen Platz links der Straße. Geöffnet ist vormittags bis 12 Uhr. Hinter Obergesteln beginnt die Straße anzusteigen. So geht es Kurve um Kurve weiter, bis in **Gletsch** ein Kessel zwischen hohen Bergen erreicht ist, in dem es im Winter mit dem Auto nicht mehr weiter geht. Nur die Bahnstrecke durch den Furkatunnel ist dann noch passierbar.

Auch im Sommer ist unsere Reise durch das Tal der Rhône hier zu Ende. Wir haben ihre Quelle erreicht. Hoch oben über Gletsch strömt das Wasser unter dem Gletschereis hervor und bildet den Ursprung des Flusses. Im Tal zwischen zwei großen Pässen gelegen, ist **Gletsch** traditionell ein (Rast)platz für Reisende. Es besteht vorrangig aus einem großen Hotel und der Bahnstation. Im alten Stationshaus können Sie eine **Ausstellung über die Entwicklung des Rhônegletschers** sehen und vom Parkplatz des Hotels startet ein halbstündiger **Naturlehrpfad** am Wasser entlang.

Naturlehrpfad Rhônegletscher

Ihr Womo bringen Sie so lange auf dem Parkplatz an der Bahnstation unter **(170) GPS N 46°33'43", E 8°21'42"**. Der Platz gehört zum Hotel Glacier du Rhône auf der gegenüberliegenden Straßenseite. Übernachtungsgebühr CHF 25.-.

Über den Furkapass haben Sie hier **Anschluss** an die Pässerundfahrt aus **Band 51 Schweiz Ost**. Folgen Sie unserer Tour weiter, verlassen Sie das Tal über den eindrucksvollen **Grimselpass**. Dort oben haben Sie die Wahl zwischen mehreren schönen Stellplätzen – besonders wenn die Wolken sich aus den Bergen heraushalten und Sie auch etwas sehen. Bei windig grauem Wetter kann es hier oben ziemlich frisch werden. Auch im Sommer kommt es dann manchmal zu Schneefällen. Durchgängig recht breit und komfortabel schraubt sich die Straße auf 2165 m Höhe, die Sie am **Hotel Grimselblick** erreichen. Ein **Murmeltiergehege** und die **Kristallausstellung** lohnen hier einen Stopp.

(171) WOMO-Stellplatz: Hotel Grimselblick

GPS: N 46°33'39", E 8°20'41", 2.174m **max. WOMOs:** 4-5

Austattung / Lage: Parkplatz links der Straße dem Wohnmobilsymbol folgen, die schönsten Plätze für wendige Mobile befinden sich am Ende des schmalen Zufahrtsweges. Mit größeren Fahrzeugen stehen Sie vorne an der Straße. WC und Anmeldung im Hotel. Übernachtungsgebühr CHF 10.-

Zufahrt: Auf der Passhöhe erstes Haus an der Straße. Parkplatz links vor dem Murmeltiergehege.

Sonstiges: Gasthof und Kristallausstellung im Hotel.

Nur wenige hundert Meter weiter erreichen wir beim Restaurant Alpenrösli weitläufige Parkflächen, auf denen man ebenfalls gegen einen Obolus von 10 Franken über Nacht bleiben darf.

(172) WOMO-Stellplatz: Hotel Alpenrösli

GPS: N 46°33'42", E 8°20'07", 2.192m **max. WOMOs:** >10

Ausstattung / Lage: großer asphaltierter Parkplatz auf der Passhöhe. Den besten Blick hat man vom langgezogenen Platz links der Straße. An windigen Tagen steht man geschützter vorne auf dem kleinen Platz am Totensee. Übernachtung CHF 10.-, im Restaurant gegenüber anmelden. Gasthof abends nicht immer geöffnet.

Zufahrt: Passhöhe Grimselpass gegenüber dem Hotel Alpenrösli.

Wanderung um den Totensee

Vorbei am zweiten Murmeltiergehege auf dem Pass kann man vom Parkplatz am Totensee auf einem schmalen steinigen Pfad am Seeufer entlanglaufen. Im Wasser sorgen bis in den Sommer hinein Eisschollen für einen ungewöhnlichen Anblick. Man kann um den ganzen See herum laufen und erreicht dann an der Staumauer den Parkplatz des Hotel Grimselblick und die Straße. Die Wegspuren werden jedoch auf der zweiten Weghälfte am Ostufer undeutlich. Kletterei über Steine. Wanderschuhe sinnvoll!

Am Alpenrösli beginnt die Stichstraße zum **Oberaarsee** mit Gasthof und einem weiteren möglichen Übernachtungsplatz. Die schmale Straße windet sich dramatisch um schroffe Felsen. Um gefährliche Begegnungen zu vermeiden, darf sie immer nur in eine Richtung befahren werden.

(173) WOMO-Wanderparkplatz: Oberaarstausee

GPS: N 46°32'53", E 8°16'35", 2.312 m **max WOMOs:** 4-5

Ausstattung / Lage: ebene Schotterfläche am Staudamm, mit WC. Gasthof oberhalb am Hang in 10 min. zu Fuß erreichbar.

Zufahrt: Die Auffahrt auf der Panoramastrasse vom Alpenrösli ist ab der vollen Stunde für 10 Minuten freigegeben. Zurück geht es jeweils in den ersten 10 Minuten der zweiten Stundenhälfte. Von 22 Uhr bis 7 Uhr ist die Straße gesperrt. Wenn Sie nicht gerade unter Höhenangst leiden, können Sie diese Strecke auch mit etwas größeren Wohnmobilen angehen, denn Gegenverkehr ist ja wie gesagt ausgeschlossen.

Wasser in verschiedenen Formen
Vom Staudamm zur Gletscherzunge

Gehzeit: einfach 1,25 h, ca. 100 hm

So parkt jetzt unser Wohnmobil direkt am Oberaarsee, der das Tauwasser des gleichnamigen Gletschers aufnimmt und es gut dosiert in den Flusslauf der hier beginnenden Aare entlässt. Das weithin sichtbare Gletschertor ist leicht zu erreichen. Vom Parkplatz laufen wir über die Staumauer und wechseln an deren Ende auf einen schmalen, aber gut ausgebauten Weg. Er führt immer am Ufer entlang bis zur hinteren Seespitze, wo der Oberaargletscher seine grauweiße Zunge zur milchig blauen Wasserfläche hinunter streckt. Bis kurz vor das Gletschertor ist der Weg gut ausgebaut und einfach zu gehen, in Gletschernähe wird es oft feucht und schmierig. **Wanderschuhe unbedingt sinnvoll!**

Nachdem wir am Morgen das richtige Zeitfenster abgepasst haben, geht es langsam die aufregende Panoramastraße zurück zum Grimselpass und weiter hinunter ins **Haslital.** Links der Straße lohnt das Hotel **Grimselhospiz** eine erste Pause, bevor der Motor überhaupt richtig in Schwung gekommen ist. Nachdem das alte Hospiz 1930 in den Fluten des neu aufgestauten Grimselsees versank, wurde es auf einem Felsen über dem See neu errichtet. Die Zufahrt führt über den Staudamm. Für Wohnmobile geeignete Parkplätze sind vor dem Hotel allerdings rar und das Parkhaus unter dem Hospiz passt nur für PKW. Mit Parkplatzglück könnten Sie im Hotel einkehren und anschließend auf dem Uferweg mit vielen Treppen über die Staumauer und ein Stück am See entlang laufen. Der Weg führt im stetigen Auf und Ab bis zum Seeende und dann hinauf zur 800m höher gelegenen Lauteraarhütte (Gehzeit: 7 h).

Drei Kehren weiter unten finden Sie am Grimselkraftwerk einen ruhigen Parkplatz abseits der Straße. Wenn Ihnen der direkte Blick auf die Staumauer keine unangenehmen Träume verursacht, stehen Sie hier auch über Nacht recht gut.

(174) Stellplatz Grimselkraftwerk

GPS: N 46°34'35", E 8°20'08", 1.789m
max WOMOs: 2-3
Lage: Schotterplatz am Abfluss des Stausees unterhalb der Staumauer
Zufahrt: vom Grimselhospiz einige Kehren hinunter und links dem Abzweig zum Schaukraftwerk folgen. Die schmale Straße entlang, einige hundert Meter bis zu zwei geschotteren Parkflächen.

Schaukraftwerk Grimsel

Das Kraftwerk Grimsel kann im Sommer besichtigt werden. Zwischen 9. Juni und 15. Oktober starten vom Parkplatz um 13 Uhr und 14.30 Führungen in den Berg, wo aus der unglaublichen Kraft des Wassers der Strom für ca. 12.000 schweizerische Familienhaushalte erzeugt wird. Die Führung dauert 1 h 15 Min. und kostet CHF 15.- pro Person. Eine Reservierung ist nicht nötig und nicht möglich. Treffpunkt ist der Parkplatz. Aktuelle Informationen finden Sie unter **www.grimselwelt.ch**

Zurück auf der Hauptstrecke fährt man am Ufer des **Räterichbodensees** entlang und trifft an dessen Ende an der Staumauer auf den nächsten übernachtungstauglichen Parkplatz, der zudem der Ausgangspunkt einer schönen Wanderung ist.

(175) WOMO-Wanderparkplatz: Räterichbodensee

GPS: N 46°35'25", E 8°19'34", 1.789m **max. WOMOs:** 2-3

Ausstattung / Lage: Parkplatz an der Passstraße. Fährt man vom Asphaltplatz an der Straße durch die schmale Durchfahrt, kommt dahinter ein von der Straße nicht einsehbarer, ebener Schotterplatz. Den Platz bitte morgens zügig wieder frei geben oder platzsparend parken. An der Felswand hinter dem Räterichbodensee befindet sich eine beliebte Kletterwand, so dass der Parkplatz an schönen Tagen tagsüber gut besucht ist.

Zufahrt: an der Hauptstrecke direkt hinter der Staumauer des Sees links.

Auf dem Grimselkristallweg

Gehzeit ca. 1,5 h. Vom Parkplatz an der Staumauer des Räterichbodensees, können Sie das Grimselhospiz auch zu Fuss besuchen. Der gut markierte Kristallweg, der auf den Spuren alter Saumpfade aus dem Tal hinaufkommt, führt auf einem teilweise in den Fels gebohrten Uferweg am hinteren Ufer des Räterichbodensees zum Hospiz hinauf. Sie laufen über die Staumauer auf die Felswand zu und treffen am Ende des Staudammes auf einen gut ausgestatteten Grillplatz. Dann geht es links zwischen See und Kletterfelsen bis zum Ende des Sees, wo Sie entlang der jungen Aare zum Hospiz hinaufsteigen. Von dort können Sie dann mit dem Postbus wieder zum Parkplatz an der Staumauer hinunter fahren.

Der Grimselkristallweg beginnt bereits weiter unten im Tal beim Hotel Handegg. Wenn Sie hier in den Postbus zum Grimselhospiz steigen, können sie den kompletten Weg laufen. In ca. 4 Stunden steigen Sie auf schmalen Saumpfaden wieder zum Hotel Handegg hinunter.

Das **Familienhotel Handegg** links der Straße ist der nächste markante Punkt unserer Talfahrt. Einen Besuch lohnt hier die **Schaukäserei** mit Verkauf. Der Alpkäse wird auch heute noch im Kupferkessel über dem Feuer hergestellt, was Sie vormittags auch live erleben können. Gegenüber finden Sie die Talststation der **Gelmerbahn**, die mit einer Steigung von 106% als steilste Standseilbahn der Welt gehandelt wird. Der Parkplatz **(176) GPS N46°36'44", E8°18'32"** unterhalb der Straße wäre auch zur Übernachtung denkbar. Auf den schöneren Plätzen auf der anderen Brückenseite gilt Nachtparkverbot.

© KWO, THE FOTOSTUDIO.CH

Achterbahnfahrt zum Gelmersee – Die steilste Standseilbahn der Welt

Wenn Sie gerne Achterbahn fahren, werden Sie auch an der Gelmerbahn Ihre Freude haben. Wenn Sie sich also in den offenen roten Wagon hinein trauen, werden Sie und 23 unerschrockene Mitreisende in 12 Minuten steil den Berg hinauf an den Gelmersee gezogen. **In etwa zwei Stunden spazieren Sie hier oben einmal um den See.** Und sollten Sie es vorziehen, den Rückweg auf eigenen Füßen anzutreten: der Abstieg auf gutem, anfangs allerdings recht steilem Weg, nimmt auch etwa 2 Stunden in Anspruch.

Die Bahn fährt von Juni bis Mitte Oktober täglich zwischen 9 und 16 Uhr, im Juli und August bis 17 Uhr. Einfache Fahrt CHF 17, hin und retour sind es CHF 27. Kinder 6-16 Jahre CHF 12.- bzw. 16.- Jedes zweite Kind einer Familie fährt kostenlos.

Wenn Sie nach dem Abstieg noch nicht genug Nervenkitzel hatten, laufen Sie doch anschließend über die **Hängebrücke**, die die Schlucht zwischen Bahnstation und Hotel überspannt und einen tollen Blick auf den **Handegg-Wasserfall** erlaubt, zur Einkehr in den Gasthof am Hotel hinüber...

Hinter Handegg wird das Tal belebter. **Guttannen** ist der erste richtige Ort nach dem Pass. Gleich an der Ortseinfahrt links treffen Sie auf einen Parkplatz, der auch für einen nächtlichen Stopp geeignet ist.

(177) WOMO-Stellplatz: Guttannen

GPS: N 46°39'15", E 8°17'25", 1.060 m **max. WOMOs:** 2-3
Ausstattung / Lage: Asphaltierter Parkplatz am Ortsrand. Gasthof Hotel Bären im Ort gegenüber der Kirche.
Zufahrt: An der Ortseinfahrt links direkt an der Grimselstraße.

Weiter an der breiter werdenden Aare entlang erreichen wir jetzt das **Haslital**. Als Feriengebiet liegt es am Rande der großen Aufmerksamkeit, hat aber einige landschaftlich sehr schöne Ecken zu bieten. Wohnmobile werden hier allerdings rigoros auf die reichlich vorhandenen Campingplätze verbannt. Die nächsten freien Stellplätze finden Sie erst am Brienzer See oder im angrenzenden Gadmental. Trotzdem sollten Sie nicht einfach durchfahren und wenigstens den Besuch der **Aareschlucht** einplanen.

Zuerst erreichen Sie **Innertkirchen**, das außer drei kleinen Campingplätzen wenig Spektakuläres bietet. Der Camping Grimselblick mit schönen Plätzen in Flussnähe liegt direkt im Ortszentrum. Mit einem größeren Mobil werden Sie aber schon an der engen Zufahrt scheitern. Fahren Sie erst gar nicht in die Straße hinein, es kostete uns einige Schweißtropfen, unbeschadet wieder hinauszurangieren. Daher empfehlen wir den zweiten Camping im Ort:

(178) WOMO-Campingplatztipp: Camping Grund / Innertkirchen

GPS: N 46°42'8", E 8°13'38", 629 m
Ausstattung / Lage: Wiesenplätze am Ortsrand, wenig Schatten, moderne Sanitäranlagen, Womo inkl. 2 Personen CHF 19.- bis 29.-, Strom CHF 3.-, Telefon +41 (0) 33 971 4409, www.camping-grund.ch
Zufahrt: Im Ort an der zentralen Kreuzung die Aare überqueren und links den Schildern zum Camping folgen.
Sonstiges: Von Innertkirchen lohnt eine Tagesausflug ins Urbachtal, dass Sie mit dem Wohnmobil aber abends wieder verlassen müssen.

Fahren Sie von Innertkirchen in Richtung Sustenpass, finden Sie im Ortsteil **Wyler** einen weiteren **Camping**, der aber im wesentlichen aus einer Wiese neben einem **Bauernhof** besteht, die leider sehr nah an der Straße liegt. Wenn Sie noch ein kleines Stück weiter fahren, führt links der Hauptstrecke zum Pass eine **Mautstraße** den Berg hinauf ins **Gental** und zur **Engstlenalm**. Streng genommen, gehört diese Strecke in Band 51 Schweiz Ost, aber weil der Ausflug so schön ist, soll er auch hier Erwähnung finden.

Ein Abstecher ins Gental

Nach den ersten Kehren auf der schmalen Straße im Wald kommen wir zum **Gasthof Wagenkehr,** wo eine Schranke quer über die Straße den Beginn der Mautstraße markiert. Hier zahlen wir eine Gebühr für die Passage CHF 8.- (bis 3,5t, CHF15.- für schwerere Fahrzeuge), wenn Sie am gleichen Tag wieder hinunter wollen und ca. CHF 15.-, wenn Sie am Parkplatz der Engstlenalm übernachten wollen. Ist das denn eine Frage? Natürlich wollen wir...

(179) WOMO-Wanderparkplatz: Engstlenalm

GPS: N 46°46'31", E 8°20'44", 1.842 m **max. WOMOs:** 5-6
Ausstattung / Lage: ebener geschotterter Parkplatz auf der Alp zwischen Schaukäserei, Hotel und der urigen Rossbodenhütte (siehe unten), WC in der Käserei.
Zufahrt: Der Mautstraße bis zum Ende folgen.

Ein Spaziergang zum Engstlensee und weiter...

Keine zehn Minuten laufen Sie vom Parkplatz zum idyllisch zwischen die Berge gebetteten **Engstlensee,** an dessen Ufer sich uralte Arven entschlossen in die Uferböschung krallen. Den See können Sie nicht nur zu Fuß, sondern auch mit dem Ruderboot erkunden. Oder Sie laufen am

Ufer entlang hinauf zur Talstation der Jochbergbahn und lassen sich zügig zum Pass tragen, um auf der anderen Seite zum Trübsee und zum Titlisgletscher hinüberzuschauen. Eine schöne Runde über den **Jochpass** finden Sie z.B. bei den empfohlenen Genusswandertouren Berner Oberland (Tour 7). In der anderen Richtung geht es zum **Tannen- und zum Melchsee**. In einer guten Stunde laufen Sie hinauf zur Tannalp. Von dort könnten Sie auch mit dem Fruttli-Zug, einer schienenfreien Minibahn, zum Melchsee weiterfahren. Sie fährt im Sommer und Herbst zwischen 9 und 16 Uhr je nach Andrang im 1-2-Stundentakt und startet von der Tannalp ab 9.30 Uhr. (Einfache Fahrt CHF 10.-, retour CHF 15.-).

Folgen Sie in Innertkirchen der Aare in Richtung Meiringen erreichen Sie kurz darauf den oberen **Eingang zur Aareschlucht**. Unterhalb des Eingangshäuschens wartet der schöne Camping Aareschlucht auf Gäste, von dessen Gelände Sie gemütlich in 10 Minuten zur Schlucht marschieren.

(180) WOMO-Campingplatztipp: Camping Aareschlucht

GPS: N 46°42'33", E 8°12'53", 645m **Öffnungszeiten:** ganzjährig

Ausstattung / Lage: Wiesenplatz oberhalb der Aare, schöne Stellplätze, gute Sanitäranlagen und sehr freundliche Besitzer. 5 Minuten Fußweg zum östlichen Eingang der Aareschlucht. Wegen der oberhalb des Platzes vorbeiführenden Straße nicht ganz so ruhig. Womo inkl. 2 Personen CHF 24,., Strom CHF 3.-, Kurtaxe CHF 1,80, Telefon +41(0)33 971 27 14, www.camping-aareschlucht.ch

Zufahrt: Zwischen Innertkirchen und Meiringen rechts der Kantonalstraße 6.

Die Aareschlucht

Wollen Sie nicht übernachten, empfiehlt sich zum Besuch der Schlucht der untere Eingang in Meiringen, wo Sie in einer ruhigen Straße direkt am Fluss parken und rasten können. Dazu biegen Sie an der Meiringer Ortseinfahrt im Ortsteil mit dem schönen Namen Schattenhalb rechts ab. Die Straße endet am Schluchteingang, und am Straßenrand sind quer zur Fahrtrichtung Parkplätze angeordnet **GPS N 46°43'13", E 8°12'10"** (Nachtparkverbot). Am Eingang zur Schlucht finden Sie einen Spielplatz. Der Besuch lohnt sich unbedingt. Die Holzstege der Aareschlucht führen nahe am tosenden Wasser an der Felswand entlang und durch mehrere finstere Tunnel. Die Schlucht ist wirklich spektakulär und daher immer gut besucht. Am jeweils anderen Schluchtende drehen Sie um oder steigen zur Rückfahrt in den Zug (Kombiticket Schlucht und Bahnfahrt CHF 11.-). Gehzeit durch die Schlucht: einfach ca. 30-45 min. *Geöffnet von April bis Ende Oktober 8 bis 17.30 Uhr. Eintritt CHF 7,50. Von Mitte Juni bis Mitte Oktober wird die Schlucht abends beleuchtet, so dass Sie vom Eingang Meiringen bis 22 Uhr hinein können.*

Das Ende des Superhirns – Sherlock Holmes am Reichenbachfall

Ein weiteres sehenswertes Ziel in Meiringen ist der siebenstufige Reichenbachfall, der einen guten Teil seines besonderen Renommées dem Schriftsteller Arthur Conan Doyle zu verdanken hat. Dieser ließ nämlich an diesem Ort seinen Romanhelden Sherlock Holmes zur letzten Reise antreten. Beim Kampf mit einem Widersacher stürzen die Kontrahenten von der Aussichtsplattform mit dem Wasser ins Tal. Für schlappe CHF 10.- chauffiert Sie die nostalgische Standseilbahn an den Ort, der Doyle vor vielen Jahren so nachhaltig beeindruckt hat.

Biegen Sie in Schattenhalb statt rechts zur Aareschlucht links ab, landen Sie auf dem Parkplatz der Reichenbachfallbahn **GPS N 46°43'13", E 8°11'16"**, die zwischen 9 und 17.45 Uhr alle 15 Minuten zur Bergfahrt startet (Mittagspause 11.45 bis 13.15 Uhr).

Schluchterlebnis ganz anders – Abenteuer-Variante für Bergprofis

Gehzeit: 1,25 h, ca. 200 Höhenmeter. Eine wilde Schlucht mit ganz anderem Charakter finden Sie nördlich von Meiringen, wo ein neu angelegter Felspfad abenteuerlich schmal zwischen Fels und Abgrund durch die kurze, aber schroffe Alpbachschlucht führt. Die Schlucht wurde 2008 neu erschlossen und statt einer bequemen Weganlage finden Sie hier einen einfachen Klettersteig in luftiger Höhe. Die Begehung fordert trockenen Boden und solide Bergerfahrung, ist aber dann ein ganz besonderes Abenteuer. Von den Parkplätzen am Milibach **GPS N 46°43'30", E 8°11'27"** folgen wir dem Wanderweg nach Reuti (über Schrändli). In der 5. Wegkehre ist der Felspfad durch die Schlucht ausgeschildert. Der Weg ist durchgängig mit Stahlseilen gesichert und erfordert Schwindelfreiheit und sicheren Tritt. Er kann nur von unten nach oben begangen werden. Vom Drehkreuz am oberen Schluchtende laufen Sie rechts über die Brücke und dann auf dem breiten Forstweg zurück nach Meiringen.

Wer in **Meiringen** einen Schlafplatz sucht, hat zwei große Campingplätze zur Auswahl. Uns hat der Camping Balmweid besser gefallen. Der Alpencamping Meiringen ist auf einer baumfreien Wiesenfläche am Ortsrand platziert und zudem auch noch deutlich teurer.

(181) WOMO-Campingplatztipp: Balmweid / Meiringen

GPS: N 46°43'33", E 8°10'14", 598 m **Öffnungszeiten:** ganzjährig
Ausstattung / Lage: etwas außerhalb von Meiringen im Grünen, schöne Plätze auf bunt bewachsenem Gelände, gepflegte Anlage mit Mini-Pool, Restaurant und Kiosk, Womo inkl. 2 Personen je nach Womogröße CHF 26 – 32.-, Strom 4,50, Telefon +41 33 971 51 15, www.camping-meiringen.ch
Zufahrt: Von Innertkirchen kommend auf der 6 an Meiringen vorbeifahren, am Kreisel am Ortsende links zum Camping.

Auch einen komfortablen **Platz am See** finden Sie ganz in der Nähe. Die Preise für die Seeplätze sind in der Hochsaison stolz, gehen aber außerhalb der Badezeit in durchaus machbare Bereiche...

(182) WOMO-Campingplatztipp: Camping Aaregg

GPS: N 46°44'52", E 8°02'58", 566 m **Öffnungszeiten:** 1. April – 31. Oktober
Ausstattung / Lage: in Alleinlage auf schönem Gelände mit vielen Bäumen am oberen Ende des Brienzer Sees, 220 Plätze, davon 35 in grandioser Lage direkt am Seeufer, 5 Sterne-Ausstattung, Restaurant und Spielplatz, Womo inkl. 2 Personen auf 80 qm Standardparzelle CHF 29-44.- je nach Saison, für die Seeplätze berechnet man Preise zwischen CHF 35.- und 59.- (inkl. 2 Personen)
Zufahrt: Von Meiringen auf der 6 bis zum See. In Kienholz links. Ausgeschildert.

Einen freien Stellplatz finden Sie an unserem nächsten Ziel, dem **Freilichtmuseum Ballenberg**, für das Sie sich nicht nur wegen seiner wohnmobilfreundlichen Parkplatz-Politik ausreichend Zeit nehmen sollten. Auf beiden kostenlosen und schön begrünten Parkplätzen wird eine Übernachtung im Wohnmobil toleriert.

(183) WOMO-Stellplatz: Freilichtmuseum Ballenberg Ost

GPS: N 46°44'59", E 8°05'49", 671 m
max WOMOs: 3-4
Ausstattung / Lage: großer asphaltierter Parkplatz mit PKW Buchten unter Bäumen und größeren Parkplätzen im Eingangsbereich, Chocolaterie und Restaurant am Parkeingang. Öffentliches WC.
Zufahrt: In Brienzwiler rechts der Beschilderung Ballenberg Ost folgen.

(184) WOMO-Stellplatz: Freilichtmuseum Ballenberg West

GPS: N 46°45'05", 8°04'45", 644 m **max. WOMOs:** 8-10
Ausstattung / Lage: geschotterte Parkfläche am Waldrand, öffentliches WC, Bushaltestelle, Gasthof während der Öffnungszeiten im Museum.
Zufahrt: Abzweig von der »6« kurz vor Kienholz. Beschildert Ballenberg West.

Ein Tag in ländlicher Idylle

Ein Besuch des Museumsgeländes ist da nicht nur Ehrensache, es erwartet Sie auch ein wahrlich spannender Urlaubstag. Ballenberg ist weit davon entfernt, ein langweiliges Museum zu sein. Auf dem ausgedehnten Gelände gruppieren sich authentisch eingerichtete Originalhäuser aus 4. Jahrhunderten zu lebendigen Grüppchen, in denen jeweils die typische Architektur

einer Schweizer Region dargestellt wird. Das Gelände ist von Leben erfüllt: Es werden Würste gemacht und Brot gebacken, Kräuter und Getreide gepflanzt und verarbeitet und über den Wiesen liegt der Duft von frischem Heu. In den Pferchen suhlen sich Schweine, in den Ställen leben Hühner und Kaninchen und die Weiden werden von Schafen, Ziegen und Eseln bevölkert. Sie können in einer historischen Kutsche über das Gelände fahren oder in der ebenso historischen Apotheke bewährte Kräutermedizin erstehen. Ballenberg ist ein Museum zum Anfassen für die ganze Familie: die Tiere darf man streicheln und am Spielplatz kann man Kegeln wie im letzten oder vorletzten Jahrhundert. Es gibt ein Haus der alten Spiele und auch die Fahrt auf dem Rücken der bunten Karussellpferde wird zur bleibenden Erinnerung. Die Werkstätten auf dem Gelände werden im Wechsel in Betrieb genommen. Wo es bei ihrem Besuch etwas Besonderes zu sehen gibt, können Sie an der Kasse erfragen.

Das Gelände ist riesig. Es gibt einen markierten Rundweg im Westen und einen auf der Ostseite, für jeden sollten Sie inkl. Besuch der Häuser gut 3 Stunden kalkulieren. Einen wunderbaren Ort für eine Ruhepause finden Sie dabei am zentral gelegenen Platz am Karussell mit Picknicktischen, Wirtshaus und Imbiss. Ballenberg bietet auf jeden Fall mehr, als Sie an einem einzigen Tag aufnehmen können. Der Plan, den Sie am Eingang erhalten, hilft Ihnen, eine persönliche Auswahl zu treffen.

Öffnungszeiten: von Anfang April bis Ende Oktober täglich von 10 – 17 Uhr. Eintritt CHF 20.- pro Person, Familientarif (Eltern mit allen eigenen Kindern) CHF 45.-, Zweitageskarte CHF 36.-, Kutschfahrten vom einen Eingang zum anderen für 1-2 Personen CHF 24.-, jede weitere Person CHF 12.-.

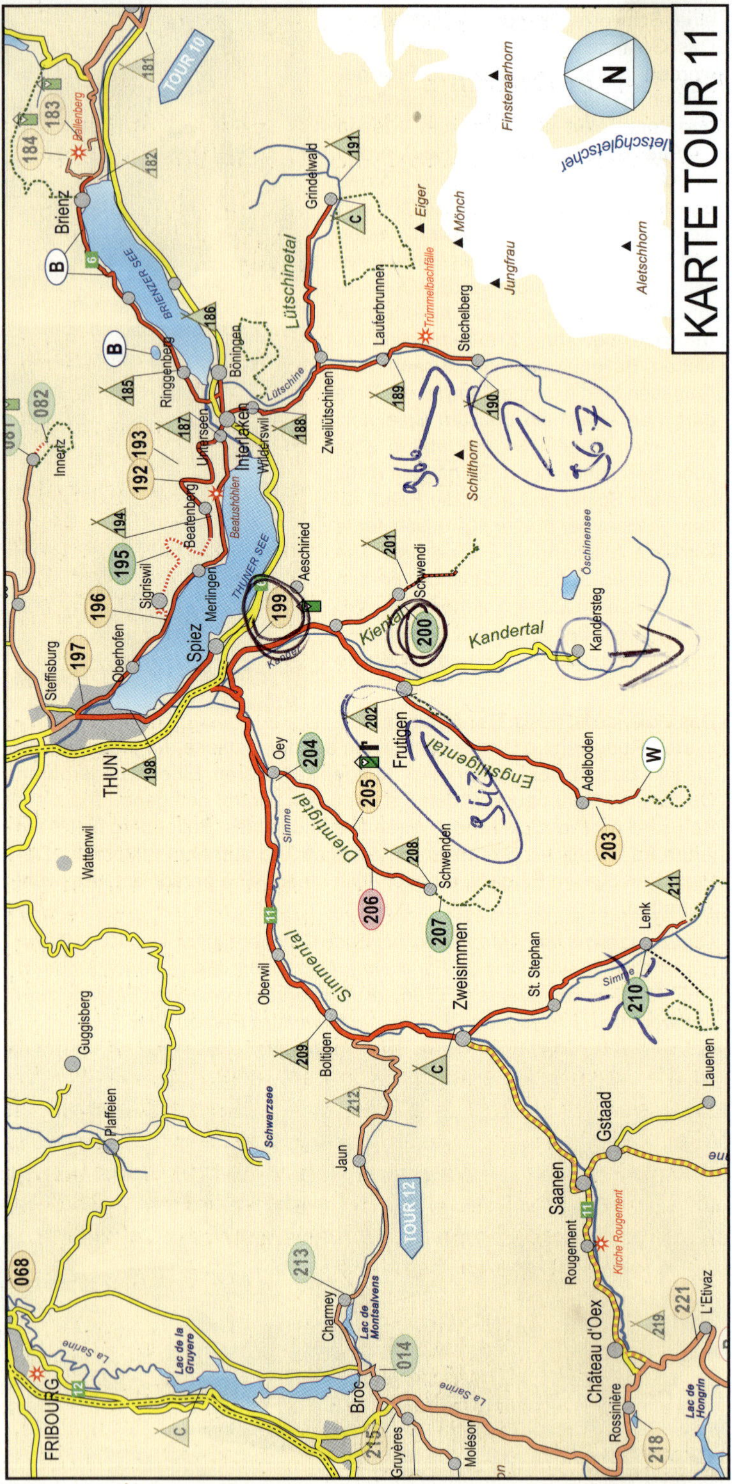
KARTE TOUR 11
N
Finsteraarhorn
Aletschgletscher
Aletschhorn
Eiger
Mönch
Jungfrau
Schilthorn
Trümmelbachfälle
Grindelwald
Lütschinetal
Lauterbrunnen
Stechelberg
Lütschine
Zweilütschinen
Wilderswil
Interlaken
Unterseen
Böningen
Ringgenberg
BRIENZER SEE
Brienz
Ballenberg
TOUR 10
Beatenberg
Beatushöhlen
Sigriswil
Merligen
THUNER SEE
Aeschiried
Spiez
Oberhofen
Steffisburg
THUN
Kander
Kiental
Schwendi
Öschinensee
Kandersteg
Kandertal
Frutigen
Engstligental
Adelboden
Oey
Diemtigtal
Simme
Schwenden
Wattenwil
Simmental
Oberwil
Boltigen
Zweisimmen
St. Stephan
Lenk
Lauenen
Gstaad
Saanen
Rougemont
Kirche Rougement
Château d'Oex
L'Etivaz
Lac de Hongrin
Rossinière
Guggisberg
Plaffeien
Schwarzsee
Jaun
TOUR 12
Charmey
Lac de Montsalvens
Broc
Gruyères
Moléson
La Sarine
Lac de la Gruyère
FRIBOURG

TOUR 11 (ca. 250 km / 3-6 Tage)

Das Berner Oberland

Brienz – Interlaken – Lütschinetäler – Beatenberg – Thun – Spiez – Kiental – Engstligental – Diemtigtal – Simmental

Freie Übernachtung:	Beatenberg, Justital, Gunten, Thun, Schwendi, Adelboden, Frutigen. Hondrich, Oey, Wiriehornbahn, Anger, Grimmimutz Weg, Lenk
Ver-/Entsorgung:	genannte Campingplätze
Campingplätze:	Ringgenberg, Böningen, Interlaken, Wilderswil, Lauterbrunnen, Stechelberg, Grindelwald, Beatenberg, Thun, Kiental, Frutigen. Schwenden, Simmental, Lenk
Baden:	Badestellen Brienzer See, Burgseeli, Thuner See Interlaken, Gunten, Thun (Aare und Thuner See)
Besichtigen:	Jungfraupark, Trümmelbachfälle, Beatushöhlen, Museen Schloss Thun, Schloss Spiez,
Wandern:	Rothorn, Schynigge Platte, Panoramaweg Männlichen, Eiger Trail, Wildbeobachtung Niederhorn, Justital, Wildwasserweg, Hostalde-Hängebrücke, Wasserfallweg, Grimmimutzweg, Gryden, Murmeli-Trail
Erlebnis:	Kanuweg Thun, Wasserspielplatz Gwunderwasser

Das Berner Oberland ist eine der bekanntesten und beliebtesten Ferienregionen der Schweiz. Orte wie Grindelwald und Interlaken mit dem berühmten Drei-Gipfel Panorama Eiger, Mönch und Jungfrau schmücken sich daher gerne mit dem Top of Europe Logo. Und zweifellos – Tausende von um die halbe Welt gereisten Japanern können nicht irren – wir treffen jetzt ein in einer der beeindruckendsten Landschaften Europas. Vom unvergleichlich blau schillernden Thuner See führen schmale Straßen in die Täler einer rauen Bergwelt. Rau, aber gut erschlossen durch ein dichtes Netz an Zahnrad- und Seilbahnen, so dass Sie sich selbst in Flip Flops frische Hochgebirgsluft um die Nase wehen lassen könnten. Allerdings dürften Sie dabei ziemlich kalte Füße kriegen – auf dem Jungfraujoch steigen die Temperaturen auch im Hochsommer kaum über 0 Grad. Neben den überlaufenen Top-of-Europe Destinationen gibt es im Berner Oberland auch weniger bekannte Täler zu entdecken, die den berühmten Touristenorten in punkto Schönheit in keiner Weise nachstehen.

Schon am **Nordufer** von **Thuner und Brienzer See** gibt es stille Plätze und kleine Orte, die vor allzu große Trubel selbst im Sommer verschont bleiben. Der Ortskern von **Brienz**, unserem ersten Ziel, ist dörflich geblieben. Schöne alte Häuser schmücken die engen Straßen, die Seepromenade verlockt zum müßigen Sonnenbad auf einer Parkbank und kleine Läden verführen zum Bummeln. Die besondere Attraktion des Ortes

ist aber die alte dampfgetriebene **Zahnradbahn**, die vom Bahnhof mitten im Ort auf den Gipfel des **Brienzer Rothornes** tuckert. Im Sommer sollten Sie nicht zu spät in Brienz eintreffen. Die Parkplätze der Bahn befinden sich im Parkhaus. Davor gibt es wenige Plätze unter freiem Himmel **GPS N 46°45'17", E 8°02'10"**. Wenn die schon vergeben sind, müssen Sie im Ort suchen. Chancen haben Sie an den beiden gebührenpflichtigen Plätzen zwischen See und Straße ...

Mit der Dampflok auf das Rothorn

Von Anfang Juni bis Mitte Oktober starten die Züge der Rothornbahn täglich ab 8.30 Uhr im Stundentakt hinauf zur Rothorn Kulm, dem Gasthof knapp unter dem Rothorngipfel. Knatternd und zischend arbeiten sie sich hinauf und die ersten Blicke auf den Brienzer See sorgen für erfreute Ausrufe des Staunens bei den Fahrgästen. Dann verschwinden die Berge und die Bahn taucht in den ersten Tunnel. Ohrenbetäubend wird der Lärm von den Wänden zurückgeworfen und die Rauchschwaden aus den Schornsteinen der

Dampflok verteilen sich zwischen den Reisenden. Auf halbem Weg gibt es dann einen Halt. Der Kessel der Lok wird mit frischem Wasser gefüllt und schnaufend und qualmend geht es weiter zu immer spektakuläreren Ausblicken. Oben am Bahnhof verlieren Sie nur langsam den aromatischen Reiseduft aus der Nase. Der Aufstieg von der Station zum Gipfel braucht etwa 10 min.. Wenn Sie weiter laufen wollen, sollten Sie sich am besten zu einer richtigen Wanderung entschließen. Denn wo immer Sie hier oben hinlaufen: es geht gnadenlos steil bergab. Ein gemütlicher Spaziergang ist nicht zu machen.

Auf dem Gratweg über den Arnihaaggen

Eine kurze Runde führt hinunter zum Eisee mit Gasthof, den Sie nach gut 30 min. Abstieg erreichen. Wieder hinauf kämen Sie auch mit der kleinen Sesselbahn, die den See mit einem Plateau unterhalb des Gipfels verbindet. Sehr viel reizvoller sind jedoch die längeren Wanderungen über den grünen Berggrat, der sich parallel zum Brienzer See bis zum Brüningpass zieht. 4,5 h kalkulieren Sie für die gut markierte Wanderung über den Arnihaggen zum Brünigpass. Etwas gekürzt führt die gleiche Strecke in 2,5 h nach Schönbuel und von dort mit Seilbahn nach Lungern hinab. Beide Touren sind nur für Wanderer mit sicherem Tritt geeignet. Komplette Bergausstattung mit Wanderschuhen und wetterfester Kleidung nötig. Den Gratweg nicht bei gewittrigem Wetter laufen! Zurück kommt man von Lungern oder vom Brüningpass mit Bus und Bahn. Informationen und eine Karte bekommen Sie an der Talstation der Bergbahn. Auch im empfohlenen Wanderführer ist die Tour enthalten (Genusswandertouren Berner Oberland, Tour 12).
Die für Wanderer besonders geeignete erste Bergfahrt um 8.30 Uhr wird mit einen reduzierten Tarif von CHF 26.- berechnet (sonst CHF 54.-). Die Kombikarte Brienz-Rothorn und Schönbuel-Lungern kostet CHF 72.-, ein Retour-Billet der Rothornbahn stolze CHF 84.- pro Person. Kinder bis 15 Jahre fahren dafür in Begleitung eines Erwachsenen kostenlos – ebenfalls kostenlos können Sie ihren Hund mit in den Zug nehmen. Die aktuellen Tarife und Zeiten finden Sie unter www.brienz-rothorn-bahn.ch

Blick vom Rothorn: Der Eisee und rechts davon der Berggrat des Arnihaaggen

Am Ufer des Brienzer See fahren wir weiter in Richtung Interlaken und passieren schon kurz darauf eine **Badebucht.** Ein schneller Sprung ins Wasser gefällig? Dann fahren Sie langsam und parken bei **GPS N 46°45'21", E 8°00'34"**. Eine weitere Parkbucht für einen schnellen Stop am See finden Sie kurz vor Oberried bei **GPS N 46°44'37", E 7°58'20"**. Vor den Parkplätzen befindet sich sogar eine kleine Liegewiese. Mit Ruhe ist es aber wegen der Nähe zur Straße nicht weit her.

Sie wollen nicht schnell ins Wasser springen, sondern richtig baden? Voila! Weitab vom Durchgangsverkehr können Sie im Strandbad am winzigen **Burgseeli** noch einen Ort weiter in Ringgenberg baden. Die Badesaison geht von Mai bis September, da das Wasser im schön gelegenen Moorsee besonders warm ist. **GPS N 46°41'54", E 7°53'15"**, Nachtparkverbot.

Ganz in der Nähe gibt es auch einen einfachen Camping mit Stellplätzen direkt am Ufer des Brienzer Sees.

(185) WOMO-Campingplatztipp: Au Lac / Ringgenberg

GPS: N 46°42'26", E 7°54'45", 578m

Ausstattung / Lage: Einfacher kleiner Platz direkt am See, Zufahrt etwas eng und die Bahngleise führen direkt oberhalb des Platzes entlang. Womo inkl. 2 Personen CHF 38.-, Tel. +41 (0)33 822 26 16

Zufahrt: An der Ortseinfahrt von Ringgenberg links in die Seestraße. Bis zum Straßenende durchfahren. Dort befindet sich der Eingang des Campingplatzes.

Komfortabler stehen Sie in Bönigen, einem Vorort von Interlaken.

(186) WOMO-Campingplatztipp: Seeblick / Böningen

GPS: N 46°41'28", E 7°53'37", 569m

Öffnungszeiten: April - Anfang Oktober

Ausstattung / Lage: TCS Camping, Stellplätze auf der Wiese mit altem Baumbestand in Seenähe, aber durch eine Hecke vom Ufer getrennt, einfache Badestelle vor dem Platz. Schwimmbad mit Pool und Strandbad wenige Schritte entfernt. Sehr gute Sanitäranlagen und freundlicher Empfang. Planschbecken

und Spielplatz, wenige Minuten Fußweg zu Gasthöfen am Seeufer, kleiner Laden. Gut sortiertes Gas-Depot und V/E Station mit Bodeneinlass, Womo inkl. 2 Pers. CHF 35.- bis 46.-, Strom CHF 4.-, www.campingboenigen.com
Zufahrt: Hinter Goldwil über die Aare und links auf der »9« bis Bönigen. Am Ortseingang links zum See. Camping ausgeschildert.

Eiger, Mönch und Jungfrau Interlaken und die Lütschinetäler

Zwischen Brienzer und Thuner See liegt die Stadt **Interlaken**, die mit vielen Hotels und einem lebendig bunten Stadtkern ein Zentrum des internationalen Tourismus ist. Der Standpunkt ist günstig: von Interlaken erreichen Sie mit Zug, Bus und Schiff alle interessanten Ziele in der Umgebung. Im Zentrum des internationalen Interesses stehen der **Jungfrau-Gletscher**, die **Trümmelbachfälle** und das »Dorf« **Grindelwald**. Sind auch Sie gerne im Zentrum des Geschehens, können Sie von einem der Campingplätze rund um die Stadt die Gegend erkunden. Mögen Sie es etwas ruhiger, suchen Sie sich einen Camping bei Stechelberg oder etwas außerhalb der Stadt in Wilderswil oder Böningen. **Auf allen denkbaren Parkplätzen in der Umgebung finden Sie Zeitbegrenzungen und Nachtparkverbot** – sparen Sie sich also den Stress der Suche. Freie Stellplätze sind erst am Nordufer des Thuner Sees wieder zu finden.

(187) WOMO-Campingplätze Interlaken

Zwischen der Stadt und dem Thuner See gruppieren sich am Stadtrand gleich mehrere Campingplätze. Die beste Lage hat der ganzjährig geöffnete **Camping Manor Farm N 46°40'52", E 7°48'55"** mit einigen Plätzen direkt am Seeufer und einem eigenen Badeplatz. Die Preise für 2 Personen im Womo beginnen bei CHF 40.- und gehen ungefähr bis zu CHF 60.-. Die Plätze **Hobby, Lazy Rancho** und **Alpenblick** sind ohne Seezugang nur wenig billiger, aber dafür ruhiger.

Zwischen Interlaken und Bönigen hat der **Jungfraupark** im futuristisch anmutenden gigantischen Bau des ehemaligen Mystery Parks des Schriftstellers und »Weltenforschers« **Erich von Däniken** dessen Erbe angetreten. Hier könnten Sie leicht einen ganzen Regentag verbringen...

Der Jungfraupark – Erich Dänikens Mystery World

Das Gelände ist gigantisch, aber im Kugelturm, der die Anlage überragt und ihr ein besonders futuristisches Aussehen verpasst, befindet sich weder eine Riesensternwarte noch eine simulierte Weltraumstation: Es handelt sich hierbei um das leicht überdimensionierte Panoramacafé, in dem Sie sich nach dem Flug zum Mars mit dem FunShuttle Apollo erholen können. Ansonsten präsentiert Ihnen der Jungfrau Park multimedial und in gigantischem Format die größten Mysterien unserer Welt: von Stonehenge über die Pyramiden bis zum hochkomplizierten Kalender der Maya können Sie eintauchen in die rätselhaftesten Phänomene unseres Planeten.
Der Park ist im Sommerhalbjahr täglich von 9-18 Uhr geöffnet. Eintritt CHF 40,-, Jugend CHF 22.-, Kinder 2-10 Jahre CHF 14.-, Familienrabatt 20% Parken ist vor der Anlage kein Problem, Tagesgebühr CHF 5,-, ab 18.30 Uhr wird der Platz mit einem Tor verschlossen. Obere Bönigstraße 100, **GPS N 46°40‘56“, E 7°52‘48“**

Jungfraupass oder Regionalpass

Wollen Sie mehrere Tage in der Region verbringen, sollten Sie vor der Weiterfahrt über ein **Mehrtagesticket für die Jungfraubahn** oder den ebenfalls recht interessanten **Regionalpass Berner Oberland** nachdenken. Im Jungfraugebiet fahren viele Zahnradbahnen, die hohe Betriebskosten und entsprechend hohe Fahrpreise haben. Wollen Sie sich gründlich umschauen, lohnt sich vielleicht einer der beiden **Mehrtagespässe der Jungfraubahnen**. Wollen Sie hinauf zum Jungfraujoch, zahlen Sie allein für diese Fahrt CHF 170.- pro Person. Mit dem **Jungfrau Centenary Pass** fahren Sie für CHF 225.- an drei aufeinander folgenden Tage kostenlos mit allen Zügen der Jungfraubahn. Fast zum gleichen Preis (CHF 220.-) erhalten Sie den **Jungfraubahnenpass,** mit dem Sie 6 Tage kostenlos unterwegs sind – allerdings ist die Bahn von der kleinen Scheidegg aufs Jungfraujoch ausgeschlossen. Aktuelle Tarife finden Sie unter www.jungfrau.ch.

Etwas anders funktioniert der **Regionalpass Berner Oberland,** mit dem Sie gut bedient sind, wenn Sie keine 6 Tage in den Lütschinetälern bleiben wollen, aber doch etwas länger in der weiteren Region unterwegs sind. An 3 von 7 oder 5 von 15 Tagen fahren Sie kostenlos, nicht nur mit den Jungfraubahnen (ohne Jungfraujoch) sondern auch auf allen Schiffen auf dem Brienzer und Thuner See, mit der Brienzer Rothornbahn oder am Beatenberg. Selbst weiter entfernt in Kandersteg oder im Lötschental gilt die Karte noch. In der verbleibenden Geltungszeit fahren Sie bei den genannten Bahnen zum halben Preis. Die Karte kostet für 7 Tage CHF 233.- und für 15 Tage CHF 290.-. Sind Sie außerhalb der Saison unterwegs, wird es erst richtig interessant: im Mai, September und Oktober gab es 2012 ein Angebot für 2 Regiopässe zum Preis von einem. Eine Übersicht der Strecken und aktuelle Informationen finden Sie unter www.regiopass-berneroberland.ch – oder Sie fragen in den Touristeninformationen nach dem Regionalpass.

Mit oder ohne Mehrtagesticket im Gepäck verlassen wir jetzt Interlaken nach Süden, um die **Täler der Schwarzen und der Weißen Lütschine** zu erforschen. Die Schwarze Lütschine entspringt in den Bergen über **Grindelwald**, während die weiße Lütschine ihren Ursprung im Nachbartal bei **Stechelberg** hat. Im Weiler **Zweilütschinen** fließen sie zusammen und durchqueren als Lütschine Wilderswil, um in Böningen am Camping Seeblick in den Brienzer See zu fließen. In Böningen waren wir ja schon, also geht es jetzt weiter nach **Wilderswil.** Vorbei am Talbahnhof der historischen Zahnradbahn auf die Schynigge Platte treffen wir im Ort auf ein empfehlenswertes und preisgünstiges Basisquartier.

(188) WOMO-Campingplatztipp: Camping Oberei /Wilderswil

GPS: N 46°39'41", E 7°51'53", 597 m **Öffnungszeiten:** 1. Mai – 30. September

Ausstattung / Lage: Zentral mitten im Ort und doch ruhig gelegen, in 10 Minuten zu Fuß zur Bahnstation, Sanitärausstattung nicht topmodern aber in Ordnung, Womo inkl. 2 Personen CHF 23-33.-, www.campingwilderswil.ch

Zufahrt: Im Zentrum von Wilderswil rechts der Durchfahrtsstraße, ausgeschildert.

Der Panoramaweg an der Schyniggen Platte
Eine Gratwanderung im Miniformat

Gehzeit 1h 30 min, ca, 200 Höhenmeter, auch geeignet mit bergerfahrenen Kindern ab ca. 7 Jahren. Nicht nur die Fahrt mit der alten Zahnradbahn ist besonders, auf der Schyniggen Platte haben Sie einen tollen Blick auf das berühmte Dreigestirn Eiger, Mönch und Jungfrau, ohne sich mitten ins größte Getümmel zu stürzen. Außerdem lockt hier oben eine wenig mühsame, aber landschaftlich ausgesprochen reizvolle Wanderrunde mit grandiosen Blicken nicht nur auf die Viertausender, sondern auch in der anderen Richtung hinunter zum See.

Wanderung: Von der Bergstation der Bahn laufen Sie durch den schön angelegten Alpengarten und sehen schon von oben den Pfad, der auf das **Oberberghorn**, den rechten der beiden Felsgipfel zuhält. Dort steigen Sie hinunter und folgen dem Weg bis zur Kreuzung am Fuße des Felsens. Rechts geht es weiter zum Faulhorn, wir laufen links vor dem Oberberg-

horn vorbei. Wenig später zweigt rechts der **Aufstiegsweg auf den Gipfel** ab, den nur Trittsichere hinaufsteigen sollten. Auch ohne den Gipfel stehen Sie kurz darauf am Grat über dem Brienzer See. Sind Sie nicht schwindelfrei, können Sie hier am Schilderbaum links hinunter gehen. Viel interessanter ist aber der **Panoramaweg,** der geradeaus leicht ansteigend und ohne wirklich schwierige Stellen zum Aussichtspunkt am zweiten Felsgipfel mit dem Namen **Daube** führt. Um die Felsen herum führt der Panoramaweg am Hang entlang zurück zur Bahnstation. Kurz vor dem Ziel stehen Sie am **Restaurant Schynigge Platte** mit toller Sonnenterrasse und Spielplatz, wo Sie die Abfahrtszeit der Bahn abwarten können. Zum Bahnhof laufen Sie von hier etwa 5 Minuten.

Sehr interessant für passionierte Wanderer ist auch die längere Tour vom **Oberberghorn rechts über das Faulhorn zum First,** wo man dann mit der Gondel ins Tal schweben und mit dem Zug zurück nach Wilderswil fahren kann. Dazu ist man etwa 5-6 Stunden unterwegs.

Wenn Sie nicht auf dem Camping Oberei übernachten, können Sie ihr Womo während der Wanderung auf dem **kostenpflichtigen Parkplatz** mit Schranke hinter dem Bahnhof unterbringen. **GPS N 46°39'57", E 7°52'13".** Die Bahn fährt von Mitte Mai bis Mitte Oktober zwischen 7.25 Uhr und 16.45 Uhr, Fahrpreis retour CHF 60,- oder Mehrtagesticket.

Lauterbrunnen und das Tal der Wasserfälle

Folgen wir zuerst der Weißen Lütschine in das ruhigere der beiden Täler. **Lauterbrunnen** ist das erste Ziel. Hier befindet sich eine Talstation der Wengernalpbahn-Bahn, die von Lauterbrunnen über den Bergbahnhof »Kleine Scheidegg« nach Grindelwald fährt. Um sich näher umzusehen, bringen Sie ihr Fahrzeug auf dem **Parkplatz an der Kirche** unter **GPS N 46°35'33", E 7°54'28"** (zentrale Parkuhr). Vom Parkplatz lohnt der kurze Fußmarsch zur Kaskade des **Staubbachfalles**, der mit einer Fallhöhe von 297m der zweithöchste Wasserfall der Schweiz ist. Dazu laufen Sie am hinteren Parkplatzende in die Straße *Beim Gräbli*, biegen am Campingplatz Jungfrau rechts ab und halten dabei direkt auf den Wasserfall zu.

(189) WOMO-Campingplatztipp: Jungfrau / Lauterbrunnen

GPS: N 46°35'19", E 7°54'29", 812 m **Öffnungszeiten:** ganzjährig

Ausstattung/Lage: Der komfortabelste Platz im Tal, am Ortsrand von Lauterbrunnen, fünf Sterne, viele Häuschen, aber auch schöne Stellplätze an der Lütschine. Restaurant mit preisgünstigem Take Away, Laden, Top Sanitäranlagen, Euro Relais zur Entsorgung, Schwimmbad in der Nähe, Busstation vor dem Platz.

Womo inkl. 2 Personen CHF 45.-, Strom CHF 4.-, www.camping-jungfrau.ch

Zufahrt: Am Ortsende von Lauterbrunnen in Richtung Stechelberg.

Ein Wasserfall im Berg

Ein paar Kilometer weiter kündigt ein Parkplatz links der Straße die nächste Attraktion an, von der Sie erst mal gar nichts sehen können. Die Kaskaden der **Trümmelbachfälle** sind im Berg verborgen. Um den Platz auch für weitgereiste Gäste in Sommerschuhen zugänglich zu machen, hat man einen Aufzug in den Fels gebaut. Sie schweben also hinauf und werden dann durch dunkle Gänge in den Berg entlassen, wo Sie das tobende Wasser sofort hören können. Spritzend stiebt hier der Bach durch Gänge und Höhlen. Durch Löcher im Fels und auf Plattformen zwischen den Wasserfällen öffnen sich immer neue Blicke auf das feuchte Spektakel.

Geöffnet von April bis November von 9-17 Uhr und im Juli und August von 8.30 bis 18 Uhr, Eintritt CHF 11.-. Parken können Sie leicht auf dem zugehörigen Parkplatz mit schönen Bäumen und Nachtparkverbot.

Und hier sei noch einmal daran erinnert: **auf allen Parkplätzen in beiden Tälern ist das nächtliche Parken von Wohnmobilen verboten**. Dafür finden wir in Stechelberg einen weiteren Camping in schönster Natur am Bach.

(190) WOMO-Campingplatztipp: Rütti

GPS: N 46°32'47", E 7°54'8", 904 m **Öffnungszeiten:** Mai - September

Ausstattung / Lage: 100 Plätze, moderne Sanitäranlagen, Kiosk, Gasthof Stechelberg benachbart. Gasdepot und Ver- und Entsorgung vorhanden, Bushaltestelle direkt neben dem Campingplatz, so dass Sie Anschluss an das Bahn- und Bergbahnnetz der Täler haben, Womo inkl. 2 Personen und Kurtaxe CHF 30,50.

Zufahrt: Am Talende rechts der Straße nicht zu übersehen.

Sonstiges: Der Campingplatz Breithorn an den Wasserfällen ist nicht ganz so schön, dafür aber ganzjährig geöffnet und konkurrenzlos preisgünstig, Womo inkl 2 Personen CHF 23.-, Strom CHF 4.-

Kurz vor dem Camping Rütti passieren Sie einen riesigen Parkplatz. Hier transportiert Sie eine **Gondelbahn auf das Schilthorn**, das ebenfalls als einer der schönsten Aussichtsberge der Region gilt. Im **Drehrestaurant Piz Goria** sitzen Sie dabei jederzeit warm und trocken. Aber natürlich gibt es auch hier ein Netz an Wanderwegen. Für die Fahrt bis ganz oben (und wieder hinab) sind Sie mit ca. CHF 95.- pro Person dabei. Die Bahn gehört übrigens nicht zu den Jungfraubahnen, sondern hat einen anderen Betreiber.

Die Sphinx auf dem Jungfraujoch
Eine Gletscherfahrt mit der Jungfraubahn

Die größte Attraktion der Lütschinetäler sind die Berge dazwischen. Die Dreierkette **Eiger, Mönch und Jungfrau** bilden den meist schneebedeckten Hintergrund. Davor erhebt sich der Männlichen und zum See hin grenzt ein Riegel weniger hoher Berge das Gebiet ab. Mitten ins Zentrum bringt uns die **Wengernbahn**, die von Lauterbach oder Grindelwald den **Bergbahnhof Kleine Scheidegg** unterhalb des Eiergletschers anfährt. Der absolute Touristenmagnet ist die Fahrt von dort mit der Jungfraubahn auf das 3454 Meter hohe **Jungfraujoch** zwischen Mönch und Jungfraugipfel. Hier oben befindet man sich am Gletscher und im ewigen Eis. Von der Sphinx, der glasbedachten Aussichtkuppel am Jungfraujoch, schaut man über den höchsten Bereich des **Großen Aletschgletschers** und mitten hinein in ein komplett unbesiedeltes Reich der Viertausender. Dass man am Jungfraujoch außerdem die Wahl zwischen mehreren Restaurants hat, hochwertigste Schweizer Uhren kaufen kann, eine Eisgrotte zu sehen ist und man locker ein halbes Stündchen herumlaufen kann, ohne die Füße überhaupt in den Schnee zu setzen, ist eine Schweizer Spezialität und eigentlich allen Gletscherbahnen gemeinsam. Wenn Sie mehr Glück mit dem Wetter haben als wir, können Sie aber auch im Snow Fun Park Schlitten fahren, per Tyrolienne über das Eis sausen oder Sie wandern durch den Schnee zur 30 Minuten entfernten Hütte. Vergessen Sie dazu aber nicht, vor der Bergfahrt Mütze und Handschuhe einzupacken und die dickste Jacke aus dem Womo-Schrank zu holen. Die Fahrt hinauf ist dann nicht ganz so spektakulär wie erwartet. Vom Bergbahnhof Kleine Scheidegg startet die Bahn zum Eigergletscher und setzt anschließend die Fahrt im Tunnel fort. Zwei Stopps ermöglichen Ihnen Ausblicke aufs Eis und dazwischen erfahren Sie per Fernsehbildschirm, was Sie oben am Berg erwarten wird…

Noch intensiver ist das Erlebnis, wenn Sie zu Fuß vor der berühmten Bergkulisse unterwegs sind. Dazu habe ich für Sie

zwei verschiedene kurze **Wandervorschläge**, die Sie auch zu einer Runde zusammenfügen können. Diese Tour beginnen Sie am besten von Grindelwald.

Vom Männlichen zur Kleinen Scheidegg
Ein Bergspaziergang vor großer Kulisse

Gehzeit 1 h 30 min, fast eben. In Grindelwald, sind die Talstationen von Wengernbahn und Männlichenbahn nur wenige 100 Meter von einander entfernt. Auf dem großen **Parkplatz der Männlichenbahn GPS N 46°37'26", E 8°01'17"** bringen Sie auch Ihr Wohnmobil locker unter (Tagesparkschein CHF 5.-). Per Gondelbahn schweben Sie jetzt auf den Männlichen. Unter einem der letzten Stützpfosten befindet sich übrigens ein Murmeltierbau. Da die Tiere an schwebende Gondeln gewöhnt sind, kann man sie von oben oft gut sehen. Vom Berggasthof wenden Sie sich dann links und laufen auf dem breiten, gut ausgebauten Wanderweg in Richtung Kleine Scheidegg immer auf den Eiger zu. Links hinunter schauen Sie nach Grindelwald, während Sie sich auf gemütlichem Weg bei perfekter Aussicht dem Fuß der höheren Berge nähern. Kurz bevor Sie den Bahnhof erreichen, geht es zu einem **Gasthof mit Aussichtsturm** hinab und nach gut 1,5 Stunden stehen Sie an der Kleinen Scheidegg. Von hier geht es mit der Wengernbahn zurück nach Grindelwald oder per Jungfraubahn hinauf zum Jungfraujoch. Oder Sie fahren nur eine Station mit der Jungfraubahn, steigen am Eigergletscher aus und starten dort auf unsere zweite Wanderung auf dem Eiger Trail.
Tipp: Da diese Tour mit wenig Anforderungen besonders viel bietet, geht es hier an schönen Sommertagen zu wie in einem Stadtpark am Wochenende. Wir sind an einem wunderbar klaren Julimorgen gegen 8 Uhr hinauf gefahren und hatten Weg und Berge fast für uns alleine. Sollten Sie also zu den Frühaufstehern gehören – hier lohnt ein früher Start ganz sicher...

Auf dem Eiger-Trail – Am Fuß der Eiger-Nordwand

Gehzeit: 2 Stunden, 750 hm bergab. *Gute Wanderschuhe und ein wenig Bergerfahrung notwendig. Stöcke sinnvoll.* Die Kletterrouten an der Eiger-Nordwand sind legendär und ein anspruchvolles Ziel für ambitionierte Bergsteiger. Man kommt aber auch als normal trainierter Wanderer ganz nah heran an die Wand der Wände. Von der Station Eigergletscher der Jungfraubahn führt der Eiger-Trail am Fuß der Felsabbrüche bis zur Station Alpiglen. Der Weg ist schmal und hat ein paar steile Stellen, ist ansonsten aber unkompliziert zu gehen.

An der Station Eigergletscher überqueren Sie die Schienen und laufen unter der Trasse des Skiliftes hindurch auf den Geröllpfad am Hang. Das erste Wegstück ist rau und steinig, dann geht es über einen grünen Hügel mit schönem Aussichtspunkt und Bänken. Von hier ngeht es kurz abwärts und dann beinahe eben weiter durch grüne Wiesen. Dann nähern Sie sich den Aufstiegsrouten in der Felswand und eine Tafel am Wegesrand zeigt deren Verlauf im Fels. Hier beginnt der schönste Teil des Weges: Recht eben wandert man zwischen Felsen und Grasmatten unterhalb der Felswand entlang. Sitzbänke bieten an den schönsten Stellen Möglichkeit zur bequemen Rast. Nach etwa 1,5 Stunden beginnt dann endgültig der Abstieg. Vorbei an einem Wasserfall und dann in engen Serpentinen über Geröll wandern wir bis zum einladenden Berggasthof Alpiglen und zur Station der Wengernbahn, die uns nach Grindelwald zurückbringt. Wer noch Reserven hat, kann auch weiter bis zur Gletscherschlucht in Grindelwald laufen. Der Weg ist beschildert.

Die Häuser und Hotels der Gemeinde **Grindelwald** verteilen sich weiträumig im hintersten Ende des Tales. Im Ort hat es zwei Campingplätze. Beide liegen unterhalb des Dorfes an der Lütschine. Den **Camping Eigernordwand** finden Sie ganz in der Nähe der Bergbahnstationen. Für größere Wohnmobile ist die enge Zufahrt allerdings schwer passierbar. Etwas besser geht es am **Camping Gletscherdorf**. Mit Womos im Reisebusformat sollten Sie Grindelwald gar nicht erst anfahren. Suchen Sie sich zum Erforschen der Bergwelt besser einen Camping bei Interlaken oder wählen einen der leicht erreichbaren Plätze bei Stechelberg.

(191) WOMO-Campingplatztipp: Gletscherdorf /Grindelwald

GPS: N 46°37'16", E 8°02'43", 988 m
Öffnungszeiten: ganzjährig
Ausstattung / Lage: Parkplatzähnlich aufgereihte Stellplätze, teilweise mit tollem Blick auf den Grindelwaldgletscher, am Ortsrand, 15 Minuten zu Fuß zur Gletscherschlucht und genauso weit in den Ort, gute Sanitäranlagen und nette Atmosphäre, Womo inkl. 2 Pers. CHF 32.- bis 35.-, Kurtaxe 4,20 pro Person, Strom CHF 5.-
Zufahrt: Fahren Sie auf der Dorfstraße

durch den ganzen Ort und biegen erst an der Kirche und am Heimatmuseum rechts ab in Richtung Gletscherschlucht. Der Platz befindet sich unterhalb des Dorfes.
Sonstiges: Ausgeschildert ist im Ort auch noch der Campingplatz Sand, der Plätze auf einem Wiesenhügel hoch über Grindelwald bietet. Der Blick ist super, aber leider gibt es hier oben maximal 2-3 halbwegs ebene Plätze und die Fahrt über das Sträßchen dort hinauf sollten Sie nur mit Womos in VW-Busgröße antreten.

Zwischen 100 Meter hohe Felswände und zur Quelle der weißen Lütschine entführt Sie die Steganlage der **Grindelwalder Gletscherschlucht.** Geöffnet Mai bis Oktober. Eintritt CHF 7.-, Kinder CHF 3,50, Parkplatz am Gasthof mit Kristallausstellung **GPS N 46°36'48", E 8°02'45".**

Nach den tollen Berghighlights im Jungfraugebiet ziehen wir uns wieder in ruhigere Gefilde zurück. Das **Nordufer des Thuner Sees** ist dazu gerade recht, und es hält so manche schöne Überraschung bereit. Zu allererst erfreuen uns zwei schöne freie Stellplätze in **Beatenberg**, einem Dorf auf der Höhe über Interlaken.

In Interlaken durchqueren wir den Ortsteil Unterseen und fahren auf der **Beatenbergstraße** hinauf. Im Ortsteil **Waldegg** bietet ein riesiger Asphaltplatz mit Infotafel und Picknickecke einen ruhigen Übernachtungsplatz in der Nähe dörflicher Infrastruktur.

(192) WOMO-Picknickplatz: Beatenberg Waldegg

GPS: N 46°42'11", E 7°48'32", 1.216 m **max. WOMOs:** 3-4
Ausstattung / Lage: Großer asphaltierter Parkplatz am Ortsrand, Infotafel und üppig sprudelnder Brunnen, WC, Einkehrmöglichkeit im Dorf.
Zufahrt: Direkt an der Ortseinfahrt und am hölzernen Willkommensschild links der Dorfstraße.

Wer lieber einsamer steht, fährt am Parkplatz den Wegweisern zum Langlaufparkplatz Hohwald folgend rechts hinauf und findet oberhalb des Ortes auf einem Schotterplatz am Waldrand ein gutes Quartier.

(193) WOMO-Stellplatz: Waldegg Hohwald

GPS: N46°42'15",E7°48'54", 1.280 m
max WOMOs: 2-3
Lage: Am Waldrand über dem Ort, Parkfläche leicht abfallend.
Zufahrt: In Beatenberg den Wegweisern mit Langlaufsymbol rechts hinauf folgen. Ca. 500 m Zufahrt auf schmaler Straße mit engen Kurven!

Wildbeobachtung und »Trottiplausch« am Niederhorn

Sie sind zufällig an einem Donnerstag hier? Und Sommer ist es auch? Von Juni bis September führt ein ortskundiger **Wildtierspezialist** interessierte Gäste zu den am Niederhorn lebenden **Steinböcken**, die sich gut an Wanderer gewöhnt haben und Sie ungewöhnlich nahe heranlassen. Außerdem gibt es am Niederhorn auch **Steinadler und Murmeltiere**. Die Wanderung dauert ca. 4 h. Wanderschuhe und wetterfeste Kleidung sind erforderlich, außerdem sollten Fernglas und Kamera ins Gepäck. Schon um 6.40 Uhr startet eine Gondel ab Beatenbucht zur Sonderfahrt. Sie steigen um 7 Uhr auf halber Höhe in Beatenberg nur 2-3 Kilometer von unseren Stellplätzen entfernt zu. So sind Sie an diesem Morgen die ersten auf dem Berg. Die frühe Stunde löst auch das einzige Problem, das uns die Bahn auf das Niederhorn bereitet: der Parkplatz an der Station in Beatenberg ist nicht allzu groß und die Buchten sind an PKW-Maßen orientiert **GPS N 46°41'32", E 7°47'11"**. Unten in Beatenbucht sieht es noch schlechter aus. Vor dem Parkhaus finden Sie nur wenige Plätze an der frischen Luft. Nachdem Sie ihr Wohnmobil jetzt am frühen Morgen problemlos untergebracht haben, könnten Sie die Gunst der Stunde noch für eine Abfahrt mit dem **Trottibike** nutzen. Von der Mittelstation, an der die Wildbeobachtung endet, können Sie entweder auf direktem Weg in etwa 30 min. nach Beatenberg rollen oder die gemütliche längere Abfahrt über Naturwege wählen. Zwei Stunden Rollermiete kosten CHF 12.- und es gibt auch Kindertrottibikes (ab Schulalter).

Die Morgenfahrt zur Wildbeobachtung inkl. Führung kostet CHF 29.- ab Beatenberg, Kinder CHF 14,50, Familien zahlen für max. 1 Kind. Wer eine größere Gruppe zusammen bekommt, kann auch für CHF 150.- an einem Wunschtermin zu den Steinböcken fahren. Die Führung findet nur bei ausreichender Teilnehmerzahl statt, daher bitte anmelden: +41 (0)33 841 08 41 Ohne Führung startet die erste Gondel ab 8.20 Uhr, bis 9 Uhr bekommen Sie in Beatenberg ein **Frühaufsteherticket** zum reduzierten Preis von CHF 30.- (ansonsten CHF 39.-). Wandervorschläge gibt es an der Bahnstation.

In Fußmarschentfernung zur Bergbahn gibt es außerdem einen kleinen Campingplatz mit 19 Plätzen und ohne Dauercamper auf dem Bauernhof Wang.

(194) WOMO-Campingplatztipp: Bauernhofcamping Wang

GPS: N 46°41'26", E 7°47'04" **Öffnungszeiten:** Mitte April – Mitte Oktober
Ausstattung / Lage: Wiesenplätze mit Bergblick, kleiner Sanitärblock, am Ortsrand von Beatenberg, Womo inkl. 2 Personen CHF 30 – 33.-, Kurtaxe 2,40 (dafür kostenloser Eintritt ins Schwimmbad), Strom CHF 3.-, camping-wang.naturpur.ch.
Zufahrt: In der Nähe der Bergbahnstation ausgeschildert. Vorsicht enge Straße!

Mit großen Womos fahren Sie jetzt zurück nach **Interlaken** und wechseln in Unterseen auf die Seestraße, die am Nordufer des Thuner Sees entlangführt. Fahren Sie ein kompaktes Modell, können Sie geradeaus weiter fahren, wo die schmaler werdende Straße ins **Justital** führt. Bis vor kurzem eine Mautstraße, ist der Weg zur Zeit frei befahrbar.

Auf der Bergroute zum Thuner See

Die Straße führt in den Wald und an den Felsabbrüchen des Niederhornes entlang ein Stück ins **Justital** hinein. An der **Grönhütte**, an der man Käse und Butter kaufen kann, macht die Straße kehrt und führt zum See zurück. Etwas 500 m nach der Hütte bietet eine Parkbucht an einem großem Felsblock neben der wenig befahrenen Straße einen idyllischen Übernachtungsplatz.

(195) WOMO-Wanderparkplatz: Justital

GPS: N 46°42'46", E 7°45'39", 1.120 m **max. WOMOs:** 1-2
Ausstattung / Lage: Parkbucht an wenig befahrener Straße in toller Landschaft. Warnschild: Keine Haftung für Schäden durch weidendes Vieh. Direkteinkauf von Käse und Butter aus dem Justital in der Grönhütte.
Zufahrt: An der Straße kurz nach der Spitzkehre vor der Grönhütte. großer Felsblock auf der Parkfläche links der Straße.

Wanderung ins Justital

Von der Grönhütte können Sie auf einer asphaltieren, für den Verkehr gesperrten Straße in das breite grüne und von senkrecht aufstrebenden Felswänden gesäumte Tal hineinlaufen. Fitte Radler könnten auch fahren – aber es geht hier ordentlich bergauf. Eine gute Stunde Fußmarsch braucht es zur Alp Hinterstberg, der letzten Alp im Tal, und zum Ende des Fahrweges. Ab hier führen nur noch Wanderwege hinauf und wenn man unermüdlich weiter läuft, erreicht man nach 3,5 Stunden Inneriz, das Sie in Tour 5 auch mit dem Wohnmobil besuchen können.

Aus dem Justital kommen Sie durch **Sigriswil** und folgen den Wegweisern nach **Gunten**, wo wir auf die Seeroute treffen.

Die Seestraße von Interlaken nach Thun

Kaum haben wir die letzten Ausläufer der Stadt hinter uns gelassen ermöglicht links der Straße eine Parkfläche vor einer mit Büschen von der Straße abgeschirmten Liegewiese am See einen Badestopp. **GPS N 46°40‘57“, E 7°48‘26“.**

Badeplatz bei Interlaken und (rechts oben) das Strandbad in Gunten.

Nach Sundlauenen rücken die Berge näher an den See heran und es bleibt nur mit Mühe Raum für die Straße. Ein schmaler Parkplatz rechts oberhalb der Straße bei **GPS N 46°41‘00“, E 7°46‘40“** ermöglicht den Besuch einer Sehenswürdigkeit oberhalb des Sees. Von hier aus steigen Sie nur wenige Minuten hinauf zu den Beatushöhlen.

Die Beatushöhlen – Schauspiel aus Wasser und Stein

Wenn man der Legende glaubt, fand im 6. Jahrhundert nach Christus der heilige Beatus Zuflucht in der Höhle am Beatenberg. Selbstverständlich erst nachdem er dem dort hausenden Drachen die Tür gewiesen hatte. Steigen wir heute über Treppen und Brücken hinauf zum Eingang, erwartet uns eine imposante Tropfsteinhöhle, in deren dunklem Bauch sich Stalaktiten und Stalagmiten in glatten Wasserflächen spiegeln. Den Nachfahren des wilden Drachen hat man während der Öffnungszeiten auf den Spielplatz vor der Höhle verbannt, wo er sich prima als Kinderrutsche macht.

Geöffnet von Ende März bis Ende Oktober 9.30 -17 Uhr, Eintritt CHF 18.-, Familienkarte CHF 45.-. Die Führungen beginnen alle halbe Stunde und dauern 90 Minuten. Temperatur in der Höhle 8 Grad.

Eine gute Idee ist auch die Anreise mit dem Boot von Interlaken, Gunten oder Thun nach Sundlauenen. Vom Anleger läuft man eine knappe halbe Stunde auf dem schönen Pilgerweg zum Höhleneingang.

Wir passieren **Beatenbucht,** die Talstation der Niederhornbahn, und fahren am Wasser entlang durch **Merlingen** bis **Gunten**. Hier könnten Sie sich im Strandbad erfrischen, an der Uferpromenade bummeln und den Bootsanleger für eine Fahrt über den See nutzen. Das Ortszentrum mit Geschäften und mehreren Gasthöfen und einem Parkplatz am Ortsrand, an dem Sie auch über Nacht gut stehen, runden das Angebot ab.

(196) WOMO-Stellplatz: Gunten

GPS: N 46°42'55, E 7°42'10", 596m **max. WOMOs: 2-3**

Ausstattung / Lage: Parkplatz am Ortsrand, bei kleinem Gewerbegebiet. Nicht der schönste aller Plätze, aber günstig gelegen.

Zufahrt: Im Ort am Parkhotel rechts in die Schönbergstraße.

Kurz vor Oberhofen ist am kostenpflichtigen Parkplatz bei **GPS N 46°43'14", E 7°41'07"** noch mal eine Picknickpause am See möglich, bevor wir uns mit großen Schritten Thun nähern.

Wasserstadt an der Aare

Das Zentrum von **Thun** liegt an der Aare. Mit der Altstadt durch Brücken verbunden ruht eine Insel im beinahe unnatürlich türkisblauen und glasklaren Wasser des Thuner Sees, der hier in die Aare abfließt. Läuft man über die Insel und überquert die Aare auf der schmalen Rathausbrücke, hat man bereits das nächste spezielle Thun-Panorama im Blick: Über den Häusern der Altstadt ragen die weißen Türme des **Thuner Schlosses** in den Himmel. An seiner Seite steht die 1738 erbaute Stadtkirche und im Schloss können Sie das **historische Museum** besichtigen. Die Altstadt zu Füßen der Burg fühlt sich ein bisschen an wie ein frisch poliertes Venedig. Nicht nur, weil die Tische der Restaurants und Cafés beinahe mit den Füßen im Wasser stehen, auch die Dichte der Pizzerien ist ungewöhnlich. Wenn Sie also dem Duft von Pizza und Pasta erliegen: Sie werden dabei kaum irgendwo schöner sitzen als am Aareufer in Thun.

Wenn Sie mehr von Thun sehen wollen als das Schloss und die Aare: im Welcome Center im Bahnhofsgebäude erhalten Sie ein Faltblatt zu einem 1,5 stündigen Altstadtrundweg. Parken können Sie am Bahnhof **GPS N 46°45‘15“ , E 7°37‘52“.** Die Parkgebühren sind allerdings satt. Günstiger stehen Sie auf der anderen Aareseite am Kunstmuseum, an dem Sie bei der Zufahrt vom Thuner Seeufer vorbei kommen.

(197) WOMO-Stellplatz: Kunstmuseum Thun

GPS: N 46°45'24", E 7°38'06", 570 m **max. WOMOs:** 2-3

Ausstattung / Lage: Gebührenpflichtiger Platz, Tagesparkschein möglich, PKW-Buchten, daher für sehr große Womos nicht geeignet, teilweise unter Bäumen. An der Aare entlang ca. 300 m zur Siennebrücke am unteren Ende der Altstadt.

Zufahrt: Von der Seeuferstraße kommend kurz hinter dem Ortsschild links das Kunstmuseum und gegenüber der Parkplatz

Kunstmuseum Thun

Das Kunstmuseum, vor dessen Türen Sie jetzt parken, ist ein Kunstwerk an sich. In den historischen Mauern des ersten Grandhotels von Thun betrachten Sie ausschließlich die Werke von Schweizer Künstlern. Die Auswahl reicht von der Klassischen Moderne über die Schweizer Pop-Art bis zu zeitgenössischen Arbeiten. *Geöffnet von 10 bis 17 Uhr, Mi bis 19 Uhr, Mo geschlossen.*

Schlossmuseum Thun

Das historische Museum im Schloss zeigt Funde von der Frühgeschichte bis zum Mittelalter. Prunkstück des sechsstöckigen Gebäudes ist der große original ausstaffierte Rittersaal. Auch die vier Schlosstürme sind zugänglich und ermöglichen einen grandiosen Ausblick über die Stadt und auf die Berge des Berner Oberlandes, die hinter dem Thuner See aufragen. *Täglich 10 bis 17 Uhr, CHF 8.-, Familienkarte CH 16.-*

Es ist Sommer und ihre Füße qualmen vom Laufen durch die schöne Altstadt? Dann laufen Sie noch ein bisschen weiter: aus der Altstadt hinaus und auf der rechten Aareseite etwa 200 m in Fließrichtung am Fluss entlang. Im **Flussbad Schwäbis** finden die Thuner bereits seit 1870 Erfrischung mitten in ihrer Stadt. Die alten Gebäude wurden 2006 renoviert, so dass Sie ein modernes Bad vor historischer Kulisse vorfinden. Geöffnet ist von Mitte Mai bis Mitte September täglich von 9.00-19.00 Uhr, im Juli und August bis 20 Uhr, Eintritt CHF 4,50, Kinder 2,50. Parkplätze in Womogröße werden Sie am Flussbad allerdings nicht finden.

Wollen Sie nicht zum Wasser laufen, bietet das **Thuner Strandbad** mit mehreren Becken, Wasserrutsche und Sprungturm, langem Badestrand am Seeufer und einer großzügigen Liegewiese eine Alternative. Geöffnet Mitte Mai bis Mitte September täglich 7 bis 19 oder 20 Uhr je nach Saison. Eintritt CHF 6,- Kinder 6-16 Jahre 2,50. **GPS N 46°44'23", E 7°37'48"**

Haben Sie kein Badewetter, können Sie den Parkplatz am Strandbad immer noch zu einem Seespaziergang mit bestem Bergblick nutzen.

Der Uferweg zum Gwattlischenmoos

2,5 km, Gehzeit 40 min einfach. Vom Strandbad Thun bis zum Gwattlischenmoos in Gwatt südlich der Stadt führt ein ganz besonders schöner Spaziergang über Stege und Brücken und drei kleine Inseln am Ufer des Thunersees entlang. Wenn Sie den Campingplatz Thuner See als Quartier wählen, können Sie direkt dort loslaufen. Der Weg führt am Platz vorbei.

(198) WOMO-Campingplatztipp: Thuner See / Gwatt

GPS: N 46°43'40", E 7°37'39", 563m **Öffnungszeiten:** April – Anfang Oktober
Ausstattung / Lage: TCS Camping direkt am Thuner See am südlichen Stadtrand von Thun, Stellplätze auf der Wiese mit wenig Schatten, schönes platzeigenes Badeufer mit Spielplatz, Restaurant und kleiner, gut sortierter Laden, Bushaltestelle in der Nähe. Der Uferweg zum Gwattlischenmoos führt direkt am Platz vorbei.
Telefon: +41(0)33 336 40 67, CHF 31-43.-, Strom CHF 4,50
Zufahrt: Von Thun in Richtung Spiez auf der Kantonalstraße 6 bis zum unteren Seezipfel. Dort ist der Campingplatz links neben der Straße nicht zu verfehlen.

Am Seeufer entlang erreichen wir dann **Spiez** und damit das nächste Schloss. Die Anlage ist deutlich kleiner als in Thun, was aber gerade ihren Charme ausmacht. Um in den reizvollen Ortsbereich unten am Hafen zu kommen, fahren Sie fast bis zum Schloss hinunter und lassen Ihr Womo auf dem oberen Parkplatz zurück. **GPS N 46°41'22", E 7°41'06"**. Ist hier nichts mehr frei, gibt es auf dem oberen Parkdeck des Parkhauses weitere Plätze ohne Dach. Die Zufahrt befindet sich ca. 50 m weiter rechts der Straße.

Seeblick vom Schlossturm – Mittelalterfeeling auf Schloss Spiez

Laufen Sie die Straße weiter hinunter bis zum Hafen. Hier gibt es eine Hand voll Cafés und Restaurants. Über eine Treppe geht es dann hinauf zum Schloss, vorbei an einer Flut von Rosen, die aus dem Garten der Schlosskapelle quellen, auf die Terrasse vorm Eingang, wo Sie besten Seeblick haben. Gehen Sie hinein, finden Sie mit Liebe zum Detail authentisch eingerichtete Räume. Besonders spannend ist der Aufstieg im schummrigen Licht durch den urig hergerichteten Burgturm zum Dachzimmer. So wird aus dem Besuch eine stimmungsvolle Sache – auch weil Sie sich nicht mit Besuchermassen durch die Räume schieben müssen.
Geöffnet von April – Mitte Oktober täglich 10-17 Uhr, Montag erst ab 14 Uhr und im Juli und August bis 18 Uhr, Eintritt CHF 10.-, Familienkarte CHF 20.-

Kanuweg Thunersee

Auf der anderen Seite des Hafens sehen Sie schon vom Schloss aus das Spiezer Freibad, das eine Station des Kanuweges Thunersee ist. Hier können Sie Kanadier für 2-4 Personen für einen Wasserausflug entlang des Seeufers mieten. Eine kurze einfache Tour (3 km, ca 1 h Paddelzeit) führt Sie zu einem Grillplatz am Ufer und weiter nach Faulenbach, wo Sie ihr Kanu wieder abgeben könnten, um zu Fuß auf dem Strandweg immer am Seeuferweg entlang nach Spiez zurückzukehren. Fortgeschrittene Paddler können sich für einen Ausflug in die andere Richtung entscheiden. Das Seeufer zwischen Spiez und Thun ist vom Land aus beinahe unzugänglich und landschaftlich besonders interessant.

Kanumiete für einen halben Tag CHF 70.-, 2 Stunden CHF 40.-, Wenn Sie das Kanu nicht dort abgeben, wo Sie es geliehen haben kommen CHF 25.- für den Transport hinzu. Kanustationen am Freibad Spiez, an der Bootsfahrschule in Faulenbach und am Bistro Blue Turtle im Bootshafen Güetital. Geöffnet von 13.30 – 17 Uhr oder auf Anmeldung. Reservierung empfohlen. Spiez: +41(0) 33 654 15 76, Faulensee Bootsfahrschule Lüthi +41 (0) 79 - 651 77 36.

Einen weiteren Übernachtungsplatz ganz in der Nähe des Kanuweges finden Sie im Hinterland in **Hondrich**, wo das Hotel Bärgsunne einen Platz zur Übernachtung anbietet.

(199) WOMO-Stellplatz: Hotel Bärgsunne

GPS: N 46°40'16", E 7°40'48", 766m **max. WOMOs:** 4
Ausstattung / Lage: offizieller Stellplatz auf dem Parkplatz des Hotels Bärgsunne in Hondrich südlich von Spiez, Aeschistraße 12, am Ortsrand. Kostenlos bei Einkehr im Gasthof, ansonsten CHF 5.-, www.baergsunne.ch
Zufahrt: Von Spiez über Spiezwiler nach Hondrich, durch den Ort hindurch. Das Hotel finden Sie rechts der Straße kurz hinter dem Dorfzentrum.

In Spiez verlassen wir die beiden blauen Seen und fahren wieder mitten zwischen die Berge des Berner Oberlandes, die die schöne Kulisse auf der Südseite der Seen bildet. Wir wenden uns zuerst dem östlichen der beiden Täler zu: von Spiez führt unsere Reise in die **Nebentäler des Kandertales**. Wenn Sie nach wenigen Kilometern in Reichenbach den Abzweig ins **Kiental** wählen, erwartet Sie stille Bergwelt und ein guter Ausgangspunkt für Wanderungen. Bis **Schwendi** ist die Straße frei befahrbar und hier finden Sie auch die einzigen Möglichkeiten für eine Übernachtung. Frei stehen Sie an der Talstation des Sesselliftes in Schwendi, ca. 2 km weiter bietet der kleine Camping Blümlisalp eine Handvoll Übernachtungsplätze.

(200) WOMO-Wanderparkplatz: Schwendi Sesselbahn Ramslauenen

GPS: N 46°35'11", E 7°43'24", 933m
max. WOMOs: 2-3
Ausstattung / Lage: Asphaltierter Parkplatz am Ortsrand, teilweise leicht schräg
Zufahrt: In Schwendi rechts der Hauptstrecke und vor Beginn der Mautstraße. Zufahrt zum Lift beschildert.
Sonstiges: Die Fahrt mit dem Sessellift zum Berghotel Ramslauenen lohnt schon wegen des tollen Bergblickes von der Terrasse. Außerdem können Sie hier oben den 1-stündigen Familienrundweg mit dem schönen Namen *Zouberwicht Kien Zappu* starten oder auf dem Guggerweg (Kuckucksweg) mit Informationstafeln über verschiedene Alpentiere zur Alperue am unteren Ende des Tschingelsees hinunterlaufen (1,5h). Von dort geht es entweder in einer guten Stunde zu Fuß am Bach entlang zurück nach Schwendi oder Sie nehmen einfach den Postbus. Die Bushaltestelle befindet sich genau dort, wo der markierte Weg auf die Straße trifft. Auch längere Wanderungen weiter hinauf sind möglich. Eine Tourenkarte erhalten Sie an der Bergstation der Bahn. Die Bahn fährt täglich von 8-17 Uhr. Bergfahrt CHF 13.-, retour CHF 19.-

(201) WOMO-Campingplatztipp: Camping Blümlisalp

GPS: N 46°34'52", E 7°43'43", 935m **Öffnungszeiten:** ganzjährig
Ausstattung / Lage: Kleiner Platz an einem Bauernhaus, eingerahmt von einer Hecke. Hauptsächlich Dauercampingplätze. Am Rande des Platzes 3-4 Passantenplätze auf etwas engen Wiesenflächen.
Zufahrt: ca. 2 km nach Schwendi links oberhalb der Straße.

Wollen Sie auf vier Rädern weiter ins Tal hinein, zahlen Sie **ab Schwendi Maut** in Form einer Tagesgebühr für einen der Parkplätze an der Straße. Ein Stopp außerhalb der Parkplätze ist hier im Naturschutzgebiet genauso verboten wie jede Form der Übernachtung. Sie können aber auf dem **Grillplatz am Tschingelsee** einen schönen Tag verbringen oder von dort eine Wanderung auf dem Wildwasserweg hinauf zur Griesalp starten. Von der Griesalp aus sind tolle Hochgebirgstouren für geübte Wanderer möglich. Die Mautstraße endet an der Griesalp. Das letzte Stück der Straße ist jedoch für Fahrzeuge über 2m Breite gesperrt. Auch wenn ihr Womo unter diesen Maßen bleibt: Lassen Sie es einfach sein. Die Straße schlingt sich hier durch engste Haarnadelkurven unter den Felsen hindurch und entwickelt dabei Steigungen bis zu 28%. Klar, der (kompakte) Postbus kommt auch durch, aber sein Fahrer macht das täglich und außerdem wird die Strecke für die Dauer seiner Fahrt zur Einbahnstraße. Die Auffahrt zur Griesalp gilt

übrigens als steilste Postautostrecke der Schweiz und der Bus ist extra für diese Strecke gebaut ... Parken Sie ihr Wohnmobil also spätestens am Parkplatz am oberen Ende des Tschingelsees **GPS N 46°32‘58“, E 7°45‘22“** und fahren Sie mit dem Postbus weiter oder folgen unserem Wandervorschlag!

Auf dem Wildwasserweg zur Griesalm

Gehzeit: 50 min einfach, 250 hm, *schmaler Bergpfad, Wanderausrüstung notwendig.* Der Startpunkt ist der schon erwähnte Parkplatz am oberen Ende des Tschingelsees mit Bushaltestelle. Wir laufen auf der Straße weiter ins Tal hinein und folgen dann den Markierungen des Wildwasserweges (ist bereits ab Schwendi markiert, dann 3 h bis zur Griesalm). In den ersten Kehren der Postbusstrecke zweigt an einem der Wasserfälle ein Pfad von der Straße ab und wir steigen am sprudelnden Bach entlang auf. Nach vielen Stufen und grandiosen Blicken auf den sich wild gebärdenden Bachlauf erreichen wir das Kurhaus Griesalm mit Hotel und mehreren Gasthöfen. Der Postbus fährt im 2-Stundentakt hinab zum Parkplatz. Letzte Busfahrt ab Griesalm um ca. 16.43 Uhr. Ansonsten gehen Sie einfach wieder zu Fuß. Ein weiterer Aufstieg von 400 Metern könnte uns in einer guten Stunde zur idyllischen **Bundalp** mit Einkehrmöglichkeit und vielen Tieren bringen.

Zurück auf der auf der **Kantonalstraße ins Kandertal** erreichen wir in **Frutigen** ein sehr geeignetes Basisquartier für die Erforschung der Umgebung. Am Eingang zum ebenfalls sehenswerten **Engstligental** mit dem bekannten Ferienort **Adelboden** am Ende, bietet Frutigen den schönsten Campingplatz der Region. Auch eine freie Übernachtung wäre möglich. Allerdings steht man auf dem Gelände des ehemaligen Flugplatzes in Sichtweite der Durchgangsstraße **GPS N 46°35‘9“, E 7°39‘13“**. Eine zentralere und trotzdem grünere Alternative finden Sie im Ortskern am Bahnhof **GPS N 46°35‘18“, E 7°39‘1.83“**. Einen Schönheitspreis gewinnt keiner der freien Plätze. Wir haben daher den Camping vorgezogen.

(202) WOMO-Campingplatztipp: Grassi /Frutigen

GPS: N 46°34‘53“, E 7°38‘30“, 811 m **Öffnungszeiten:** ganzjährig

Ausstattung / Lage: Der Platz befindet sich am Ortsrand am Ufer des Engstligenbaches in ruhiger grüner Umgebung. Die großzügigen Stellplätze gruppieren sich unter alten Obstbäumen rund um das Haupthaus des ehemaligen Bauernhofes der Familie Glausen. Gute Sanitärausstattung. Ein Fußweg am Bach entlang beginnt direkt am Platz. Nette, persönliche Atmosphäre. Ein Platz zum rundherum Wohlfühlen. Fahrer von Riesenmobilen könnten für Ausflüge auf dem Platz ein kleines Elektroauto mieten (1Tag CHF 55.-). Womo inkl. 2 Personen CHF 21-33.-, Telefon +41(0)33 671 11 49 www.camping-grassi.ch

Zufahrt: südlich des Ortes am Bach, vom Ortszentrum gut beschildert.

Wanderung zur Hostalde Hängebrücke

Gehzeit 1h 20 min., eben. Folgen Sie vom Camping dem Uferweg am Engstligenbach, laufen Sie erst durch eine Wiesenlandschaft mit Bauernhöfen, an denen Milch verkauft wird und man auf Eseln reiten kann. Dann überqueren Sie eine **schmale Holzbrücke** – »nur ein Pferd« mahnt ein Schild über dem Weg, und es geht auf einem Pfad am Ufer weiter. Der Weg wird hier gesäumt von verschiedenen **Holzskulpturen,** und bald sehen Sie unser Ziel über dem Fluss baumeln. Die **Hostalde Hängebrücke** überspannt das Bachtal und verbindet die Höfe am rechten Ufer mit der Straße ins Engstligental. Sie zu überqueren, lohnt nicht nur für den leichten Nervenkitzel, den der schwankende Boden unter den Füßen verursacht: am Ende des wackelnden Weges wartet das süße **Hängebrückenbeizli** auf Sie, in dem sich nicht nur die dort lebenden Katzen sauwohl fühlen. Hausgemachter Most und Kuchen oder eine Brotzeit sorgen für neue Energie, so dass Sie den

Rückweg auf der anderen Bachseite locker schaffen werden. Ansonsten führe oben an der Straße auch der Bus ...
Zu Fuß laufen sie links die Straße hinauf und biegen dort am **Holzhaus** abermals links auf den Wanderpfad ab. Diesem folgen Sie am Hang entlang. Wenn Sie aus den Büschen heraus ein großes Wildschwein anglotzt, sind Sie auf dem richtigen Weg. Sie passieren weitere **Holzskulpturen,** bis an zwei Höfen der Weg breiter wird. Ab jetzt haben Sie einen guten Blick ins Tal, so dass die **gedeckte Holzbrücke,** über die Sie das Flussufer wieder wechseln, von weitem zu sehen ist. Ein Pfad kürzt wenig später den Hauptwanderweg ab und führt zur Brücke hinunter. Wenn Sie diese überqueren, erreichen Sie kurz darauf wieder die schon vertraute »Ein-Pferd-Brücke«.

Adelboden und die Engstligenfälle

Fahren Sie von Frutigen ins Engstligental, können Sie Beizli und Hängebrücke auch ohne Wanderung besuchen. Eine Parkbucht bei **GPS N 46°33'39", E 7°36'59"** ermöglicht den Stopp. Für eine Beizli-Pause müssen Sie nur über die Brücke.

Folgen Sie weiter der Straße, kommen Sie nach **Adelboden**. Im auseinandergezogen Ort finden Sie gleich zwei aus Dauerplätzen bestehende Campings, auf denen Sie mit Mühe ein kleines Wohnmobil in ein Ecke zwischen Hecke und Wohnwagen quetschen könnten. Frei stehen Sie am besten auf dem asphaltierten Parkplatz zwischen den verstreuten Häusern.

(203) WOMO-Stellplatz: Adelboden

GPS: N 46°28'55", E 7°33'32", 1.298 m **max. WOMOs:** 1-2
Ausstattung / Lage: asphaltierter Parkplatz zwischen Häusern im Ortsteil Boden. Buswendeplatz nicht zuparken! Pizzeria in der Nähe.
Zufahrt: Am Langlaufzentrum in der Kreuzgasse. Vom Ort in Richtung Engstlingenalp, über den Bach und dahinter links in Richtung Boden. Parkplatz am Dorfrand ausgeschildert.

Eine Wanderung, die Sie nicht verpassen sollten, startet im hintersten Winkel des Tales, wo Sie schon von weitem einen mächtigen Wasserfall von der Felswand stürzen sehen. Mit der Kabinenbahn schweben Sie vom großen Waldparkplatz **GPS N 46°27‘33“, E 7°33‘56“**, der leider mit einem Campingverbot verziert ist, an der steilen Felswand hinauf und am abstürzenden Wasser vorbei auf die Hochebene der **Engstligenalp**. Neben etwa 500 Kühen und einigen Ziegen, die hier ihren Sommer verbringen, grasen auf den weitläufigen Wiesen auch die beiden Rentiere Kosmos und Sultan. Fahrtzeiten der Engstligenbahn 8.45 bis 17 Uhr alle 15 Minuten, Bergfahrt CHF 16,50, retour CHF 24.-

Der Wasserfallweg

1,5 h, 560 m bergab, *schmaler Bergpfad mit steilen Abschnitten, Wanderschuhe notwendig!*

Kurz und spektakulär ist der Abstieg von der Alm zur Talstation, die überall mit dem Namen *Unter dem Birg* ausgeschildert ist. Dazu laufen Sie von der Bergstation ins Tal hinein und biegen ein Stück hinter dem Hotel zwischen den Almhütten rechts ab. Um noch ein bißchen Zeit auf der idyllischen Hochfläche zu verbringen, könnten Sie auch zuerst den 2,5 km langen, kinderwagentauglichen **Almrundweg** laufen, der Sie nach etwa 40 Minuten an diesen Punkt zurückbringen wird. Ansonsten geht es von hier aus rechts zur Felskante und auf einem gewundenen Pfad bergab. Am Fuß des oberen Wasserfalls überqueren Sie im Sprühwasser der großen Kaskade den Bachlauf und steigen vorbei an der zweiten Stufe zur Talstation hinunter. Kurz vor dem Ziel bringt Sie ein Abzweig zum **unteren Engstligenfall**. Auf einem sehr schmalen und teilweise steilen Pfad können Sie noch einmal zum **Aussichtsplateau** ganz nahe am Wasser hinaufsteigen und den Fall nicht nur sehen, sondern auch spüren. Dann bummeln Sie durch den Wald zurück zum Parkplatz.

Rundweg über den Engstligengrat

Eine tolle Bergtour für Wanderer mit guter Kondition ist der Rundweg von der Alp links hinauf über den Ärtelengrat und den Engstligengrat zum Chindbettipass und von dort wieder hinunter zur Alp. Rechnen Sie für die Tour ca. 4 h. Komplette Wanderausstattung und Trittsicherheit erforderlich.

Dem Wasserfall ganz nah – der Aufstieg über den Klettersteig Chäligang

Ein einfacher Familienklettersteig, der sich auch für einen ersten Versuch in dieser Sportart eignet, führt von der Talstation der Bahn ganz nah am Wasserfall über die Felsen hinauf zur Engstligenalp. Die komplette Ausrüstung

mit Helm und Klettergurt leihen Sie unten an der Bahn. Schwierigkeitsgrad 2 (es gibt 1-5), Gehzeit 3 h, 560 hm, davon 300 auf dem Klettersteig und den Rest auf guten Bergpfaden. Einkehr oben an der Alp möglich. Für Anfänger gibt es geführte Touren am Mittwoch oder ab 4 Personen zum Wunschtermin, Anmeldung: Tel.+41(0)79 363 19 62, CHF 80.- pro Person oder Familienkarte (5 Personen, davon mindestens 2 Kinder ab 12 Jahre) inkl. Ausrüstung bei der Alpinschule Adelboden, www.alpinschule-adelboden.ch

Huckepack ins Wallis – eine Abkürzung für Eilige ...

Die Fahrt von Frutigen weiter ins Kandertal ist wenig idyllisch, ermöglicht ihnen aber einen schnellen Wechsel unter dem Berg hindurch auf die andere Seite der 4000er. Dazu verladen Sie Ihr Womo auf einen **Transportwagon des Autozuges** und rollen nach 15 Minuten Fahrt durch den **Lötschbergtunnel** im Wallis auf die Straße zurück.

Auf der Fahrt zum Bahnhof lohnt sich ein Stopp in Kandersteg mit Bergbahnfahrt zum malerischen **Öschinensee**. Einen weiteren Stopp auf halbem Weg am **Blausee**, der ein beliebtes Ausflugsziel der Region ist, verhindert ein Womo-Verbot auf dem Parkplatz. Wenn Sie unbedingt hinein wollen, fragen Sie an der Kasse, ob Sie für einen Tagesbesuch stehen bleiben können. Bei uns war es kein Problem, aber unser Bus ist auch eher klein. Was es zu sehen gibt? Sie zahlen einen Eintritt von CHF 5.- pro Person für das selbst mitgebrachte Picknick am zugegebenermaßen zauberhaften kleinen See, den man dann in Begleitung vieler Menschen in wenigen Minuten auf einem wurzeligem Uferpfad umrunden kann. Am Ufer steht außerdem ein nobles Hotel mit gefeiertem Gasthof. Im glasklaren Seewasser züchtet man Forellen. Beim nächsten Mal würde ich mir den Eintritt sparen und weiterfahren ...

Durchs Simmental ins Wallis

Wer etwas mehr Zeit mitbringt, verlässt das Berner Oberland auf eigenen Rädern über das grüne Simmental. Die Berge sind hier sanfter und nicht ganz so hoch. Wer nicht unbedingt auf die Top-Ziele Europas aus ist, wird hier in einer wunderbar ursprünglichen Natur tolle Wanderrouten erleben. Neben dem ruhigen Diemtigtal, das Sie mit Kindern unbedingt besuchen sollten, gehören auch die Wanderungen in der Bergwelt um Lenk zu meinen schönsten Reiseerinnerungen und das, obwohl das Wetter hier nicht so recht mitspielen wollte.

Kinderparadies Diemtigtal

Wasserspielplatz, Trottibikefahrt, Wildbeobachtung, Grillplätze am Fluss und der besonders nette Grimmimutzweg – im Diemtigtal finden Sie für Kinder jeder Altersgruppe das richtige Ziel. Schon an der Einfahrt ins Tal gibt es in Oey auf einem Parkplatz zwischen Fluss und Ort ein Quartier für die Nacht.

(204) WOMO-Wanderparkplatz: Oey / Talwanderweg

GPS: N 46°39'27", E 7°34'33", 680 m **max WOMOs:** 2-3

Ausstattung / Lage: Großer asphaltierter Parkplatz am Ortsrand für eine Übernachtung nach einer Einkehr. Eine Häuserreihe trennt die Fläche von der Strasse, daher relativ ruhig aber trotzdem zentral. Gasthof Hirschen, Bäckerei und Laden mit kurzem Fußweg.

Sonstiges: Beginn des Talwanderweges auf dem Sie den Ort Schwenden am Talende in vier Stunden zu Fuß erreichen. Zurück kämen Sie dann mit dem Postbus. Außerdem beginnt hier ein weiterer Themenweg über heimische Vögel.

Dicht am Fluss entlang führt die Straße von Oey ins Tal. Links der Straße treffen Sie nach gut 7 km auf die Talstation der Bahn aufs **Wiriehorn.** Eine rasante **Downhill Strecke für Mountainbiker** zieht dort die Profis an. Wenn Sie es auch probieren wollen – eine **Bike Schule** bietet hier Trainings auch für Kinder an. Ein Vergnügen für jedermann und jedefrau ist dagegen die Talfahrt mit dem **Trottinett**. Die Miete für eine Fahrt liegt bei CHF 9.- und für CHF 16.- gehört Ihnen Ihr Roller einen ganzen Tag. Dazu kommt die Bergbahn mit Einzelfahrt CHF 10,- oder Tageskarte CHF 31.- . Kinder 50% weniger. Auf dem Parkplatz können Sie ganz offiziell übernachten.

(205) WOMO-Stellplatz: Wiriehornbahn / Riedli

GPS: N 46°36'45", E 7°32'2", 997 m

max. WOMOs: 10-15

Ausstattung / Lage: Großer ebener Parkplatz durch eine Baumreihe von der wenig befahrenen Straße getrennt. Gebühr für eine Übernachtung CHF 7.- pro Person. Einfache Toiletten und Duschen am Platz vorhanden, Gasthof Stierenseeberg gegenüber. Tagsüber bei schönem Wetter lebhaft durch den zur Bahn gehörenden Bikepark.

Zufahrt: Diemtigtalstraße beim Weiler Riedli

Am Talende kommen wir zu den Höhepunkten für jüngere Kinder. Vom Grillplatz Anger haben Sie Zugang zum neu angelegten riesigen Wasserspielplatz am Flussufer.

(206) WOMO-Picknickplatz: Anger

GPS: N 46°35'54", E 7°30'07", 1.088 m **max WOMOs:** 1-2

Ausstattung / Lage: Geschotterter Parkplatz neben komfortabler Grillhütte am Fluss. An der Hütte finden Sie versteckt im Text der Benutzungsbedingungen für den Grillplatz den Hinweis, dass Campieren im ganzen Tal außerhalb der Campingplätze verboten ist. Entscheiden Sie selbst, ob Sie sich in die Grauzone zwischen Parken

und Camping begeben oder ob Sie auf dem Camping in Schwenden übernachten.
Sonstiges: 45 min. Fußweg am Bach entlang zum Gwunderwasser. Dort bieten Wasserräder, Holzkanäle und ein Beobachtungsturm Platz zum Spielen und Pritscheln. Die Eltern entspannen so lange auf den gemütlichen Holzliegen oder bereiten das Grillfeuer für die Picknickpause vor.
Zufahrt: Rechts der Zufahrtsstraße nach Schwenden 1,5 km vor Tiermatti, dort weiterer Zugang zum Gwunderwasser am Gasthof Tiermatti.

Auf den nächsten Grill- und Wanderparkplatz mit Bachuferlage treffen Sie am Talende in Schwenden. Fahren Sie an der Bergbahn vorbei und folgen den Schildern zum Grimmimutzweg.

(207) WOMO-Wanderparkplatz: Grimmimutz-Weg

GPS: N 46°33'56", E 7°28'43", 1.226 m **max. Womos:** 2-3
Lage: Schotterplatz am Bach und neben einem Bauernhof. Fährt man ganz hinten durch, kann man direkt am ersten von vielen idyllisch am Bach gelegenen Brätelplätzen parken. Der nächste, ebenfalls sehr schöne Grillplatz befindet sich nur wenige 100 m weiter am Grimmimutz-Weg, der ab dem Parkplatz mit Holzpfeilen ausgeschildert ist. Auch hier ist das Campieren verboten (siehe Platz 198)
Zufahrt: In Schwenden weiter in Richtung Grimmialp. Vorbei am Camping und an der Sesselbahn über den Hügel auf den Parkplatz ... (Beschilderung Grimmimutz).

Unterwegs mit Grimmimutz
Eine Zwergengeschichte zum Mitwandern

Gehzeit ca. 1,5 h, 200 Höhenmeter, freiwilliger Obulus von CHF 4.- für Erwachsene und CHF 2.- pro Kind zum Erhalt des Weges und für Ersatz der Materialien am Weg in eine Spendenbox am Parkplatz. **Immer am Bach entlang** führt uns die Geschichte vom Grimmimutz, der sich im Winter um die Bergtiere kümmert, und seinem besten Freund, dem Spillgert. Wie Grimmimutz können wir unterwegs Holzbündel schnüren, mit denen später das Grillfeuer entzündet wird. Doch zuerst geht es noch zur Hexenseilbahn. Dann ist schnell der **große Grillplatz** im Wald erreicht. Ab hier führt ein Pfad stramm hinauf und die Geschichte wird dramatisch. Während die Eltern geduldig die Kurven auslaufen, können die Zwerge auch über einen Wurzelpfad geradewegs den Berg hinaufstürmen, um auf halbem Weg die böse Hexe mit Zapfen zu bewerfen... Doch alles zu spät – sie hat den Spillgert längst verzaubert. Der Brunnen oben auf der Alp ist aus den Tränen des Grimmimutz ent-

standen. Aber weil das Leben weiter geht, kommt auch nach dieser Station noch eine **Kletterwand** und der Weg führt mit weiter Talsicht vorbei an einer weiteren **Feuerstelle** in einer Nische zwischen Weg und Bach über Wiesen ins Tal zurück und wieder am Bach entlang zum Parkplatz. Spätestens jetzt ist es Zeit für ein Picknick und zum Spiel am Bach.

Sie haben keine Kinder dabei und wollen auch gar nicht am Bach spielen? Dann packen Sie einfach ein Buch ein und nehmen etwas zum Vespern mit und folgen vom Parkplatz direkt hinter der Brücke dem Pfad geradeaus. Er führt zum zauberhaften winzigen blau schillernden **Blauseeli**. Hier können Sie auf einer der knallroten Bänke Platz nehmen und den Tag geruhsam zu Ende gehen lassen. Vom Camping Eggmatte erreicht man das Blauseeli in ca. 15 min. immer am bildhübschen Bachweg entlang. An der Brücke den Bach nicht überqueren, sondern geradeaus weiter bis zum See.

Der Wildbeobachtungsweg

Kurz hinter der Alp, am höchsten Punkt des Grimmimutz-Weges, führt ein Abzweig auf den mit grüner Plakette mit Steinbock markierten Wildbeobachtungsweg. Er führt weiter hinauf zu einer Beobachtungshütte mit Fernglas, zum Meditationsplatz und zur bewirtschafteten Niddeggalp. Von hier kann man zur Bergstation der Sesselbahn weiterwandern. Es geht natürlich auch andersherum: Fahren Sie hinauf und laufen hinunter.

(208) WOMO-Campingplatztipp: Eggmatte / Schwenden

GPS: N 46°34‘16“N, E 7°29‘2“, 1.221 m **Öffnungszeiten:** ganzjährig

Ausstattung / Lage: Vier Sterne Camping mit Womo-Plätzen auf 2 geschotterten Terrassen. Liegt zwischen mehreren Wohnhäusern, daher wirkt alles etwas eng. Im oberen Teil viele Holzhütten. Sanitäranlagen top. Restaurant, WLAN, Womo inkl. 2 Pers. CHF 26 - 34.-, Strom CHF 3.-, Kurtaxe 2,20, www.wuethrich-diemtigtal.ch

Zufahrt: Am Ortseingang rechts, beschildert.

Sonstiges: Zum Grimmimutz und zum Blauseeli ca. 15 min schöner Fußweg. Einfach an der roten Baumstele hinunter zum Bach...

Zurück auf der Hauptroute durch das Niedersimmental ermöglicht nach wenigen Kilometern in Erlenbach die Stockhornbahn einen weiteren Gipfelausflug. Oben am Stockhorn wandern Sie vom Gipfelrestaurant zu zwei Bergseen. Ihr Wohnmobil wartet derweil auf dem Parkplatz an der Talstation **GPS N 46°39‘34“, E 7°32‘42“** direkt an der gut befahrenen Durchgangsstraße. Das nächste ruhige Nachtquartier finden Sie in Oberwil, wo abseits der Straße ein Camping ruhige Plätze im Grünen bietet.

(209) WOMO-Campingplatztipp: Arnist / Oberwil

GPS: N 46°39'16", E 7°25'55", 836 m **Öffnungszeiten:** ganzjährig
Ausstattung: drei sonnige Terrassen vor dem Hauptgebäude, Spielplatz, Minisauna und ebenso kleiner Pool, Womo inkl. 2 Pers. CHF 25 - 28.- , Strom CHF 3.-, Telefon +41 (0) 33 783 16 83, www.campingarnist.ch
Zufahrt: von der Ortseinfahrt Oberwil ausgeschildert.

Abenteuerweg für Höhlenforscher

Von uns noch unerforscht ist der Höhlenpfad, der oberhalb von Oberwil durch das Zwergliloch, das Schnurenloch und das Mamilchloch führt. Vom Bahnhof in Oberwil laufen Sie in 50 min. hoch zum Beginn des abenteuerlichen Rundweges, auf dem man nochmal 1,5 h unterwegs ist. Als Ausrüstung sollten Wanderschuhe, robuste Kleidung und eine Taschenlampe mit. Mehr Infos unter www.höhlenpfad.ch oder in der Gästeinfo.

Mit dem Womo geht es ohne große Höhepunkte auf der gut ausgebauten Kantonalstraße 11 flott voran. Man bestaunt die vielen gedeckten Holzbrücken über die Simme und ahnt kaum, was die Dörfer sonst noch zu bieten haben. Wer das Simmental intensiver erleben möchte, geht am besten zu Fuß.

Historisches Simmental – Wanderung von Haus zu Haus

Der gut markierte Simmentaler Hausweg führt von Erlenbach bis Boltigen und passiert dabei die schönsten der vielen alten Bauernhäuser des Tales. Die ältesten stammen aus den 17. Jahrhundert und haben schon viele Generationen erlebt. Es gibt einen Tal- und einen Terrassenweg, so dass Sie auch Rundtouren zusammenstellen können. Die ganze Strecke ist mit fast 20 km recht lang. Da aber die Bahnlinie im Tal parallel läuft, können Sie die Länge ihrer Wanderung beliebig gestalten. Ein Faltblatt mit Weg und Beschreibung der alten Häuser bekommen Sie in den Informationen oder unter www.lenk-simmental.ch. Eine kombinierte Tour aus Berg- und Talweg finden Sie im empfohlenen Wanderbuch. Ein weiterer Hausweg führt ab Boltigen durchs Obersimmental weiter nach Lenk.

Wir treten die Reise nach Lenk ins Obersimmental auf Rädern an. Die Stichstraße beginnt in Zweisimmen, wo direkt nebeneinander zwei komfortable, aber nicht übermäßig idyllische Campingplätze Quartier und eine Entsorgungsmöglichkeit bieten **GPS N 46°33'47", E 7°22'36"**. An der Rinderbergbahn geht es links in Richtung Lenk, das wir durch kleine Orte mit im Tal verstreuten Häusern auf einer unkompliziert breiten Straße erreichen. Sind Sie weiterhin auf Suche nach einem Übernachtungsplatz, biegen Sie gleich am Ortseingang rechts ab.

(210) WOMO-Stellplatz: Lenk Wallegg

GPS: N 46°27'30", E 7°25'56", 1.144 m **max WOMOs:** 2-3
Ausstattung: großer geschotterter Parkplatz am Ortsrand, leicht schräg
Zufahrt: Am Ortseingang über die Schienen in die Wallbachstraße bis zum Schwimmbad, dort rechts und wieder links in die Rütistraße und bis zum Straßenende. Beschildert Skilift Wallegg.
Sonstiges: Am Beginn des Aufstieges durch die Wallbach-Schlucht auf den Betelberg.

Fahren Sie weiter durch Lenk hindurch, finden Sie den idyllischsten Platz im Tal am Fuß der **Simmenfälle**. Der Wanderparkplatz **GPS N 46°25'35", E 7°28'35"** neben dem gleichnamigen Gasthof ist der Startpunkt unserer ersten Wanderung. Direkt neben dem Gasthof können Sie mit freiem Talblick auf der Bergwiese des Camping Hasenweide übernachten.

(211) WOMO-Camping Hasenweide
GPS: N 46°25'40", E 7°28'44", 1.145m
Öffnungszeiten: ganzjährig
Ausstattung: An der Wiese einfachste Sanitäranlagen, komfortabler ist es im hinteren Teil im Dauercamperbereich an der Rezeption. Entsorgung möglich. Womo inkl. 2 Pers. CHF 21.-, Strom 3,-, Kurtaxe 2,10 pro Person, Telefon +41 (0) 33 7332647, www.camping-hasenweide.ch
Zufahrt: am Talende links

Siebenbrunnen – eine Wanderung zum Ursprung der Simme

Gehzeit 1,5h, ca. 400 hm. *Wanderschuhe notwendig.* Einen Kraftort verspricht die Gästeinformation den Besucher der Sieben Quellen der Simme – und das tatsächlich ganz zu Recht. Vom Parkplatz am Gasthof folgen wir erst dem Schotterweg und biegen dann rechts auf einen steilen steinigen Pfad direkt an der Simme ab, die hier durch einen künstlich geschaffenen Felsgraben mit Wucht zu Tale schießt. Der Pfad endet an der Barbarabrücke. Die Überquerung ist eine ziemlich feuchte Angelegenheit: wir stehen dabei nämlich beinahe im Wasserfall. Nach diesen ersten Höhepunkten geht es jetzt auf dem Almweg Kurve um Kurve eintönig und steil hinauf, bis vor uns die Siebenbrunnenalm aus dem Nebel auftaucht. Am Haus vorbei laufen wir in ein grünes Hochtal am Bach. Bringen Sie Zeit mit und vielleicht eine Decke zum Sitzen... Anschließend könnten Sie in der gemütlichen Alphütte einkehren und dort besten Alpkäse einkaufen. In 30min. spazieren Sie auf dem Fahrweg wieder hinunter oder biegen hinter der Hütte links ab zum Iffigfall und zur Iffigenalp (ca. 2 h, 500 hm) und fahren von dort mit dem Bus zurück.

Ebenso reizvoll ist eine Wanderung auf der Höhe des **Betelberges**. Der Parkplatz der Seilbahn ist für größere Womos etwas eng, dafür passen auch höhere Fahrzeuge in die untere Etage der Tiefgarage bei **GPS N 46°27'8", E 7°26'18"**. Vom Parkplatz der Betelbergbahn kann man außerdem zum tollen **Spielplatz AlpKultur am Lenkerseeli** weiterlaufen. Dazu einfach vom Wertstoffhof der Seestraße aus dem Ort hinaus folgen bis zum See.

Murmeltierschloss oder Mondlandschaft?
Eine Wanderung um den Gryden

Gehzeit: 2,5 h, ca. 150 hm. In der Panoramakarte der Bahn ist die Tour mit der 19 markiert. Die kurze Runde um das Karstgebiet Gryden steckt voller landschaftlicher Höhepunkte. Am Leiterli, der Bergstation der Kabinenbahn, geht es ganz gemütlich los. Auf einem beinahe ebenen Panoramaweg nähern wir uns den seltsamen Steinformationen des Gryden. Hier und da schlägt ein Murmeltierwächter Alarm, aber die Tiere sind kaum zu entdecken. Der Rundweg führt hinten am Gryden-Gipfel vorbei, biegt dann rechts ab und führt uns hinauf und mitten hinein in ein Gewirr aus Kratern und Felsen, zwischen denen Hunderte von Murmeltierlöchern eine phantastische Vorstellung von Inneren des Berges auslösen – ein echtes Murmeltierschloss! Gesehen haben wir hier oben aber kein einziges. Mit ein bisschen Kletterei kommen wir nach einer aufregenden Wegstunde zurück auf den bekannten Panoramaweg und siehe da, rechts unten, in sicherer Entfernung zum Weg spielt eine ganze Murmeltierfamilie ... Wenn Sie jetzt mehr über die Murmelis, wie Sie in der Schweiz liebevoll genannt werden, wissen wollen, laufen Sie vom Leiterli zur Mittelstation, statt die Bahn zu nehmen.

Familienwandern auf dem Murmeli-Trail

Gehzeit 45 min, 300 hm bergab. Schilder mit Informationen und Stationen zum Spielen machen den Murmeli-Trail zum perfekten Familienweg. Fliegen wie ein Adler oder eine menschengroße Murmelihöhle erforschen, sich selbst in Murmeltieren aufwiegen oder über ein verzweigtes Baumlabyrinth klettern – hier wird es Kindern so schnell nicht langweilig. Dazwischen eingestreut finden Sie alles Wissenswerte über Murmeltiere. Nur ein echtes Murmeli werden Sie auf diesem Weg wohl kaum zu Gesicht bekommen. Ein ähnliches Konzept hat der Luchsweg, der mit 2,5 h schon etwas anspruchsvoller ist, und auf den Spuren des Luchses vom Leiterli nach Lenk hinunterführt.

TOUR 12 (ca. 160 km / 2-3 Tage)

Vom Berner Oberland ins Wallis

Zweisimmen – Jaun – Charmey – Gruyère – Moleson – Saanen – Diablerets – Col de la Croix – Gryon – Bex

Freie Übernachtung:	Charmey, Broc, Gruyère, Moleson, Stausee Rossinière, Les Mosses, Col de Pillon, Col de la Croix, Gryon
Ver-/Entsorgung:	genannte Campingplätze, Gryon
Campingplätze:	Jaunpass, Chateau d'Oex; Gsteig
Baden:	Therme Gruyère
Besichtigen:	Schaukäsereien Gruyère und Moleson, Gruyère, Schaukäserei Etivaz
Wandern:	Jaun, Gorge de la Jorgue, Sentier des Fromageries, Mont Moléson, Scex Rouge
Erlebnis:	Freizeitpark Charmey

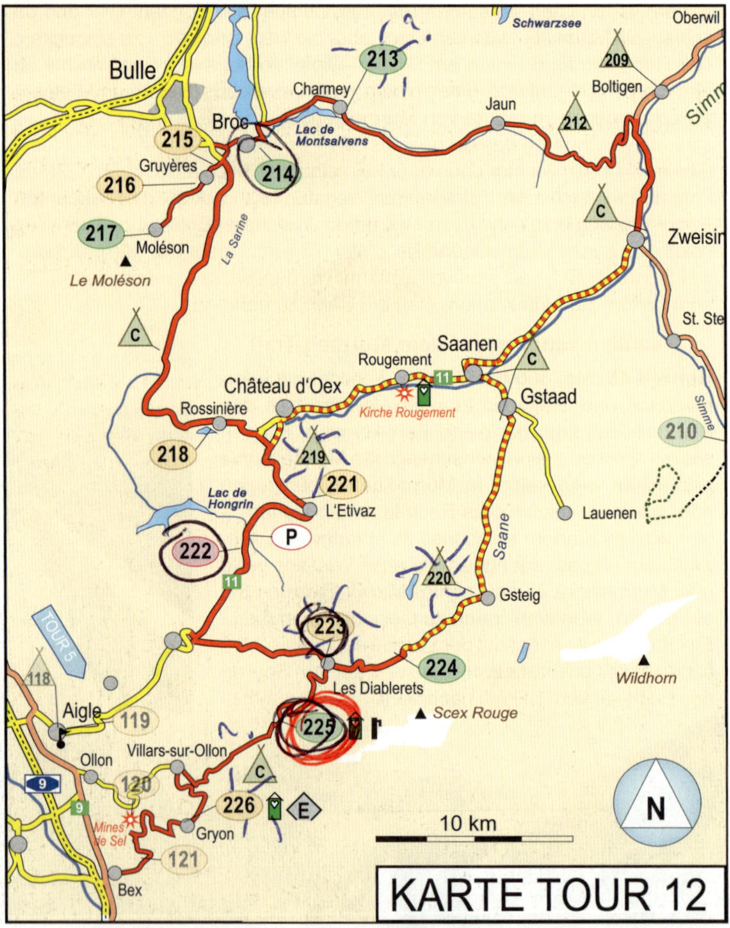

Der Weg über den Jaunpass und das hügelige Land des Gruyère ist nicht gerade die kürzeste Verbindung vom Simmental ins Wallis, dafür aber eine sehr schöne mit vielen guten Stellplätzen für Wohnmobilreisende. Nur wenn Sie in Eile sind, wählen Sie den Abzweig nach links in Richtung Saanen und kürzen ein wenig ab.

Ansonsten fährt man von **Zweisimmen** ein Stück zurück und biegt kurz vor **Boltigen** in die kurvige, aber gut zu fahrende Passstraße ab. Nach einigen Kehren in grüner, beinahe unbebauter Moorlandschaft erreicht man an der Passhöhe einen Gasthof und einen Campingplatz. Auf dem Parkplatz an der Passhöhe ist daher Nachtparkverbot.

(212) WOMO-Campingplatztipp: Jaunpass

GPS: N 46°35'31", E 7°20'15", 1.513 m **geöffnet:** ganzjährig
Ausstattung / Lage: Wiesengelände in Sichtweite der Passstraße, direkt an kleinem Familienskigebiet gelegen, Womo inkl. 2 Personen CHF 29.-, Strom CHF 3.-
Sonstiges: im Sommer guter Ausgangspunkt für Wanderungen im Moorgebiet rund um den Jaunpass, Gasthof auf der Passhöhe
Zufahrt: auf der Passhöhe rechts der Straße.

Langsam geht es wieder hinunter bis zum kleinen Ort **Jaun**, der zwischen grünen Hügeln in der Einsamkeit erbaut wurde. In seiner schönen Kirche ist heute das Cantorama, eine Ausstellung über Freiburger Chorgesang, untergebracht. Im Ortskern finden Sie mehrere Gasthöfe. Wer sich vor der Weiterfahrt die Füße vertreten mag, folgt den Wegweisern »Rund um Jaun« auf eine kurze Wanderrunde um den Ort.

Rund um Jaun

Gehzeit 1 h, *teilweise steile Pfade, Wanderschuhe sinnvoll.* Die Wanderung beginnt an der Kirche, führt hinunter zum Wasserfall, von dort in den Wald hinauf zum Jaunbach, zur Bruder Klausen Grotte und zurück in den Ort. Parken können Sie in der Ortsmitte oder bereits vor dem Ortsschild links in einer Bucht neben der Straße **GPS N 46°36'37", E 7°16'52".**

Mit der Bergseite haben wir in Jaun auch den Sprachraum gewechselt. Nicht nur die Ortsnamen sind ab hier französisch. **Charmey** ist der nächste Ort an der Straße. Hier gibt es den ersten in einer Reihe schöner Übernachtungsplätze und die Möglichkeit zu einer rasanten Talfahrt mit dem **Trottinett** oder einem Besuch im **Seilpark** an der Mittelstation der Bahn.

(213) WOMO-Wanderparkplatz: Charmey Bergbahn

GPS: N 46°37'06", E 7°10'09", 872m
max. Womos: 3-4
Ausstattung: Geschotterter Bereich mit etwas Grün und großen Bäumen am Rande des großen asphaltierten Parkplatzes der Luftseilbahn Rapido Sky, WC tagsüber an der Bahnstation, am Ortsrand von Charmey, Gasthof im Ortskern (ca. 250 m)
Anfahrt: Von Jaun kommend am Ortseingang rechts neben der Hauptstraße.
Sonstiges: An der Mittelstation der Seilbahn bietet ein großer Freizeitpark die Möglichkeit zur Fahrt mit dem Bergroller oder dem Besuch im Hochseilgarten mit 6 verschiedenen Parcours. Ganz neu sind die 11 langen Seilrutschen, die von der Gipfelstation zum Park hinunterführen. 2,5 h braucht man für den luftigen Abstieg, der nur in der Gruppe und mit kundiger Begleitung möglich ist. Drei Termine täglich um 11.30, 13.30 und 14.30. Voranmeldung unter 079 693 44 77 oder an der Talstation der Bahn notwendig. Spielt das Wetter nicht mit, ermöglicht die Therme von Charmey einen entspannten Tag.

Les Bains de la Gruyère

Ein Außen- und ein Innenbecken mit 34° warmem Wasser, ein Kinderbereich und umfangreiches Massage- und Wellnessangebot, Eintritt 3h CHF 25.-, 1/2 Tag CHF 36.-, Familienkarte ab CHF 58.-, Geöffnet täglich 9-21 Uhr, Fr und Sa bis 22 Uhr. Großer Parkplatz **GPS N 46°37'13", E 7°09'45".**

Mit schönem Blick auf den Stausee **Lac de Montsalvens** geht es weiter. Kurz vor dem Ort Broc, wo Schokoladensüchtige die Fabrikanlage von Cailler besichtigen und hinterher im Werksverkauf einen Schokoladenvorrat anlegen können, gibt es schon den nächsten schönen Übernachtungsplatz in Kombination mit einer spannenden Schluchtwanderung.

(214) WOMO-Wanderparkplatz: Gorge de la Jorgue / Broc

GPS: N 46°36'16", E 7°06'47", 872m **max. Womos:** 1-2
Ausstattung / Lage: geschotterter Parkplatz im Wald, Picknicktische.

Zufahrt: Direkt hinter dem Viadukt links dem Picknickplatzschild folgen.
Wanderung: Der Weg durch die Jaunschlucht beginnt kurz hinter dem Parkplatz mit einem kurzen Felstunnel und führt dann über Brücken und Stege immer am Fluss entlang bis zur Staumauer des Lac de Montsalvens. Gehzeit einfach 1h 10 min. Wer mag, kann links auf dem Seeuferweg weitergehen bis zur Holzbrücke auf eine Halbinsel im See (ca. 2,5 km).

Dann geht es weiter zum bildschönen Ort Gruyère, der, umgeben von einer alten Stadtmauer, weithin sichtbar auf einem Hügel thront. Bevor wir den Ort erreichen kommen wir noch an einer ersten Stellplatzmöglichkeit vorbei.

(215) WOMO-Stellplatz: Sportplatz Gruyère
GPS: N 46°35'42", E 7°05'26", 688 m **max. WOMOs:** 2-3
Ausstattung / Lage: Parkplatz an den Sportanlagen mit Blick auf Gruyère, die Straße führt weiter zum Sportflugplatz. Gaststätte am Flugplatz.
Zufahrt: an der Straße von Broc nach Epagny links ausgeschildert (Aerodrome).

Um die Stadt auf dem Berg aus der Nähe zu sehen, folgen wir den Hinweisschildern zu den Parkplätzen. Plätze für Wohnmobile sind auf dem untersten Platz reserviert **GPS N 46°34'57", E 7°04'41".** Nachts ist hier jedoch leider Parkverbot. Auf einem Fußpfad geht es dann zur Stadtmauer hinauf und durch die mittelalterlich wirkenden Gassen mit kleinen Läden zum Schloss. Außerdem gibt es hier oben zwei ungewöhnliche Museen:

Kunst aus dem Himalaya sehen Sie im **Tibet Museum** (April bis Oktober täglich 11-18 Uhr, Eintritt CHF 10.-), einen optischen Gegenpol setzt direkt nebenan die metallisch schimmernde Sammlung futuristischer Gestalten im **Musée HR Giger**, dass Skulpturen, Möbel und Bilder des Schweizer Künstlers zeigt. Giger erhielt vor mehr als 30 Jahren einen Oscar für die besten visuellen Effekte im Film Alien. Die Ausstellung ist von April bis Oktober täglich von 10-18 Uhr geöffnet. Eintritt CHF 12.-
Der regionalen und vollständig irdischen Kultur widmen sich dagegen die Ausstellungen im **Schloss Greyerz**. 800 Jahre Schloss- und Regionalgeschichte beleben die Räume des mächtigen Schlossgebäudes. Geöffnet April - Oktober 9 -18 Uhr, November bis März 10-16.30 Uhr, Eintritt CHF 10, Kombitickets für Schloss und eines der anderen Museen nach Wahl erhältlich CHF 14,50 - 17.- je nach ausgewähltem zweitem Museum.

Spätestens nach einem romantischen Abendessen innerhalb der Stadtmauern müssen Sie Gruyère verlassen und einen Stellplatz suchen. Im Umfeld der beiden Schaukäsereien der Region ist das kein Problem. Die moderne Form der Käseherstellung können Sie am Fuß der Stadt im ebenso modernen Gebäude des **Maison du Gruyère** erleben.

(216) WOMO-Stellplatz: Maison du Gruyère

GPS: N 46°34'57", E 7°04'20", 747m **max. Womos:** 1-3
Ausstattung/Lage: Asphaltierter Parkplatz hinter der Käserei, Übernachten auf Anfrage in der Käserei oder im zugehörigen Gasthof (geöffnet ebenfalls bis 19 Uhr)
Anfahrt: Von Broc über Epagny nach Gruyère. Die Käserei befindet sich unterhalb des Ortes direkt an der Route de Gruyère und ist ausgeschildert.
Sonstiges: Schaukäserei täglich geöffnet von 9-18 Uhr, Juli - September bis 19 Uhr, Käseherstellung 9-11 Uhr und 12.30-14.30 Uhr, 3 - 4 Mal / Tag, Eintritt CHF 7.-, Familienkarte CHF 12.-

Wenige Kilometer weiter arbeitet man in der **historischen Käserei in Moléson** noch nach der uralten Methode im Kupferkessel über dem Holzfeuer. So wird Käse heute sonst nur noch auf abgelegenen Almen hergestellt. Wenn Sie zuschauen wollen, müssen Sie morgens um 10 Uhr an der Käserei stehen und sich am Vorabend anmelden. Was läge also näher als die Übernachtung auf dem benachbarten Parkplatz.

(217) WOMO-Wanderparkplatz: Moléson

GPS: N 46°33'40", E 7°02'14", 1.111m
max. Womos: 3-4
Ausstattung/Lage: großer asphaltierter Parkplatz am Ortsrand, WC tagsüber an der Bergbahn
Anfahrt: An der Ortseinfahrt nach Moleson links neben der Straße (Sackgasse)
Sonstiges: Frühstück und Abendessen in der alten Käserei möglich (ca. 500 m). Weiterer Gasthof direkt am Parkplatz.

Auf zwei Wanderrouten erleben Sie das Tal hautnah: Erwandern Sie die Hügellandschaft auf dem **Käsereiweg** oder betrachten Sie das Tal aus der Vogelperspektive vom kegelförmigen **Aussichtsberg Moléson**, der sich eindrucksvoll neben dem Stellplatz aufbaut.

La Crète de Tremetta – Der schönste Abstieg vom Moléson

Gehzeit: ca. 3 h, 250 hm bergauf, 720 hm bergab. Die Reise zum Gipfel des Moléson beginnt direkt an unserem Stellplatz. Die Zahnradbahn bringt Sie zur Mittelstation und dann geht es mit der Gondel weiter hinauf zum grandiosen Bergpanoramablick. Über den Berggrat führt uns der Weg mit der Kartennummer 11 in einem schönen Bogen mit tollen Ausblicken hinab zum Chalet de Gros-Plané, wo vor der Talfahrt von der Mittelstation der Bahn eine verlockende Speisekarte mit Greyerzer Spezialitäten wartet.

Le Sentier des Fromageries

Gehzeit 2-4 h, 450 hm. Von einer Käserei zur anderen führt der Themenweg *Sentier des Fromageries*. Es gibt zwei Wegvarianten von jeweils 2 Stunden, die Sie zu einer Runde verbinden können. Alternativ lässt sich auch ein Weg mit dem Bus zurücklegen. Laufen Sie dabei von Moléson nach Gruyère, geht es meistens bergab. Wählen Sie die Strecke über La Proveta, laufen Sie an der Station der Funiculaire vorbei ein kurzes Stück auf der Straße zurück und dann rechts hinauf zu den Bauernhöfen, die Sie schon von weitem sehen können. Von hier aus sind Sie auf einem Wiesenpfad unterwegs, der später in den Wald und dann steil bergab nach Gruyère führt. Die andere Route über Les Reybes führt von der Käserei in Moléson durch den Ort und dann auf der anderen Seite des Tales hinunter nach Gruyère. Eine Wegbeschreibung erhalten Sie in beiden Käsereien.

Um in Richtung Wallis weiterzufahren, geht es erst mal zurück nach Gruyèresund dann durchs **Intyamontal**. In Enney passieren wir einen gepflegten **Campingplatz**, wo Sie zwischen vielen Dauercampern auch einige Lücken für Touristen finden. Durch eine Reihe kleiner Orte nähern wir uns dem **Etivaz,** wo für Besitzer kleinerer Mobile eine Pause am Seeufer lockt.

(218) WOMO-Stellplatz: Stausee Rossinière

GPS: N 46°27'57", E 7°04'22", 911 m **max. Womos:** 1
Ausstattung / Lage: schmale Parkbucht neben kaum befahrener Straße, am Ende einer Sackgasse. Außerorts, mit Blick auf den See.
Anfahrt: Zufahrt sehr eng! Vorsicht Hausdächer! Kurz hinter der Ortseinfahrt von Rossinière gegenüber der Post rechts im spitzen Winkel in die schmale Straße Le Bougnon einbiegen (evtl. drehen und von der anderen Seite anfahren) und auf der einspurigen Straße ca. 500 m hinunter zum See. Nach dem Parkplatz Fahrverbot!
Sonstiges: Der Wasserstand kann wegen des Kraftwerkbetriebes schnell wechseln, im See Baden ist daher leider gefährlich!

Auch das Etivaz ist die Heimat eines berühmten Käses. Er ist etwas milder als der Gruyère – aber probieren Sie selbst, welcher Ihnen besser schmeckt. Eine **Dorfkäserei** mit ungewöhnlichen Öffnungszeiten (8 -11.15 und 16.30 - 19 Uhr) finden Sie in **Les Moulins** **GPS N 46°27'34", E 7°06'27"**. Hier müssen Sie auch entscheiden, wo die Reise lang gehen soll. Unsere Hauptstrecke führt jetzt durch ruhige Bergtäler zwischen die schroffen Felsen von Les Diablerets. Wollen Sie die schmucken, aber oft vollen Touristenorte Gstaad und Gsteig nicht verpassen, nehmen Sie die Alternativroute über Saanen.

Slow Down rund um Gstaad und Gsteig

Als Feriengebiet mit Tradition hat die Region rund um Gstaad jede Menge zu bieten. Unzählige markierte Wanderwege verbinden die Stationen von 11 Bergbahnen. In Gstaad finden Sie Kletterhalle, Golfplatz und Reitzentrum. Ob Gleitschirmfliegen, Ballon fahren, River Rafting oder Canyoning – für keine Sportart haben Sie hier weite Wege.

(219) WOMO-Campingplatztipp: Chateau d'Oex

GPS: N 46°27'59", E 7°07'30", 901 m

Lage: Camping in Alleinlage direkt neben dem Freibad. Stellplätze in Flussnähe oder zwischen den Dauercampern, Telefon +41 (0)26 924 62 34

Zufahrt: Am Kreisel an der Ortseinfahrt von Chateau d'Oex rechts

Sonstiges: Die beiden folgenden Campingplatzanlagen in Saanen und Gstaad sind sehr eng und befinden sich direkt neben der Durchfahrtsstraße, sind also nicht wirklich eine attraktive Alternative. Den nächsten Platz finden Sie erst in Gsteig. Freies Übernachten auf den Parkplätzen der Bergbahnen ist nicht erwünscht.

Durch **Chateau d'Oex** hindurch erreichen Sie **Rougement**, die letzte französischsprachige Gemeinde des Simmentales.

Links neben der Straße erweckt ein schön anzuschauendes Gebäudeensemble um eine kleine **Kirche** unsere Aufmerksamkeit. Und weil man gegenüber auf dem Parkplatz **GPS N 46°29'17", E 7°12'22"** ganz problemlos halten kann, haben wir dann ein echtes Kleinod entdeckt. Wenn Sie stimmungsvolle, einfache Gebäude mögen, gehen Sie unbedingt hinein! Ansonsten ist Rougement ein attraktives Wandergebiet: Erfahrene Wanderer bringt die Kabinenbahn zwischen die **Felswände von La Videma-**

nette. An der Bergstation starten drei Klettersteige und Wanderer mit Alpinerfahrung erwarten in den »Gstaader Dolomiten« landschaftlich besonders attraktive Touren. **GPS N 46°29'10", E 7°12'32".**

In Gstaad gruppieren sich Hotels und Ferienanlagen um den alten Dorfkern und wenige Kilometer weiter in Gsteig finden Sie das Ganze noch mal stark geschrumpft: ein schönes Ortsbild aus wenigen Häusern und rundum verstreut Hotels, Ferienhäuser und auch der Camping Heiti.

(220) WOMO-Campingplatztipp: Bergcamping Heiti / Gsteig
GPS: N 46°22'57", E 7°15'47", 1.224m **Öffnungszeiten:** ganzjährig
Ausstattung: asphaltierte Terrasse vor der Blockhütte des Restaurants und vor schöner Bergkulisse, eigentlich eher ein Wohnmobilplatz als ein echter Camping. V/E Station. Womo inkl. 2 Personen CHF 27.-, Strom CHF 2.-, Kurtaxe CHF 2,10
Sonstiges: im gemütlichen Restaurant gute rustikale Küche zu günstigen Preisen Bleiben Sie 2 Nächte, können Sie für CHF 36.- die Gstaad easyaccess card erwerben, die an drei aufeinanderfolgenden Tagen zur kostenlosen Nutzung der Bergbahnen und Busse berechtigt.

Eine Möglichkeit zur freien Übernachtung finden Sie erst wieder an der Talstation der Bergbahn am Col de Pillon **(223)**, wo wir wieder auf unsere Hauptroute treffen.

Die ruhige Alternative – Eine Fahrt durchs Étivaz

Wenn die Einkaufszeiten in der Käserei in Les Moulins nicht gepasst haben, gilt der erste Stopp der **Schaukäserei** mit großem Laden in **Etivaz (221) GPS N 46°25'26", E 7°08'42"**. Über Nacht parken auf Anfrage möglich. Ruhiger stehen Sie ein paar Kilometer weiter bei **Cuizon**, wo sich rechts im Wald ein winziger **Campingplatz** befindet und 300 m weiter ein großer Parkplatz rechts der Straße die freie Übernachtung erlaubt.

(222) Picknickplatz: Les Mosses
GPS: N 46°24'28", E 7°06'07", 1.407 m
max Womos: 3-4
Ausstattung/Lage: außerhalb jedes Ortes auf großer asphaltierter Fläche, leicht schräg. Wenn Sie bis zum Ende des Platzes fahren ca. 250m zu schönem Grillplatz am Flussufer.
Anfahrt: direkt rechts der Straße, kurz nach Buvette am Straßenrand. Weiterer Parkplatz auf der gegenüberliegenden Straßenseite.

Noch schöner picknicken Sie zwischen Stellplatz und Camping auf einer Wiese mit Tisch und Bänken direkt am Bach – bloß zum Übernachten sind die schmalen Parkbuchten an der Straße wenig geeignet **GPS N 46°24‘44“, E 7°06‘14“.**

Wenig später erreichen wir den **Col des Mosses** und rollen hinab nach **Ormont Dessus**. Hier machen wir abermals einen Schlenker und nehmen die kleinere Straße nach **Les Diablerets,** wo Sie auch im Sommer Skiferien machen könnten: Auf dem Gletscher oberhalb des Ortes fahren die Skilifte rund ums Jahr. Aber auch für Fußgänger ist der gut 3000 m hohe **Scex Rouge** ein Ziel. Natürlich fährt auch hier eine Seilbahn hinauf und schon der Anblick der Trägerpfosten am Berghang sorgen für leichtes Schwindelgefühl. Auf dem Parkplatz der Bahn parkt man auch für die Nacht recht gut.

(223) WOMO-Wanderparkplatz: Col de Pillon

GPS: N 46°21‘16“, E 7°12‘18“, 1.379m **max Womos:** 4-5
Ausstattung/Lage: teilweise asphaltierter, sehr großer Parkplatz an der Bergbahn zum Gletscher, tagsüber lebhaft und auch abends nicht ganz ruhig.
Zufahrt: An der Straße von Gsteig nach Les Diablerets. Nicht zu übersehen.
Sonstiges: Gasthof an der Talstation der Bahn

Scex Rouge und Glacier 3000

Auch wer nicht Ski fahren will, kann oben am Scex Rouge einiges erleben. Fahrten auf den Gletscher sind mit dem Schneebus oder zeitweise mit dem Hundeschlitten möglich und neben den Aussichtsterrassen der Restaurants wartet oben am Berg eine rasante Sommerrodelbahn. Mehr Natur und weniger Adrenalin verspricht die Wanderung über den Gletscher zur Quille du Diable mit Einkehrmöglichkeit (1h einfach). Geübte Wanderer können auch die 5-stündige Tour durch hochalpines Gelände zum Sanetschpass wählen. Von dort geht es mit der Seilbahn hinunter nach Gsteig und mit dem Postbus zurück zum Col de Pillon. Für diese Wanderung ist ein Rundreiseticket erhältlich. Gletscherfahrt CHF 77.- pro Person, Kinder bis 9 Jahre gratis.

Auch am Rande des Skiort **Les Diablerets,** zu dem wir weiter fahren, ist direkt neben einem Spielplatz eine Übernachtung möglich. **(224) GPS N 46°20‘53“, E 7°09‘16“.**

Auf einen unserer Lieblingsstellplätze treffen Sie bei der Weiterfahrt über den landschaftlich reizvollen Col de la Croix.

(225) WOMO- Wanderparkplatz: Col de la Croix

GPS: N 46°19'27", E 7°07'38", 1.767 m
max. Womos: 3-4
Ausstattung / Lage: außerhalb des Ortes, Kiosk am Platz tagsüber geöffnet, WC und Mülleimer, Brunnen (Foto oben)
Zufahrt: Auf der Passhöhe links
Sonstiges: gegenüber Wanderpfad zwischen die Kalkfelsen neben dem Platz (Foto oben), Pfade zu den Karstlöchern hinter dem Parkplatz und zum Aussichtspunkt hinter den drei schwarzen Wölfen, die über den Parkplatz wachen.

Bei der Fahrt hinunter ins Rhônetal durchqueren wir den dicht bebauten Hang des Skiortes **Villars-sur-Ollon** und finden im nächsten Ort **Gryon** einen offiziellen Wohnmobilstellplatz, den man aber nur findet, wenn man weiß, dass er existiert. Beschildert ist gar nichts...

(226) WOMO-Stellplatz: Gryon

GPS: N 46°16'57", E 7°04'12", 1216 m **max Womos:** 4-5
Ausstattung / Lage: asphaltierter Parkplatz oberhalb der Straße im Ort, Euro Relais und Autowaschplatz, daher nicht extrem gemütlich. Gegenüber der Touristen-Information, wo man sich auch anmelden muss. Geöffnet 8.15 - 12.15 und 14 - 18 Uhr. In der zu entrichtenden Kurtaxe von CHF 5,60 pro Pers. ist die kostenlsoe Fahrt mit Bussen und Bergbahnen enthalten. Ver- und Entsorgung CHF 5.-, WC am unteren großen Parkplatz.
Anfahrt: Im Ortsteil La Barboleuse. Touri-Info direkt links an der Hauptstraße, erkennbar am großem Parkplatz. Die Womo Plätze befinden sich leicht erhöht und versteckt rechts der Straße.
Sonstiges: Parkanlage mit Minigolf gegenüber, Bäckerei neben der Information. Alternativ zum Stellplatz gibt es in Gryon auch noch einen Campingplatz.

In vielen Kurven überwinden wir die letzten Höhenmeter und treffen in Bex auf das Tal der Rhône und die Route der Tour 8. In Bex empfiehlt sich unbedingt der spannende Besuch der Salzminen. Die Beschreibung finden Sie auf Seite 148.

KARTE TOUR 13

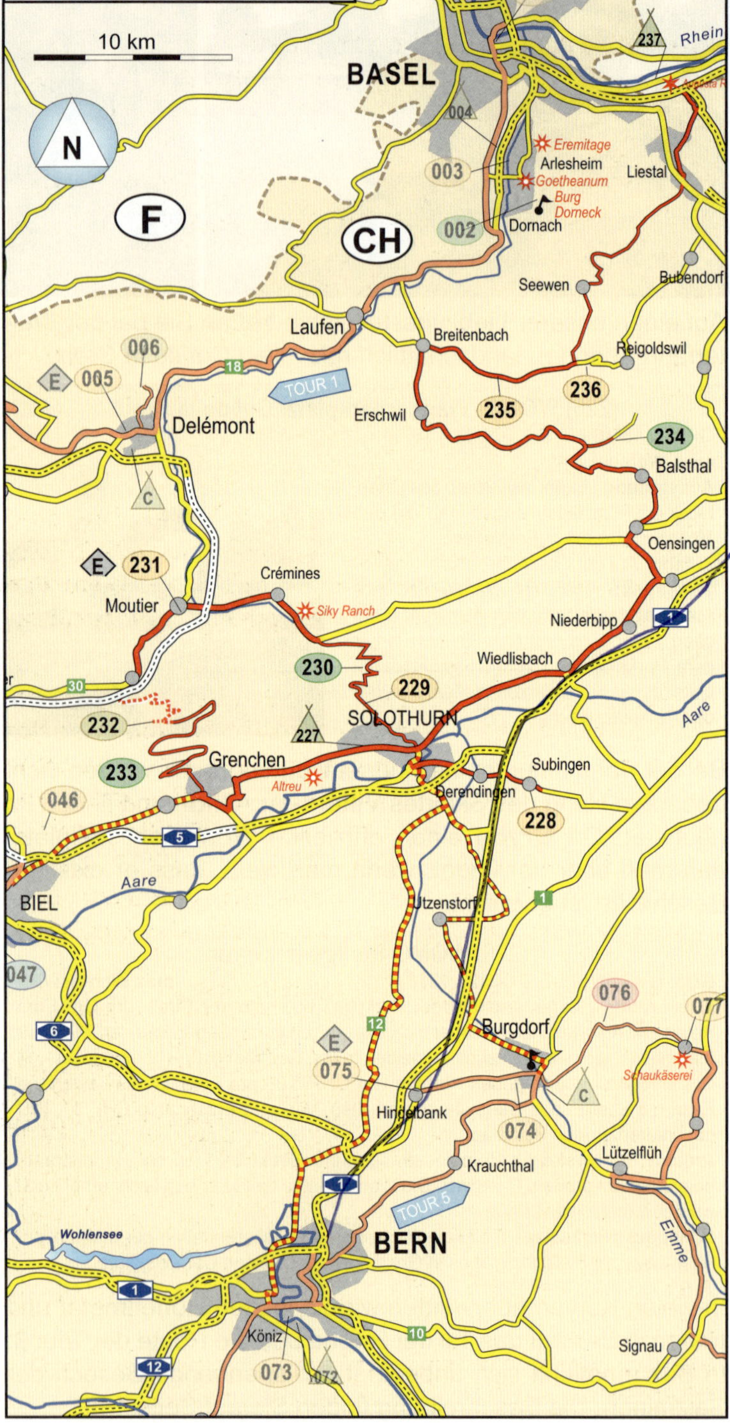

TOUR 13 (ca. 175 km / 2-3 Tage)

Von Solothurn zurück nach Basel

Solothurn – Moutier – Grenchen – Balsthal – Passwang – Liestal – Kaiseraugst

Freie Übernachtung:	Weissenstein, Moutier, Wäsmeli, Passwang, Bretzwil
Ver-/Entsorgung:	Moutier und genannte Campingplätze
Campingplätze:	Solothurn, Kaiseraugst
Baden:	Aare Strandbad Solothurn
Besichtigen:	Solothurn, Raubtierpark René Strickler, Siki Ranch, Storchendorf Altreu, Ausgrabung Augusta Raurica
Wandern:	Planetenweg, Gratweg Obergrenchenberg, Passwang
Gasthof:	Pré Richard Harzer

Egal von welcher Tour Sie kommen – von Biel, Bern oder Burgdorf erreichen Sie zügig die schöne Barockstadt Solothurn, von der Sie mit zwei letzten landschaftlich lohnenden Schlenkern durch einsame Natur zu unserem Startpunkt bei Basel zurückkehren.

Die Suche eines Parkplatzes in der Nähe der Innenstadt gehört in **Solothurn** zu den weniger erfreulichen Vorhaben. Am entspanntesten umgehen Sie das Problem auch hier, wenn Sie Quartier auf dem schön gelegenen Campingplatz beziehen. Ansonsten versuchen Sie es mal am Kunstmuseum in der Nordringstrasse **GPS N 47°12'34", E 7°32'13**. Weitere Parkplätze gibt es etwas weiter außerhalb am Bahnhof oder ganz weit draußen am Schwimmbad vor dem Campingplatz.

(227) WOMO-Campingplatz-Tipp: Muttenhof / Solothurn

GPS: N 47°11'54", E 7°31'25", 428 m
Öffnungszeiten: ganzjährig.
Ausstattung/Lage: Wiesenplatz nur durch Hecke und Fußweg vom Badestrand und Grillplatz an der Aare getrennt, gute sanitäre Ausstattung, Busverbindung oder 20 min. Fußweg in die Altstadt, Schwimmbad nebenan. Fahrradverleih. Tel.: +49(0)32 621 89 35. Womo inkl. 2 Personen 38.- bis 46.-, Strom CHF 5.-, TCS Platz.
Zufahrt: Ab Stadtmitte ausgeschildert.
Sonstiges: Direkt am Aareuferweg, Wanderung oder Radtour ins Storchendorf Altreu möglich (siehe auch Seite 270.)

Umgeben von einer gut erhaltenen Stadtmauer mit Eingangstoren aus allen Himmelsrichtungen hat die **Altstadt von Solothurn** besonderes Flair. Cafés, Restaurants und ein gut gefüllter Veranstaltungskalender sorgen dabei für Leben zwischen den barocken Fassaden und die Aare mit spiegelnd blauem Wasser besorgt den Rest: Solothurn ist fotogen. Bei Regenwetter haben Sie die Wahl zwischen dem Naturmuseum, dem historischen Museum und dem Kunstmuseum oder Sie machen einen Ausflug ins 6 km entfernte **Subingen**.

Raubtierpark Rene Strickler – Freundschaft mit Raubtieren

Sagt Ihnen der Name René Strickler etwas? Richtig, er ist einer der bekanntesten Raubtiertrainer der Schweiz. Mir ist der charismatische Schweizer zum ersten mal als Star im Zirkus Roncalli begegnet, aber das ist etliche Jahre her. Heute lebt der Tierlehrer Strickler in Subingen in der Nähe von Solothurn, wo er auch seinen Raubtierpark eingerichtet hat. Die Anlage im Industriegebiet von Subingen wirkt etwas improvisiert und ist aus Zirkusgehegen zusammengebaut, der Fokus liegt hier auf dem Wesentlichen, dem Wohl der Tiere – Optik ist zweitrangig. So gehört auch das tägliche Beschäftigungsprogramm für über 20 Raubkatzen zum Parkkonzept. Vorstellungen in der Arena können Sie mittwochs und samstags um 15 Uhr und sonntags um 11 und 15 Uhr besuchen. Außerdem gibt es bei trockenem Wetter täglich um 14 Uhr eine Haustiervorstellung. Zusätzlich sind regelmäßig Events mit Brunch und Buffet im Angebot. Die Termine finden Sie auf der Homepage. Dort schauen Sie vor dem Besuch auch besser nach, ob der Park noch in Subingen zu finden ist. Wegen der Kündigung des Pachtvertrages war die Zukunft der Raubkatzen im Winter 2012 ungewiss. Es wäre also möglich, dass dies hier in naher Zukunft kein Reiseziel und kein Stellplatz mehr ist, sondern leider unter die Rubrik Nachruf fällt...

Bisher ist der Park noch täglich von 9.30 - 18 Uhr geöffnet, Eintritt CHF 12, Familienkarte CHF 34.- mit Raubtiervorstellung CHF 20.-, Familie CHF 60.-, Industriestrasse 20, Telefon 079 421 13 81, www.raubtierpark.ch. Stricklers sind übrigens selbst Wohnmobilreisende, eine Übernachtung auf dem Parkplatz **(228) GPS N 47°11'40", E 7°36'12"** ist also kein Problem. Ein besonders idyllisches Quartier erwartet Sie hier im Industriegebiet allerdings nicht.

Über den Weissenstein nach Moutier
Der Rundweg durch die Grenchenberge

Zurück in Solothurn starten wir eine besonders schöne Rundtour über zwei Pässe. Da die Straßen schmal und kurvig sind, werden Sie aber nur mit kompakten Wohnmobilen Spaß an der Sache haben. Wenn Sie trotzdem auf den Weissenstein wollen, könnten Sie auch einfach den Postbus nehmen oder von der anderen Seite über Grenchen bis zum Grenchenberg hinauffahren und von dort über den Planetenweg zum zweiten Pass laufen. Auf den eigenen vier Rädern folgen Sie in Solothurn den Hinweisen zum **Weissenstein**, der mit einer Höhe von 1280 m im Norden über der Stadt aufragt. An Sonn- und Feiertagen hat es auf der Passstraße Einbahnverkehr. Hinauf dürfen Sie zur Zeit zwischen x.15 und x.45 Uhr. Die Straße beginnt in **Oberdorf** an der Talstation der Seilbahn. Der Betrieb der Seilbahn im Augenblick eingestellt, der untere Parkplatz bietet aber einen guten freien Stellplatz in der Nähe von Solothurn.

(229) WOMO-Stellplatz: Seilbahn Weissenstein / Oberdorf

GPS: N 47°14'07", E 7°29'44", 629 m **max. WOMOs:** 2-3.
Ausstattung/Lage: großer geschotterter Parkplatz am Ortsrand, zentrale Parkuhr Tagesgebühr zwischen 7 und 20 Uhr CHF 9.-
Zufahrt: An der Ortsausfahrt Oberdorf auf der rechten Straßenseite.

In engen Kurven geht es mit bis zu 22% Steigung durch den Wald hinauf bis zum **Kurhaus Weissenstein** mit Sonnenterrasse und einer Speisekarte zwischen Älplermagronen, Fondue und Wiener Schnitzel. 200 Meter weiter finden Sie links der Straße einen schön gelegenen Wanderparkplatz.

(230) WOMO-Wanderparkplatz: Weissenstein

GPS: N 47°15'14"; E 7°30'24", 1.261 m
max. WOMOs: 1-2.
Ausstattung/Lage: außerorts, Schotterplatz mit schattenspendenden Bäumen, Beginn des Planetenweges am nahen Kurhaus.
Zufahrt: Kurz hinter dem Kurhaus und vor der Passhöhe links der Straße
Sonstiges: Gasthof Kurhaus Weissenstein 200 m entfernt, 15 min. Fussweg zum Gasthof Hinterer Weissenstein.

Eine Wanderung auf dem Planetenweg

Gehzeit 4 h. Die Sonne hat das ganz Jahr ihren Platz vor der Bergstation der Weissensteinbahn neben dem Kurhaus. Die gelbe Kugel markiert hier den Einstieg in den Planetenweg, der in gut zwei Stunden hinüber zum Oberen Grenchenberg führt. Maßstabsgetreu folgen noch ganz in der Nähe Merkur, Venus, Erde und Mars. Länger wird der Anmarsch zum Jupiter und zum Saturn – um ein reales Abbild den Gegebenheiten im All zu vermitteln entspricht auf dem Planetenweg ein Millimeter des Weges 1000 Kilometern im Weltall. Zum Uranus steigt man steil hinauf, am Neptun und am Bergg-asthof Althüsli vorbei geht es noch mal hinauf auf die Stallflue zum Pluto. Von hier reicht der Blick bis hinunter ins Aaretal und zum Bieler See. Zurück laufen Sie auf dem gleichen Weg.

Auf der anderen Bergseite führt die Straße weniger steil hinunter ins Tal und mündet bei Gänsbrunnen auf die gemütlich breite Kantonalstraße nach Moutier. Kurz vor Crémines haben wir dann das Quartier der **Siky Ranch** erreicht. Sollten Sie mit Kindern reisen, ist hier sicher ein Stopp angesagt. Weiße Tiger, Ponyreiten und eine große grüne Parkanlage mit Mini-Eisenbahn benennt man die Attraktionen der Ranch. Die Zufahrt zum Parkplatz ist nur 3 Meter 10 hoch und ziemlich eng. Parken sollten Sie auf dem Platz hinter dem Tor links **GPS N 47°16‘26“, E 7°27‘18“**. Größere Womos kommen nur direkt an der Straße unter.

Dann haben wir **Moutier** erreicht. Auf den ersten Blick ist die Kleinstadt wenig ansehnlich, in ihrem Kern verbirgt sich jedoch eine nette Altstadt. Auch ein hochsommerlicher Halt im örtlichen Freibad ist empfehlenswert – zumal direkt am Schwimmbadparkplatz ein offizieller Stellplatz mit Euro Relais zur Verfügung steht.

(231) WOMO-Stellplatz: Freibad Moutier

GPS: N 47°16‘26“, E 7°22‘40“, 571 m
max. WOMOs: 2-3
Ausstattung/Lage: Parkplatz an den Sportplätzen, asphaltiert und unter Bäumen, am Ortsrand und weit entfernt von der Altstadt, Euro-Relais. Zur Entsorgung 4-5 Meter Schlauch nötig, da die Säule in der Wiese steht und nicht direkt angefahren werden kann.
Zufahrt: Hinweisschildern zum Schwimmbad folgen, Chemin de la Piscine 9, Durchfahrt mit max. 3,40 m kurz vor dem Platz.
Sonstiges: eine Stellplatzalternative finden Sie am Sportplatz von Moutier **GPS N 47°16‘20“, E 7°21‘35“**. Zufahrt im Ort in Richtung Court, kurz nach dem 2. Kreisel vor dem Friedhof links und gleich darauf an der Pizzeria Le Derby wieder links ab auf den Parkstreifen am Bachlauf im Chemin du Stade.

Von **Court** aus machen wir uns dann auf den Weg über den zweiten Pass. Dazu fahren Sie den einzigen Abzweig im Ort links hinauf. Ein Schild nach Grenchen steht erst an der nächsten Abzweigung. Die Straße ist schmal und teilweise rechts und links eingezäunt, so dass eine vorausschauende Fahrweise unumgänglich ist. Zwischen Viehweiden geht es hinauf. An der ersten Abzweigung geradeaus erreichen wir den besonders schön gelegenen einfachen Gasthof Pré Richard Harzer.

(232) WOMO-Gaststätte: Pré Richard Harzer

GPS: N 47°13'26", E 7°21'22", 1.248 m **max. WOMOs:** 1-2.
Ausstattung/Lage: Parkplatz vor dem Gasthof mit Blick über Weiden und bei guter Sicht bis zu den Bergen. Landgasthof mit preisgünstigen gut zubereiteten Speisen. Montag und Dienstag Ruhetag.
Zufahrt: erste Abzweigung rechts an der Passhöhe. Beschildert.

Folgt man dem Fahrweg weiter, geht es vorbei am nächsten Gasthof und rechts hinab nach Grenchen. Am Ausflugsgasthof **Unterer Grenchenberg** mit Buswendeplatz wird die Straße wieder breiter, aber auch befahrener. Große Parkplätze neben der Straße ermöglichen einen weiteren Stopp zur Einkehr, zum Käseeinkauf oder zum Wandern. Auf dem Parkplatz wäre auch eine Übernachtung möglich, schöner und ruhiger ist aber der Wanderparkplatz etwas weiter unten am Berg.

Auf dem Gratweg am Obergrenchenberg

Gehzeit 2 h 45 min., knapp 300 Höhenmeter. Auf der Karte der Infotafel am Gasthaus ist die Wanderung mit gelber Linie und 1 markiert.
Vom Gasthof Unterer Grenchenberg laufen wir auf der Straße hinauf zum Oberen Grenchenberg und biegen dort rechts in den Wanderweg ein. An den Felsabstürzen der Wandflue entlang geht es zum Aussichtspunkt mit grandiosem Blick. Kurz darauf steigen wir rechts hinunter zum Gasthof Oberes Brüggli. Sie können hier einkehren oder ca. 45 Minuten später am Bettlachberg. Von dort führt der Weg kräftig bergan bis zum Parkplatz.

An verkehrsreichen Tagen sorgt ab dem unteren Grenchenberg eine Ampel für wenig Gegenverkehr, meist ist die Straße unterhalb des Gasthofes aber auch breit genug für 2 Fahrzeuge. Nach 2 km treffen wir auf den bereits angekündigten Wanderparkplatz Wäsmeli in ruhiger Lage.

(233) WOMO-Wanderparkplatz: Wäsmeli

GPS: N 47°12'41", E 7°21'44", 1.111 m
max. WOMOs: 2-3.
Ausstattung/Lage: außerorts, Schotterplatz, einsam gelegen
Zufahrt:
Einfahrt zum Parkplatz in einer Kurve rechts der Passstraße, 0,5 km hinter dem Berghaus Stierenberg

In vielen weiten Kurven rollen wir dann hinab nach Grenchen und kehren entweder auf der Kantonalstraße 5 oder auf der anderen Aareseite auf einer etwas kleineren Straße über Arch und Nennigkofen nach **Solothurn** zurück.

Storchendorf Altreu – ein Naturreservat an der Aare

Ein Halt lohnt sich unterwegs in der Storchensiedlung Altreu. Einen Parkplatz finden Sie im Ort bei **GPS N 47°11'28", E 7°26'52"** schräg gegenüber des Restaurants »Zum grüene Aff« oder hinter dem Informationszentrum links bei **GPS N 47°11'22", E 7°26'50".** Störche sehen Sie in Altreu auf jedem zweiten Dach. Informationen bekommen Sie im Informationszentrum Witi, dort kann man auch an Führungen durch das Schutzgebiet teilnehmen, das nicht nur die Ernährungsgrundlage der Störche sichert. In der unbebauten Schutzzone der Witi zwischen Altreu und der Aare sind auch Hasen und viele andere Wildtiere zu Hause. Altreu erreichen Sie von Biel oder Solothurn auch mit dem Ausflugsboot. Vom Campingplatz in Solothurn ist Altreu auf dem Aareuferweg in einer guten Stunde zu Fuß oder schneller mit dem Fahrrad zu erreichen. Fahrradverleih am Campingplatz.

Zurück in Solothurn treten wir jetzt die Rückreise nach Basel an. In flottem Tempo bringt uns die Kantonalstraße nach Balsthal. Links der Straße kann man dabei schroffe Jurahänge mit wilden Felszacken betrachten. In **Balsthal** halten wir direkt darauf zu und verlassen durch einen Felsdurchbruch das dicht besiedelten Aaretal, um über den **Passwang** in sanft gewellte grüne Juraberge zu reisen. Durch **Mümlis- und Ramiswil** kommen wir auf die Passstraße, die ganz oben in einem Tunnel verschwindet. Biegt man unmittelbar an der Ausfahrt rechts ab, kommt man zu einem ruhigen Übernachtungsplätzchen von dem man auch zum Aussichtspunkt auf dem **Passwang** wandern kann.

(234) WOMO-Wanderparkplatz: Passwang

GPS: N 47°21'32", E 7°39'54", 988 m
max. WOMOs: 2-3.
Ausstattung/Lage: außerorts, lange Parkbucht an der beinahe unbefahrenen Zufahrt zum Gasthof. Schotterplatz im unteren Teil schräg, einsam im Grünen
Zufahrt: am Tunnelausgang sofort rechts und 500 m der Straße folgen bis zum Parkplatz, ausgeschildert ist das Restaurant Oberer Passwang.

Wanderung auf den Passwang

Gehzeit ca. 2 h, 200 hm. Vom Wanderparkplatz folgen Sie der Straße bis zum Gasthof und daran vorbei, bis auf der Passhöhe ein Wanderweg links abzweigt. Ein Schild weist von hier den Stichweg zum Gipfelfelsen mit perfekter Rundumsicht. Immer auf dem »Grat« des Passwang entlang laufen wir dann weiter bis der Weg nach gut 2 km einen Bogen schlägt und zum Parkplatz zurückführt.

Landschaftlich schön geht es weiter durch eine beinahe einsame Gegend mit schroffen Felsnasen auf den grünen Hügelkuppen. In **Beinwil** sehen wir links der Straße das ökumenische Kloster, das unter anderem auch eine Unterkunft für Jakobspilger ist. In **Büsserach** biegen wir rechts ab und steuern **Liestal** im Baseler Land an. Noch vor dem nächsten Ort **Fehren** würde eine ebene Schotterfläche neben der Straße einen abendlichen Stopp ermöglichen **(235) GPS N 47°23'39", E 7°33'43"**. Schöner ist es jedoch einige Kilometer weiter etwas abseits der Strecke oberhalb von **Brezwil**, wo ein Parkplatz auf der Höhe eine Nische für 1-2 Wohnmobile bereit hält.

(236) WOMO-Stellplatz: Bretzwil
GPS: N 47°23'48", E 7°39'46", 712 m
max. WOMOs: 1-2.
Ausstattung/Lage: asphaltierter Parkplatz eingebettet in ein Maisfeld, auf der Höhe und mit Talblick, außerorts und nahe einer wenig befahrenen Straße.
Zufahrt: In Bretzwil nach der Linkskurve im Ort gegenüber dem Restaurant Eintracht rechts in die Reigoldswiler Straße.
Sonstiges: am Parkplatz Holzbox mit Hofladen, im Herbst gibt es hier Kürbisse, Äpfel und Most.

Von Bretzwil nehmen wir die kleine Straße nach **Seewen** und weiter in Richtung **Kaiseraugst**. Erst geht es durch kleine Dörfer, bis bei Liestal die Bebauung dichter und städtischer wird. Über **Füllinsdorf** nähern wir uns den **römischen Ausgrabungen** von **Augusta Raurica**.

Augusta Raurica

Die historischen Gebäudereste von Augusta Raurica liegen am Stadtrand von Kaiseraugst. Der Kern der Anlage ist das Gebiet rund um das Museum, den originalgetreu eingerichteten Nachbau einer römischen Villa und die gut erhaltenen Reste des Szenischen Theaters. Hier befindet sich auch ein kostenpflichtiger, zentral gelegener Parkplatz **GPS N 47°32'02", E 7°43'14"** CHF 1.- pro Stunde. Ein markierter ca. 30 minütiger Rundweg führt durchs Außengelände. Wollen Sie die große Runde zwischen allen Gebäuden laufen, stehen Sie auf P3 kostenlos (campieren verboten). Hier ist auch viel Platz für größere Womos. Sie sollten sich aber unbedingt am Museumseingang einen Plan der Anlage holen, bevor Sie zum P3 fahren. Dort startet dann der Geschichtspfad an der Autobahn entlang zum Amphitheater (das aber weniger beeindruckt) und von dort auf schönem Weg weiter zum Heiligtum Grienmatt und zum Museum (ca. 35 min). Wenn Sie die Runde schließen und vom Museum weiter zur Kloake und zum Osttor mit Tierpark laufen, brauchen Sie ca. weitere 45 min. Das optimale Verkehrsmittel für diese Runde wäre ein Fahrrad.

Museum geöffnet: Montag 13 - 17 Uhr, Dienstag bis Sonntag 10 - 17 Uhr, Außenanlagen und Tierpark am Osttor täglich 10-17 Uhr, Eintritt CHF 7.-, Außenanlagen kostenlos.

Nach so viel Kultur wäre etwas Entspannung recht? Die finden Sie sicher am Camping Kaiseraugst mit eigenen Strandbad am Rheinufer. Wenn Sie noch nicht in Basel waren, können Sie die 12 km entfernte Stadt von Kaiseraugst aus einfach mit dem Zug erreichen.

(237) WOMO-Campingplatztipp: Kaiseraugst

GPS: N 47°32'22"; E 7°42'59", 265m **Öffnungszeiten:** April bis Mitte September
Ausstattung/Lage: Am Rheinufer, Stellplätze teilweise direkt am Wasser, Wiesenplätze mit altem Baumbestand, Schwimmbad mit Pool und Rheinstrand gehört zum Platz, Beizli mit Terrassenplätzen, Womo inkl 2 Personen CHF 26.-, Strom CHF 4.-, Eintritt ins Schwimmbad inklusive, www.camping-kaiseraugst.ch
Zufahrt: Ab Ortsmitte ausgeschildert. Vorsicht! Letztes Stück d. Zufahrt recht eng.

AUSRÜSTUNG SPEZIAL

Sollten Sie eine Wanderausrüstung besitzen, gehört diese auf jeden Fall in Ihr Gepäck. Bergtouren aller Art sind mit das Schönste, was Sie in der Schweiz machen können. Auch wenn Sie bisher nur wenig Bergerfahrung mitbringen, lohnt sich zumindest die Anschaffung leichter halbhoher Trekkingschuhe, die auf steinigem Boden guten Halt bieten. Zur Wander-Grundausstattung gehört außerdem eine dichte Regenjacke, ein Sonnenhut, eine Wasserflasche und ein leichter Tagesrucksack.
Einige der schönsten Stellplätze in der Schweiz befinden sich auf Passhöhen mitten im Hochgebirge. Hier kann es auch im Hochsommer nachts empfindlich kalt werden. Ein Fleece und eine Jacke hängen also im Womo-Schrank immer richtig. Wenn Sie gar einen Ausflug auf einen Gletscher planen, sind auch Handschuhe und Mütze kein Fehler. Am Fuss der Berge ist das Klima dagegen mild. Kurze Hosen und Badesachen gehören also ebenfalls ins Sommergepäck.

AUTO FAHREN IN DER SCHWEIZ

Die Verkehrsregeln in der Schweiz unterscheiden sich für Deutsche nur unwesentlich vom Gewohnten. Gut ausgebaute Straßen und sorgfältige Beschilderung machen Autofahrern das Leben leicht. Etwas ungewohnt sind vor allem für Reisende aus Deutschlands flachem Norden die engen und steilen Sträßchen in den vielen Bergregionen. Einspurige Straßen mit Ausweichbuchten und Gefälle bis zu 28% sind da keine Seltenheit und können einem auch mit Wohnmobil-Bergerfahrung in Windeseile den Schweiß auf die Stirn treiben. Auch Menschen mit Höhenangst kommen in einigen Regionen der Schweiz leicht an ihre Grenzen. Auf der Straßenkarte weiß eingezeichnete Strecken im Gebirge sind, vor allem mit größeren Wohnmobilen, mit Vorsicht zu genießen. Sehr enge Straßen auf der vorgeschlagenen Route, sind in unserer Karte gestrichelt eingezeichnet und sollten nur von kompakten Fahrzeugen befahren werden.

Was ist bitte ein kompaktes Wohnmobil?

Ende ist auf jeden Fall bei 3,5 t. Was Länge und Breite betrifft, lege ich mich ungern fest. Manch geübte Fahrerin steuert auch ihr 7-Meter-Fahrzeug cool und gelassen durch engste Kurven. Je ungeübter Fahrer oder Fahrerin sind, desto vorsichtiger sollten Sie mit engen Bergstraßen umgehen. Fahrzeuge in Campingbus-Größe mit Breite bis 2,10 und Länge bis 6 m werden auf jeden Fall auf allen vorgeschlagenen Strecken locker durchkommen.

Tempolimits und Bußgelder

Tempolimits sollten bei einer geruhsamen Wohnmobilreise kaum eine Rolle spielen, da aber die Bußgelder in der Schweiz weit über dem von zu Hause Gewohnten liegen, hier sicherheitshalber doch die Grenzwerte: **Innerorts fahren Sie ungestraft maximal 50 km/h, auf normalen Landstraßen 80 km/h, auf Schnellstraßen 100 km/h. Auf Autobahnen gilt generell Tempo 120.** Ich kann Ihnen aus leidvoller eigener Erfahrung sagen, dass schon 1 km/h Tempoüberschreitung im Ort zu einer Rechnung von CHF 40.- führt. Für Überschreitungen von 10-15 km/h im Ort oder 16-20 km/h außerorts sind Sie mit etwa CHF 250.- dabei und wenn Sie es noch weiter übertreiben, haben Sie direkt eine Anzeige am Hals. Auch Telefonieren am Steuer gilt als Straftat und kostet Sie süße 100 Fränkli ... Also lassen Sie es einfach ruhig angehen. Das tut im Urlaub sowieso am besten und Ihr Womo kommt an den vielen Berghängen auch bei vorgeschriebener Geschwindigkeit ausreichend ins Schnaufen. Die **Promillegrenze** liegt in der Schweiz bei **0,5**.

Parken
Anders als bei uns wird **Park- und Halteverbot** nicht mit Schildern markiert, sondern auf der Straße angezeichnet. Eine gelb gestrichelte Linie mit »X« unterbrochen bedeutet Parkverbot, eine durchgezogene gelbe Linie signalisiert unser absolutes Halteverbot. Auch die Farben am Boden angezeichneter Parkplätze haben eine Bedeutung. Unbegrenzt parken Sie auf **weißen Plätzen**, **gelbe Markierungen** werden meist um private oder reservierte Plätze gezogen und in **blauen Parkzonen** dürfen Sie zeitbegrenzt und mit Parkscheibe kostenlos parken. Die Regeln dazu sind etwas komplizierter, aber wenn man Sie kennt, verhelfen Sie einem zu preisgünstigen Parkgelegenheiten. So lautet die Original Schweizer Erläuterung: »Fahrzeuge dürfen an Werktagen und am Samstag zwischen 08.00 und 11.30 Uhr sowie zwischen 13.30 und 18.00 Uhr eine Stunde parkiert werden; bei einer Ankunftszeit zwischen 11.30 und 13.30 Uhr gilt die Parkerlaubnis bis 14.30 Uhr, bei einer Ankunftszeit zwischen 18.00 und 08.00 Uhr gilt die Parkerlaubnis bis 09.00 Uhr.« Auf der Parkscheibe einstellen müssen Sie die Ankunftszeit aufgerundet auf die nächste halbe Stunde. Bei einer Ankunft um 10 Uhr wäre das 10.30 Uhr, bei einer Ankunft um 10.20 Uhr ebenfalls. Die erlaubte Parkzeit beträgt also 60-90 min. Am Sonntag und in der Nacht zwischen 18 und 8 Uhr parken Sie unbegrenzt, dürfen aber die Parkscheibe nicht vergessen.
Außer den farbmarkierten Parkplätzen gibt es viele **Plätze mit zentraler Parkuhr** oder auf Französisch mit parcomètre collectif. Hier zahlen Sie an einer zentralen Säule, wo Sie auch Angaben über die gestattete Parkdauer finden. Ist Ihr Parkplatz mit einer Nummer versehen, merken Sie sich diese unbedingt, bevor Sie zur Parkuhr laufen. Oft muss nämlich beim Zahlen die Platznummer (und eventuell auch noch das Kennzeichen des geparkten Fahrzeuges) eingeben werden.

Tanken
Diesel ist in der Schweiz teurer als Benzin, dazu kommt der starke Franken. So sind die Regeln für günstiges Tanken einfach: fahren Sie mit vollem Tank in die Schweiz und nutzen Sie Fahrtstrecken nahe der Grenze zum Auffüllen der Vorräte. Egal ob in Deutschland, Österreich oder Frankreich – billiger als in der Schweiz tanken Sie überall. Die Preise der einzelnen Tankstellen innerhalb einer Schweizer Region unterscheiden sich dagegen kaum. Die Suche nach der besten Gelegenheit können Sie sich also sparen. Das Tankstellennetz ist überall dicht und wenn Sie nicht gerade die entlegensten Täler des Wallis bereisen, finden Sie jederzeit problemlos Nachschub.

Autobahnvignette
Zur Nutzung der Autobahnen brauchen Sie in der Schweiz eine Jahresvignette. Sie gilt 14 Monate – von Anfang Dezember des Vorjahres bis Ende Januar folgenden Jahres und kostet CHF 40.- (Euro 33.-). Wenn Sie nicht durchreisen, sondern die Schweiz auf kleinen Sträßchen erforschen, kommen Sie leicht ohne Autobahnen zurecht, müssen aber aufpassen, nicht versehentlich die falsche Auffahrt zu erwischen. Für die kommenden Jahre sind neue Tarife in Diskussion. Die Jahresvignette wird dann drastisch teurer, für Touristen wird es aber voraussichtlich zeitlich begrenzte Alternativen geben.

Schwerverkehrsabgabe für Womos über 3,5 t
Wohnmobile über 3,5 t brauchen keine Vignette, müssen aber bei der Einreise in die Schweiz an der Zollstelle eine Schwerverkehrsabgabe von CHF 3,25 pro Tag (aber mindestens CHF 25.-) zahlen. Dabei ist es unerheblich, ob in der Schweiz Autobahnen benutzt werden oder nicht. Am einfachsten wählt man daher mit großem Womos einen gängigen Grenzübergang, an dem auch Zollbeamte anwesend sind. An unbesetzten Zollstellen muss man sich telefonisch bei der Einsatzzentrale des Grenzwachtkorps melden, die einem

dann eine Verkaufsstelle in der Nähe nennt. Weiterfahren ohne Anmeldung des Fahrzeuges ist in keinem Fall eine gute Idee!

Passstraßen
In der Schweiz gibt es über 100 Pässe in einer Höhe über 1000 m, darunter 16 große Alpenpässe, deren Sattel in Hochgebirgslagen über 2000 m liegt. Die höheren Passstraßen wie Albula, Forcola di Livigno, Furka, Gotthard, Grimsel, Grosser Sankt Bernhard, Klausen, Nufenen, Oberalp, San Bernardino, Splügen, Susten und Umbrail sind zwischen Oktober und Mai für den Verkehr gesperrt. Tafeln an der Zufahrt zeigen an allen Pässen an, ob die Strecken passierbar sind. Vorab können Sie sich zum Beispiel unter www.donnerwetter.de in der Rubrik Reise /Alpenpässe informieren. Die großen Passstraßen sind gut ausgebaut und im Sommer auch mit größeren Mobilen gut zu fahren. Vorsicht ist eher bei Bergstrecken in abgelegenen Regionen angesagt.

CAMPING UND OFFIZIELLE WOHNMOBILSTELLPLÄTZE

Campingplätze sind in allen Regionen vorhanden, haben einen hohen sanitären Standard, sind aber leider oft etwas dauercamperlastig und eher »gut sortiert« und komfortorientiert als naturnah und idyllisch. Die gängigen Übernachtungspreise liegen zwischen CHF 25.- und 45.- für 2 Personen im Wohnmobil. Warme Duschen (jetons) und Müllgebühren, sowie Kurtaxe gehen dabei meist extra. Besitzer einer ADAC Camping Card international erhalten auf allen Campings des Touring Club Schweiz (TCS) Rabatt. Wohnmobilstellplätze sind weniger üblich. Die mit Abstand beste Wohnmobilinfrastruktur finden Sie in der französischen Schweiz in der Region Fribourg / Trois Lacs und im Schweizer Jura.

BERGBAHN UND POSTAUTO

Ein dichtes Netz an Bergbahnen erschließt auch für weniger ambitionierte Wanderer viele der eindrucksvollsten Bergregionen und macht das Erlebnis Hochgebirge für jedermann und jedefrau erreichbar. Die Schweiz ohne ihre Berge ist nur die halbe Schweiz. Steigen Sie also unbedingt mindestens einmal in eine Zahnrad- oder Kabinenbahn und nähern sich dem Himmel und den ganzjährig weißen Gipfeln auf unbeschwerte Weise. Bergbahnfahrten sind auch bei uns teuer. Vor allem die Fahrt mit der Zahnradbahn hinterlässt deutliche Löcher in der Urlaubskasse. Seilbahnfahrten sind günstiger. Wollen Sie eine Bergregion ausführlicher erkunden, gibt es oft Regionalpässe, die für mehrere Tage gelten und alle öffentlichen Verkehrsmittel vom Postbus über den Bootstransfer bis zur Bergbahn abdecken. Hinweise finden Sie an passender Stelle im Text. Ansonsten fragen Sie bei den Touristinformationen. Postbusse sind in den Bergtälern der Schweiz *das* öffentliche Verkehrsmittel und Ihre Rettung, wenn Sie mit großem Wohnmobil und/oder wenig Fahrerfahrung auf Reisen gehen. Auch das entlegenste Bergtal wird mehrmals am Tag von den gelben Bussen angefahren und bringt Sie an die schönsten Plätzchen der Schweiz, wo immer Sie keine Lust haben die Strecke selbst zu fahren.

EINKAUFEN UND ESSEN

Wein, Schokolade, Käse, Butter und andere Milchprodukte sollten Sie auf gar keinen Fall einpacken, wenn Sie sich auf eine Schweizreise begeben. Frische regionale Spezialitäten finden Sie auf dem **Markt**, der in vielen Orten am Samstag Vormittag stattfindet, in den **Käsereien**, die Sie in fast jedem Dorf finden oder in den **Hofläden** der Bauernhöfe. Wer einmal Quark oder eine Almbutter aus der Käserei gekostet hat, wird für den Rest der Reise kaum mehr einen Blick für die Kühlregale des Supermarktes übrig haben. Sonstige **Supermarktware** kaufen Sie gut und vergleichsweise günstig in den beiden Ketten Coop und Migros, die auch Biolebensmittel im Angebot haben. Der Firmenethos der Schweizer Kooperative Migros verbietet übrigens den Verkauf von Alkohol. Bier, Wein und Hochprozentiges suchen Sie dort vergebens. Beide Supermarktketten unterhalten eigene Restaurants, in denen Sie recht gut und preisgünstig essen können. Essen gehen ist ansonsten in der Schweiz eher teuer. Auch einfache Gerichte wie Rösti oder das typische Berglergericht Älplermakkaronen (eine Mischung aus Nudeln, Kartoffeln und Zwiebeln in aromatischer Käsesauce) bekommen Sie kaum unter CHF 20.- pro Person. Für ein normales Fleisch- oder Fischgericht müssen Sie mit CHF 30-40.- rechnen. Fleisch ist auch im Supermarkt deutlich teurer als in der EU üblich. Günstiger als Restaurants in den Städten sind ländliche Gasthöfe und Berghütten, wie wir Sie auf unserer Reiseroute empfehlen. **Restaurantbesuche** werden trotzdem für die meisten Schweizreisenden aus Deutschland nicht unbedingt zum alltäglichen Vergnügen gehören. Alternativen zur mobilen Küche im Womo finden Sie aber zum Beispiel im Angebot der Bäckereien: Quiches und Wähen, die salzigen Schweizer Käse- und Gemüsekuchen, eignen sich hervorragend für Picknicks oder einen schnellen deftigen Snack.

ENTSORGUNG PER EURO RELAIS

Die gängigste Version der Entsorgung außerhalb von Campingplätzen ist das Euro Relais, das übrigens in der Schweiz erfunden wurde. Die blau-weißen Säulen stehen meist am Ortsrand und haben 2-4 Stromanschlüsse, einen Ausguss für Chemietoiletten und Grauwasser und einen Wasserhahn für Frischwasser. Teilweise ist die Nutzung kostenlos, teilweise müssen Sie Jetons erwerben. Zum Ablassen des Grauwasser brauchen Sie am Euro-Relais einen etwa 3-4m langen Schlauch, der an Ihren Wasserauslass am Wohnmobil passt. Auf den Campingplätzen gibt es an den Entsorgungstationen fast immer Gullis im Boden. Wer regelmäßig Campings anfährt, kann also auf den Abwasserschlauch im Gepäck verzichten. An Parkplätzen mit Euro Relais dürfen Sie meist, aber durchaus nicht immer über Nacht parken.

FAHRRAD FAHREN

Verleihstationen für Fahrräder finden Sie fast überall. Dabei sind vor allem die eBikes im Kommen und stehen bereits an vielen Orten zur Verfügung. In den Großstädten findet man oft Verleihstationen für normale Räder am Bahnhof. Die Mietpreise sind stolz und liegen bei CHF 20-30.- pro Tag (eBikes ca. CHF 50.-). Da ist dann eine Initiative wie die gemeinnützige Organisation **»Schweiz rollt«** besonders interessant. Hier leihen Sie ihr Fahrrad bis zu vier Stunden kostenlos. Für eBikes zahlen Sie supergünstige CHF 2.- pro Stunde. Stationen gibt es in Zürich, Bern, Thun, Neuchâtel, Genf und in mehreren Orten im Wallis. Hinweise auf Stationen finden Sie im Text und weitere Informationen unter www.schweizrollt.ch.

Das eigene Fahrrad aufzuladen, lohnt durchaus. Vor allem im vergleichsweise flachen Norden gibt es ein gut ausgebautes und markiertes Radwegenetz. Auch in den Bergen sind Radrouten markiert, für die man allerdings solide Mountainbike-Erfahrung mitbringen sollte. Einsteiger in diesem Sport finden im weniger schroffen Jura ein tolles Bike-Revier mit vielen markierten Wegen. Eine gute Übersicht finden Sie unter www.veloland.ch.

FREIE ÜBERNACHTUNG

Wildes Camping ist überall in der Schweiz verboten. Erlaubt ist dagegen das Parken. Wenn Sie auf einem öffentlichen Parkplatz in Ihrem geparkten

Wohnmobil übernachten, begeben Sie sich also in eine Grauzone. Solange Sie ein paar Regeln beachten, werden Sie sich dabei keinen Ärger einhandeln. Wie überall beginnt das Problem, wenn sich andere Gäste oder Anwohner gestört fühlen, was meist der Fall ist, wenn zu viele Wohnmobile an einem Ort auftauchen. Daher finden Sie bei jedem Stellplatz einen ungefähren **Richtwert, wieviele Womos der Platz verträgt**. Ist es zu voll, fahren Sie weiter. Versetzen Sie sich bei Ihrer Platzwahl in die Situation von Anwohnern und entscheiden Sie aus dieser Perspektive, ob Sie gut stehen. Fragen Sie auf privaten Parkplätzen um Erlaubnis. Auch über mehrere Tage installierte Wohnmobile werden nicht gerne gesehen. Hinterlassen Sie an einsamen Plätzen in der Natur keine vollgestopften Mülleimer (und auch keine anderen Spuren) und **entsorgen Sie Grauwasser und Inhalt der Chemietoilette ausschließlich und immer an den ausreichend vorhandenen Entsorgungspunkten**. Haben Sie keine Toilette an Bord, hinterlassen Sie keine Klopapierfahnen und Tretminen in der Natur. Verwenden Sie an Plätzen ohne Toilette einen Klappspaten. In der Schweiz finden Sie nicht nur in den Städten an jeder möglichen und unmöglichen Ecke einen grünen Robidog mit Tüten für das stinkende Hundegeschäft. Menschliche Hinterlassenschaften sind nicht angenehmer. Stehen Sie auf einem Parkplatz, vermeiden Sie alles, was nach Camping aussieht. Eine ausgefahrene Markise und Stühle vor der Tür überschreiten in jedem Fall die Grenze zum Camping, Auffahrkeile gehören in den Grenzbereich.

Grillen über dem offenen Feuer gehört zu den Lieblingsbeschäftigungen der Schweizer. Für einen gemütlichen Grillabend finden Sie in der Schweiz viele, sehr schöne, gepflegte und frei zugängliche **Grillplätze**. Der Rost ist meist fest montiert und oft gibt es sogar einen Holzvorrat. Mitbringen müssen Sie nur ihr Grillgut und eine Alufolie für den Rost. Ein aufgestellter eigener Grill in der Natur wird dagegen gar nicht gerne gesehen. Die Liebe zur Ordnung scheint ein Teil der Schweizer Natur: Es gibt für alles den richtigen Platz. Vor dem Schwimmbad sind Parkplätze für Autos, Busse, Motorräder und Fahrräder angezeichnet, gegrillt wird auf dem Grillplatz und geparkt ordentlich innerhalb der vorgesehenen Markierungen. Es wird sorgfältig sortiert und markiert. Dabei versucht man, für alle zu sorgen und niemanden zu vergessen. Stellen Sie Wohnmobil, Grill oder anderes einfach irgendwo ab, geraten Sie in Konflikt mit einem grundlegenden Bedürfnis der Schweizer Seele. Gehen Sie also bitte sensibel mit Ihren Gastgebern um und wählen für längere Aufenthalte, ausführliche Grillparties vor dem Wohnmobil, gespannte Wäscheleinen und die gemütlich aufgestellte Sonnenliege einen Campingplatz!

Wer diese Grundregeln ignoriert, provoziert Verbotsschilder, ruiniert den Ruf der Wohnmobilfamilie und macht damit allen das Leben schwer, die nach ihm kommen. Wenn ich nach dem Grund für Verbote fragte, bekam ich immer die Antwort, dass man schlechte Erfahrungen gemacht habe. Vermüllte Plätze, Lärm und tagelang an einem Platz stehende Wohnmobile sorgen dafür, dass Gemeinden reagieren müssen. Und wie in der Schweiz üblich: die Bußgelder sind auch für Falschparker drastisch.

GASVERSORGUNG

Gasdepots finden Sie in der Schweiz auf den meisten Campingplätzen und an Tankstellen. Hier bekommen Sie problemlos die blauen Campingazflaschen, die in einigen kleineren Wohnmobilen verbaut sind und die Sie mit einem im Fachhandel erhältlichen Ventil auch an das Gassystem eines größeren Womos anschließen könnten, was allerdings nicht gerade eine preisgünstige Lösung ist. Auch die grauen schweizerischen Vitogaz-Flaschen können Sie mit einem Adapter anschließen, brauchen dann aber eine Leihflasche. Deutsche Gasflaschen sind in der Schweiz nicht erhältlich, können aber mit dem passenden Adapter nachgefüllt werden. Ein Adapterset für Europa erhalten Sie beim ADAC oder im Fachhandel. Am besten ausgestattet sind Sie aber mit einem Gastank oder Gastankflaschen, die an jeder Autogas Tankstelle neu befüllt werden können, ohne die Flasche aus dem Auto zu nehmen. Auch dazu sollten Sie eventuell einen Tankadapter für die Schweiz dabei haben. Das Gastankstellennetz wurde in der Schweiz in den letzten Jahren stark ausgebaut, so hat man im November 2012 die 50ste Station eingeweiht. An unserer Strecke liegen gut verteilt:

Basel: Car & More, Klingentalstrasse 12
Genf: ENI Suisse, Rte de Jussy 1
Aigle: PanGas Gas & More, Rte Industrielle 18, alle Adapter vorhanden, Personal französischsprachig
Sion: ENI Suisse, Rte de L'Aeroport
Interlaken: Industrielle Betriebe Interlaken – IBI, Fabrikstrasse 8
Gwatt /Thun: Manfred Rüfenacht AG Knaus, Simmentalstr. 201e
Bern: Avia Shoptankstelle, Weyermannsstrasse 28
Solothurn: Autobahnraststätte A1, Agip Tankstelle

Ein vollständiges und aktuelles Verzeichnis können Sie unter www.autogas-suisse.com oder www.gas-tankstellen.de einsehen. Unter beiden Adressen kann man auch eine App fürs iPhone herunterladen. Einen Gastankstellenfinder für Android finden Sie im Google Play Store unter dem Namen LPG CNG Finder. Auch an der Rezeption von Campingplätzen kann man Ihnen oft mit einer Adresse weiterhelfen.

HAUSTIERE

Hunde oder Katzen, die Sie auf Ihrer Schweizreise begleiten, müssen über einen Mikrochip eindeutig gekennzeichnet sein. Außerdem brauchen Sie zur Einreise einen EU-Haustierausweis und müssen eine gültige Tollwutimpfung nachweisen. Sollte Ihr Tier noch nicht geimpft sein, muss die Impfung mindestens 21 Tage vor Reisebeginn durchführt werden. Auf den meisten Campingplätzen sind angeleinte Hunde willkommen, tauchen aber bei vielen Campings auch als Posten auf der Rechnung auf.

ORIENTIERUNG UND KARTEN

Geeignete Straßenkarten: Zur Orientierung unterwegs brauchen Sie zusätzlich zum Navi unbedingt eine gute Straßenkarte. Wir waren mit der Marco Polo Karte Schweiz West in Maßstab 1:200.000 unterwegs, die im Gegensatz zur vergleichbaren Michelinkarte das Gebiet komplett abdeckt. Schon bei 1.200.000 sind kleine Sträßchen teilweise schlecht erkennbar – ein kleinerer Maßstab ist daher nicht zu empfehlen.

Wanderkarten: Für Wanderungen und Radtouren brauchen Sie Karten mit einem Maßstab von mindestens 1:50.000. Wenn Sie unterwegs einen Internetanschluss zur Verfügung haben oder schon im Voraus sorgfältig planen, finden Sie unter map.geo.admin.ch eine Karte, die sich bis zum Maßstab 1:25.000 vergrößern lässt und Ihnen eine vollwertige topographische Karte mit Höhenlinien und Wanderwegen zeigt. Machen Sie nur kleinere Touren, kommen Sie auch mit den einfachen Übersichtskarten der Touristeninformation und den Markierungen im Gelände zurecht. Auch Karten in Wanderbüchern sind in Kombination mit der Beschilderung ausreichend. Nur für lange Touren im Hochgebirge sind die teuren zusätzlichen Wanderkarten wirklich nötig.

NOTRUF UND PANNENHILFE

Bei Unfällen erreichen Sie die Schweizer Notrufzentrale (Polizei/Rettungsdienst/Feuerwehr) unter der in ganz Europa gültigen Notrufnummer 112 oder schweizspezifisch unter 117.

INTERNATIONALER NOTRUF: 112

FEUERWEHR: 118

PANNENHILFE: 140

ADAC Mitglieder erhalten Pannenhilfe über die Zentrale in München:
Pannenhilfe für ADAC Mitglieder im Ausland unter +49 (89) 22 22 22

ADAC-Partnerclubs in der Schweiz:

TCS Touring Club der Schweiz/Touring Club Suisse
Chemin de Blandonnet 4
CH-1214 Vernier
Tel. +41/2/2417-2727, Fax -2702
Pannennotruf: Tel. 140 aus dem Festnetz oder +41/3/18505311(mobil)

ACS Automobil-Club der Schweiz
Wasserwerkgasse 39
CH-3000 Bern 13
Tel. +41/3/13-283111, Fax -110310

SPRACHE

Als Nation ist die Schweiz ein besonderes Phänomen. Bei einer Fläche von gut 41tausend qkm und 8 Mio. Einwohnern ist das Land deutlich kleiner als Bayern. Auf diesem engen Raum existieren in einer einzigen Nation gleich vier offizielle Landessprachen. Die am meisten gesprochene Sprache ist Schwyzerdütsch, welches aber wiederum als Schriftsprache nicht existiert. Geschrieben wird Hochdeutsch mit ein paar ganz speziell schweizerischen Begriffen wie parkieren, grillieren oder dem liebenswerten Wörtchen Velo. Der französische Sprachbereich reicht von der westlichen Landesgrenze bis ins Dreiseenland und unten im Süden bis weit ins Wallis hinein und wird auch gerne als Röstigraben bezeichnet. Das zeigt, dass hier nicht nur die Sprache, sondern auch die kulinarischen Vorlieben eine Wandlung erfahren. Italienisch spricht man im Tessin im Osten der Schweiz und rätoromanisch, das wie eine Mixtur aus Deutsch und italienisch klingt, wird noch in einigen Regionen Graubündens gesprochen. Viele Bürger der Schweiz lernen mehrere Sprachen, die Bevölkerung ist aber durchaus nicht durchgängig dreisprachig. In ländlichen Gebieten der französischen Schweiz sind zumindest rudimentäre Französischkenntnisse extrem hilfreich. In Hotels, auf Campingplätzen oder in der Touristeninformation sind Deutsch und Englisch dagegen kein Problem.

STROMANSCHLUSS

Der gängige Stromanschluss in der Schweiz ist schmal und dreipolig. Zum Einsatz deutscher Rasierapparate, Föns und anderer elektrischer Geräte brauchen Sie außerhalb des Wohnmobiles einen Adapter. Das Wohnmobil selbst können Sie dagegen meist mit den gängigen Anschlussstücken an die Stromsäulen hängen. Campingplätze, an denen doch Schweizer Steckdosen vorhanden sind, verleihen so gut wie immer gegen Pfand (oder schweizerisch Depot) einen Adapter.

TELEFON UND INTERNET

Vorwahl von Deutschland in die Schweiz ist die »0041«. Die 2-3 stellige Ortsvorwahl innerhalb der Schweiz beginnt (wie in Deutschland) mit einer »0«, die bei Verwendung der Auslandsvorwahl weggelassen wird. Dann folgt die Nummer des Anschlusses. Von der Schweiz nach Deutschland wählen Sie »0049« vor und lassen ebenfalls die „0" der Vorwahl weg. Die Ländervorwahl für Österreich ist die »0043«.

Telefonzellen finden Sie oft bei Tourist-Informationsbüros und Postämtern. Meist brauchen Sie eine Telefonkarte oder Sie zahlen das Telefonat per Kreditkarte. Wollen Sie ihr **Handy** auch im Schweizurlaub verwenden, ist Vorsicht geboten. Die Schweiz gehört nicht zur EU, was bei den fälligen Roaminggebühren leider fatale Folgen hat. Informieren Sie sich unbedingt vor der Reise bei Ihrem Anbieter über die Kosten oder Sie werden beim Erhalt der nächsten Rechnung eine unangenehme Überraschung erleben. Bei einem längeren Aufenthalt in der Schweiz lohnt es sich, die heimische SIM-Karte mit einer Schweizer Prepaid-Karte zu ersetzen. Drei große Anbieter teilen sich den Löwenanteil des Schweizer Marktes: Swisscom, Sunrise und Orange. Eher neu dabei, ist der Außenseiter o.k., der seine Karten in einer mit großem K markierten Kioskkette vertreibt, die Sie in vielen Städten in Bahnhofsnähe finden. Vor allem, wenn Sie auch **mobiles Internet** nutzen wollen, sind Sie hier zur Zeit an der besten Adresse. Sie erwerben im Kiosk ein Grundpaket für CHF 15.- (enthält ein Startguthaben von CHF 10.-) und füllen viele Zettel aus. Innerhalb von 24 Stunden wird dann Ihre Simcard freigeschaltet. Jetzt zahlen Sie für alle Gespräche innerhalb der Schweiz 22 Rappen, eine SMS (egal wohin) kostet 15 Rappen und ein Gespräch nach Deutschland 32 Rappen pro Minute. Das sind für die Schweiz und den Recherchezeitpunkt (Dezember 2012) günstige Tarife. Außerdem können Sie jetzt per SMS für CHF 7.- oder 15.- ein Datenpaket bestellen (500MB oder 1GB) mit dem Sie 30 Tage mit Ihrem Smartphone oder Tablet bis zum gewählten Datenvolumen Internetzugang haben. Auch dieses Angebot ist zur Zeit konkurrenzlos. Aber nichts ändert sich schneller als Mobilfunktarife. Bitte prüfen Sie diese Informationen unter www.okpunktstrich.ch

Auch ohne mobilen Internetzugang müssen Sie mit Tablet oder Smartphone nicht vollständig auf **Internetinformationen** verzichten. **Hotspots** finden Sie auf den meisten Campingplätzen und in vielen Restaurants. Einen kostenlosen zeitbegrenzten Zugang (1-2 h) haben Sie in allen Migros und Coop Restaurants, in McDonalds Filialen, auf den Autobahnraststätten Autogrill und Marché, in den meisten Cafés der Starbucks Kette und sogar in vielen Postbussen. Der Zugang ins Netz wird meist über einen SMS Code freigeschaltet. Weitere Hotspots gibt es an Bahnhöfen und vielen öffentlichen Plätzen.

WÄHRUNG

Die Währung in der Schweiz ist der Schweizer Franken oder Franc Suisse. Ein Franken entspricht dabei 100 Rappen oder im französischsprachigen Raum 100 Centimes. Für einen Euro bekommen Sie in Zeiten der Euro-Währungskrise CHF 1,20, nicht mehr CHF 1,50 wie noch vor einigen Jahren. Durch die Stärke des Franken sind Reisen in die Schweiz in den letzten Jahren für EU-Bürger teurer geworden.

WANDERN

Die Schweiz gehört zu den Traumreisezielen für Wanderer und Bergsteiger. Neben vielen berühmten Zielen für Bergprofis wie zum Beispiel dem Matterhorn oder der Eiger Nordwand, gibt es auch ein sehr gut markiertes Wegenetz für den Durchschnittswanderer. Vom entspannten Bergspaziergang, über die erste Tour auf einen 4000er bis zur geführten Gletscherwanderung ist hier alles möglich. Nirgendwo sonst in Europa werden Sie auf eine vergleichbar aufregende und teilweise noch ursprünglich wilde Berglandschaft treffen.

Wegmarkierungen
Schon an den Wanderschildern können Sie ablesen welche Weg-Kategorie Sie erwartet. Einfache Wege ohne alpine Anforderungen werden mit gelben Schildern und schwarzer Schrift markiert. Themenwege erhalten oft braune Schilder mit weißer Schrift. Ein alpiner Wanderweg, für den die passende Ausrüstung vom Wanderschuh zur Regenkleidung unerlässlich ist, bekommt ebenfalls gelbe Schilder mit schwarzer Schrift. Die Pfeilspitze der Wegweiser ist dann jedoch weiß-rot-weiß. Bergwanderwege können auch über schmale steinige Pfade mit ausgesetzten oder gesicherten Wegpassagen führen. Alpinwanderwege, die auch durch wegloses Gelände führen und einfache Kletterstellen enthalten können, sind mit blau-weißen Schildern markiert. Solche Strecken erfordern außer guter Kondition und Orientierung auch solide Bergerfahrung oder die Begleitung eines ortskundigen Bergführers. Kurze Touren in der Nähe der Bergstation von Bahnen können Sie auch mit wenig Vorbereitung und den Tourenkarten der jeweiligen Bahn laufen.

Wanderliteratur
Wollen Sie weg von den Standartrouten, brauchen Sie weitere Informationen und damit spezielle Wanderführer, die Sie sich am besten aus Deutschland mitbringen – auch Bücher sind in der Schweiz etwa ein Drittel teurer als bei uns. Sehr empfehlenswert für kürzere und mittellange Wanderungen sind die beiden Wanderführer von Eugen Hüsler *Genusswandern Berner Oberland* und *Entdeckertouren Oberwallis* (beide Bruckmann Verlag). Außer Karte und Beschreibung enthalten die Bücher auch jede Menge Hintergrundinformationen über die Region. Wesentlich pragmatischer und auf das Wesentliche reduziert kommen die roten Wanderbücher des Rother Verlages daher. Sie richten sich eher an routinierte Wanderer. Im Schnitt sind hier die Wanderungen länger und anspruchsvoller und die Beschreibungen knapper. Für den französischen Teil des Wallis steht im Augenblick nur der Rother-Führer zur Verfügung. Zum Wandern im Schweizer Jura hat sich bei uns das Büchlein *Jura* von Iris Kürschner aus der Bruckmann-Reihe Wandern kompakt bewährt. Liebhabern möglichst unberührter Natur sei außerdem der Bildband *Urlandschaften der Schweiz* von Heinz Staffelbach ans Herz gelegt, der mit ergreifend schönen Fotos abgelegene wilde Täler und Berglandschafen vorstellt und ebenfalls Wandervorschläge enthält. Hier fehlen allerdings die Karten und auch die Beschreibung ist zum Nachlaufen nicht ganz ausreichend.

ZOLLBESTIMMUNGEN
Für die Einfuhr von Produkten aus der Schweiz gelten die Regeln für die Einfuhr aus nicht EU-Ländern. Zollfrei dürfen Sie Produkte bis zu einem Wert von 300 € einführen. Auf der Reise müssen Sie vor allem beim Einkauf von Wein oder Spirituosen aufpassen. Bis zu 4 Litern nicht schäumender Wein dürfen pro Person ausgeführt werden. Auch bei der Einreise in die Schweiz dürfen Sie nicht mehr als 2 l Alkoholika unter 15% und 1 l über 15% Alkohol und 200 Zigaretten pro Person über 17 Jahre mitführen. Alle anderen Begrenzungen werden Sie nur erreichen, wenn Sie versuchen ihren kompletten Nahrungsmittelvorrat für mehrere Wochen mit auf die Reise zu nehmen. Wer es ganz genau wissen will informiert sich unter www.ezv.admin.ch

Stichwortregister

Zum Schluss:

IN EIGENER SACHE – ODER DER SACHE ALLER!?

Urlaub mit dem Wohnmobil ist etwas ganz besonderes. Man kann die Freiheit genießen, ist ungebunden, dennoch immer zu Hause, lebt mitten in der Natur – **wo man für sein Verhalten völlig selbst verantwortlich ist!**

Seit nunmehr 28 Jahren geben wir Ihnen mit unseren Reiseführern eine Anleitung für diese Art Urlaub mit auf den Weg. Außer den umfangreich recherchierten Touren haben wir viele Tipps allgemeiner Art zusammengestellt, unter ihnen auch solche, die einem WOMO-Urlauber eigentlich selbstverständlich sein sollten, denn weil wir als Wohnmobiler die Natur in ihrer ganzen Schönheit und Vielfalt hautnah erleben dürfen, haben wir auch besondere Pflichten ihr gegenüber, die wir nicht auf andere abwälzen können.

Jährlich erhalten wir viele Zuschriften, Grüße von Lesern, die mit unseren Reiseführern einen schönen Urlaub verbracht haben und sich herzlich bei uns bedanken. Wir erhalten Hinweise über Veränderungen an den beschriebenen Touren, die von uns bei der Aktualisierung der Reiseführer Berücksichtigung finden.
Aber: Wir erhalten auch Zuschriften über das Verhalten von Wohnmobilurlaubern, die sich **egoistisch, rücksichts- und verantwortungslos** der Natur und ihren Mitmenschen – nachfolgenden Urlaubern und Einheimischen – gegenüber verhalten.
In diesen Briefen geht es um die Themen Müllbeseitigung, Abwasser- und Toilettenentsorgung. Es soll immer noch Wohnmobilurlauber geben, die ihre Campingtoilette nicht benutzen, dafür lieber den nächsten Busch mit Häufchen und Toilettenpapier "schmücken", die den Abwassertank nicht als Tank benutzen, sondern das Abwasser unter das WOMO trielen lassen, die ihren Müll neben dem Wohnmobil liegenlassen und davondüsen, alles frei nach dem Motto: **"Nach mir die Sintflut!"**

Liebe Leser!

Wir möchten Sie im Namen der gesamten WOMO-Familie bitten: Helfen Sie aktiv mit, diese Schweinereien zu unterbinden! Jeder Wohnmobilurlauber trägt eine große Verantwortung, und sein Verhalten muss dieser Verantwortung gerecht werden.

Sprechen Sie Umweltferkel an, weisen Sie sie auf ihr Fehlverhalten hin und machen Sie mit dem WOMO-Urlaubs-Aufkleber deutlich: **Ich verhalte mich umweltgerecht!**
Der nächste freut sich, wenn er den Stellplatz sauber vorfindet, denn auch er hat sich seinen Urlaub verdient!
Vor allem aber: Wir erhöhen damit die Chance, dass uns unsere über alles geliebte Wohnmobil-Freiheit noch lange erhalten bleibt.

Helfen Sie mit, den Ruf der Sippe zu retten! Verhindern Sie, dass einzelne ihn noch weiter in den Schmutz ziehen!
Wir danken Ihnen im Namen aller WOMO-Freunde –

Ihr WOMO-Verlag

Der WOMO®-Pfannenknecht

ist die saubere Alternative zum Holzkohlengrill.

* Kein tropfendes Fett,
* Holz statt Holzkohle,
* vielfältige Benutzung –
* vom Kartoffelpuffer bis zur Gemüsepfanne.

Massive Kunstschmiedearbeit, campinggerecht zerlegbar,
Qualitäts-Eisenpfanne von Rösle,
bequeme Handhabung im Freien, einfachste Reinigung.

Nur 49,90 € – und nur bei WOMO!

Der WOMO®-Aufkleber

* passt mit 14 cm Breite auch auf Ihr Wohnmobil.
* ist das unverwechselbare Symbol für alle WOMO-Freunde.

Ab 0,00 € – und nur bei WOMO!

Der WOMO®-Knackerschreck

* ist die universelle und **sofort sichtbare Einbruchssperre**.
* Wird einfach in die beiden Türarmlehnen eingehängt, zusammengeschoben und abgeschlossen. (tagsüber unter Einbeziehung des Lenkrades, nachts direkt, somit ist Notstart möglich).
* Passend für Ducato, Peugeot, MB Sprinter sowie VW (alle Typen).
* Krallen aus 10 mm starkem (Edel) - Stahl, d. h. nahezu unverwüstlich.

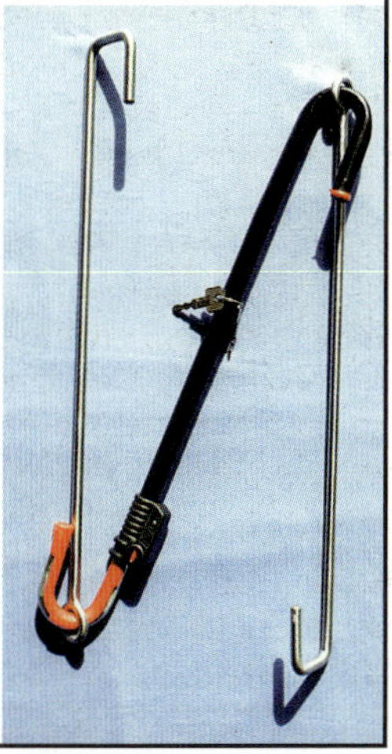

Ab 44,90 € – und nur bei WOMO!

Info-Blatt für das WOMO-Buch: Schweiz (W) '13

(ausgefüllt erhalte ich 10% Honorar bei der nächsten Buchbestellung beim Verlag)

Lokalität: Seite: Datum:
(Stellplatz, Campingplatz, Wandertour, Gaststätte, usw.)
unverändert gesperrt/geschlossen folgende Änderungen:

Lokalität: Seite: Datum:
(Stellplatz, Campingplatz, Wandertour, Gaststätte, usw.)
unverändert gesperrt/geschlossen folgende Änderungen:

Lokalität: Seite: Datum:
(Stellplatz, Campingplatz, Wandertour, Gaststätte, usw.)
unverändert gesperrt/geschlossen folgende Änderungen:

Lokalität: Seite: Datum:
(Stellplatz, Campingplatz, Wandertour, Gaststätte, usw.)
unverändert gesperrt/geschlossen folgende Änderungen:

Lokalität: Seite: Datum:
(Stellplatz, Campingplatz, Wandertour, Gaststätte, usw.)
unverändert gesperrt/geschlossen folgende Änderungen:

Lokalität: Seite: Datum:
(Stellplatz, Campingplatz, Wandertour, Gaststätte, usw.)
unverändert gesperrt/geschlossen folgende Änderungen:

Meine Adresse und Tel.-Nummer:
(nur komplett ausgefüllte, zeitnah eingesandte Infoblätter dürfen berücksichtigt werden)

Wir bestellen zur sofortigen Lieferung: (Alle Preise in € [D], Preisänderungen vorbehalten)

- ☐ Wohnmobil Handbuch .... 19,90 €
- ☐ Wohnmobil Kochbuch .... 12,90 €
- ☐ Multimedia im Wohnmobil .... 9,90 €
- ☐ Heitere WOMO-Geschichten ...... 6,90 €
- ☐ Gordische Lüge – WOMO-Krimi . 9,90 €
- ☐ Aufkleber "WOMO-Urlaub" ..... ab 0,00 €
- ☐ WOMO-Pfannenknecht .... 49,90 €
- ☐ WOMO-Knackerschreck ...... ab 44,90 €

Fahrzeugmarke/Bj.: ____________

WOMO-Reiseführer: Mit dem WOMO ins/durch/nach....

- ☐ Albanien .... 19,90 €
- ☐ Allgäu .... 17,90 €
- ☐ Auvergne .... 17,90 €
- ☐ Bayern (Nordost) .... 19,90 €
- ☐ Belgien & Luxemburg .... 18,90 €
- ☐ Bretagne .... 18,90 €
- ☐ Burgund .... 17,90 €
- ☐ Dänemark .... 17,90 €
- ☐ Elsass .... 18,90 €
- ☐ England .... 18,90 €
- ☐ Finnland .... 18,90 €
- ☐ Franz. Atlantikküste (Nord) .... 17,90 €
- ☐ Franz. Atlantikküste (Süd) .... 17,90 €
- ☐ Griechenland .... 19,90 €
- ☐ Hunsrück/Mosel/Eifel .... 19,90 €
- ☐ Irland .... 18,90 €
- ☐ Korsika .... 17,90 €
- ☐ Kroatien (Dalmatien) .... 17,90 €
- ☐ Languedoc/Roussillon .... 19,90 €
- ☐ Ligurien .... 17,90 €
- ☐ Loire-Tal/Paris .... 17,90 €
- ☐ Marokko .... 18,90 €
- ☐ Neuseeland .... 19,90 €
- ☐ Niederlande .... 19,90 €
- ☐ Normandie .... 17,90 €
- ☐ Norwegen (Nord) .... 19,90 €
- ☐ Norwegen (Süd) .... 19,90 €
- ☐ Österreich (Ost) .... 19,90 €
- ☐ Österreich (West) .... 18,90 €
- ☐ Ostfriesland .... 19,90 €
- ☐ Peloponnes .... 18,90 €
- ☐ Pfalz .... 17,90 €
- ☐ Piemont/Aosta-Tal .... 19,90 €
- ☐ Polen (Nord/Masuren) .... 17,90 €
- ☐ Polen (Süd/Schlesien) .... 17,90 €
- ☐ Portugal .... 17,90 €
- ☐ Provence & Côte d'Azur (Ost) .... 18,90 €
- ☐ Provence & Côte d'Azur (West) . 17,90 €
- ☐ Pyrenäen .... 17,90 €
- ☐ Sachsen .... 19,90 €
- ☐ Sardinien .... 19,90 €
- ☐ Schleswig-Holstein .... 19,90 €
- ☐ Schottland .... 18,90 €
- ☐ Schwabenländle .... 17,90 €
- ☐ Schwarzwald .... 17,90 €
- ☐ Schweden (Nord) .... 18,90 €
- ☐ Schweden (Süd) .... 19,90 €
- ☐ Schweiz (West) .... 18,90 €
- ☐ Sizilien .... 17,90 €
- ☐ Slowenien .... 17,90 €
- ☐ Spanien (Nord/Atlantik) .... 17,90 €
- ☐ Spanien (Ost/Katalonien) .... 17,90 €
- ☐ Spanien (Süd/Andalusien) .... 17,90 €
- ☐ Süditalien (Osthälfte) .... 17,90 €
- ☐ Süditalien (Westhälfte) .... 17,90 €
- ☐ Süd-Tirol .... 18,90 €
- ☐ Thüringen .... 19,90 €
- ☐ Toskana & Elba .... 19,90 €
- ☐ Trentino/Gardasee .... 17,90 €
- ☐ Tschechien .... 18,90 €
- ☐ Tunesien .... 17,90 €
- ☐ Türkei (West) .... 18,90 €
- ☐ Umbrien & Marken mit Adria ..... 17,90 €
- ☐ Ungarn .... 17,90 €
- ☐ Venetien/Friaul .... 19,90 €

.... und jährlich werden's mehr!

Absender:

Datum Unterschrift

CH(W) '13

WOMO®-VERLAG

Versandabteilung

Wiesenweg 4-6

98634 Mittelsdorf/Rhön

DAS HANDBUCH

* Beratung bei Kauf und Miete
* Gas-, Wasser-, Elektroinstallation
* Einrichten des Wohnmobils.
* Tipps & Tricks fürs Wochenende.
* 3200 freie deutsche Stellplätze.
* 700 deutsche Entsorgungsstationen.
* Urlaubsvorbereitung, Profipackliste.
* Stellplatzinfos für ganz Europa.
* Wohnmobil und Wintersport.
* Das WOMO-Forum.
* Gastankstellen in ganz Europa.

DAS KOCHBUCH

* Einrichtung der WOMO-Küche.
* Lebensmittel-Grundausstattung.
* Konserven selbst gemacht.
* Backen in der Bratpfanne – Kuchen, Pizza, Brote.
* Viele, viele WOMO-Rezepte für zwei Gasflammen – einfach, schnell und lecker!
* Einkochen im Urlaub.
* Spezialrezepte für den Dampftopf.
* Der WOMO-Pfannenknecht.

DIE REISE- UND ERLEBNISFÜHRER

* Bequeme Touren durchs ganze Urlaubsland.
* Viele Plätzchen für freie Übernachtungen mit GPS.
* Genaue Hinweise auf viele Trinkwasserstellen.
* Die schönsten Badeplätze, die nicht jeder kennt.
* Bergtouren und Spaziergänge für groß und klein.
* Die besten Anreiserouten, Fähren, usw.
* 300 Tipps und Tricks – für Ausrüstung, Reisevorbereitung und Urlaub.
* Ausgefeilte Profipackliste.
* Spezialkarten mit supergenauen Einträgen der freien Stellplätze und Trinkwasserbrunnen.

Unsere Bücher erhalten Sie in jeder Buchhandlung oder auf Rechnung direkt vom Verlag. Hier gibt's auch die aktuellen Infos über unsere ständigen Neuerscheinungen. (Versandkosten 1,20 €, ab 10 € portofrei / Ausland 4 €, Preisänderungen vorbehalten).

24 Std.-Bestell-Telefon: 036946-20691*Fax: 036946-20692
Internet: www.womo.de * eMail: verlag@womo.de**